ROMMEL

沙漠之狐

隆美尔

◎郭 辉 编译

中国铁道出版社有限公司
CHINA RAILWAY PUBLISHING HOUSE CO., LTD.

图书在版编目（CIP）数据

隆美尔 / 郭辉编译 . — 北京：中国铁道出版社有限公司，2019.10
（二战名人录）
ISBN 978-7-113-25723-1

Ⅰ．①隆… Ⅱ．①郭… Ⅲ．①隆美尔（Rommel,Erwin Johannes Eugen 1891–1944）
—生平事迹 Ⅳ．① K835.165.2

中国版本图书馆 CIP 数据核字（2019）第 083738 号

书　　名：隆美尔

编　　译：郭　辉

责任编辑：刘建玮　　　　　　电　　话：（010）51873038

封面设计：刘　莎　　　　　　责任校对：王　杰

责任印制：赵星辰

出版发行：中国铁道出版社有限公司（100054，北京市西城区右安门西街 8 号）

印　　刷：三河市兴博印务有限公司

版　　次：2019 年 10 月第 1 版　　2019 年 10 月第 1 次印刷

开　　本：787mm×1 000mm　　1/16　　印张：22.5　　字数：476 千

书　　号：ISBN 978-7-113-25723-1

定　　价：59.80 元

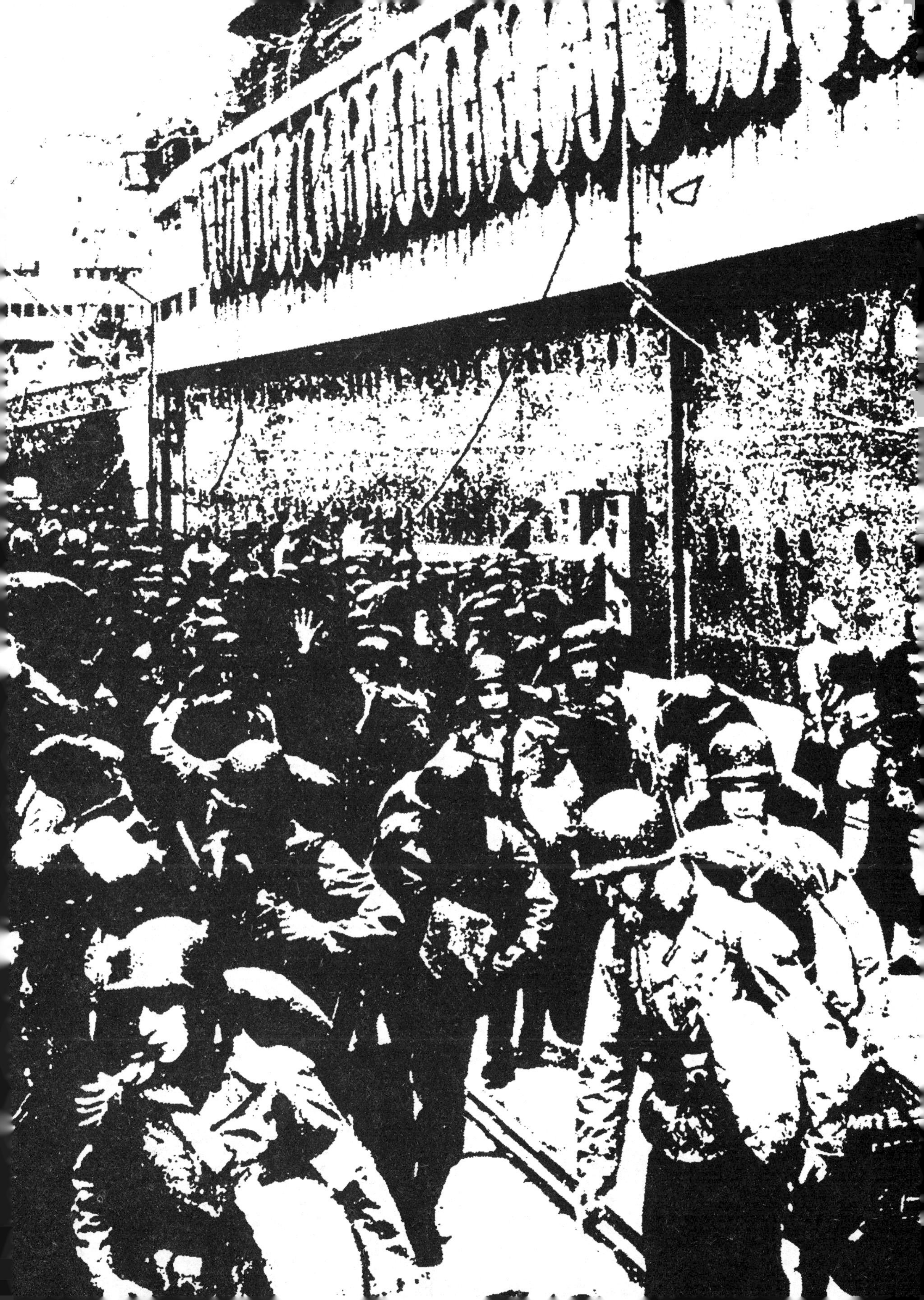

名将剪影

　　隆美尔是第二次世界大战时德国的名将,深得希特勒的器重。他出身于一个普通的中学校长之家,曾经参加过第一次世界大战,担任过军校教官、希特勒警卫部队的指挥官、装甲师师长、集团军和集团军群司令。在德国入侵法国时,他指挥的第7装甲师进展神速、挺进最远,被称为"魔鬼之师";在北非战场上,他指挥德国的非洲军团在兵力相差悬殊、战场环境恶劣的情况下屡败英军,并一度进抵阿拉曼,逼近埃及开罗;在盟军大规模反攻时,他又成功地组织了千里大撤退,被称为"沙漠之狐";在担任B集团军群司令时,他主持修筑了著名的"大西洋壁垒",并指挥了诺曼底抗登陆作战。作为希特勒的心腹爱将,他为纳粹德国付出了犬马之劳,立下了赫赫战功,成为德国国防军二十六位元帅之一。后因对德国的政治前途和军事前途丧失了信心,与希特勒在政治和战略上产生了分歧,最终又因无意中卷入了反希特勒的密谋活动,隆美尔被迫于1944年10月服毒自杀。

　　从某种意义上说,隆美尔是历史上的幸运儿。他不仅在生前就已在德国妇孺皆知,而且在希特勒纳粹政权覆灭后,其他法西斯帮凶一个个变得臭名昭著,被世人所唾弃的情况下,隆美尔的军事才能依然为敌对双方所认可。但由于他目光狭窄、不重战略,其军事建树仅仅停留在战术层面,且为反动的法西斯卖命,终究只能作为名将,无以归为军事大家。而德国因其战事不断,曾出现过许多军事大家,如格奈泽瑙、克劳塞维茨、毛奇、史蒂芬等,隆美尔却无法与他们并肩而立。

1891-1944

> 在二战中因作战而声名显赫的德国名将隆美尔。

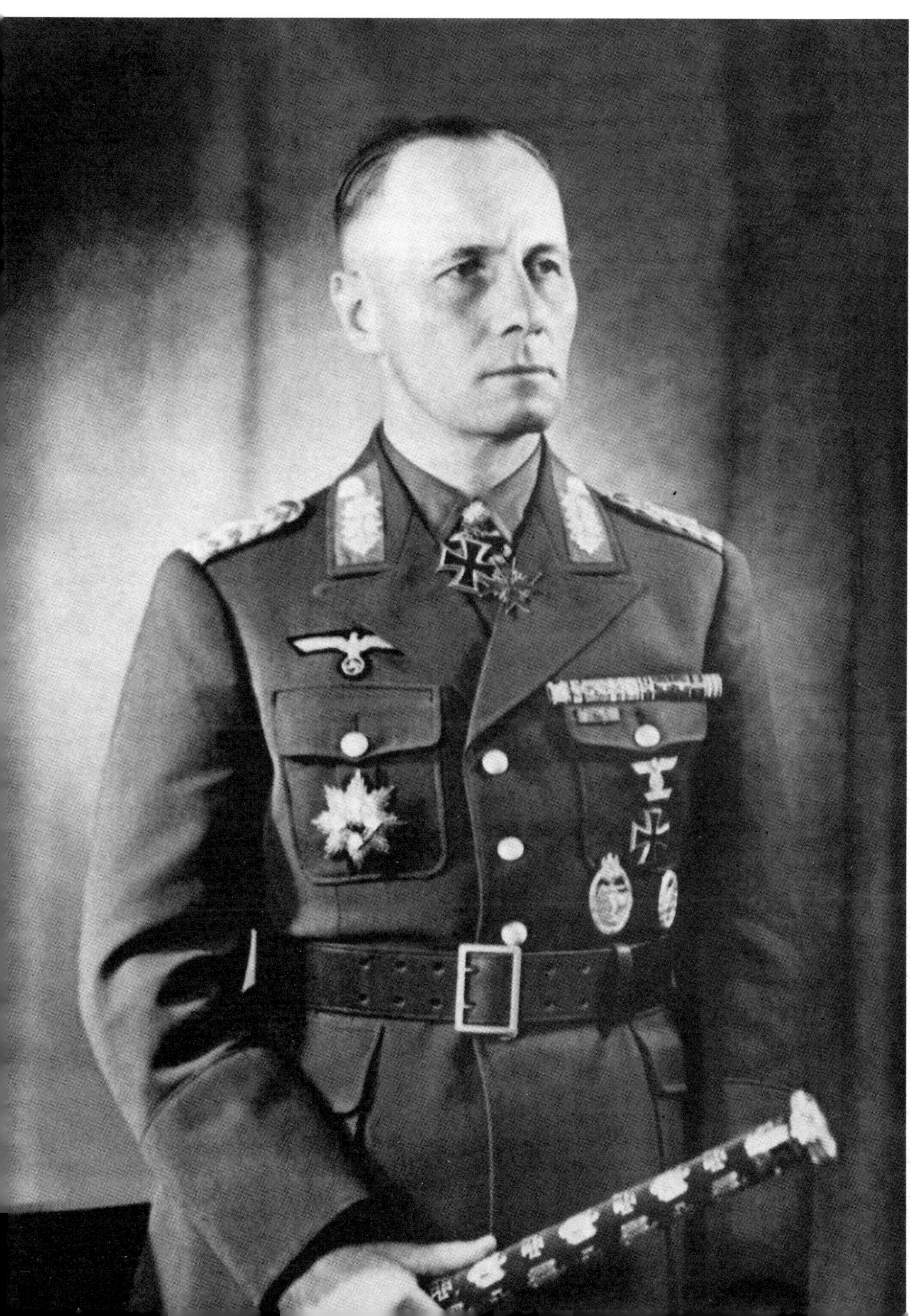

隆美尔 档案

Erwin Rommel →

1891

11月15日，隆美尔在德国南部符腾堡州斯瓦比亚地区的海登海姆出生。

1908

隆美尔进入格蒙登皇家现代中学读书，为期2年。

1910

7月19日，隆美尔在伍尔登堡的第124步兵团参军。

1911

3月，隆美尔被送进但泽皇家军官候补生学校进修，为期8个月。在这里，他与未来的妻子露西相识。

1912

1月，隆美尔被授予中尉军衔，并开始在124步兵团负责训练新兵的工作，为期2年。

1914

3月1日，隆美尔被派往乌尔姆第49野战炮兵团的一个炮兵连服役。

8月1日，德国对俄国宣战。第一次世界大战爆发。

8月5日，隆美尔乘火车开往德法边境，参加第一次世界大战。

9月，隆美尔因用一支空步枪与三名法国士兵孤身奋战而获得一枚二级铁十字勋章。并因左腿受伤而住进医院。

1915

1月，隆美尔离开医院回到战场。两星期后，获得一枚一级铁十字勋章。

10月，隆美尔被派往伍尔登堡山营担任连指挥官。

1916

隆美尔与露西结婚。
夏季时，隆美尔调离西线战场，前往罗马尼亚。

1917

1月，在罗马尼亚，隆美尔因作战勇敢被授权指挥一支执行冲锋任务的先遣队。
8月10日，隆美尔在罗马尼亚的德俄战场上左臂受伤。
9月26日，隆美尔被调往意大利北部。
11月，隆美尔在经过库克山和蒙特山等战斗后，攻下隆格诺恩镇。
年底，德皇威廉二世授予隆美尔一枚代表着德国军人最高荣誉的功勋奖章。

1918

1月，隆美尔被派往第64集团军司令部担任参谋。

11月，德国战败投降，第一次世界大战结束。

12月21日，隆美尔离开参谋位置，回到步兵团，重新担任连指挥官。

1919

3月，隆美尔到康士坦士湖的弗朗德理查斯芬指挥一个内务安全连。

1920

春，隆美尔参加了镇压蒙斯特兰和威斯伐尼亚工人起义的行动。

10月1日，隆美尔被调往斯图亚特第13步兵团担任连长。在那里，他足足待了9年。

1928

隆美尔的儿子曼弗雷德出生。

1929

10月1日，隆美尔被派往德累斯顿步兵学院担任教官。

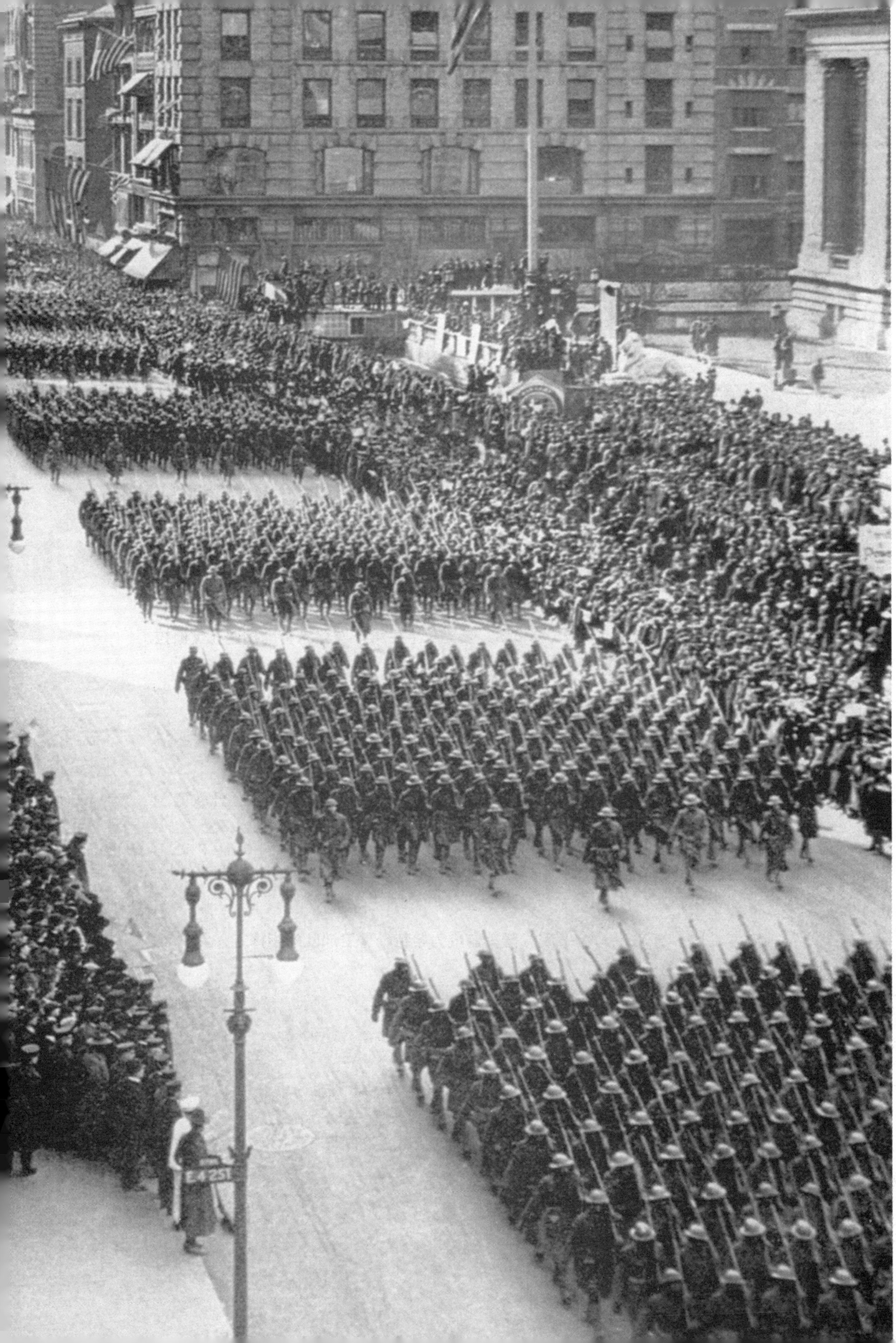

1933

10月，隆美尔被提升为驻德国中部哈兹山区戈斯拉的第17步兵团第3营的指挥官。

1934

9月30日，隆美尔平生第一次与希特勒相遇在戈斯拉。

1935

隆美尔被调到德国著名的波茨坦军事学院担任教官。

1936

9月，隆美尔成为希特勒警卫部队的指挥官。

★ ★ ★ ★ ★

1937

年初，《步兵攻击》的出版，使隆美尔受到了希特勒的重视。
2 月，隆美尔兼任希特勒青年团作战部的特别联络官。

1938

德国吞并奥地利后，希特勒将隆美尔派往新维也纳的马利
德希亚军事学院任校长。

Erwin Rommel →

1939

3 月，德国入侵捷克斯洛伐克时，隆美尔担任希特勒"元首大本营"的指挥官。
8 月，隆美尔被提升为将军并负责德国为入侵波兰而建立的元首战时司令部的指挥工作。
8 月 25 日，隆美尔率领元首战时司令部的警卫营开赴前线，准备参加入侵波兰的战争。
9 月 3 日，英法等国对德宣战，第二次世界大战爆发。
9 月 3 日至 26 日，希特勒到波兰前线视察，隆美尔指挥元首战时司令部负责警戒工作。
10 月 2 日至 5 日，隆美尔二赴波兰，参加希特勒的胜利阅兵仪式。

1940

2 月，隆美尔担任第 7 装甲师指挥官。
5 月至 7 月，隆美尔统率的第 7 装甲师在入侵法国的战争中充当了急先锋的角色，铁蹄所
到之处，攻无不克，被称为"魔鬼之师"。

1941

2月，隆美尔被任命为德国非洲军团总司令，远赴利比亚协助意大利反击英军。

3月31日，隆美尔攻下卜雷加港。

4月2日，隆美尔攻下阿杰达比亚。

4月9日，隆美尔攻下梅基利。至此，非洲战局已基本被扭转。

4月11日，隆美尔第一次进攻托卜鲁克遭到失败，此后不久，托卜鲁克战事陷入僵局。

4月12日，德军绕过托卜鲁克，攻占了其东部的巴尔迪亚。

4月13日，德军攻下卡普措堡和塞卢姆，冲出利比亚，反攻至埃及境内。

5月15日，英军执行"短促行动"计划，反击德意军队，最终被隆美尔击败。

1941

6月15日，英军实施"战斧行动"计划，欲将德意军队从埃及境内赶回到托卜鲁克以西，再遭隆美尔重创。

6月，挫败"战斧行动"计划后，隆美尔被任命为德国"非洲装甲兵团"指挥官，并晋升为上将。

7月12日，巴斯蒂柯取代加里波尔蒂担任意大利驻非洲总指挥官。

8月15日，德国非洲军团正式被扩编为德国驻非洲装甲兵团。

11月18日，英军发起"十字军行动"，在隆美尔进攻托卜鲁克之前率先发起大规模反攻。

12月4日，隆美尔不敌英军的进攻，撤回到托卜鲁克以西。

12月16日，隆美尔主动撤离昔兰尼加半岛，并于1942年1月2日撤到卜雷加。

1942

1月21日，隆美尔在阿杰达比亚向英军发起反击，大获全胜。

1月28日，隆美尔不顾墨索里尼的命令，奋起反击，收复班加西。

1月29日，希特勒提升隆美尔为标准上将。

5月26日，隆美尔重回昔兰尼加中部地区，并向托卜鲁克西部的卡扎拉防线发起进攻。

6月20日，隆美尔攻克托卜鲁克。

6月22日，希特勒提升隆美尔为陆军元帅。

6月23日，隆美尔攻入埃及。

6月24日，隆美尔攻克西迪巴腊尼。

6月29日，隆美尔攻克马特鲁。

7月1日，隆美尔向亚历山大西部重要城市阿拉曼发起进攻，但未获成功。

8月4日，丘吉尔临危换将，任命亚历山大为驻中东司令。

8月12日，蒙哥马利抵达埃及，接任英国第8集团军司令。

8月19日，隆美尔身患重病，医生建议回国治疗。

8月30日，隆美尔第二次向阿拉曼发起进攻，再遭失败。

9月23日，隆美尔离开非洲，回国治病，非洲装甲军团暂由施登姆指挥。

10月23日，蒙哥马利向非洲装甲军团大举进攻，代号"捷足"计划。

10月24日，希特勒指示隆美尔：中断治疗，返回非洲。

10月25日，隆美尔重任装甲军团指挥官，与蒙哥马利再次较量。

1942

11月2日，隆美尔不敌蒙哥马利，在阿拉曼一役中战败。

11月3日，隆美尔被迫撤军，走上了艰难的西行之路。

11月6日，隆美尔冲过蒙哥马利的4次包抄，抵达马特鲁。

11月8日，隆美尔撤出埃及，进入利比亚。同日，美英联军在艾森豪威尔和亚历山大的联合指挥下，登陆非洲西北部的摩洛哥和阿尔及利亚，对隆美尔形成两面夹击之势。

11月11日，希特勒抢占科西嘉岛和突尼斯，在西北非成立第5装甲集团军。

11月15日，隆美尔撤到昔兰尼加重要港口班加西。

11月21日，因缺乏汽油，隆美尔被困阿杰达比亚以北。

11月23日，隆美尔撤至卜雷加。

12月11日，英军追至卜雷加，隆美尔继续西行。

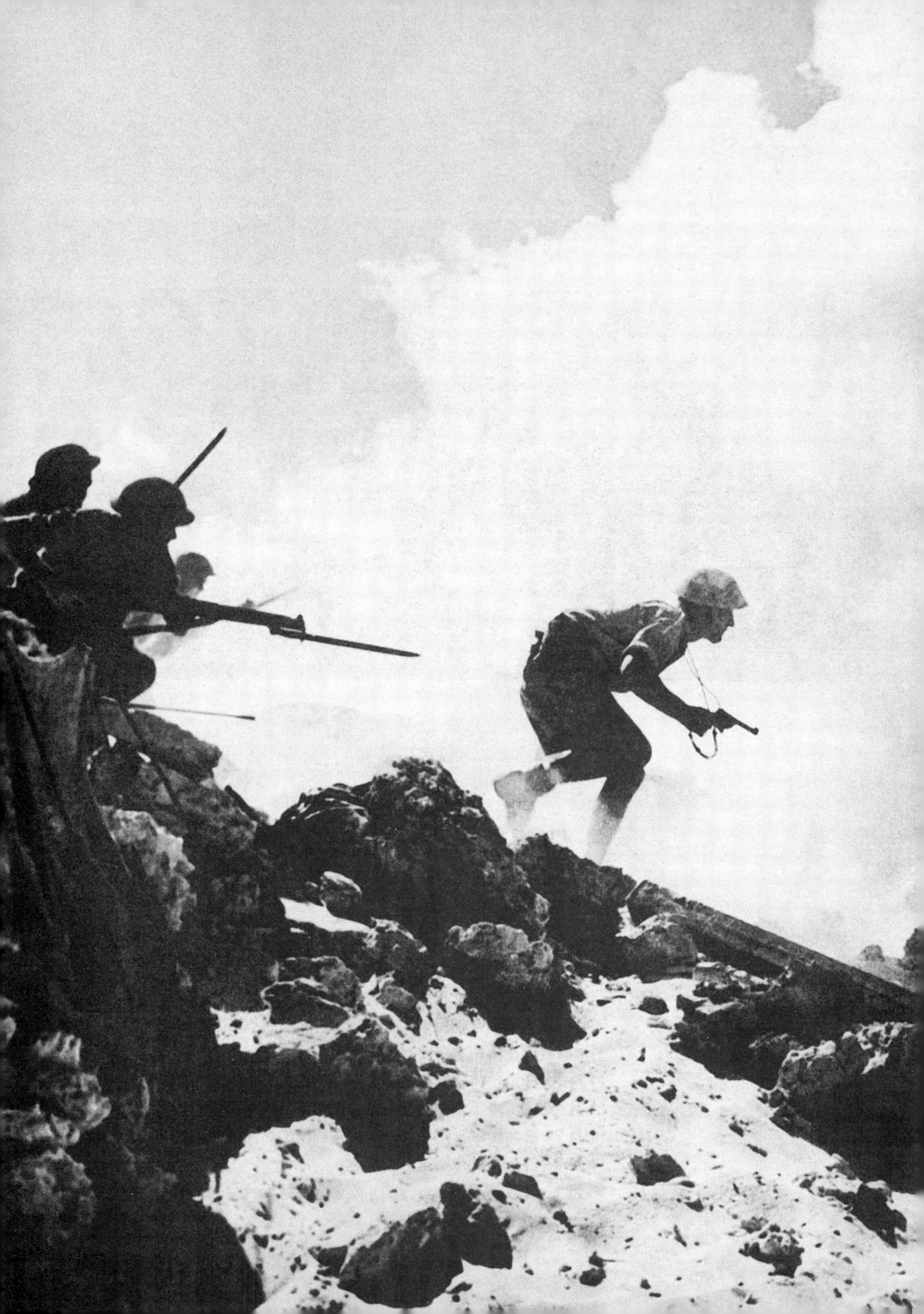

1943

1月23日，隆美尔撤出利比亚首都的黎波里。

1月25日，非洲装甲军团进入突尼斯。

1月26日，意大利最高统帅部决定免除隆美尔非洲装甲军团总司令的职务。

2月14日，隆美尔向艾森豪威尔的美军部队发起进攻，使美军遭到重创。

3月6日，德英双方在突尼斯中部打响了梅德宁战役，德军失败。

3月9日，隆美尔离开非洲返回本土，结束他在非洲沙漠的军旅生涯。

3月11日，希特勒授予隆美尔骑士十字勋章上佩戴的钻石。隆美尔成了第一个荣获钻石的德国陆军军官。

3月14日，隆美尔开始了为期9周的医疗休养。

5月7日，英美联军占领了北非的突尼斯和比塞大。

5月13日，被困于北非的25万德意军队向盟军投降。

7月15日，隆美尔担任B集团军司令，准备进入意大利中部。

7月25日，隆美尔率B集团军调防希腊。

7月28日，因墨索里尼倒台，隆美尔重回慕尼黑。

11月5日，希特勒命隆美尔率B集团军参谋班子调防西线海岸。

11月21日，隆美尔正式离开意大利。

12月1日，隆美尔开始巡视西线沿海阵地。

1944

1月10日，隆美尔正式担任西线B集团军总司令。

2月，反希特勒的密谋集团成员施特罗林到隆美尔家做客。

3月，隆美尔迁到拉·罗歇—基杨的B集团军指挥所。

4月15日，密谋分子斯派达尔担任隆美尔的新参谋长。

6月4日，隆美尔离开西线，回德国为妻子过生日。

6月6日，盟军登陆诺曼底，这一天正是露西的生日，隆美尔紧急赶回前线。

6月11日，盟军攻下诺曼底重镇卡朗坦。

6月25日，盟军攻下诺曼底重要港口瑟堡。

6月29日，隆美尔因执意要谈政治问题而被希特勒赶出会场。

7月9日，隆美尔与霍法克见面。

7月17日，隆美尔遭到空袭，身受重伤。

7月18日，盟军攻下卡昂。

7月20日，施陶芬贝格暗杀希特勒，未获成功。

8月1日，隆美尔在巴黎召开记者会，向英国人宣称自己还活着。

8月8日，隆美尔被送回赫尔林根的自家别墅养伤。

8月25日，隆美尔的参谋长斯派达尔被逮捕。

9月3日，隆美尔被正式解除B集团军司令一职。

10月1日，隆美尔给希特勒写了一封长信，表示自己的忠诚。

10月4日，陆军荣誉法庭在隆美尔缺席的情况下确定了隆美尔涉嫌密谋活动的罪行。

10月14日，隆美尔在家中被迫服毒自尽，终年53岁。

隆美尔参与指挥的战役战事图 →

1942 年 10 月～11 月
在北非阿拉曼附近,英军第 8 集团军所辖盟军部队与轴心国军队双方进攻路线图。

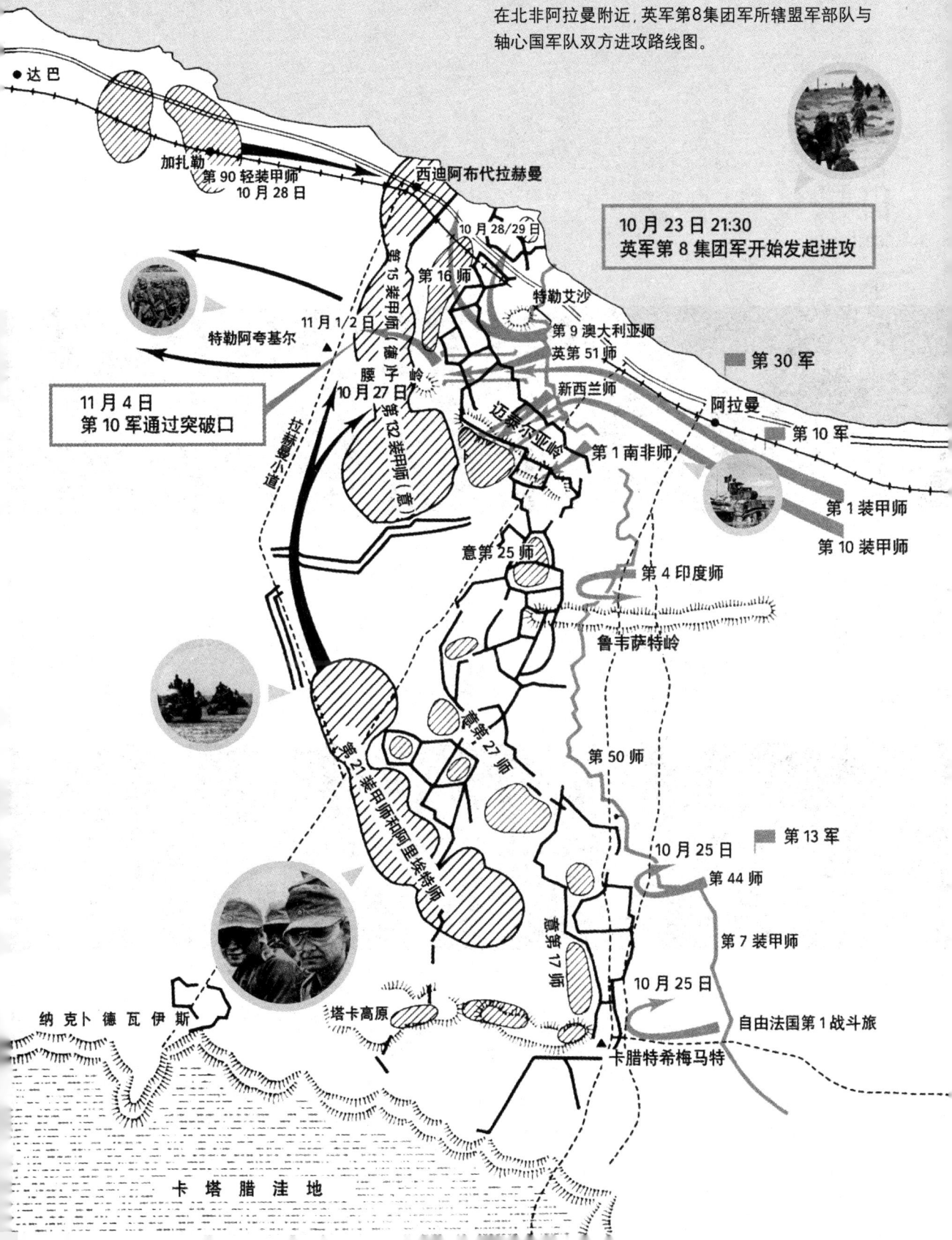

达巴

加扎勒
第 90 轻装甲师
10 月 28 日

西迪阿布代拉赫曼

10 月 28/29 日

10 月 23 日 21:30
英军第 8 集团军开始发起进攻

第 16 师

特勒艾沙

第 9 澳大利亚师
英第 51 师

第 30 军

新西兰师

阿拉曼

第 10 军

特勒阿夸基尔

第 15 装甲师(德)

腰子岭
10 月 27 日
第 132 装甲师(意)

迈泰尔亚岭

第 1 南非师

第 1 装甲师

第 10 装甲师

11 月 4 日
第 10 军通过突破口

拉赫曼小道

第 4 印度师

意第 25 师

鲁韦萨特岭

意第 27 师

第 50 师

第 21 装甲师和阿里埃特师

第 13 军

10 月 25 日

第 44 师

意第 17 师

第 7 装甲师

10 月 25 日

纳克卜德瓦伊斯

塔卡高原

卡腊特希梅马特

自由法国第 1 战斗旅

卡 塔 腊 洼 地

目录
contents

没有战争的生活让隆美尔感到异常枯燥。偶尔，他坐在屋前，看着夕阳慢慢落下西山，激起满天的血色红霞，感慨万分。他回忆起第一次世界大战中意大利战场上的血战场面，那是多么激动人心的年代啊。他独自叹息……

这支恐怖的装甲队伍咆哮着冲进法国村庄，熟睡的村民被雷鸣般的巨响惊醒过来，"哗"地打开窗户察看发生了什么事情。当发现是德军后，惊慌的百姓和法国士兵在沟渠里乱作一团，装满了各种家当的难民马车被逃远的主人扔在路上，德军的坦克从它们的上面一压而过，昂然自得地向前开去……

一艘德国运兵船率先抵达了的黎波里港口，从德国本土长途跋涉而来的士兵排列在甲板上，他们第一次看到了非洲。望着那些光洁漂亮的、在强烈阳光下闪着微光的白色的异域建筑，以及遍地掌状的沙漠植物，海岸上宽阔的林荫道和凉爽的林荫，他们甚至开始觉得踏上了一个非常可爱的地方……

天空下起了毛毛细雨，克鲁威尔的三个装甲团就像三只铁锤，沉稳有力地向隆美尔驻在西迪雷泽格的那块大铁砧上砸去。夹在这三只铁锤和铁钻之间的是一支已立稳脚跟正等待着他们的英军装甲部队……

隆美尔正在睡觉，他实在太疲倦了，不能和他的参谋们围聚在指挥所的收音机旁，收听来自柏林的特别广播。9点45分，隆美尔突然被兴奋的呼声惊醒，喇叭里响着高昂的歌声，播音员说道："元首大本营，6月22日。元首晋升非洲装甲军团司令官隆美尔上将为陆军元帅……"

但他还必须坚持下去，坚持最后几天。8月底转眼就要到来了，一场新的战斗正在等着他。
这一天，隆美尔拖着病体对整个战线做了最后视察。接下来，他就要向正在集结的英国大军发起猛烈的进攻。这将是具有决定意义的一战，但他严重的病情已使他在面对这场战争时显露出满脸的疲惫……

第六章

这一天是隆美尔踏上非洲土地的纪念日。两年来，他手下残存的第一批非洲军团的官兵已所剩无几，以第8机枪营为例，初到非洲时有1,000名兵员，而现在只剩下4个幸存者。中午时分，那些自1941年2月就跟随着隆美尔的军官们开了一个小小的团聚会，如今他们总共还有19人……

隆美尔不断地出入"狼穴"，与希特勒的关系日益密切，使其他人深为嫉妒，尤以戈林最为突出。嫉妒的最终结果是戈林组织了一群人向希特勒进谗，千般阻挠隆美尔担任驻意大利的德军总司令，说他是典型的反意大利分子，他进入意大利将对德国的利益十分不利……

隆美尔在巡视过程中，每到一处都可以看见自己努力的结果。密如森林的木桩和魔鬼般的障碍物，黑压压地布满了每一片海滩。根据他的命令，横跨瑟堡半岛顶端数公里内的村庄已成了一片汪洋。大路上埋设了地雷，布置了路障，到处都有重兵和大炮……

隆美尔发现盟军的士兵都很年轻,平均年龄为22～23岁,而他手下的步兵师平均年龄35～37岁。只有精锐的第12党卫装甲师和李赫装甲师士兵的年龄与盟军相仿。与阿拉曼战役一样,敌方投入战斗的装备和弹药远非德军所能相比……

隆美尔已经明显地感觉到希特勒对自己不再信任了,甚至对隆美尔所说的最近一次反攻是因为盟军的火力太猛烈而停止一事,也不再相信,专门指示德国海军把盟军军舰上的大炮和弹药储备作一次汇报,同时竟然还命令隆美尔的将军们计算一下落在他们附近的炮弹数目……

布格道夫陈述了没有包括在信里的内容:元首允诺,如果隆美尔自尽,将对他的叛国罪行严加保密,不使德国人民知道,为了纪念他,还将树立一座纪念碑,并为他举行国葬,而且保证不对他的亲属采取非常手段。此外,露西还将领取陆军元帅的抚恤金。"这是对你从前为帝国建立的功勋的肯定。"布格道夫补充道……

> 1911年11月，隆美尔从军校毕业时留影。
校长对他的评价是"相当出色"。

ERWIN ROMMEL

第一章

好战的狂汉

1891-1944　隆美尔

没有战争的生活让隆美尔感到异常枯燥。偶尔，他坐在屋前，看着夕阳慢慢落下

西山，激起满天的血色红霞，感慨万分，他回忆起第一次世界大战中意大利战场

上的血战场面，那是多么激动人心的年代啊。他独自叹息……

>> 战火的熔炼

　　隆美尔1891年11月15日出生于符腾堡州斯瓦比亚地区一个叫海登海姆的地方，受到的教育很少。在他七岁那年本来应该上小学，却由于他父亲由海登海姆的小学校长提升为阿伦的中学校长而取消了当地小学，隆美尔不得不从私人教师那里学习必要的知识，直到两年后才考进一所拉丁学校并在那里读了五年书。1908年起，他进入格蒙登皇家现代中学又读了两年。这就是他终生所受的全部教育。由于1907年他在跳过一条小溪时不幸摔断了右脚踝骨，便不再喜欢任何运动了，他把空闲时间全都用在做家庭作业和读书上，他最感兴趣的学科是数学和科学。

　　就隆美尔的家庭来说，他的父亲毫无显赫背景，与他祖父一样都是中学的校长。倒是隆美尔的母亲海伦还算是有点地位，是曾任符腾堡州州长的冯·鲁斯的女儿。隆美尔家的四个孩子对家庭的感觉基本一致：喜欢他们的母亲，讨厌他们的父亲。

　　隆美尔在家里排行第二，最小的孩子名叫海伦，与他母亲同名，是个女孩，后来步家族的后尘成了一名教师，终生未嫁。他的哥哥名叫卡尔，因对学校的考试极为恐惧而自愿参了军，成了一名陆军侦察机领航员，曾到过埃及、北非等地，因染上疟疾，年纪很轻时就去世了，是隆美尔家第一个走进军旅的成员。他的弟弟名叫杰哈德，自幼喜爱音乐，后来成了一名歌剧演唱家，于1977年去世。

　　而那个遭到孩子们一致讨厌的父亲，总是留着一头短发，并时髦地在脑瓜顶来个中分，光滑地垂向两边，一副夹鼻眼镜总是紧紧地架在高耸的鼻梁上，一见到几个孩子就抓住时机问他们一些偏僻怪诞的问题，如这个建筑物叫什么名字？那种花是属于什么科目的？那种讨厌劲谁见谁烦，甚至有一次气得最害怕考试的卡尔用椅子砸了他。

　　好在这个烦人的父亲活得并不长，在1913年就去世了。但在去世前，他却做了一件大事，以一位校长的身份将隆美尔推荐给了附近的伍尔登堡驻军。他在推荐信中极尽胡说八道之能事，说隆美尔"健壮、可靠，是一个很好的体操运动员"。他的这番做假之举连遭炮兵和工兵的拒绝，最后还是伍尔登堡的第124步兵团心地善良一些，同意接收了隆美尔。1910年7月19日，18岁的隆美尔终于挤进了军人的队伍。根据当时德国的军制，隆美尔在3个月后理所当然地被提升为下士，6个月后又成为军士。1911年3月，他被送进德国东北部的但泽皇家军官候补生学校进修。

1911年11月，经过了8个月的培训，隆美尔顺利地从军官候补生学校毕业，校长对他评价很高，说他"相当出色"，在体操、击剑和骑马等科目中做得很好，而且"性格倔强，有极大的意志力和满腔的热情，守纪律，时间观念强，自觉、友善，智力过人，有高度的责任感，是一个很能干的军人，只是体质方面差了点，身材中等，瘦弱，体格相当糟糕，而且很虚弱"。

1912年1月，隆美尔被授予中尉军衔。之后，他又回到了124步兵团，在此后的两年里，一直负责训练新兵的工作。

1914年3月1日，隆美尔这个已担任新兵训练员一年多的中尉军官，忽然得到一个机会暂时离开了他那种日复一日、无所变更的训练工作，被派往附近的乌尔姆第49野战炮兵团的一个炮兵连服役。

1914年8月1日，德国对俄国宣战。8月3日，德国又对法国宣战。8月4日，德国入侵比利时，同日，英国以德国侵犯比利时为借口，向德宣战。8月23日，日本对德宣战，8月25日又对奥匈宣战，第一次世界大战就这样爆发了。

这个时候，隆美尔正在乌尔姆的炮兵团中服役。1914年7月31日，是在隆美尔的记忆里刻下了很深印象的一天。清晨7点的时候，隆美尔所在的第49野战炮团第4连正走在乌尔姆古老的鹅卵石路上，他们迈着整齐的步伐，队列前头是团队的军乐队，高声鸣奏着《保卫莱茵》的乐曲，这首乐曲在狭窄的街道上空回响，路边所有的窗子都打开着，街区内的男女老幼都一起随着这首乐曲而唱和，那种场面和气氛使得这首乐曲更加雄壮。

当时，隆美尔正骑在马上，走在马拉大炮队列的最前面，还仅仅是一名排长的他，正迎着朝阳从训练场地上归来，在万千欢腾的人群的陪伴下返回营房。这是隆美尔在炮兵队伍中的最后一次操练，他已决定要返回到他原来所在的124步兵团去。

当隆美尔在勤务兵的帮助下，收拾好全部家当，乘着夜色回到124步兵团时，营区内正是一片非常严峻的氛围，士兵们全都穿上了土灰色的军装，在准备着开赴前线，参加战斗。第二天下午6点，全团搞了一次检阅活动，团长汉斯少校在检阅了这个团队后，向全团作了一篇热情洋溢的演说。随后，德国的全军动员令下发了，第一次世界大战就这样在他们不知所以然的情况下开始了。士兵们士气高昂且兴高采烈的欢呼声，在营地历尽沧桑的四壁内回荡，他们以共同的声音向上级保证，他们将以自己的行动证明，他们要忠于祖国且至死不渝。

当夜幕悄悄降临的时候，124步兵团接到上级的命令，乘火车前往德国的西部边境。在他们出发的时候，乐队为他们奏起了乐曲，前来欢送的德国平民聚集在一起，人山人海，欢呼雀跃。但隆美尔却没有加入这个行列，他有自己的事情不得不去办理。直到三天后，隆美尔才处理完一切，登上行程，并很快赶上了队伍。他们穿过斯瓦比亚那些美丽的河谷和草原，一路前行，沿途的迷人景色令他难以忘怀。所有的士兵们在行程中都唱着高昂的歌曲，并一路受到了沿途群众的热烈欢送，每到一个车站，人们都拿出最精美的水果、巧克力和面包欢迎他们，鼓励他们为了德国做出自己所能做出的最大的贡献。群众这种不可抑止的热情，极大地鼓舞了隆美尔。

火车到达科威汉姆的时候，隆美尔看到了他的家人。他的母亲、两个兄弟和妹妹，都来送行。但这次会面却只有几分钟，火车在此只停了一小会，便很快鸣笛起动了。隆美尔不得不与他的家人告别，他永远地记住了和家人的那最后一瞥和最后一次的握手。

当天夜里，火车跨过了莱茵河，德国的探照灯光柱划破了夜空，正在搜寻着敌人的飞机和飞艇。火车上的士兵已渐渐疲乏了，他们不再唱歌了，各自在自己的位置上，有的在座位上，有的在地板上，渐渐地进入了梦乡。但隆美尔却无法入眠，他一直站在机车的脚踏板上，凝视着机车锅炉敞开的炉膛，或者是盯着窗外宛如正在窃窃私语的夏夜，他在想，他还能在这次大战中活着回来吗？他还能再见到母亲和家人吗？

8月6日天很晚的时候，火车终于停下了。隆美尔走出狭小的车厢，感到有一种说不出的舒坦，终于到目的地了。这里是靠近法国边境的但登霍芬，隆美尔跟着队伍下车，又一路奔走，来到克鲁斯维勒。隆美尔不太喜欢这个地方，这里的街道和房屋都很脏，当地的人对这些前来"为了祖国而战"的士兵们也不太友好。但隆美尔他们并未在此停留，他们只是向前行走。8月7日，隆美尔跟随队伍已整整走了一天，当夜幕再次降临的时候，天公不作美，忽然下起了瓢泼大雨，士兵们的衣服都淋透了，身上的背包越来越重，甚至压得人喘不过气来。

这个时候，每个人都知道，他们已经离德法边境不远了，因为每个人都听到了在几公里外的边境线上传来的零星枪声。

8月4日，德国在西线向中立国比利时发起进攻。20日，德军拿下比利时后，兵分五路，直指法国北部。法英两国原本也研究过如何防止和阻挡可能发生的德军从比利时进攻法国的问题，但直到战争爆发后，也没有采取具体措施，所以，德军选择这一进攻路线，一路畅通。到9月3日，法国政府被迫撤出巴黎，迁往波尔多，英国军队也紧随其后，步步后撤。就在此时，德军总参谋长小毛奇削弱了西线的右纵队，从中调出两个步兵师和一个骑兵师前往东线抵御俄军，又留下四个师防守在比利时，并将另三个师调往法国边境执行封锁任务。

法军总参谋长霞飞抓住这一有利战机，于9月4日向德军发起反攻，双方在马恩河一带展开了不足5天的短暂决战，德军最终全线败退。这就是著名的马恩河第一次战役★，双方共有152万人参战，结果法军以死亡21,000人、受伤122,000人的代价换取了德军43,000人死亡和173,000人受伤的胜利，更为重要的是，它扭转了德进法退的战局。德军总参谋长小毛奇因此次战役中指挥失误而被解职，继任者是法尔肯海恩。此后，双方又进行了"奔向海岸"战斗，也就是争夺多佛尔海峡沿岸地区的战斗，但德军未能达到切断英法军队交通要道的目的。从12月起，西线战争进入了胶着状态，双方筑起战壕，由运动战转入阵地战，或你攻我守，或我攻你守，陷入了不能进也不能退的对峙僵局。

∧ 马恩河战役中德军的机关枪阵地。

★马恩河第一次战役

1914年8月法国边境之战后，法军部队和英国远征军于9月初撤至马恩河以南，在巴黎至凡尔登一线布防。法军总参谋长霞飞排兵布阵，准备实施反攻。德军总参谋长毛奇获悉法军即将反攻后，于9月4日命令部队在巴黎以东转入防御。但德第1集团军司令克卢克继续率军南下，形成有利于联军反击的态势。8日克卢克所部全部撤至马恩河北岸，法第5集团军和英远征军逼近马恩河，构成对德第1集团军的包围态势。会战终以德军失败结束。

∧ 马恩河战役中德军的炮兵阵地。

　　这种僵局在西线战场上一直持续到1917年，到了1918年才完全打破。

　　隆美尔就是在这种大的战争背景下，在法国战场上度过了两年多的时间。他曾为德军的一路前进而振奋不已，也曾为德军被迫败退而扼腕叹息。

　　但他一直坚信，服从指挥、忠于德皇，是自己不可推脱的职责。

　　1914年9月，正是法国向德国发起反攻的时候，隆美尔曾经用一支空步枪与三名法国士兵孤身奋战，这一英勇行动使他获得了平生第一枚战斗勋章：二级铁十字勋章。但他也为自己的英勇付出了代价，左腿被一颗步枪流弹打伤，并且不得不住进医院。直到1915年1月

< 1915年，中尉隆美尔伤愈后回到前线时在战壕中留影。

13日，他才从医院里出来，重新回到了124步兵团。

这时候，德法双方已进入了阵地战。124步兵团正陷在阿恭纳斯森林里，与法军进行着难解难分且疲惫不堪的堑壕战。两个星期后，隆美尔带着一队士兵主动向法军发起进攻，他们爬过100多米带刺的铁丝网，闯进了法军的主要阵地，并一口气攻占了法军的4个地堡，随后又凭借着这4个地堡打退了法军一个营的反攻，惹得法军愤怒异常，组织了一次更大规模的反攻。隆美尔知道不敌，便在法军反攻开始之前，带着手下的士兵顺利撤回了。在整个过程中，隆美尔的损失不足12个人。他的这一勇敢行动让他获得了另一枚更高的勋章：一级铁十字勋章。在124步兵团里，隆美尔是第一位获得如此高荣誉的中尉级军官。

随后不久，隆美尔再次负伤，还是伤在腿部，但这次是被弹片打伤的。此时正是1915年初，土耳其战场上的战争进行得尤为激烈，英俄军队与德土军队正打得热闹非凡。隆美尔很向往那样的战场，他不愿意总在西线这样的僵持状况的战争中浪费光阴，他希望自己能够前往土耳其，并为此做着积极的准备，甚至开始学起了土耳其语。但最终他却未能如愿以偿。

1915年10月，隆美尔被派往伍尔登堡山地营担任连指挥官。这是一个新建的营，为了适应战场的需要，这个营足足训练了一年的时间。因为随后东线战场上德军吃紧，俄军在1916年夏季进攻战役中，突破了德奥联军防线，向前推进了50～150公里，德军被迫从其他战场上再次调动兵力支持东线。于是，隆美尔所在营全营的6个步兵连和6个山地机枪排终于被调离了西线战场，他们去了罗马尼亚。

到1917年1月的时候，隆美尔因勇敢的作风被授权指挥一支执行冲锋任务的先遣队。这个先遣队是从各个山地连队中抽出3～7名士兵组成的。正是由于德军从其他战场上调来了这些增援力量，所以德奥军队在东线的情况得到了好转。

1917年3月，俄国内部发生了武装起义，沙皇统治被推翻，俄军的士气多少受到了影响，因此在1917年6月进攻战中，俄军仅取得了极为有限的突破，并随后在7月19日德奥联军反攻时被击退。德军在东线的临时胜利，使得先期前来支援的德国军队得以部分的撤出，隆美尔所在营又回到了法国前线。但德军很快又加大了对俄国的战争野心，准备从9月起，向里加方向进攻，直逼圣彼得堡。于是，隆美尔所在营很快又回到了俄国前线。

8月10日，隆美尔重新走上德俄战场的第三天，一颗子弹从他的背后穿过了左臂，隆美尔又受伤了。但这次他没有去医院。他舍不得离开战火纷飞的、真正意义上的战场，因此不顾自己的伤势，坚持战斗了两个星期。

也许正是由于隆美尔对战争的渴望感动了上天，所以上天给了他更多的战争机会。

1917年9月26日，隆美尔所在营被调往了欧洲战场上更为激烈的地区，即意大利北部。

>> 功勋奖章的荣誉

意大利参加第一次世界大战的时间相对较晚，它是在1915年5月23日才向奥匈帝国宣战的，目的是想乘机瓜分奥匈帝国的领土。意大利参战部队共有4个集团军35个师87万人，奥匈帝国主要采取防御态势，以20～25个师的力量防守在伊松佐河一带。意大利因为作战区域少，不用分散太多的兵力，所以将重点放在了对奥军的进攻上，而且规模越来越大。奥匈帝国招架不住，只好向盟友德国求助。1917年10月至12月，德奥联军对意军进行了伊松佐河战役的最后一战，即卡波雷托战役。

在这次战役中，奥军原有8个师，德军援助了个师，这15个师被合编为第14集团军。隆美尔正是随着德军援助的7个师来到意大利战场，并铸造了他在第一次世界大战中最大的一次辉煌。

意奥战场是个典型的山地战场，到处是高耸的山峰、无底的深谷、陡立的峭壁、盘旋的迷雾和湍急的河流，令人望而生畏。德奥联军的第一目标是攻陷伊松佐河南岸的意军防线。这条防线的制高点是由高耸入云的蒙特山、库克山、科罗弗拉山脊和1114号高地构成的。每个制高点上都有几万名意大利士兵和构造精良的大炮控制着。德军的最高指挥官许诺，在夺取这些制高点的过程中，如果表现得好，可以获得普鲁士军队的最高勋章，也就是人人艳羡的功勋奖章，这绝不是一级二级铁十字勋章可比的。所以，每一个德军基层挥官都跟疯了一般，为了这个最高荣誉而不惜一切代价。当然，隆美尔也是其中一个，而且他的欲望尤为强烈。

在隆美尔看来，这场战役中的第一枚功勋奖章本来就应该属于他。为了突破科罗弗拉阵地，德军进行的战斗异常剧烈。在进攻发起的那天夜里，隆美尔仔细侦察了意军的防御工程，并发现了一个突破口。第二天拂晓，隆美尔的先遣部队迅速插入了意军布防阵地的前沿，接下来仅用三个小时，隆美尔攻占了库克山。速度之快，使得意军发现德军出现的时候，顿时陷入一片恐慌。随之，意军的整个防线开始崩溃，德国步兵乘势从突破口一拥而入，占领了意军的这片阵地。

这样决定性的战斗贡献，隆美尔本应得到一枚功勋奖章，但这枚奖章却落到了费丁南德·舒尔纳中尉的手中，并且他还由此而荣升为上尉。舒尔纳拿到奖章的原因是由于他率先攻占了 1114 号高地。

但隆美尔对此种说法极其愤怒，不仅因为夺取 1114 号高地对战役没有决定性作用，而且他也不承认舒尔纳的才能，在攻占库克山的过程中，舒尔纳的部队在意大利的防御工事面前无能为力，而他仅仅用了三个小时就取得了决定性的胜利。德军高层这种不公正的做法，极大地伤害了隆美尔，他几乎要为此事而疯狂。

在战争结束后，隆美尔曾强烈要求官方军史家对这一段的军事记载做出适当的修改。他甚至主张有关的军史记载在以后的版本中提到舒尔纳时应写为"中尉"，而不是"上尉"，他认为舒尔纳根本就没有资格获得荣升。同时，他还建议德国政府对这段历史应该印制一份 14 页的补充说明，对他的功劳做出全面详尽的描写，要阐明 40 名意大利军官和 1,500 名士兵是怎样向隆美尔中尉投降的，以及意大利士兵又是怎样抢着拥抱他，怎样把他扛在肩上，为了隆美尔使他们脱离了战争而欢呼的。

但愤怒终归是愤怒，隆美尔很快就清醒地认识到，既然奖章已经决定颁发给舒尔纳，就决不会再给他。所以，他最理智的行动就是一定要夺得下一枚奖章。下一次，德军最高指挥官已明确做出了承诺，第一个登上意大利军队防守最高点的军官将获得下一枚功勋奖章，这个最高点就是高达 1,600 米的蒙特山。

隆美尔已从俘获的意军士兵口中得知，在蒙特山上还有

∧ 卡波雷托战役中，意大利军队炮兵向德军开火。

∨ 傲慢自负的意军总参谋长卡多尔纳，因卡波雷托战役失利而被撤职。

至少一个团的防守力量。随后，他带领着自己的士兵全速行军，经过几个小时的连续激战，黄昏时分，隆美尔终于来到了蒙特山最后一个山峰的脚下。意军在这里的防守十分严密，几乎每块岩石后面都埋伏着一名意大利士兵和一挺机枪。而此时的隆美尔已率队全速行军53个小时，他的部下早已疲惫不堪。但隆美尔坚持让大家悄无声息地爬近意军的阵地，随后进行了一阵突然且猛烈的机枪扫射。这阵扫射来势凶狠，在本来就充满着紧张的寂静里，真的把意军士兵吓住了，他们不知来了多少人，本能地向后撤逃，看到隆美尔已冲到他们面前时，只好一个接一个地投降了。

趁着这场胜利的余威，隆美尔一路往上攻，到第二天上午11点的时候，盘踞在最高峰的最后120个意大利士兵也投降了。10分钟后，隆美尔中尉无比神气地站立在蒙特山的顶峰上，命令旁边一名士兵打出一发白色、三发绿色的信号弹，宣告自己已胜利地占领了蒙特山。

可这一次隆美尔的愿望又落空了，第二天上级下达指示说，蒙特山是由另一名指挥官瓦尔特·斯奈伯攻克的，并因此而将第二枚功勋奖章授予了斯奈伯。

隆美尔听到这个指示时，气得几乎当场背过气去。随后，他向自己所在的营指挥官斯普诺塞诉说了不满。斯普诺塞也证实说，隆美尔的先遣队在蒙特山顶峰停留的那一个小时之内，连斯奈伯的影子都没有看到。可斯普诺塞的承认并不能消除隆美尔的怒火，他紧接着又直接向阿尔卑斯军司令官写了一份正式的控诉书，声称那枚功勋奖章的所有权是属于他的。可这份控诉书投出后如石沉大海，没有得到任何答复。

但失望和不满没有扑灭隆美尔的战斗热情，他是一个一冲到战场上就忘了一切的人，是个天生的战争机器。德军攻破意军的防线后，迅速地进入了追赶溃败的意军的战斗中。由于隆美尔所在营是第十四军团的先锋，而隆美尔指挥的先遣队又是他所在营的前锋，所以他一直冲在整个战线的最前方。

11月7日，隆美尔所在的部队攻克了一座高达1,400米的山峰，并连续抢占了几个重要隘口。之后，他们沿着一条又窄又深的沟壑杀向隆格诺恩镇，也就是整个意大利军队山地防御系统的中坚部分。他们攀过陡直的山岩路，跨过架在150米深的深壑上摇晃的桥梁，并清除了桥上每一个看得见的爆炸引信。当他们最后直奔向隆格诺恩时，遭到了对面步枪和机枪的猛烈射击。

隆美尔当机立断，带领一个连和一个机枪排迅速地渡过了皮尔弗河湍急的河水，与后来跟随着渡过河的部队在离隆格诺恩镇南端不远的岸边迅速地构起了阵地，并设好埋伏圈。在不到两个小时的时间内，这支小小的部队先后解除了800多名闯入这个埋伏圈的意大利士兵的武装。

夜幕降临后，隆美尔带着一小部分人冲进隆格诺恩镇，不料却误入了意大利机枪手防守的街垒。当时镇里一共驻有万余名意大利士兵，而隆美尔的小部队，包括他自己在内，一共只有25个人。面对如此悬殊的兵力对比，意大利人果断地开了火，隆美尔只好下令撤退，但已为时太晚，他的所有手下全部被俘，只有他一个人逃了出来。

很快，他与前来接应的先遣队后续部队重新会合，意大利士兵对他们发起了六次反击，但都被隆美尔的机枪手打回镇里去了。为了防止意军趁着黑夜进行翼侧包围，隆美尔放火烧了沿路的所有房屋，把整个战场照得一片通明。深夜时，斯普诺塞带着整个营赶到了，后面还跟着一个奥地利师的援军。隆美尔决定天一亮就发起进攻，但这次进攻却没有打成。

隆美尔带领先遣队出发不久，迎面却走来了昨夜被俘的舒菲尔中尉，他的后面跟着几百名意大利士兵，手中摇动着各式各样的旗子。舒菲尔带来了一条喜讯，意大利司令部已签署了投降令，隆格诺恩镇周围整整一个师的意大利部队全部投降了。

就这样，战争莫名其妙地中止了，整个卡波雷托战役结束了。

德军的胜利使得意大利的总参谋长卡多尔纳被撤职，同时，协约国吸取了这次战役失败的教训，成立了联合指挥部，即最高军事委员会，以协调协约国在各个战场上的军事行动。进入1918年后，协约国协调一致，发起了大规模的反攻，德国很快就变得无力反抗了，最终只好投降。

但隆美尔那个时候已不在前线战场上。隆格诺恩镇战斗成为他在第一次世界大战中的最后一战。在这场战斗结束后一个月，也就是1917年底，德皇威廉二世授予了他渴望已久的功勋奖章。嘉奖令上说：这是对隆美尔突破科罗弗拉防线、攻克蒙特山并占领隆格诺恩镇的奖赏。

隆美尔对获得这枚实在是来之不易的奖章惊喜无比。

这是一种镶金的灰蓝色珐琅质地的十字勋章,它闪动着耀眼夺目的光彩,系在一根银灰色的绶带上。在德国,曾经获得过这种勋章的大多数人,都是曾在时代背景下显耀一时的英雄。他恭恭敬敬地把它挂在了自己的脖子上。从此以后,在隆美尔的一生中,他几乎从没有将这枚勋章摘下来过。

1918年1月7日,隆美尔奉命离营休养,作为一位凯旋的英雄回到德国。不久,他被派往第64集团军司令部担任参谋。这个军驻守在佛日山脉的东面,主要任务是防守阿尔萨斯。尽管这意味着隆美尔的提升,但他对这份职务很不满意,他最希望的当然是在战场上拼杀,于是怀着极不愉快的心情恨恨地看着别人在战场上驰骋,看着德国成为战败国,看着威廉二世最终被赶下了德皇的位置。

>> 追随希特勒

1919年6月28日,各战胜国齐聚一堂,在巴黎的凡尔赛宫签署了对德和约,即《凡尔赛和约》★。1919年7月9日,魏玛共和国国民议会最终批准了《凡尔赛和约》。紧接下来,德国军人大批地被遣送回家,全国的军官只保留了4,000名。让隆美尔感到庆幸的是,他的名字恰恰在这4,000人的名单之内。

随后,隆美尔很快就随着新政府的指挥投入到镇压无产阶级的军事行动中去了。1920年春天,他参加了镇压蒙斯特兰和威斯伐尼亚起义的行动。在这次行动中,他表现得十分突出。他把消防用的水龙头当作机关炮一样使用,将强有力的水柱对准充满激情和狂热的革命者,使他们无法在冲击格姆德市议会的行动中获得成功。

1920年10月1日,隆美尔被调往驻斯图亚特的第13步兵团,并在那里担任了一名连长。在那里,他足足待了9年。这段时期,正是后来把欧洲搅得天翻地覆的法西斯狂热分子希特勒大踏步走上德国政治舞台的关键时期。

这段时期,魏玛共和国对《凡尔赛和约》的全盘接受,

★《凡尔赛和约》
第一次世界大战结束后,战胜国集团和战败国德国所签署的和约。1919年6月28日,在巴黎和会上由英法美日意等国与德国在法国首都巴黎西南凡尔赛宫签订。1920年1月20日正式生效。和约共包括15部分,440条。主要涉及国际联盟问题和对战败国德国的处理问题。以《凡尔赛和约》为主体的战胜国对战败国所签署的和约,构成了战后欧洲国际关系的新格局,对其后20年间的战后欧洲国际关系的发展和变化有着深远的影响。

∨ 签订《凡尔赛和约》的法国巴黎凡尔赛宫会址。

∧ 1923年11月8日，纳粹党头目希特勒（左二）发动慕尼黑啤酒馆暴动，以失败而告终。

遭到了多数德国人的反对，反魏玛政府的运动烽火四起。希特勒正是利用这个时机浮出水面的。

第一次世界大战爆发后，希特勒在德军中充当一名传令兵，离开军队时最高军衔还仅仅是陆军下士，谈不上风光，更无法同隆美尔取得的功绩相提并论。但他对德国的失败的痛心程度却高于别人，仇恨像野草一样在他的心中疯长。德国接受《凡尔赛和约》后，他四处奔走，高呼要打碎《凡尔赛和约》的口号，竭力煽动民族复仇主义。

1919年9月，希特勒在慕尼黑陆军参谋部的罗姆上尉引荐下，参加了具有强烈反犹太主义色彩的"德意志工人党"。1920年4月1日，希特勒将这个党改名为"民族社会主义德意志工人党"，即"纳粹党"，并将刚拟定不久的《二十五条纲领》确定为党纲。同时，他还制定了后来遭到全世界人民唾弃的纳粹党旗。

在希特勒的大肆宣扬下，纳粹党得到了迅速的发展，在1920年，纳粹党员仅有64人，

∧ 希特勒在兰茨贝格要塞监狱的房间。

到 1922 年，一下子增加到 6,000 人。1923 年 8 月，由于魏玛政府在赔款问题上对外妥协，民间的反抗运动再次出现高潮。11 月 8 日晚，希特勒在慕尼黑东南郊的比格布劳凯勒啤酒馆发动政变，宣称自己是德国政府的新总理，但很快即被镇压。希特勒逃往芬兰，11 月 11 日，他在那里被捕入狱。1924 年 4 月 1 日，根据慕尼黑人民法庭的判决，希特勒被监禁在慕尼黑以西 80 公里的兰茨贝格要塞监狱。在那里，希特勒写下了《我的奋斗》一书。同年 12 月 20 日，他被假释出狱。

出狱后，希特勒再次四处奔走，并于 1925 年 2 月 27 日重新组建了纳粹党。4 月 26 日，守旧的右倾保守势力代表人物兴登堡当选为德国总统，他的上台为以后纳粹党的发展提供了不可替代的条件。在此背景下，纳粹势力迅速地发展起来。为了扩大影响，希特勒建立了一大批群众组织，如1926年建立的"希特勒青年团"，1927年建立的"民族社会主义教师协会"，1929年建立的"德国民族社会主义医生联合会"和"德国文化战斗同盟"，以及"德国民族社会主义大学生联盟""民族社会主义妇女界协会"等。纳粹党的成员也在迅速增加，1925年底为27,000人，1926年为49,000人，1927年为72,000人，到了1928年9月已发展到80,000人。希特勒正在被越来越多的德国人所知晓。

可此时正闲待在斯图亚特第13步兵团里的隆美尔，却作为一个连长和自己手下的士兵们整天无聊地过着和平日子。在这9年里，他看了一些有关战争艺术的书籍，丰富了自己的知识。后来他又开始专注地研究起重机枪，成了一名熟练的射手和装弹手，然后又开始苦学内燃机的原理。平时，他给士兵们讲解社会风习，有时甚至还组织他们跳舞。这期间，他养了一条小狗，带着它到处疯跑。他把以前和妻子露西互通的书信翻出来，并由此又触发了集邮的兴趣。如果再有空余的时间，他就只有去空地里拉小提琴了。当然，拉小提琴对隆美尔来说是痛苦的，还不如拆摩托车痛快。所以，后来他又对自己的摩托车产生了好奇心，整天拆了装，装了又拆。即使无事可做，隆美尔仍认为，运动对人是最有好处的，不停地运动远远强于无事闲坐。他把自己的士兵们拉到山上去，教他们建滑雪小屋；又把他们拉到河边，教他们制造折叠船。

隆美尔不仅要求他的士兵们不停地运动，连自己的妻子露西也不让闲着。他让露西去河里游泳和划船，害得露西把腿游得一瘸一拐的，她向隆美尔抱怨说："我游泳就像一只铅做的鸭子。"在假期里，隆美尔又改变了主意，强拉着露西去滑雪，露西对这种艰苦的运动越来越厌烦。她干脆坐在雪地里不动，只是埋怨天气太冷。

没有战争的生活让隆美尔感到异常枯燥。偶尔，他坐在屋前，看着夕阳慢慢地落下西山，激起满天的血色红霞，不禁感慨万分。他回忆起第一次世界大战中意大利战场上的血战场面，那是多么激动人心的年代啊，他独自叹息。

1927年，隆美尔终于按捺不住，让露西坐在摩托车后座上，一路奔驰，披着仆仆风尘重新回到意大利，去游览当年他曾战斗过的地方。但德国人的侵略带给意大利的痛苦，使得所有的意大利人看见装着德国军装的人就充满了敌意。特别是当他们在隆格诺恩拍照的时候，愤怒的意大利人将隆美尔夫妇粗暴地赶了出来。

1928年，露西给隆美尔生了一个儿子，取名叫曼弗雷德，隆美尔的家庭生活更充实了。可他仍无法习惯这种没有战争的和平日子，他觉得自己这十年少壮时代的光阴已白白浪费，他已厌倦了这种平淡无奇的步兵团生活。

1929年9月，隆美尔所在营的营长为他写了一封推荐信。这个营长说，隆美尔有着"十分了不起的军事才能，尤其是对地形具有极其正确的判断力。他已经在曾经经历过的战斗中表明自己是个模范的战斗指挥官，并在培训和操练他的连队方面取得了良好的效果，这位军官身上的素质比他所表现出来，能让人看到的要多得多。他将会成为一名出色的军事教官"。

营长的这封信对隆美尔的前途起了很大的作用。1929年10月1日，隆美尔被派往德累斯顿步兵学院担任教官。

德累斯顿是德国南部的一座重要城市。隆美尔作为一名地位较低的教官来到这里的步兵学院。这是他命运的一个转折点，他自己对此认识得非常清楚，所以从一开始，他就对培训工作倾注了全部的精力。

隆美尔要培训的是那些即将成为连队指挥官的准中尉们。因为他们将来要直接去指挥那些冲锋陷阵的士兵们，所以隆美尔严厉地将自己的观念灌输给他们，很快他就成了德累斯顿最受欢迎的教官之一。人们把他称为"崎岖地形中小规模战斗的艺术家"，他把自己在第一次世界大战西线战场上打地堡战的方法，以及在罗马尼亚和意大利山地战斗中灵活使用机枪的绝招，都当成了教学材料。在教学中，他已明显感觉到了语言的乏力，因此一讲起课来，总是不到十分钟就要画一些战例图，并用投影仪将这些战例图投射到屏幕上让那些军官候补生们直观地去学习。

在隆美尔所有的课程中，候补生们更喜欢上的则是他有关蒙特山战斗的课程。隆美尔对这次战斗记忆深刻，他的基本战斗思想在那个时期已经初现雏形。同时，他也一直把这次战斗作为自己最值得骄傲的一部分。所以，在很多年以后，有人评论隆美尔时提到：只要你重视隆美尔攻克蒙特山的战斗，你就会了解他。他一直都是那时的那个中尉，总是仓促地做出决定，然后就会不假思索地去行动。

隆美尔在德累斯顿步兵学院的教学得到了广泛的认可。校长曾经这样评价他："他根据自己的战斗经验所讲述的战术课，不仅给学生提供了战术知识，而且也给他们在思想上提供了精神食粮，学生们很乐意听他讲课。"另一位高级教官则补充说："即使在精心挑选的军官群中，他也是出类拔萃的，他能够激励和唤起别人高昂的自信心。他是一流的步兵和战术教官，不仅能经常提出自己的建议，更重要的是能使每一个学生都有自己的性格。"

∧ 1933年，希特勒出任总理后与前总理（中）和外交大臣在一起。

自 1929 年以来，从美国开始的全球性经济危机很快袭击了整个世界，德国在这次严重危机的打击下，国内矛盾空前突出，政治局势又开始动荡起来。希特勒利用这个机会，再次掀起反魏玛政府宣传的新高潮，他一方面深入到中下阶层发展纳粹党的势力，另一方面又加紧与垄断资产阶级和国防军的勾结，纳粹势力得到了迅猛的发展，1930 年发展到 30 万人，1931 年底达到 80 万人。到了 1932 年，纳粹党人数已超过了 100 万人。随着纳粹党支持率的提高，他们开始进入国会内部，并逐渐地扩大他们的席位数目。

1932 年春，德国总统兴登堡任期已满，开始举行全国性的选举。希特勒十分重视这次机会，他深入各个阶层，漫天许诺，八方求援，但最终还是败给了兴登堡。兴登堡为了得到纳粹党在议会中的支持，又主动拉拢希特勒，为此，他频繁地解散国会重新进行选举，但由于希特勒想当德国总理的野心已充分暴露，他的支持率反而出现了下降的趋势。在此情况下，希特勒转而继续向垄断资产阶级和国防军求救，在他们的大力支持下，原总理被迫辞职，1933 年 1 月 30 日，兴登堡正式任命希特勒出任总理，组织内阁。

法西斯终于在德国取得胜利，魏玛共和国的时代结束了。

希特勒上台后，一方面，他导演"国会纵火案"★，取缔了共产党，以此减少来自国内的威胁；另一方面，则开始秘密筹划扩军备战的措施。这个来自奥地利的流浪汉如今终于有机会推行他为德国复仇的计划了。上台的第二天，他就高呼，要彻底撕碎《凡尔赛和约》。10 月份，希特勒又宣布德国退出日内瓦裁军会议。随后，一些军事工程相继被修建起来，德国军队迅速壮大，以前保留下来的军官纷纷受到提拔成了新军队的中坚力量。到 1935 年 3 月，德国重新实行普遍义务兵役制。希特勒最初的目标只是扩军到 36 个师，但到 1939 年的时候已经达到 98 个师。同时，军备生产也轰轰烈烈地开展起来了。

隆美尔就是希特勒扩军计划的直接受益者。1933 年 10 月，他被任命为德国中部哈兹山区驻在戈斯拉的第 17 步兵团第 3 营的指挥官，这个营又名"猎人营"。隆美尔刚到这

★**国会纵火案**

纳粹党阴谋策划的打击德国共产党和进步人士的一起严重事件。1933 年 2 月 27 日，国会议长戈林派柏林冲锋队队长带领一小队冲锋队员，通过戈林官邸的地下通道进入国会，放火焚烧了国会大厦。28 日，戈林发布公告，诬陷纵火事件是共产党发动武装起义的信号。德国政府开始大肆逮捕和迫害共产党员和进步人士。3 月 23 日，国会通过《授权法》，授予希特勒政府享有独裁权力。希特勒以此为契机建立起纳粹党的法西斯独裁政权。

∧ 被纳粹党蓄意焚毁的国会大厦。

里时，由于他个子很小，相貌不扬，来自于步兵学院，再加上他那一副天生体弱的模样，手下的军官们都想戏弄他一回，想先给他来个下马威。于是，这些人假装热情地邀请他一起爬上当地的一座高山，然后再从山顶滑雪而下。隆美尔欣然应允，并带着他们连续往返了三次，当他第四次面带笑容地邀请这些军官跟随他再往山上爬时，这些军官们全都面容惨淡地连声谢绝了。通过这件事，全营上下迅速地改变了对隆美尔的看法，对他佩服得五体投地。为了让"猎人营"更加名副其实，隆美尔要求营里的全体军官必须学会打猎，使追踪和厮杀成为他们天性中的一部分。隆美尔带着他们整天骑着马提着枪，在森林里东奔西跑，度过了他最开心的两年。

这期间的1934年9月30日，隆美尔平生第一次与希特勒在戈斯拉相遇。

< 1934年9月30日，隆美尔（前右）生平第一次见到了希特勒，并陪同他检阅了"猎人营"仪仗队。

当时，希特勒已上台一年多了，他通过根本的变革和新的经济措施，使德国的很多经济困难得到解决。为了进一步显示自己与群众的亲密关系，在一年一度的德国传统丰收节之前，希特勒来到了戈斯拉。

在这里，他先接见了一些农民代表，然后又视察了驻在这里的"猎人营"仪仗队。隆美尔作为这个营的指挥官，责无旁贷地成了希特勒的接待者。

由于这只是一次例行性的工作接触，再加上隆美尔那副稀松平常的长相，希特勒没有对他产生什么印象，而隆美尔却对希特勒极度敬佩起来。

1935年，隆美尔再次被调回学校担任教官。但这一次，他所去的学校可不是一般的学校，而是德国最有名的军事院校——波茨坦军事学院。这里是普鲁士军国主义的摇篮，也是他们的圣地，是德国历届政府中强权人物经常活动的场所，当然也是希特勒和他的党徒煽动民族复仇主义的重要基地之一。自希特勒1935年3月宣布实施普遍义务性兵役制度、大规模扩军的政策后，波茨坦军事学院散发出前所未有的生机，成千上万的新军官不断地拥向这里接受高级培训。

隆美尔带着露西和7岁的曼弗雷德移居这里后，每当站在陆军元帅大厅的讲台上看着那些出神地听着他讲课的学员们时，他都感到无比自豪，仿佛悬挂在四周墙壁上的那40张德国和普鲁士陆军元帅的油画肖像也正在用赞许的目光俯视着他。

在这里，他的个性和风格日益明显起来。他对反对每天进行两个小时体育训练的学员报以一阵咆哮式的大骂，对来这里的穿着红裤子的总参谋部官员的言行还以极不尊敬的态度，说他们"和大理石一样，圆滑、冷漠、心肠狠毒"；对一些学员向他引用克劳塞维茨的话时怒气冲冲："别去理会克劳塞维茨怎么想，怎么说，你自己到底有什么看法？"

但在课堂之外，隆美尔却和露西在波茨坦军事学院附近着十分安静的生活。他们和柏林社交界的名流几乎没有丝毫来往，也很少进出那些可用来炫耀社会地位的饭店和酒馆。隆美尔除了锻炼身体、骑马外，又对数学产生了强烈的爱好。他熟记对数表，几乎和当时著名的数学家不相上下，并且能够惊人地心算出任何随意抽出的十七位根数。

隆美尔在波茨坦军事学院停留的时间并不长，仅仅一年半。1936年9月，隆美尔作为一名上校成为了希特勒警卫部队的指挥官。

但这时的隆美尔仍然没有引起希特勒的注意。

有一天希特勒决定乘汽车出去兜一兜风，指示担任警卫部队指挥官的隆美尔，他的车后最多只许跟六辆车。隆美尔预先做好了准备，但等到希特勒的汽车开出来的时候，他发现在希特勒的公寓旁挤满了部长、将军、省长和他们的汽车，他们都想跟在希特勒的身后在大街上转几圈，抖抖自己的威风。隆美尔迅速地站好位置，让过最前面的六辆车后，果断地站在了路中央，命令那些兴致勃勃、刚发动起汽车的纳粹高官们停止前进。这些要员们极为愤怒，向隆美尔大声吼叫："你这个无法无天的小上校，我们要把这事报告给元首。"隆美尔回答："随便，但现在不行，我已经在前面路口停了两辆坦克，道路已被堵死。"

当天晚上，希特勒派人将隆美尔叫去，当面赞赏他执行命令的坚决果断。这是希特勒第一次注意到隆美尔。

这段时间，也是希特勒正得意的时候，他带领着德国已几乎摆脱了《凡尔赛和约》的限制。继1933年10月退出裁军会议和国际联盟后，德国又于1935年颁布了建立国防军的法令，当年3月16日，德国外交部在向英、法、波、意四国驻德大使递交了"关于重建国防力量法"的文本后，就公开声明，德国政府不再承认《凡尔赛和约》的军事条款。到1936年底，德国正规军已达到70~80万人，并已拥有1,500多辆坦克；空军也在加速扩建，400多处机场密布在全德国。通过英德海军协定而合法化的德国海军建设计划也正在实现之中。

1936年7月25日，德国再次对外动兵，伙同意大利一起对西班牙内乱进行了武装干涉。

★"柏林协定"

德国和意大利两国于1936年达成的一项重要秘密双边协议，也叫"柏林－罗马轴心"协定。1936年10月24日，意大利外交部长出访柏林，并与德国外交部长达成了一项秘密协定。其主要内容是：德国承认意大利兼并埃塞俄比亚，德意两国在重要的国际问题上将采取共同的方针，德意加强空军合作等。此协议的达成标志着德国和意大利两个法西斯国家的双边关系已达到新的阶段。

通过这次"合作"，希特勒与墨索里尼一下子亲密了起来，10月25日，两国签署了"柏林协定"★，为以后建立军事同盟奠定了基础。一个月后，即1936年11月25日，德国又与日本签署了"反共产国际协定"。三个法西斯国家被希特勒捏合在一起了。

战争即将到来。这是希特勒的计划，也是希特勒的预感。所以，他对德国军事的发展一直十分重视。1937年初，《步兵攻击》一书的出版，使希特勒再次将目光投向隆美尔。

《步兵攻击》是隆美尔根据他在波茨坦担任高级课程教官期间的授课教案整理而成的，这本书的出版正值德国军国主义空前高涨之际，因此受到了广泛的赞扬。该书一版再版，被认为是一部有关步兵教程的最好的书。隆美尔一夜之间成了畅销书作者。他不仅因此获得了大把的钞票，而且迅速地成为很多德国青年的崇拜偶像。为此，在1937年2月，隆美尔被指派了一项新的任务：担任希特勒青年团的领袖巴尔杜·冯·席腊赫的作战部特别联络官。

当时29岁的席腊赫已经是德国545万青年的领袖，他的这个组织负责向德国的青年人传授体育、文化以及纳粹哲学方面的知识，并对青年们进行半军事化训练。1937年4月，隆美尔第一次与席腊赫坐在了一起，年轻英俊、具有强烈西方化思维的席腊赫对这个相貌平平、土里土气的隆美尔印象不太好。因此，隆美尔与希特勒的这个宠儿合作得并不愉快，席腊赫经常在公开场合故意做一些让隆美尔不自在的事情。

有一次在戏院举行庆祝晚会时，席腊赫自己坐在第一排，却把隆美尔安排在了第二排。隆美尔直截了当地走到席腊赫旁边的一个空位上坐下，然后他大声宣告："在这里，我是德国军队的代表者，在我们这个国家，军队是第一位的。"

希特勒很欣赏隆美尔的这种作风，所以他跟席腊赫的对抗不仅没有毁了他的前程，反而使他获得了进一步的提升。不久，隆美尔被提拔为德国元首大本营的临时司令官，负责指挥警卫部队，成了希特勒的首席陪同者。由于与希特勒接触的机会增多，隆美尔很快就把这个

> 1937年，希特勒与意大利独裁者墨索里尼在一起。

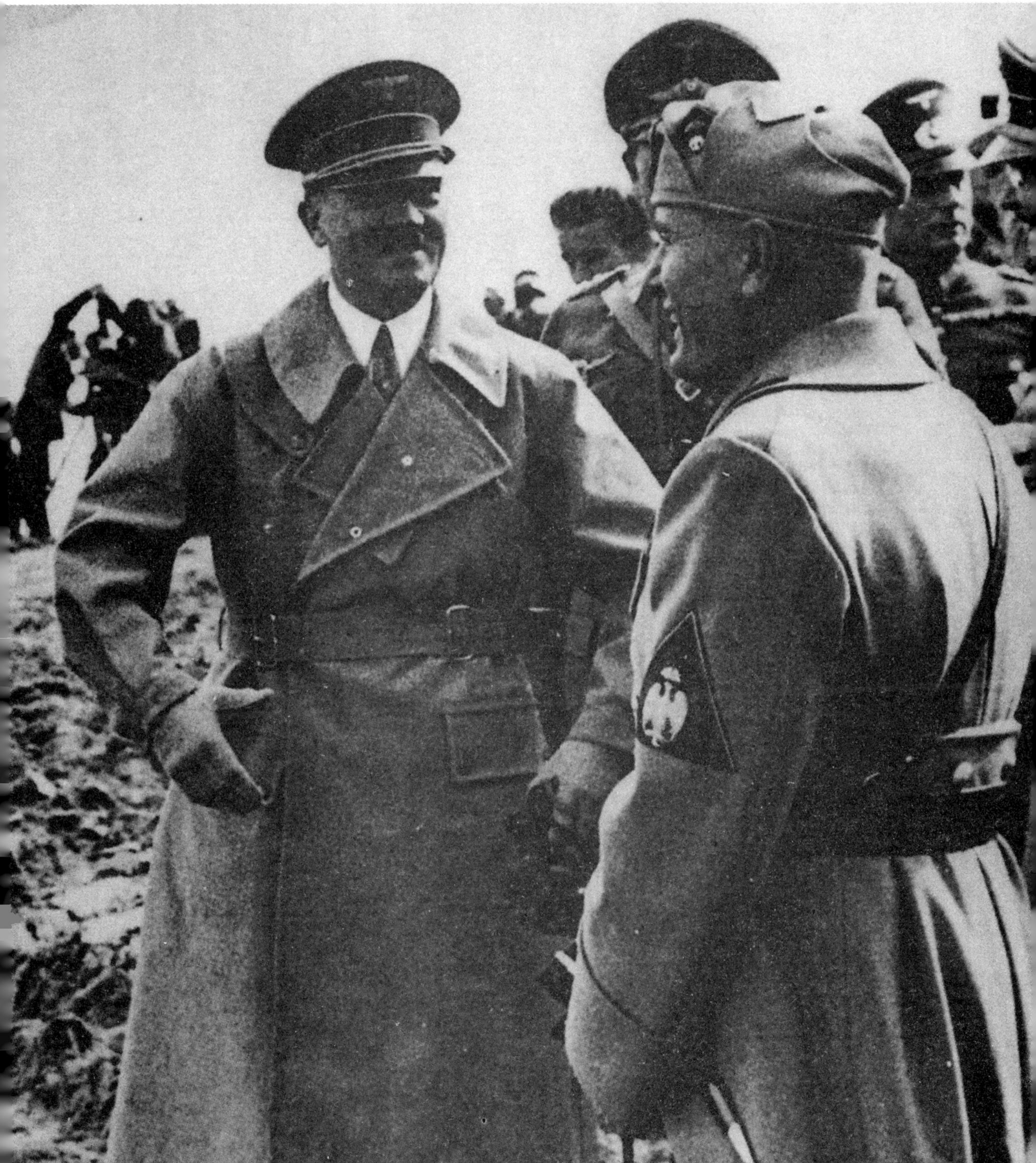

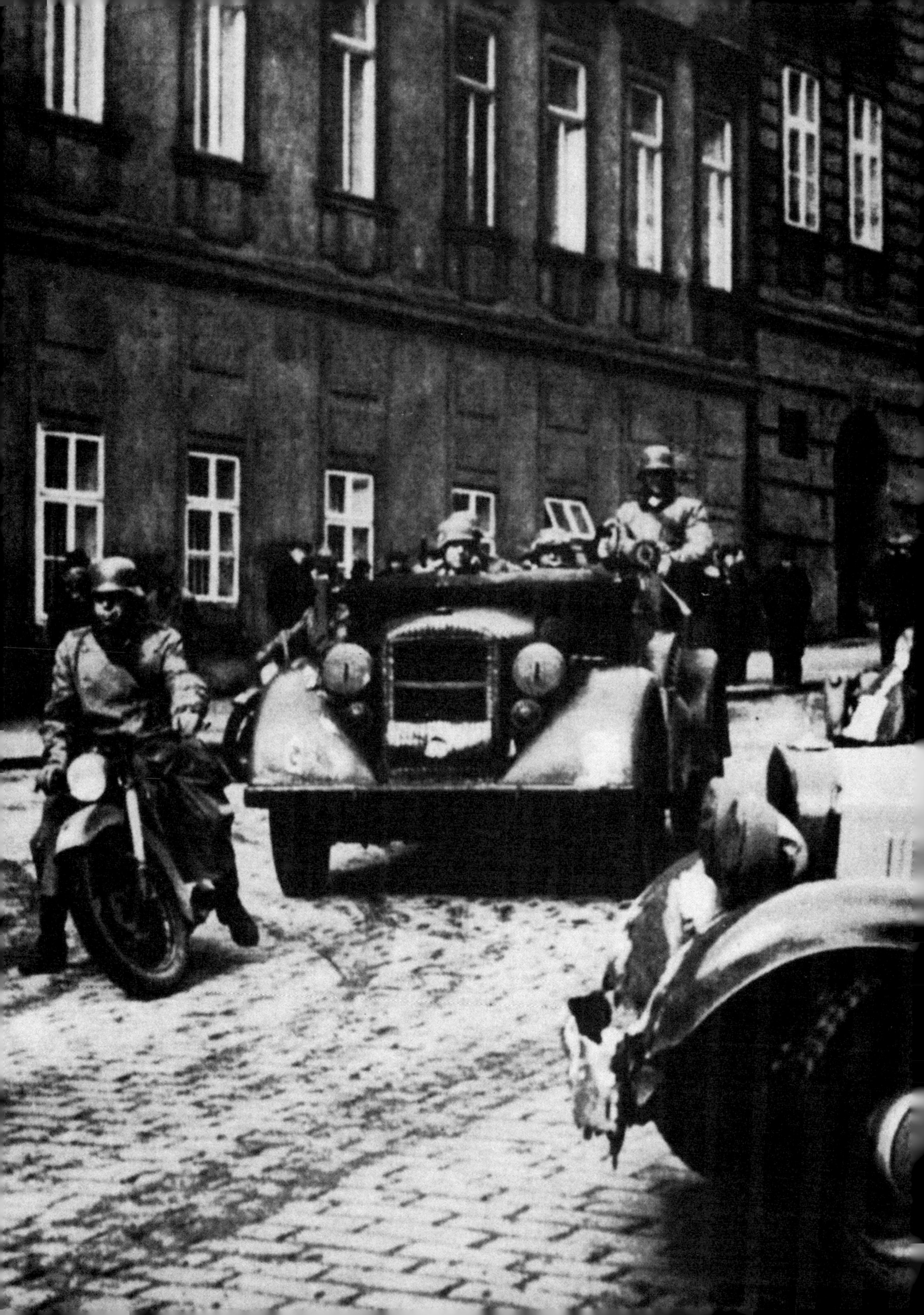

具有强烈种族主义色彩的好战分子，当作了自己心目中最完美的人物。这种崇拜无以复加，甚至他在写给朋友的私人明信片上的落款，也要先签上"嗨，希特勒"的字样，然后再写自己的名字。

在德国向外扩张期间，军队获得了前所未有的至高地位，他们跟随着希特勒极具煽动性的拳头涌向他所指向的每一个地方。隆美尔作为希特勒越来越器重的人物，也兴高采烈地紧随着希特勒的思维东奔西跑。

1938年，德国吞并奥地利后，希特勒将隆美尔派往新维也纳的马利德希亚军事学院任校长。隆美尔雄心勃勃，准备将这所学校办成全德国最新式的军事院校，可他在这里并没有安下心来，希特勒不断地给他打电话来，要他去负责一些临时而又重要的任务。

德军侵入布拉格和立陶宛时，隆美尔都在担任着希特勒元首大本营的指挥官。在德军进入布拉格的那个3月15日，天空中正飘落硕大的雪花，咆哮的寒风刀割般地打在人们的脸上。隆美尔率领元首大本营的第一批部队首批抵达捷克边境，当希特勒走下专用列车时，本该已到的党卫军警卫队却来迟了。

根据计划，希特勒接下来应换乘火车前往布拉格，然而装甲军指挥官埃里希·霍普纳将军却提议元首应该乘汽车直入布拉格，要让捷克人看一看谁才是这个国家的真正主人。于是，隆美尔立即做出了有关警卫部队的安排。事后，隆美尔回忆起这个片段时，曾自夸说："我就是那个劝希特勒驱车直入、前往布拉格的人，并且一路上都是他的私人护卫。我告诉他，除了沿着那条路长驱直入外，他没有别的选择。我使他顺从了我，并完全由我摆布，而且他一直没有忘记我向他提出过的那个忠告。"

当希特勒要求波兰归还但泽时，隆美尔显得极为欢欣鼓舞，他喜欢那个他在那里读过军校的美丽城市，他愿意为了让这个城市重新归回德国而战斗。一开始，他还以为希特勒只是想要回但泽，但随着国内宣传的强度加大，隆美尔感觉到：希特勒的目标绝不仅仅是但泽，他要拿整个波兰开刀了。

1939年8月初，隆美尔得到通知，要求他去打斑疹伤寒预防针。这是前往北方寒冷地区前的必经程序。他开始确信自己的感觉是正确的。8月22日，希特勒将隆美尔召到柏林，并明确告诉他：进攻波兰即将开始，他将被提升为将军并负责元首战时司令部的指挥工作。

隆美尔几乎压抑不住自己的兴奋。战争，他喜爱的战争真的要来了。他走到室外，迎着炽烈的阳光，满脸带着笑容，不禁擦了擦额头上的汗珠。

这真是一个炎热的夏天。

第二章
法西斯的马前卒

1891-1944 隆美尔

这支恐怖的装甲队伍呛哮着冲进法国村庄，熟睡的村民被雷鸣般的巨响惊醒过来，"哗"地打开窗户察看发生了什么事情。当发现是德军后，惊慌的百姓和法国士兵在沟渠里乱作一团，装满了各种家当的难民马车被逃远的主人扔在路上，德军的坦克从它们的上面一压而过，昂然自得地向前开去……

>> 平步青云的新贵

1939 年 8 月，欧洲出现了少有的酷暑天气，翻腾的热浪笼罩着柏林，萎靡不振的树叶懒洋洋地吊在枝头，空气中一丝微风也没有。

8 月 25 日下午 4 点 45 分，遵照希特勒的命令，隆美尔带领他的警卫营向巴德波尔辛前进。那是位于波美拉尼亚的一个小火车站，德国军队大批地涌入那里，准备在第二天发起大规模入侵波兰的战争。

隆美尔走在警卫营的最前面，他为自己刚刚被提升为将军而感到飘飘然。他想，这将是德国又一场增强民族自豪感的战争，这不会是大战，持续的时间至多也会在两个星期内结束。英国和法国绝不会为了一个小小的波兰而和德国撕破脸，即使撕破脸也无所谓，德国不再是魏玛时代那个懦弱的国家了，现在的德国可以轻而易举地对付像英国和法国这种二流角色的国家。只要有希特勒在，德国就不惧怕遇到任何障碍。

这个时候，隆美尔对希特勒已崇拜得五体投地，他被希特勒的纳粹哲学所折服。早在 1937 年和 1938 年，隆美尔曾两次出席纳粹向军队进行思想灌输的课程。1938 年 12 月 1 日，听完希特勒在作战部大厅里所作的秘密演说后，他曾十分赞许地记下了两句令他感动的话："今天的军人必须有政治远见，因为他必须随时准备为我们的新政治而战斗""德国军队是德国哲学生活所挥舞的利剑"。

自从担任元首大本营的警卫营指挥官以来，随着与希特勒直接接触的机会增多，隆美尔感到自己已深深地被希特勒的无穷魄力所吸引了。在他前往波兰的途中，还曾得意洋洋地向别人夸耀说："我经常和元首在一起，我们甚至进行十分亲密的讨论，更有意义的是，他对我特别信任，这远比提升我为将军更为重要。"

8 月 25 日晚上，隆美尔带领他的警卫营顺利抵达巴德波尔辛。但刚一到达就接到通知：总理府在两个小时前已打来电话，进攻波兰的计划向后推迟。

隆美尔立刻陷入迷惑不解之中，他一面让自己的部队去帮当地的农民收割庄稼，一面和其他的将军们热烈地探讨这次进攻命令突然停止的原因。但探讨和分析只能是捕风捉影，反而让他们更加焦躁不安起来。

8 月 27 日，隆美尔终于按捺不住，凭着他与元首的亲密关系，他决定乘飞机去柏林探问一下究竟发生了什么事情。可到了柏林之后，隆美尔除了获得与希特勒同桌进餐的特权外，没有得到任何新消息。

隆美尔悻悻地又回到了巴德波尔辛，陷入了焦急的等待中。

希特勒到底怎么了？已经决定的进攻为什么突然停止了？

实际上，早在 1939 年 8 月 23 日，希特勒就已制订好了在 8 月 26 日拂晓 4 点 30 分向波兰发起进攻的计划。8 月 25 日，德国外交部已通知驻在波兰、英国和法国的大使馆和领事馆，叫他们要求德国公民选择最快的路线离境。在柏林，这是天气极其闷热的一天，所有的人都好像热锅上的蚂蚁似的。这个大城市里到处都支起了高射炮，轰炸机群不断地从人们的头顶上掠过，朝着波兰的方向飞去。但在当天晚上6点钟发生的两件事却使希特勒大吃一惊，使他在他的部队按计划应当突破波兰国境之前不到24小时的时候缩了回来。

这两件事一件发生在伦敦，一件发生在罗马，相隔不足20分钟。从伦敦来的消息率先到达希特勒那里：英国和波兰签订了正式条约，两国如遇需要，将实行军事互助，以共同对付发起侵略行动的那个欧洲强国。这个消息明确地警告德国：如果德国入侵波兰，英国将站在波兰一边，共同向德国宣战。

∧> 在波兰边境集结的德军。

这个消息使得希特勒这个向来一意孤行的法西斯魔头犹豫起来了。俗语道：祸不单行。十几分钟后，一封墨索里尼从罗马送来的信，再次动摇了希特勒的决心。

墨索里尼在信中首先表示了他对苏德条约的"完全同意"和"对波兰问题的谅解"，然后阐述了意大利对德国入侵波兰的态度：如果德国进攻波兰，只是引起了局部冲突，意大利愿意根据德国的要求提供一切的政治援助和经济援助。但如果这次进攻引起了波兰的盟国对德国展开反攻，意大利将不会在军事方面采取行动，因为意大利在1942年之前无法在军事上准备就绪。除非德国能够立即向意大利提供军事物资和原料，

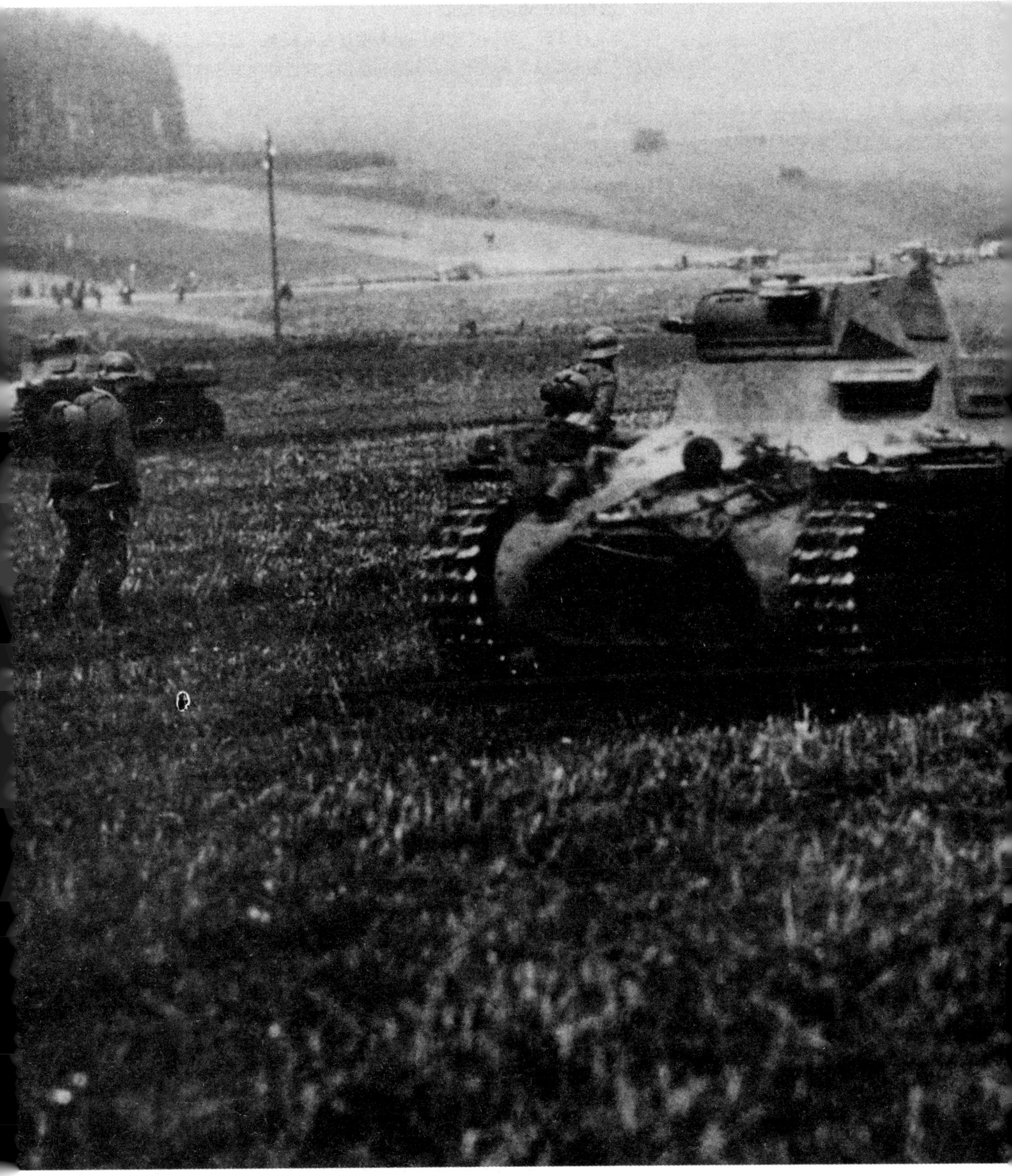

★英、法等国正式对德宣战

1939年9月3日，继纳粹德国闪电入侵波兰后，英、法两国对德宣战。在德国军队突破波兰后，法国和英国政府立即向第三帝国发出最后通牒："终止一切对波兰的侵略行动，并从波兰的领土上撤出军队，否则联合王国和法国将履行我们的义务。"9月3日，英国首相张伯伦郑重宣布英、法两国的军队将与希特勒的军队交战。英、法对德宣战，标志着第二次世界大战的全面爆发。

以抵抗法国和英国针对意大利的进攻，如果确实德国能够做到，意大利可以立即参战。

墨索里尼的这封信如一颗炸弹在希特勒的脑袋里开了花，气得他破口大骂墨索里尼是个背信弃义的小人。几分钟后，希特勒向前线下达命令：停止进攻，等待通知。

接下来的几天，希特勒与英国方面展开了无休止的会谈，以商定如何解决波兰问题。希特勒还不断地向英国和法国许诺，德国解决波兰问题后，不会对英国和法国采取军事行动。

随着会谈的进行，希特勒的一个预测越来越坚定，那就是：英法两国不会对德国入侵波兰采取军事行动。

8月31日中午，希特勒冒着天大的危险，再次下达了进攻波兰的命令。

当时，隆美尔正在巴德波尔辛火车站的候车室里，忽然电话铃响起，传来了来自柏林的命令：准备行动。稍晚一些时候，正式命令到达：9月1日凌晨4点45分，向波兰发起全线进攻。

9月1日凌晨，德国出动62个师、160万人、2,800辆坦克、6,000门火炮和迫击炮、约2,000架飞机，编为"南方"和"北方"两个集团军群，兵分三路，向波兰发起了闪电式进攻。

9月3日，英、法等国正式对德宣战★，第二次世界大战爆发了。

9月3日下午，希特勒发布了"第二号绝密作战指令"，规定德国军队把战争目标锁定在"迅速地、胜利地结束在波兰的战事"；至于西线，可以先让英国和法国挑起战衅，"对英国可以在海上展开攻击"。

事实上，英国和法国虽然对德宣战，但双方在陆地上却进入了静坐式的阵地战，英法军队爬入阵地之后，只是静静地坐在那里，根本不开一枪，仍然幻想德国在攻下波兰之后，可以将战争的枪口对准苏联这个新兴的社会主义国家。但他们想错了，希特勒为了避免两线作战，很快就向苏联发出照会，邀请苏联分享在波兰的部分利益。

3日晚9点，希特勒趾高气扬地乘火车开往波兰前线。

4日凌晨1点56分，希特勒乘坐的专用列车"美洲号"开进波兰前线的一个小火车站。15分钟后，希姆莱的指挥车"亨利克号"以及其他纳粹高级部长的车辆也相继抵达。

隆美尔立刻指挥部下戴上"元首大本营"的臂章，在整个车站布置了安全警戒线，高射炮兵也已各就各位。

隆美尔满怀崇敬地迎了上去。他希望希特勒对前线只是作一次正式的礼节性的访问，但出乎他意料的是，这位纳粹独裁者却在那里足足待了三个多星期。希特勒几乎每天都要钻进一辆半履带式装甲车驶往前线，穿过仍旧有波兰狙击手出没的森林，沿着留有波兰人遗弃的军用物资残骸的地带前进，来到塞恩河岸观看他的闪电部队过河。

于是，随行的隆美尔的视线同样接触到了战场上的每一个角落，他观察、评价、吸收、学习在自己过去的战斗中所不知道的那些战争装备和技巧，例如快速运动的坦克群和突击部队的使用，以及对敌军密集的后勤补给部队进行俯冲轰炸。

∧ 1939 年 9 月 1 日，德军越过德波边境，入侵波兰。

当时，隆美尔天真地认为，整个战争将会逐渐平息，一旦波兰完蛋，战争就不会再延续下去了。他相信在冬季来临之前自己就可以回家了，因为战争正在按照德国的计划进行着。

那些日子里，希特勒每天晚上都要召开一次冗长的军事会议，隆美尔被允许出席那些会议，所以他在那些会议上经常发表意见。他因为能够亲眼目睹希特勒处理问题的"那种坚决和果断"而感到万分高兴。私下里，隆美尔还经常和希特勒聊天，他认为他们的谈话十分投机。

到 9 月 17 日，波兰大势已去，德军合围了波兰的首都华沙。这一天，苏联也以保护西乌克兰和西白俄罗斯为由，兵分六路开入波兰，占领了波兰的东部地区。到 9 月下旬的时候，苏联与德国进一步协商，双方确定了以那累夫河—维斯瓦河—桑河一线为界的占领范围，德国通过与苏联合作的方式首先稳住了东线。

9月19日，希特勒声势浩大地进入了但泽。这是隆美尔终身难忘的地方，也是他和妻子露西初遇的城市，他为德国重新将但泽收归己有而感到自豪。希特勒在但泽的阿杜京夫·格尔德霍尔港大楼发表了洋洋得意又不可一世的广播讲话。隆美尔为此激动不已，他为自己身为一个德国人而骄傲。当晚，他趁着希特勒正处于狂喜之中的情绪，和他就军事问题谈了两个小时。隆美尔觉得，在这次谈话中希特勒待他极为友好，他甚至十分怀疑，战争结束后自己是否还会继续长期待在军事学院。

▽ 1939 年，德军在但泽发动袭击。

正是这种得宠的感觉，使得隆美尔飘飘然地狂傲起来。当希特勒访问波兰的丁尼亚港时，希特勒的随从们决定把车子开到水边去。由于当地街道狭窄，坡度陡斜，隆美尔又一次扮演起交通指挥的角色来，他唐突地下达命令："只有元首的车和另一辆警卫车可以开过去，其余的车辆都在原地等待。"他没有忘记在纽伦堡那次，正是由于他不畏权势的强硬指挥，得到希特勒第一次给予他的当面赞赏，他站在道路中央，确信每个人都会服从他的命令。

这时，紧跟在警卫车后的第三辆车已经启动，隆美尔跑过去，坚决地要求那辆车停下来。随后，他看到坐在车上的却是壮实的纳粹党魁马丁·鲍曼。鲍曼对隆美尔的做法十分不满，他一边大声嚷嚷一边做着手势，要求跟过去。可是隆美尔却一动也不动，"我是大本营的司令官，"他大声回应道，"这不是幼儿园出外游玩，你必须照我说的去做。"隆美尔的这种斥责，使鲍曼气得涨红了脸，他把这次屈辱足足牢记了5年。1944年当隆美尔被卷入暗杀希特勒的事件中后，鲍曼在促使希特勒做出让隆美尔自杀的决定中起到了关键的作用。

9月26日，希特勒离开了波兰，隆美尔也跟着一起回到了柏林。随后他和家人回到新维也纳的军事院校小住了几天。

在希特勒离开波兰的第二天，德军攻下了华沙，到9月30日，波兰战争结束了。

10月2日，隆美尔再次离开军事院校，乘飞机前往华沙去为希特勒的胜利阅兵典礼做准备。这时的华沙在隆美尔的眼中成了一个令人恐怖和讨厌的地方。街面上已经残破不堪，房屋十有八九都被烧成了枯架，商店消失了，里面的陈列品已荡然无存，店主们只好用木板把它堵上，城市里已经整整两天没水没电，也没有煤气和粮食，主要的大街均被街战时设置的街垒阻塞，老百姓的来往被隔断了。

10月5日，希特勒在华沙进行了两个小时的胜利阅兵。隆美尔在随后观看这次阅兵的新闻片时，看到了自己恰好站在希特勒的检阅台前露脸的情景。

10月6日，希特勒再次在国会发表了一通神话般的演说，并正式向英国和法国提出和平建议。这个时候，隆美尔已回到柏林的军营中，他感到战争已经结束了，正在幻想着自己很快就可以与露西欢聚了。但在第二天，希特勒在一次隆美尔也参加了的会议上说："如果德国要进攻西方的话，比利时也将是进攻的目标，因为这样才能使德国至关紧要的鲁

∧ 德军在波兰首都华沙举行阅兵式，希特勒向部队行举手礼。

尔工业区远离战争。"

这预示着希特勒将不会满足于对波兰的占有，隆美尔开始发现天气真的渐渐冷起来了。最后，他犹豫不决地让露西把他的冬服送到柏林来，以防自己突然被调到别的什么地方去。

>> 指挥装甲师

事情正如隆美尔到后来才慢慢察觉出来的那样，希特勒一直计划着在西线发起进攻，他已把下一个进攻目标定为比利时与荷兰。波兰战争结束后，希特勒于10月9日下达了第6号作战指令，定于11月12日入侵比、荷两国，此次行动计划的代号为"黄色方案"★。但由于德军在西线的准备还不充分和希特勒对此次计划实行方案的多次犹豫，发起进攻的命令从11月7日开始连续推迟了14次，正式进攻直到1940年5月中旬才开始。

为了给德军在西线发起进攻提供充分的理由，希特勒在11月8日首先制造了一起啤酒馆炸弹事件。

当天晚上，希特勒在慕尼黑的贝格勃劳凯勒酒馆为纪念1923年的啤酒馆政变，对党内的卫队战友们发表每年一度的演说。这次的演说比他往年的每一次都要短，在他讲完之后12分钟，预先安置在讲坛后面柱子内的一枚定时炸弹爆炸了，当场炸死7人，伤63人。这枚炸弹实际上是纳粹分子收买的格奥尔格·艾尔塞放置的，他是一个手艺高明的钟表匠、家具匠、电工兼补锅匠，纳粹分子告诉他，放这枚炸弹是为了搞掉希特勒身边几个不忠实的追随者，并答应事成之后给他一大笔钱，而且还会帮助他逃往瑞士。

但当时在场的隆美尔并不知道这个内幕，他因为希特勒的保安人员不曾严密地保卫这个独裁者而吓得目瞪口呆。"这是一个令人震惊的事件，"他认为，"在元首演说的地点覆盖着一米半深的碎石，由此可见爆炸的情形是多么可怕。如果爆炸目的真的成功，后果将不堪设想。"

第二天，德国的报纸开始利用这次事件大做文章，声称这桩"肮脏的勾当"是"英国特务机关"干的，有的报纸甚至指名提出就是英国首相张伯伦干的。

但令希特勒着急的是，虽然制造出了向英国人找碴的借口，却无法出动兵力，因为他的总参谋部一再地报告说准备尚不充分。到11月23日，希特勒显得焦急万分，他把所有的高级将领都召集到总理府，然后狠狠地将他们大骂了一通。这通在隆美尔看来"丝毫没有矫揉造作味道的言词"，最终直截了当地咒骂了总参谋部。

就在希特勒认为他的军队准备不积极的情况下，隆美尔挺身而出，向希特勒要求亲自带兵到最前线去冲锋陷阵，他希望自己能够指挥一个师。希特勒看到自己最近十分宠爱的这名新晋将军在这个时候如此忠心，感到高兴异常，他很快就把隆美尔的要求转到了德军总司令那里。总司令多方权衡，最后私下里建议，鉴于隆美尔曾在第一次世界大战的山地战中建立了卓越的功绩，可以让他去因斯布鲁克或者慕尼黑指挥一个山地师。但隆美尔不满意，他请求希特勒能够委派一个他更合适的工作，随后，他又委婉地提出自己希望去指挥一个装甲师。这个要求一提出，立刻遭到了总司令的拒绝：隆美尔仅仅是一个陆军军官，对坦克一窍不通，他怎么能够指挥一个装甲师呢？

∨　希特勒与手下高级将领商讨实施"黄色方案"。

★ "黄色方案"

德国灭亡波兰以后，开始准备进攻西欧。1939年10月9日，希特勒下达了第6号指令，后德国陆军总司令部拟订了代号为"黄色"的行动计划。这个作战计划实际上是第一次世界大战前德国"施利芬计划"的翻版，即通过比利时中部向法国首都巴黎实施主要突击。德军"A"集团军群司令曼施坦因建议改变计划，向阿登山区实施主要突击。在得到了希特勒的支持后，德国陆军总司令部修改作战计划并于1940年5月10日实施。

最后希特勒仍然站在隆美尔一边，他驳回了总司令理由非常充分的建议，要求总司令必须给隆美尔一个装甲师。

1940年2月，隆美尔收到了一封电报，让他在4天以后到莱茵河畔的巴特戈德斯贝格去指挥第7装甲师。

成了第7装甲师的新任指挥官后，隆美尔觉得自己因为担任希特勒的随从，生活悠闲而有些肌肉松弛了，他必须迅速地恢复体力。另外，在波兰时，由于一次明显的眩晕，他发现自己已得了心脏病。隆美尔希望慢跑能是一种有效的补药，所以每天清晨他要坚持6点钟准时起床，在10分钟内跑完1,600米。这对他昏昏欲睡的身体也是一种震动疗法，正如他自己所说的，"这是击退我内心想躺在床上、哪怕仅仅再躺十五分钟那种猪一样的思想的最好办法"。这种慢跑很快就成了隆美尔清晨生活中的一个固定组成部分，即使是狂风呼啸、寒雨淫淫，他也从不间断。

在差5分7点的时候，隆美尔又坐上了奔驰车，开出驻地，直接深入到士兵们中间去了。早在到第7装甲师的第一天，他的第一个命令就是让所有的团指挥官们休假，他说："在我自己掌握全部情况之前不需要你们。"7点钟，他准时地打开车上的收音机，收听来自德国和国外的新闻广播，直到中午12点30分，他才从军营里回到驻地吃饭。这一段时间，隆美尔感到身体健康、工作顺利。他为战争而准备着，他要让这个装甲师首先在精神上振奋起来。2月27日，到任不足20天，他就撤换了一个他不满意的营长，并要求这个营长必须在90分钟内离开营房。他希望他的这种做法会让其他人都紧张、振作起来。

到1940年4月，经过两个多月的学习和观察，隆美尔已经在有关坦克作战的理论和实践方面有了很高的造诣，他甚至还发展了某些将使敌人为之震惊的独特战术。他开始把自己的部下编成各种大小的队形，用快速的、熟练的无线电指挥方式进行越野、重炮轰击等科目的训练。

在此期间，隆美尔为了迅速增强第7装甲师的作战能力，显得非常繁忙。除了整天深入军队，研究坦克战法，每天晚上他还要向所有军官，包括排一级的军官在内，作一些简要的批示，然后回到办公室处理文件，直到23点才休息，而第二天早上还要按时在6点钟起床。

对隆美尔来说，第7装甲师投入战争之前的训练时间越来越少了。希特勒已经在西线动手了。

1940年4月2日，希特勒正式下发了代号为"威塞尔演习"的作战命令，决定在进攻比利时和荷兰之前，首先于4月9日进攻欧洲北端的丹麦和挪威，以确保德军进攻西欧时的北翼安全。

隆美尔密切关注着德国在欧洲北部的动向，他越来越清楚：进攻西欧的"黄色方案"不可能再推多久了。

根据编制，隆美尔的第7装甲师隶属于赫尔曼·霍特将军指挥的第15军，是该军的先头装甲部队，而第15军又是汉斯·冯·克鲁格将军指挥的第4军团的先头部队，所以，最终隆美尔的第7装甲师将在德军进攻比利时的过程中位于最前端。

为了在即将到来的战争中获得先机，隆美尔详细地观察了莱茵河附近所有通往比利时方向的道路，他把拟订中的前进路线都事先用"DG7"的字样标记出来，意即第7装甲师的快速前进路线。虽然这样做违反了总参谋部的有关规定，但隆美尔为了战胜其他的竞争者，仍是这样做了，他要以最快的速度冲在所有部队的最前面。

1940年5月9日下午1点45分，隆美尔正在和他所辖的第25团团长卢森堡上校站在训练场上，观察着坦克和火炮演习的时候，一封紧急密码电报送到了他的手上。这是希特勒的最新命令：西线进攻将于第二天的凌晨5点35分开始。

隆美尔发疯一般地冲回奔驰车上，飞快地返回了戈德斯贝尔驻地，向全师发出命令：第7装甲师黄昏时分动身出发，开向比利时。

5月9日傍晚，隆美尔乘坐一辆装甲指挥车飞一般地开到他很早以前就已标记好了的快速进攻道路上。但在此时，这里已是一片混乱，第7装甲师根本就无法到达指定地点，另一个集团军的队伍则乱糟糟地塞满了隆美尔事先设计的出发地点，争先恐后的人群相互牵制，结果谁也无法前进一步。直到夜里23点40分，第7装甲师的最后一批步兵才到达指定位置。

焦急的隆美尔早已带着先头部队冲了出去。德军又一次使用了闪电式进攻，比利时根本没来得及做出反应，他们的军队正在酣睡之中，成群的德国飞机已轰炸了他们的机场、铁路枢纽、重兵集结地区和重要城市。所以，第7装甲师的前方并没有比利时军队的阻击，只有他们以前修建的一些障碍，封锁了所有的道路和森林小径，公路被炸满了深坑，但这些都无法阻挡德军坦克的前进，隆美尔很快就冲了过去。当东方的曙光轻描淡写地升起时，隆美尔的队伍已跨过了比利时的前线。

惊惶失措的比利时军队没有与德军进行正面对抗，他们在距德军很远的地方就开始撤走了，并顺路炸掉一些桥梁和重要设施。隆美尔率领的第7装甲师以非常危险的高速度，发狂似地沿着快速进攻道路的方向往纵深处冲锋。在他的大脑中，这时只有三个词在闪烁，那就是他在《步兵攻击》中强调的"进攻，进攻，进攻"。他不怕暴露翼侧和后方的危险，只是大胆地向前推进，他认为快速进攻给对手在精神上造成的打击，能够大大补偿这种危险带来的损失。

隆美尔的第7装甲师就像一柄长长的利剑，直接插入对方的防线深处。有时由于前进得太快，竟远远脱离了第4集团军的拳头，但他仍然我行我素地沿着快速进攻道路全速前进，仅仅与后面的后勤补给部队保持着单线的联系。只要对方抓住时机，从翼侧或后方进行一次迅速坚决的进攻，隆美尔的这根指头就将毫无疑问地被切断，但正如隆美尔事先估计到的，对方由于过度恐慌和混乱，根本不可能采取果断的行动。

隆美尔一直冲在装甲师的最前面。他乘坐的指挥车是一辆经过特殊改装M3型坦克，有时他又换乘卢森堡上校的M4型坦克，还有些时候，他会乘坐集团军的斯托奇轻型侦察机飞

∧ 在西线集结的德军装甲部队。

∧ 隆美尔指挥部队渡过马斯河。

越战场上空,再降落在自己的前导坦克群中。

　　5月12日晚,隆美尔经过两天多的长途奔袭,突破了阿登山区,终于抵达马斯河畔。由于这里是从比利时进入法国的最重要的天然防线之一,他遭到了法军的拼死抵抗,而且河上的桥梁已被法军炸掉。隆美尔被迫进行渡河作战。5月13日清晨4点30分,第7装甲师部分队伍开始利用橡皮艇强行渡河,在法军的猛烈火力打击下,德军伤亡惨重,渡河行动被迫终止。在这次行动中,隆美尔由于不停地高声呼喊,下达命令,最后嗓子都已经嘶哑了。随后,他又调集了所有可以找得到的坦克和大炮,向对岸的法军藏身处进行了密集、高强度的疯狂轰击。在法军强大火力受到压制的情况下,他冒着法军小股火力的射击,身先士卒,于当天下午终于过了河,并与后续部队一起,打退了法军一次又一次的反扑。

　　13日夜里,当隆美尔的反坦克炮和坦克最终渡过100多米宽的马斯河后,第7装甲师继续风驰电掣,横扫弗拉威和菲利普维尔城,滚滚向前推进。

　　1940年5月16日,隆美尔的装甲师推进到了切丰特恩森林,法军在这里建筑了前沿工事。经过这座森林,将是马奇诺防线★的地堡区,突破了马奇诺防线,就进入了法国。隆美尔想尽快地闯过这片森林,以便直接攻占地堡区,进入法国。但是一旦与森林中的前沿阵地发生交火,势必将引起地堡区法军的警惕,那样将会给进攻地堡带来更大的困难。为了避免这种情况,隆美尔很快就想出了一条诡计,并且得到了第4集团军司令的批准。隆美尔向全师下达命令,要求所有的坦克乘员,包括炮手、装弹手、指挥官和电报员全都爬出坦克车,坐在车身上,手持白旗随着坦克的前进而拼命摇动,隆美尔自己也坐在了坦克外边。防守在森林里的法军被这支庆祝狂欢节似的队伍搞得莫名其妙,他们傻呆呆地看着这队坦克从身边开过去,却不知所措。

成功地穿过森林后，隆美尔立即要求最后一个营掉转头去，以防法军明白过来之后发起进攻，而其余的大部队则在森林掩护下迅速地编好战斗队形，直接杀向地堡区。隆美尔坦克仍然冲锋在最前面，他命令炮兵向地堡区发起猛烈的轰击，并让工兵们借助炮火的烟幕迅速实施爆破。法军地堡在德国重磅炸弹的爆炸声中纷纷陷落。子夜时分，隆美尔命令先头坦克用炮火和机枪加强进攻火力，以防法军在前方埋设地雷，同时，从后面跟进的坦克要不断地向道路两旁猛扫，以保护最后面乘坐汽车的步兵部队的安全。

　　这支恐怖的队伍咆哮着冲进法国的村庄，熟睡的村民被这雷鸣般的巨响惊醒过来，"哗"地打开窗子来观察究竟发生了什么事。当发现德军后，惊惶的百姓和法国士兵在沟渠里乱作一团。装满了各种家当的难民马车被已经逃远的主人扔在路上，德军坦克的履带在它们上面一压而过，昂然自得地向前方开去。

∧ 隆美尔指挥的德军第7装甲师从法国北部长驱直入。

★马奇诺防线

法国于第二次世界大战前构筑的一整套永备筑城工事配系，位于法国与德国、卢森堡和比利时毗连的边境线一带。防线于1929年开始兴建，1936年竣工，以后又不断加以改进。防线以当时的法国陆军部长马奇诺的名字命名，其总长度为400公里，纵深6～8公里，配置5,600个永备发射工事。在第二次世界大战中，德国军队于1940年在该防线尚未完成的北翼突破法军正面，进抵防线后方。战后，马奇诺防线的大多工事被改作军事仓库。

法国人万万没有想到，他们曾寄予极大希望的马奇诺防线竟然被隆美尔的第7装甲师如此摧枯拉朽般地一踏而过了。"在我们前面，一马平川的乡村暴露在苍白的月光下，我们突破了，突破了马奇诺防线。"已进入法国的隆美尔显得兴奋异常，"22年前，我们曾经花了4年半的漫长时间，来和同一个敌人殊死搏斗，虽然打了不少胜仗，但还是以惨败告终。而今我们已突破了举世闻名的马奇诺防线，并正在向法国的腹地推进。这不再是美丽的幻想，而是千真万确的事实。"

当天夜里，隆美尔的第7装甲师在法国境内继续向前推进了60公里，而右翼的友军，坦克装备要比隆美尔好得多的第5装甲师，却已整整落在隆美尔后面50公里了。

>> 一路狂飙

5月17日凌晨4点，隆美尔抵达了阿韦纳。一路狂奔的装甲队伍终于停了下来，原地进行短暂的休整。

隆美尔的指挥车一直穿过阿韦纳小城开到东面的小山上，等待第7装甲师的其余部队赶上来。但等了好一会儿，仍然不见动静，只好派出汉克中尉乘坐M4型坦克，顺原路返回，让掉队的士兵们迅速跟上。

大约一个小时后，坦克引擎和履带滚动的声音在队伍的后面响了起来。隆美尔以为这是其余部队跟上来了，于是下令继续前进。

但隆美尔猜错了，从后面跟上来的坦克实际上是法国的一支重型坦克部队，他们一直在隆美尔的后方向前反攻，已经摧毁了很多辆德军坦克。好在开往后方接应的汉克中尉恰恰与这支法国重型坦克部队相遇，汉克中尉有德国M4型坦克的优势，单枪匹马地打退了这支法国部队，这才没有给隆美尔的后方造成更多的损失。

这个情况隆美尔当时还不知道，他正在狂热地前进之中。他先用无线电向全师发出了有关下一步计划的命令，但没有收到任何回答。于是他临时决定，在天亮前先冲过前面20公里处横跨德雷斯的桑布尔大桥。清晨5点15分的时候，装甲部队起动了，后面紧跟着隆美尔的摩托化营。

由于补给没有跟上来，为了节省弹药，隆美尔下令尽量少开炮，只管往前冲。但这时的法军已经被莫名其妙的失败弄昏了头脑，他们见到德军的队伍冲过来，就纷纷举起双手，根本不去考虑自己的力量是否比来敌更强大。

5月17日6点多的时候，隆美尔冲入了法国的另一座小城市莱喀陶。由于推进太快，他发现他的部队又断断续续地落在了后面，于是隆美尔跳进一辆通讯车和汉克中尉一起，在一辆M3型坦克的掩护下沿原路回去收拢队伍。当他们行进到马尔巴斯东侧的时候，一辆法军小汽车飞快从右边的岔道上驶出来，上了隆美尔的装甲车道，小汽车后面跟着一条长蛇般的车队，扬起漫天的尘埃。隆美尔挥动旗帜挡住最前面的小汽车，一个法国军官走了出来举手投降。这时，汉克中尉已持枪站在卡车队伍的前面，隆美尔则站在了路口上打着手势命令后面的卡车投降。

法军卡车一辆接一辆地从烟尘中钻出来，纷纷放下了武器。当最后一辆卡车出来后，隆美尔自己也快要吓呆了，居然整整是40辆，而且很多卡车上都坐着机枪手，正架着机枪防备着空袭。他们中只要有一个人勇敢地打响第一枪，隆美尔他们这几个人立即就会被击毙。隆美尔不敢拖延，马上将他们带往了阿韦纳。

到下午大约4点钟的时候，第7装甲师的掉队士兵们才断断续续地跟了上来。在5月16日至17日的作战中，隆美尔以死伤94人的代价，收容了近万名法军俘虏，缴获坦克100余辆、装甲运兵车30辆、火炮27门。

这一段时间，隆美尔亲自带头，一直冲在最前面。一些四处漫游的德国战地记者发现他们根本就不能赶上隆美尔，他总是走在至少离这些记者们15公里以外的地方，即使法国部队插入到他正担任前锋的小股部队和装甲师主力之间，也无法阻止他冲锋在最前面。

正是由于德国战地记者根本跟不上隆美尔，同时也是为了加大对希特勒这员宠将的宣传，德国宣传部长戈培尔送给隆美尔一架照相机。从此以后，这架照相机一直陪伴着隆美尔在第一次世界大战中获得的那枚功勋奖章，成了他脖子上的原装配件之一。隆美尔用这架相机拍了数不清的照片，包括他的装甲师编队驶过法国战场、步履艰难的法国俘虏列队前行、难民们坐在马车旁神情迷惑，以及被解除武装后正穿着短裤举手投降的法国士兵等。

隆美尔的这种战术使总参谋部感到十分震惊，甚至引起了希特勒本人的担心，但隆美尔的队伍却一直在神速前进。

5月18日，隆美尔到达兰德雷斯。在那里，他必须闯过一片延伸得很长的森林，里面隐藏着法军一个防守严密的巨大弹药库。为了避免长时间的激战，隆美尔故伎重演，又一

∧ 德军装甲部队向前推进途中。

次施展了全体坦克成员坐在坦克外面摆动白旗的诡计。法国人又一次目瞪口呆地站在一边，心甘情愿地听从德军坦克指挥官们喊着"停战、投降"的口号一晃而过。

在森林的另一头是波美鲁尔村。隆美尔命令他的所有坦克在村外的山上排列成一个"刺猬"形的阵形。他指着在遥远的地平线上若隐若现的法国北方重镇勒卡特城，对他手下的指挥官们喊道："从这一刻起，你们的进军路线是勒卡特－阿拉斯－亚眠－鲁昂－勒阿弗尔。"紧接着，他的手用力一挥，"加足马力，前进！"

隆美尔的话使他手下的军官们吃惊万分，勒阿弗尔位于英吉利海峡沿岸，还有很远的征程，而他们几乎有一个星期没睡觉了。

但隆美尔的命令不容怀疑，整个装甲部队只好前行。不久，他们的刺猬形坦克阵就遭到了法国军队的进攻，情况更为糟糕的是，坦克的汽油即将用完。过了好一阵，隆美尔才明白过来其原因之所在，他的队伍拉得太长了，前锋部队已快冲到了英吉利海峡，可他的后勤部队目前还没有开出比利时境内。他的参谋长奥托·海德埃珀由于无法得到他在前方的任何音讯，就发出一份报告说他失踪了，无法给他们供应燃料。在这种情况下，隆美尔只能凭着运气与法军苦战，最终由于法军过于疲惫，放松了对隆美尔的钳制，才使他得以逃脱。但海德埃珀的有关推论却使希特勒的部下大为震惊。后来希特勒亲自传话给隆美尔说："你的突袭使我一夜不能成寐，我百思不解，你是怎样从法军的那个陷阱中解脱出来。"

接下来，隆美尔向康布雷发起了新的进攻，但几乎没有遇到任何反抗。5月19日，他俘虏了650名法军士兵，第二天又俘虏了500多。

也就在同一天，隆美尔在阿拉斯第一次碰上了在法国领土上作战的英国军队。

5月21日，隆美尔陷入了困境，他的步兵和大炮面临着一种无法阻止的新型英式坦克，一种缓慢、笨重，然而却装备着重型装甲的"马蒂尔达"II型坦克，德军37毫米口径的大炮对它无济于事，发出的炮弹打在坦克上都被弹了起来，而坦克上只是留下了几个白色印记而已。这种英国坦克肆无忌惮地向德军开炮，吓得德军的炮兵四处奔逃。

∧ 正在集结的德军装甲部队。

　　虽然此时隆美尔也有些精疲力竭的感觉，但他丝毫没有在他的属下面前表露出来。他亲自指挥着火炮队伍，向步步逼近的"马蒂尔达"坦克射击。他从痛苦的经验中发现，只有88毫米口径的重型高射炮才能有效地阻止这些钢铁巨兽。他不顾炮兵指挥官们提出的射程太大的反对意见，命令他们必须一炮接一炮不停地射击。就在这时，他的副官莫斯特中尉在离他不到一米远的地方阵亡了，但隆美尔连挪都没挪动一下。他的这种做法极大地激励了他的部下们，经过一天的艰苦战斗，终于打退了英军坦克的进攻。在这一天的战斗中，隆美尔共损失了388人，是全师开战以来伤亡总和的4倍，同时还损失了30辆坦克。

　　与英军的这一战给他留下了深刻的印象。

　　经过阿拉斯的血战后，第7装甲师终于作了短暂的休整，对装备进行了维修，坦克加足了油，人人都写了家信。隆美尔正准备鼓舞士气，发起新的进攻时，突然接到希特勒的命令：所有装甲部队暂时停止前进。

　　希特勒的这道命令使得德军风卷残云的攻势忽然停顿了，英军紧紧抓住这个千载难逢的有利时机，于5月26日18时57分，开始执行代号为"发电机"的撤退计划。英国海军部筹集了693艘舰船，加上盟国的船只，共有860艘之多。从5月26日开始到6月4日结束，短短10天中，一共有338,226人绝处逢生，撤回了英国。其中英军有21．5万人，法军12．3万人，还有少量的比利时部队。在撤退中，

243 艘船只被击沉, 英军的重型武器和军用物资损失严重。但是, 英军在危在旦夕的关键时刻, 却成功地保留了一支训练有素的军队, 后来这些部队成为解放欧洲大陆的盟军核心力量。

这次成功的大撤退, 在历史上被称为"敦刻尔克的奇迹"★。

5月26日晚上, 希特勒撤销了他那道犯了重大错误的命令后, 隆美尔立即驱师北进。为此, 他必须首先要抢渡横在面前的那条源于拉巴希一直向东流的运河。在坦克和炮火的密集进攻下, 德军很快就摧毁了一座跨越运河的桥头堡。他的一个步兵团迅速地跨过运河, 可是由于在他右翼的机枪营被对方的密集火力压制住了, 跨过运河的步兵团无法建立有利的据点。

隆美尔立即火冒三丈, 他大骂那个机枪营对英军狙击部队战斗不力, 然后自己登上铁路路基, 笔直地站在英军的炮火之中给他的反坦克炮连指明射击目标, 并监督工兵营立即架设两座重达16吨的浮桥。在这个过程中, 出现了神话般的一幕, 反坦克炮连的炮长和炮兵指挥官一个接一个地在英军的狙击中中弹倒地, 而且全是被击中头部, 然而隆美尔却依然站在铁路路基的顶部, 而且他仿佛丝毫不受英军狙击火

> 在敦刻尔克等待乘船撤退的英军士兵。

★ **"敦刻尔克的奇迹"**

1940年5月10日, 德国法西斯向西欧发起了全面进攻。5月底, 德军将英法联军约40个师包围在比、法边境的敦刻尔克地区。5月26日, 英国海军开始执行从敦刻尔克撤退的"发电机"计划。这是第二次世界大战全面爆发以后, 盟军被迫采取的一次重大撤退行动。至6月4日, 共运走英军22万人, 法军8万余人及少数比利时军队。在这次撤退中, 盟军虽然遭受了损失, 但毕竟保存了有生力量, 为日后反攻欧洲大陆奠定了基础。

力的影响。当时，目击了这一幕的所有人都觉得这是极其不可思议的场面。

5月27日下午，在隆美尔的指挥下，德军对面沿岸300～600米内的民房和英军工事全部被摧毁，两座浮桥终于架起，第7装甲师的坦克、火炮和步兵蜂拥般冲向对岸。

这时，第4集团军军长霍特下达了新的命令，将第5装甲师的两个坦克团调给隆美尔，并让他在即将进攻里尔城的战斗中担任指挥。这两个团的调入对隆美尔来说，不啻于天降神力，他们装备的大批崭新的坦克决非隆美尔手下的坦克所能相比，其装备之精良曾给隆美尔留下了深刻的印象。接到命令后，隆美尔立即把两个师的坦克指挥官召集在一起，开了一次协调会。

下午6点，隆美尔开始自运河起向东北方向推进，锋头直指法国重镇里尔。

里尔是法国最大的工业城市之一，隆美尔决心第一个到达那里。当他的装甲部队抵达当天的临时目标时，他听说和他竞争的那些师夜里打算就地宿营，于是他兴冲冲地决定继续前进，遂向全师发出命令："上车！发动引擎，前进！"

5月28日凌晨1点40分，隆美尔的部队已经封锁住了里尔城西面的出口，4时左右，他们与该城向西突围的法军展开了激战。随后赶来的友邻部队不知第7装甲师已先行到了这里，一阵炮火急袭，隆美尔的侦察营长厄德曼少校便在这场炮火中，在离隆美尔仅仅几米远的地方阵亡了。当隆美尔发现自己同时受到法军和德军火力的双向威胁时，只得命令暂时休息。虽然此时他已感到有些疲惫不堪，但仍然急于成为第一个进入里尔的德国人。在睡了一个半小时后，隆美尔带领新的增援部队和供给坦克的油料、弹药继续向前线进发，他以为经过夜里的激战，战斗差不多应该结束了，于是不慌不忙地亲自驱车进入里尔。但是，扑入他眼帘的却是满大街成群的法军士兵，他迅速调转车头，仓皇地逃了出来。

实际上，隆美尔连夜向里尔发起的进攻，已经致命性地将法军第1集团军几乎半数的人马都堵在了里尔城里。

隆美尔接着与随后赶上来的几个步兵师联手向里尔发起了最后的进攻。到5月31日，法军突围不成，被迫全部投降。

第7装甲师取得巨大的胜利，并且终于又有了几天休息的时间。利用这几天时间，隆美尔迅速地草拟了一份有关战况的临时急件，声明他已经俘获了6,849名俘虏，缴获了84辆轻型坦克，击毁了18辆重型坦克和295辆轻型坦克。他自豪地把急件的副本送给了希特勒一份。他这样做的最终目的，正如他对露西说的那样："我必须迅速行动，否则类似一战时攻打高地的事情将会再次发生。"

事实证明，隆美尔的这种做法的确很见成效。他的急件引起了希特勒的关注，结果在所有师级指挥官中间，只有隆美尔一个人在1940年6月2日被邀请去会见希特勒。当时希特勒把他的指挥官们召集到阿登的夏尔维尔，讨论消灭法国的最后行动。在会议上，希特勒摆出一副长辈的姿态，"隆美尔，"他叫道，"在你发起进攻的日子里，我们都非常担心你的安全……"

> 德军装甲部队正从架设的浮桥上通过。

会议结束后，隆美尔满怀着喜悦返回了战场。6月5日，他强令他的装甲师一大早就顺着两座对方还来不及破坏的铁路桥跨过索姆河。他发现，与其说这是一条河流，还不如说是一条干涸了的小溪。

下午4点，他开始戏剧性地向前猛冲，因为憋在桥头堡内时，他又想出了一个新主意：让坦克编队前进。他把整个装甲师编成一个盒子似的队形，以不可抗拒之势跨过了开阔且起伏不平的乡村田野。一个坦克营担任前锋，反坦克营和侦察营殿后，盒子的中心由步兵团构成，轻型运输车紧跟着坦克在齐腰深的玉米地里沿着被压出的道路前进。他们翻山越岭，绕过村庄，穿过灌木林，浩浩荡荡，一路前行。这些钢铁怪物喷射着火焰，在身后留下一道道烟柱。不管是对方的防御工事还是其他路上障碍，在他们迎面冲过后，都变成一片狼藉后又被远远地抛在身后。在有些村庄里，大车已经套好马，装上了家具。当这个鬼气森森的怪物席卷过农庄时，吓呆了的妇女和儿童瑟瑟发抖，隆美尔的军官们大声叫嚷，命令他们待在原地别动。

在法国和英国人的眼中，还不曾有过任何一个德国装甲师运动得如此神速，每天平均前进60~80公里。对他这一手，英法军队毫无准备。在休尔洛，他们追上一支英国卡车护送队，把它们抢劫一空。车上装着香烟、巧克力、沙丁鱼罐头和利比亚的水果罐头，还有网球拍和高尔夫球棍。隆美尔看到后哈哈大笑地说，总忘不了玩乐的英国人显然没有料到德国会在这场战争中进展得如此之快。

第7装甲师的逼近引起了法军防御战线的骚乱。频繁的军队调动已使法国人分不清哪一支坦克是哪里的。当隆美尔的坦克开到埃尔伯夫的时候，一位法国妇女冲上来抓住他的手臂问道："你是英国人吗？"隆美尔故作神秘地摇摇头说："呵，我们可是异族人！"那个妇女顿时吓得尖叫着消失在她的房屋后面了。

但隆美尔从未停留，他一直向前冲，直接越过了埃尔伯夫的塞拉桥。6月8日接近午夜时，隆美尔到达了塞纳河，他的第7装甲师是最先到达那里的德国部队。

几天来，隆美尔的进军速度日益加快。6月5日时，他还仅仅前进了15公里；6月6日，他前进了26公里；6月7日，他前进了55公里；到6月8日，他居然前进了83公里。6月

< 在英吉利海峡的岸边,隆美尔象征性地走入水中。后来他回忆到:"当我们在峭壁间看到大海时,在场的每个人都很激动和兴奋"。

10日，隆美尔的部队终于在迪埃普附近看见了大海。根据他的命令，第25装甲团直接开向海岸。坦克团到达时，团长卢森堡用他那辆坚实的M4型坦克冲开防波堤，把坦克开下海滩，直到英吉利海峡的波涛拍打到了坦克灰色的外壳为止。隆美尔和卢森堡乘坐在同一辆坦克里，他们攀上坦克顶，拍了照，准备送给国内的报刊。

随后，他们把坦克开出水面，驶向费康。沿途欣喜若狂的法国人群热烈地向他们抛洒鲜花，他们以为这是一支刚刚渡过英吉利海峡前来支援法国的英国援军。

6月11日，隆美尔赶到了圣瓦勒雷，与其他几路德军一起将英军第2师的主力和法军的第9师牢牢合围在这个濒海地区。他爬上圣瓦勒雷南边的峭岩上，发现在陡峭的悬崖下的狭窄小道上，成千上万名英国士兵正在心惊胆战地等待着靠在岸边的一支小船队驶来搭救他们。

隆美尔立刻用大炮赶走了船队，并指挥部队将手榴弹像雨点一般地投落在峭崖下的小道上，迫使这支俘虏队伍走向山顶。

∧ 隆美尔率部攻占圣瓦勒雷后，法军向德军投降。隆美尔身旁是投降的英军和法军将领。

随后，隆美尔向圣瓦勒雷城的守军喊话，要他们在晚上9点钟以前投降。法国部队和英国部队在是否投降问题上发生了分歧，法国人愿意投降，但英国人却坚决反对。于是隆美尔在晚上9点钟调来重炮和重型轰炸机，向城镇发起了猛烈进攻。圣瓦勒雷终于被攻陷。第二天清晨，他驱车入城，狭窄的街道上堆满了对方准备用来营救并带回英国的卡车、坦克和各种装备。法国第9军指挥官在市场广场上向隆美尔投降，他身后跟着11名英国和法国将军，新闻摄影机拍下了这些镜头。

尽管他们不愿意向德军低头，但事已至此，别无选择。一位足以做隆美尔父亲的白发将军，走近隆美尔拍着他的肩膀说："你的行动过于快了，年轻人。"另一名法国人则满怀好奇地问隆美尔指挥的是哪一个师。隆美尔告诉了他是第7装甲师。"天啊，"这位法国人叫道："又是魔鬼之师！最先在比利时，接着是阿拉斯，然后在索姆河，现在又到了这里。它一再地切断我们的进军路线。我们可是把你们叫作魔鬼之师啊！"

接下来的四天里,这支魔鬼之师享受着英吉利海峡的海滩和阳光，还有旅馆里的酒窖。6月16日清晨5点30分，全师从鲁昂的一座法军桥梁上跨过了塞纳河，然后向南疾驰。第二天，隆美尔从装甲车上的收音机里听到法国提出停战的呼吁。希特勒命令德军迅速占领法国濒临大西洋的海岸线，直抵西班牙边境。隆美尔以令人难以置信的速度向前急进。6月16日，推进速度为160公里，17日是320公里，18日是350公里。

18日这一天，隆美尔在法国最重要的深水港瑟堡遇到了法军的顽强抵抗。希特勒曾命令迅速占领瑟堡，实际上隆美尔的装甲车比希特勒要求的速度快20倍甚至更多。尽管要塞里的火力一直十分猛烈，隆美尔却在高速行进中攻克了瑟堡，并在瑟堡城内外共抓获了近3万名法军俘虏。

随后，隆美尔的进攻停止了。法国宣布投降★，隆美尔在整个法国战场上的作战结束了。在这次战争中，隆美尔率领的"魔鬼之师"共俘获敌军97,648人，缴获大炮291门、坦克和装甲车458辆、其他车辆3,500辆。而他自己的师仅阵亡682人，伤1,646人，失踪296人，损失坦克42辆。

∧ 隆美尔与部属在法国前线研究制订作战计划。

∨ 1940年6月22日，在法国贡比涅森林的一节火车厢内，法国与德国签署了停战协议，法国向德国投降。

★法国宣布投降

在德军强大攻势的打击下，法军接连败退。1940年6月10日，法国政府被迫迁至波尔多。6月14日，巴黎沦陷。6月22日18时50分，在法国东北部的贡比涅森林里，在第一次世界大战结束时德国签署投降书的同一节火车车厢里，法国全权代表亨茨格将军和德国最高统帅部参谋长凯特尔在停战协议上签字。6月24日19时35分，法意停战协议也在罗马签订。

第三章

非洲军团初入沙漠

1891-1944 隆美尔

一艘德国运兵船率先抵达了的黎波里港口，从德国本土长途跋涉而来的士兵排列在甲板上，他们第一次看到了非洲。望着那些光洁漂亮的、在强烈阳光下闪着微光的、白色的异域建筑，以及遍地掌状的沙漠植物，海岸上宽阔的林荫道和凉爽的林荫，他们甚至开始觉得踏上了一个非常可爱的地方……

>> 独当一面赴北非

1940年的夏天，隆美尔带着他的装甲师，驻在英吉利海峡沿岸地区，日复一日地进行着为入侵英国而准备的训练和演习。刚刚从战场上走下来的隆美尔对此又感到有点儿不太习惯了，他不适应那种从紧张一下子转入放松的过渡状态。

另一方面，法国永远走在时尚的最前沿，似乎1940年的战争丝毫没有动摇法国人对流行时尚的追求。隆美尔所在的驻地，到处可见仅穿着乳罩和紧身短裤四处游走的法国女郎，她们仿佛在抱怨炎热的天气，又仿佛在炫耀着她们健美的身材。隆美尔注意到了她们，但他天生就有一种禁欲主义者的倾向，他无暇与这些女郎们纠缠，而且也从未认真对待过她们。他照旧保持着德国传统固有的那种装束，衣服笔挺，从不过分时髦，穿着马靴和旧的紧身短上衣，头上斜戴着帽子，手里拿着马鞭，这就是他最称心的装束。他很少带着手枪，虽然他是一个神枪手。

空闲时，隆美尔喜欢和那些亲近德国、顽固反对共产主义的法国地主们一块打猎，或是在他暂时住着的那座农舍指挥所里写自己的战斗史。为了详细地记下他所经历过的每一次战斗，他准备了一大堆盒子作为他的文件夹，并把他所能搜集到的和回忆起的材料科学地分了类。一个文件夹里是他在战场上收到的命令和上司发来的报告；另一个文件夹是他给部队下达的命令和下属们呈送上来的报告；第三个文件夹是地图和每次作战前的作战草案；第四个文件夹是他在战场上拍的一些照片；第五个文件夹装的则是一些无法分类的资料，诸如在战场上从死者身上搜到的信件，缴获的敌军命令和德国国内有关装甲师及他自己的新闻。他给别人介绍说，所有这些材料有可能会占据他退休后的全部时间，他准备写一部《步兵攻击》的续作。

这一时期，隆美尔在年轻军官中的追随者们越来越多，他们不远万里，从四面八方跑来看望他。隆美尔和自己部下的关系也很融洽，不时地打听他们的妻子和家庭情况，询问他们的假期休息情况和获得过什么勋章。那时，德国报刊到处都在宣传着他的战功。然而，这种宣传却给他带来了更多的来自德国最高统帅部和德军总参谋部的忌妒。8月份，隆美尔在战场上的两个朋友被晋升，但没有他的份儿。隆美尔觉得自己受到了轻视。经过仔细的分析，他发现，原来这两个人都是总参谋部的军官。"看来我们这些在战场上冲杀的军人天生只能当炮灰，"他抱怨地说，"只要这个派系把持着军队高层，这种情况就不可能有什么改变。"

隆美尔寄希望于即将到来的对英作战中再立战功。9月14日，他指挥着第7装甲师在鲁昂进行了一次大型的坦克登船演习。演习中所使用的船是一种紧连在一起的内河船只，为了使船尾代替登陆用的临时跳板，船只的外形做了改动。这样做便于在命令下达时，可以用链条把这些笨重的船只连接起来，供渡海峡时使用。但自以为得宠的隆美尔，现在仍然被希特勒蒙在鼓里，他所希望的对英作战正在被希特勒一次接一次地向后推迟。

德国自从8月正式对英国本土进行空中轰炸以来，根本就没占到什么便宜。由于英国使

→

★雷达

雷达是一种利用无线电波发现目标并测定其位置、速度及其他特性的电力设备。其基本概念形成于20世纪初叶。1930年后，许多国家开始研究使用雷达。1936年，英国人设计的对空警报雷达首先投入使用。第二次世界大战时期，各交战国大力发展雷达设备，先后研制成机载雷达、舰载雷达、引导雷达、气象雷达等，雷达的工作效率也有极大的扩展。雷达在战争中发挥了巨大的作用。

用了他们最新发明的雷达★，昼夜不停地监视着德国的飞机，所以德国在英国本土上损失的飞机远远高于英国，希特勒无法赢得对英国的空中优势。因此，他的注意力开始从西方向东方移动。早在1940年的7月，希特勒就开始准备入侵苏联的计划。7月底，他在一次会议上说："如果俄国被摧毁，英国的最后希望就将被粉碎。那时，德国就将成为欧洲和巴尔干的主人。"他设想"最初将发动两个攻势：一个是在南方向基辅和第聂伯河进攻，第二个是在北方通过波罗的海国家，然后向莫斯科进攻。两支军队在莫斯科会师。在这以后，必要时将进行一次特殊的作战，以获得巴库油田。"德国在对英国本土轰炸中的失利使希特勒入侵苏联的决心更加坚决了。

但隆美尔不知道希特勒正在改变主意，他仍沉浸在登岛入英的作战准备中。1941年2月5日，隆美尔抽空返回位于新维也纳那所军事院校的家中，希望能度过一个悠闲的假期。然而就在他到家的当天晚上，希特勒的一名副官带着要他立即飞往柏林，与德军总司令和希特勒本人会见的命令出现了。

对战争无比敏感的隆美尔立即意识到：即将有什么重大的事情要发生了。

2月6日，他风尘仆仆地来到了总理府。希特勒见到他，首先给他扔过一叠满是图片的英国和美国的杂志。隆美尔匆匆地翻了一下，这些杂志无一不是在最显眼的页面上刊登着英军进入利比亚的大幅图片。利比亚是德国的"钢铁同盟"意大利在北非的军事基地，英军进入利比亚意味着意大利在北非正遭受着惨重的失败。隆美尔从希特勒的举动中立即明白：自己即将前往北非，去拯救德国的意大利兄弟。

当隆美尔从总理府出来的时候，他已成为了德军驻利比亚的总司令，几天后，他正式被任命为德国非洲军团指挥官。出发时，隆美尔的口袋里已装着最高统帅部总司令凯特尔为他拟订的行动方案，指示他在利比亚如何与德国的盟友意大利人相处。方案中明确规定："不管意大利有什么新鲜想法，都不允许把德国部队投入到毫无意义的战斗中去。"

1941年2月12日中午，隆美尔的飞机降落了，他迎着炽热的阳光从飞机里走出来，第一次踏上了北非的土地。

隆美尔发现意大利人仍然在全速向的黎波里撤退，他们正忙于收拾行装以便抢在英国人到来之前，赶上能把他们带回意大利的船只。

意大利这时担任战区指挥官的是依达罗·加里波尔蒂将军，一个壮实的意大利北方人，留着白色的唇髭。当隆美尔谈起首先有必要在的黎波里东边的锡尔特建立一道前沿防线时，他只是耸耸肩反驳说："你应该亲自到那里视察一下。"当天下午，隆美尔便乘着一架海因凯尔式轰炸机，开始从空中视察他即将战斗的这片土地。

从飞机的机舱里，隆美尔不可能更多地看到的黎波里港周围的作战部署。但他注意到港口的东边有一条沙白色的村庄地带，这或许是一条阻截英军装甲车辆理想的天然屏障。他还

∧ 一架德军侦察机正从第7装甲师编队上空飞过。

想通过观察亲自找出自己对一些问题的难以确定的答案。例如，重型坦克能否开进沙漠？当他向意大利将军们提到这个问题时，他们都说不行。几天前，就同一个问题，隆美尔还曾问过一位研究过沙漠地区机动车驾驶问题的年轻专家，他肯定地回答说："行，诀窍是必须轻

轻地踩着油门。”

隆美尔在乘机向东飞行时，亲眼看到了锡尔特沙漠闪烁着炽热的微光。他不禁暗问自己，即使英国人能给德国人时间以适应这种气候，德国部队又怎样才能在这种酷热下正常地生存呢？沿着地中海的海岸线，隆美尔看到了那条顽强穿过沙漠的维西巴尔比亚公路，从的黎波里一直向远方伸延到埃及边境。

回到的黎波里，隆美尔发现依达罗·加里波尔蒂和意大利总参谋长马里奥·诺亚塔正在等候他的归来。隆美尔和他们作了一番生硬的交谈后，随即给德国拍了这样一份电报：“与加里波尔蒂和诺亚塔将军的第一次会谈圆满结束。我们的建议已经付诸行动。最重要的战斗部队将放在锡尔特，本人曾亲自乘机至该地区勘察。”

1941年2月14日，一艘德国运兵船率先抵达了的黎波里港口，从德国本土长途跋涉而来的士兵们排列在甲板上，他们第一次看到了非洲。望着那些光洁漂亮的、在强烈的阳光下闪着微光的、白色的异域建筑，以及遍地掌状的沙漠植物，海岸上宽阔的林阴道和凉爽的树荫，这些初来乍到的德国士兵甚至开始觉得他们已经踏上了一个非常可爱的地方。

第一批到达的是隆美尔的先头部队，第5轻装甲师的第3侦察营和第39反坦克营，跟着他们同时到达的是一大批包括卡车、大炮、弹药、装甲车、帐篷和蚊帐等在内的军用物资，总重量超过60吨。

2月15日上午11点钟，隆美尔在的黎波里政府议会大楼前举行了第一次军事检阅。好奇的意大利人和当地的阿拉伯人很早就聚笼在这里，等待着观看德国军队的风采。

时间一到，身着新式热带军服、头戴钢盔的德国士兵，在灼热的阳光下雄赳赳地走过阅兵台。隆美尔在那些意大利将军们的陪同下，笔挺地站在主席台上，长时间地向从他面前经过的士兵们敬礼。围观的人群不禁都把目光投向了这个短小精干的德国将军，他们看到了隆美尔宽阔匀称的额头、挺直的鼻梁和突起的颧骨，看到了他两片绷紧的嘴唇和一副带有轻蔑意味的下颌，看到了他从鼻孔到嘴角的那几根严厉的线条，也看到了他那双碧蓝的眼睛里放射出来的清醒、敏锐而且狡诈的光芒。

接下来，隆美尔发表了一篇热情洋溢、慷慨激昂的演说，乐队奏起德国和意大利的国歌，士兵们在音乐声中径直向军营驱车而去。

这次到来的仅是非洲军团的先头部队，不过是一小部分德军而已。隆美尔有意利用这个机会炫耀一下德国军队的雄风，所以他没有做什么手脚。但到2月底，第5轻装甲师的第5装甲团在的黎波里登陆时就不这样了。当天检阅时，围观的人们发现，德国这个装甲团的坦克数量似乎不可计数，没完没了地在利比亚的大街上轰鸣。实际上，隆美尔已经巧妙地在暗中做了布置，他让那些坦克围着市中心的大厦转了好几圈，目的就是让私下收集情报的英国间谍猜不出德军的实力。与此同时，为了欺骗英军的空中侦察，他还命令部下用木头和纸板做了几百辆坦克模型，有些甚至还做得十分逼真，此外他还要求把德军的沃尔克式卡车装饰一下，伪装成坦克的样子，并让一些卡车和摩托车在这些假坦克之间绕来绕去，以扰乱英军侦察者的视线，而真正的坦克则为了避开敌机拍照，已井井有条地转动着履带开进沙漠中的隐蔽地区。事实证明，这一招也的确奏效了，英军在他们的侦察报告中明确说明，他们发现了德军中有一大批中型坦克。实际上隆美尔最清楚了，英国人所说的中型坦克不过是一堆木头和纸板而已。

尽管隆美尔初到非洲，显得雄心勃勃，实际上他的内心中也正处于焦虑之中。他在有关自己到非洲后最初印象的报告中明确地向希特勒提出："如果英国人不考虑伤亡，立即向的黎波里推进，我们的整个局势将十分严重。"希特勒一方面称赞了隆美尔在对待非洲德军工作上所表现出来的积极态度，另一方面也表示了他对非洲局势的同样担忧。正因为如此，希特勒同意了隆美尔提出的所有要求，并立即把反坦克武器、地雷等装备运往利比亚。

但这只是隆美尔的过分担心而已。实际上，此时的英军根本就没有顾得上对付隆美尔。早在1941年2月10日，英军进抵阿盖拉、占领昔兰尼加全境后，丘吉尔就决定从非洲向希腊转移兵力，力争在巴尔干半岛建立军事基地。在此情况下，北非英军不得不停止进攻。但隆美尔没有掌握这一情报。因此，他发现在托卜鲁克这个英军战线后方的港口，出现了令人担心的局面，那里布满了英国的军舰，还有大批的英国军队在当地集结。他把本来是撤出北非投往希腊的英军，当成了英国从海上运进增援的部队。

正是由于这一判断的失误，隆美尔变得小心翼翼起来。他命令刚刚到达一个星期的琼汉尼斯·施特莱彻将军，带领他的第5轻装甲师先头部队从锡尔特出发，沿着海岸线向东进行探察。3月4日，施特莱彻甚至没有发现英军的任何踪迹就轻而易举地到了埃尔蒙格塔，使德军在北非的东部前线离开了的黎波里770公里。这个意想不到的成功使得隆美尔感到很迷惑，这种迷惑又进而演变为他的征服美梦。3月9日，隆美尔向希特勒寄出一封信，报告了他在非洲的战绩，并雄心勃勃地表示，他将在5月初重新向前推进，然后沿海岸一直向东进发，直到盛夏的酷暑阻碍更进一步的行动为止。"我的第一个目标，"他宣称，"将是夺回昔兰尼加，第二个目标是埃及北部和苏伊士运河。"

苏伊士运河在的黎波里东侧的3,000公里之外，隆美尔的这一理想显然已超越了现实。从他的兵力上看，他只有一个装甲团、两个机枪营、两个侦察营、三个炮兵连和一个高射炮营。但隆美尔还是固执己见，满怀希望地向希特勒提出了他的征服计划。

3月19日，隆美尔亲自乘飞机回到柏林。第二天，他见到了希特勒。鉴于隆美尔在非洲的战绩，希特勒见到他，便给他颁发了他为之心动已久的橡树叶勋章，但他的征服计划却在随后的讨论中受到了总参谋部的大力反对。

总参谋长弗朗兹·哈尔德将军措词坚决地告诉希特勒，隆美尔的这一计划不能接受。由于地中海正在被英军牢牢地控制着，德国只能给北非最多3~4个师的军队提供给养保障，从长远来看，那里的局势迟早会对德意军队不利，德军的目标只是要把目前这种僵持的局面尽

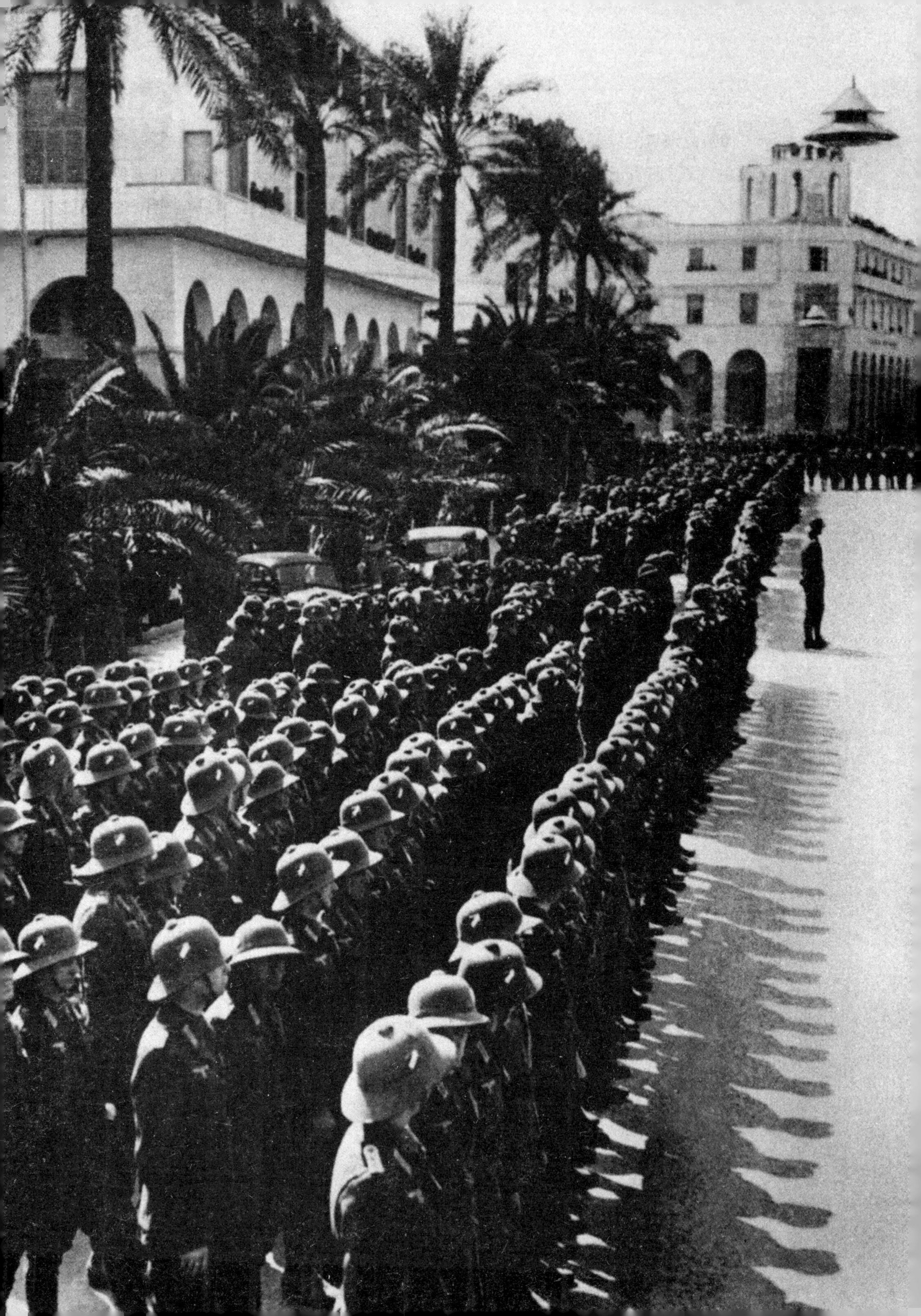

ERWIN ROMMEL

∧ 隆美尔抵达的黎波里时受到意大利指挥官加里波尔蒂的欢迎。

< 德国北非军团士兵列队接受隆美尔检阅。

∨ 希特勒与手下将领一起讨论"巴巴罗萨"计划。

第二次世界大战期间，德国最高军事当局拟订的进攻苏联的计划。1940年8月1日，德国参谋总部根据希特勒的命令，开始制订进攻苏联的作战计划。12月18日，希特勒批准了进攻苏联的"巴巴罗萨"计划。该计划要求用突然袭击和闪电战的方式击溃苏联，并规定必须在6周至两个月内结束战争。计划由三部分组成，第一部分为其总目标概述，第二部分为德国反苏战争的盟邦名单，第三部分是有关德军陆海空三军的具体计划。

量拖延得久一些，如果可能的话，最好可以持续几年。但隆美尔坚持说他不久就可以征服埃及和苏伊士运河，并进而将德国的势力扩张到东非更多的地区。听了隆美尔这个不自量力的计划，哈尔德遏制不住自己，发出了不礼貌的笑声，并带着一种嘲笑的态度问隆美尔为了达到这一目的还有什么要求。隆美尔果断地说，还需要两个装甲军。哈尔德进一步追问，即便总参谋部可以派出两个装甲军去非洲，可你将怎样向他们提供给养呢？隆美尔先是动了动嘴角，然后高声回答："这对我无所谓，那是你们总参谋部的事情。"

尽管哈尔德的一席话已击中了隆美尔北非计划的要害，但隆美尔并不服输，他希望凭着希特勒对他的宠爱，他的计划能够得到最高层的支持。

但希特勒在此时当然不会支持隆美尔。

此时的希特勒已在1940年的12月18日发布了第21号训令，批准了代号为"巴巴罗萨"★的攻苏计划。德国准备在对英国的战争结束以前以一次快速的作战行动击溃苏联。按照计划，德国将以大量坦克部队、摩托化部队及航空兵对苏联实施闪电式突然袭击，分割围歼苏联西部的主力部队，尔后向战略纵深发展进攻，攻占列宁格勒、莫斯科和顿巴斯，前出到阿尔汉格尔斯克、伏尔加河、阿斯特拉罕一线，并于1941年入冬前结束战争。德军最高统帅部为此集中了152个师又2个旅，连同芬兰、罗马尼亚等仆从国家的29个师又18个旅共计181个师20个旅、约4,300辆坦克、4.7万余门火炮和迫击炮、4,980架飞机、192艘舰艇，总兵力为550万人，编成3个集团军群和3个独立行动的集团军，准备在三个战略方向上向苏联实施进攻。希特勒要求有关的德国军队必须在1941年5月15日以前完成各项准备工作。如此庞大的进攻力量准备，使得希特勒根本不会调出2个装甲军补给困难的非洲去向英国人冲锋陷阵。

所以，隆美尔最后从柏林得到的命令是：守住现有的防线，准备一次严格控制的有限进攻。3月21日，德军总部又下发了一份书面文件，把这个命令再一次向隆美尔做了强调。但隆美尔对此极为不满，他不愿意放弃任何一次有利于自己增加荣耀的机会。在满怀着失望返回北非后，隆美尔立即做出决定：不听从希特勒的这项命令。

>> 进攻进攻再进攻

当沮丧的隆美尔返回利比亚时，似乎胜利已经莫名其妙地摆在德军一方。3月24日，施特莱彻将军几乎未经战斗就轻而易举地攻下了位于埃尔蒙格塔以东30多公里处的港口和供水点阿盖拉。英军继续如海潮退落似的撤到了40多公里外的卜雷加港，驻守在一个靠近海岸的阿拉伯小村庄里。

施特莱彻的胜利使隆美尔感到有些犯难，是退还是进？这成了一个令隆美尔觉得有点棘手的问题。

德军高层与意大利军队高层已协商一致，加里波尔蒂将军给了隆美尔一个与希特勒同样的命令：在5月底，第15装甲师抵达利比亚之前，不许对卜雷加港发起进攻。

但隆美尔刚刚接到电台侦破连送来的情报，卜雷加港的英军正在挖战壕准备固守，同时在向埃及英军请求紧急增援。

隆美尔认为，等到5月份，英军的防御工事将全面建设完毕，德军可能要面对更大的困难，况且，到那时英国的援军也将抵达，进攻难度无疑将加大多倍。德军如果现在坐守不攻就等于是在贻误战机。

3月31日，隆美尔顶住上层指示，果断地命令施特莱彻迅速进攻卜雷加港。英军果然毫无抵抗能力，继续后撤。隆

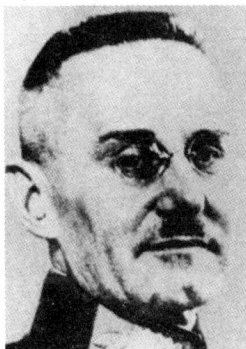

∧ 隆美尔向希特勒提交的非洲征服计划，受到了总参谋长哈尔德将军为首的总参谋部的强烈反对。

∧ 隆美尔亲临前线视察。

美尔抢占了他们的阵地，并快速架设起一道严密的地雷带和高射炮网，以防英军反攻。

4月1日中午，隆美尔得意洋洋地驱车来到施特莱彻的指挥所，"我们什么时候能在阿杰达比亚见面啊？"他打招呼似的大声说道。施特莱彻想了想，也大声答道："我们会等到那个时刻的。"

阿杰达比亚也是一个大城镇，在卜雷加港东北方向，那里早已远远超越了德军总部指示的停止线。所以施特莱彻当时的确未弄明白隆美尔究竟是当真的还是在开玩笑，只好故意不置可否地应付了一下。

但隆美尔走后，施特莱彻很快就领会了隆美尔的意图。他立即命令他的轻装甲师在第二天清晨继续向东推进。他没有把自己的行动通知给隆美尔，而隆美尔也异乎寻常地在下午1点钟之前一直避免和他联系，只是远远地在后面跟着施特莱彻。当整个装甲师已开到半路时，他才加足马力追上了先头部队，并佯装大吃一惊地高声喊道："这到底是怎么回事？"

施特莱彻满脸严肃地回答："我想我不应该让一支撤退的敌军有任何机会再重新挖壕固守。于是我让全师推进到了这里，我要进攻阿杰达比亚。"

隆美尔努力忍住无法掩饰的笑意说："但是我可没有命令你们这样做。"他顿了一下，接着说："不过，我对你们的做法表示赞成。"

4月2日下午4点，阿杰达比亚被德军轻松拿下。

直到这时，隆美尔才真正明白过来，原来英国人并不是像他所想像的那样不堪一击，而是他们根本就不想抵抗，他们正在进行着从昔兰尼加这个大半岛的总撤退，而且力求使自己的部队在撤退过程中不遭到任何损失。

但隆美尔已推进到了阿杰达比亚，这意味着他已推进到了昔兰尼加半岛，他不能在占据了有利地势的情况下，坐视英国人不慌不忙地继续撤退，他要将英军消灭在这个半岛之内。就在此时，意军战区指挥官加里波尔蒂给隆美尔发来一道强硬命令："你的行动已经抵触了我的命令，在你继续前进之前务必等我到达。"

隆美尔理都没理这个壮实的白胡子意大利北方佬。4月3日，他命令所属部队兵分三路，直指英军。前进中，一个过路的意大利牧师碰巧向他透露，英军已经连昔兰尼加的首府班加西也已放弃了。隆美尔立即派出一个侦察营，沿海岸公路直接向班加西进军，随即占领了这个英军在昔兰尼加的指挥部所在地。

晚上九点钟，加里波尔蒂终于赶到了阿杰达比亚，在活动指挥车里，他和隆美尔很快就处于了僵持状态。加里波尔蒂那双总是戴着白手套的手，由于愤怒而抖个不停，他要求隆美尔要绝对服从他的命令。而隆美尔只是咧着嘴笑："不管怎么样，我没有让你为我们的给养情况担心。"加里波尔蒂被隆美尔这种故意作对的态度气得面色铁青，两人几乎动手打起来。三个小时后，一份电报打断了两人的争吵。

这是从柏林发来的密码电报，希特勒命令隆美尔留在原地，不准再向前推进。隆美尔看完电报，狡黠地一笑，告诉加里波尔蒂说："不用再吵了，元首已经发来电报，他让我可以'绝对自由地行动'。"说完他扬了一下电文，转身离开了。

4月4日，隆美尔命令他的部队分成三路，一路由富有经验的施维林指挥，直接穿过半岛杀向特米米尼的海滨，封锁海岸的道路以阻止撤退的英军士兵；另一路由吉斯塔弗·波纳斯指挥，带领第8机枪营，随同一辆载着足够汽油、粮食和水的卡车，向东直取德尔纳；第三路由施特莱彻指挥，带领战斗车辆和坦克立即跨过本格尼亚向德尔纳和托卜鲁克之间的海滨前进。这时，一位意大利将军焦急地打断隆美尔说："施特莱彻将军不能走那条路，两月前，意大利军队撤退时，曾在那里布下了大量的地雷。"

但隆美尔对他的意见未予理睬。

黄昏时分，施特莱彻的车辆相继陷入沙海之中，他只好用拖拉机在前边摸黑将这些车辆逐个拖出来。几小时后，施特莱彻的全部兵力便分散在这片荒芜的沙地里，完全丧失了战斗能力。这一情况使他深感不妙，于是命令开亮所有的前灯，把卡车串起来，尽量使车辆互相连接在一起。不久，沙漠道路在他们眼前消失了，盲目前行的车辆成了其盟友所埋地雷的引爆者。天亮时，施特莱彻的大部分车辆耗尽了汽油，死气沉沉地躺在沙漠里，动弹不得。

隆美尔和他的那些指挥官们失去了联系，一切无线电通信联络都已失灵，隆美尔得不到任何消息。他也不禁问自己，经过这300多公里的跋涉，究竟还有多少驾驶员能够到达目的地？他乘上容克52运输机或轻型斯托奇飞机在沙漠上空来回巡视，企图掌握部下的行动，却两次在忙乱中撞进英军阵营，误把英军当成了自己的部队。最后他发现在到达海岸上的德尔纳和托卜鲁克之前，有个重要的沙漠要塞梅基利。

4月6日，隆美尔派出飞机拦住施维林的部队，让他们转向北方，进

∧ 隆美尔向非洲军团的士兵训话。　　＞ 尽管没有飞行执照，隆美尔总是热衷于飞行，进行空中侦察。

ERWIN ROMME

攻梅基利。

清晨6点30分，隆美尔离海岸只有20多公里了，可是实际上已成了一支孤军，他的非洲军团仍旧困在沙漠里。过了一会儿，施维林的先头部队抵达。隆美尔让这支小分队向梅基利迂回，然后又派人于7点30分时找到了在几公里外休整的施特莱彻。隆美尔命令他在下午3点钟向梅

基利要塞发起进攻。施特莱彻拒绝接受命令。他说，自己的坦克、运输车都遭到损坏，而且缺乏汽油，至今仍分散在后面150多公里以外的沙漠中。隆美尔气急败坏，咆哮着骂他是个懦夫，施特莱彻不甘示弱，扯下他在1940年获得的骑士十字勋章，怒气冲冲地说道："从来也没有谁敢对我说这种话，把你的话收回去，否则我就把这枚勋章扔在你的脚下。"隆美尔不置可否地作了让步，但在实际举动上却丝毫没有妥协的意思。

当天下午晚些时候，隆美尔又返回到施特莱彻那里，掏出一只怀表朝着施特莱彻，一边晃动一边喊道："现在是5点整，你在6点时要和施维林的部队一起进攻梅基利，并且要占领它，我将命令意大利军队用炮火支援你们。"

当时施特莱彻只有两辆配备有轻型高射炮的卡车，此外再也没有别的什么武器了。而施维林的装备则更少，只有几挺机枪。他们怎么能够在日落之前，出其不意地推进20多公里攻下梅基利呢？况且现在也没有人知道施维林已推进到什么地方了。无奈的施特莱彻只好带上两辆卡车出发，去寻找施维林。但他没有找到，而自己也在途中迷了路，天黑以后很久才回来向隆美尔报告。隆美尔一言不发，当天夜里，自己带着手下的几个排亲自去攻击梅基利要塞，结果惨遭失败。

4月7日，隆美尔两次派出一名中尉带着最后通牒前往梅基利去威胁英国人，但这名中尉两次都被蒙着眼睛送了回来，第二次还带回一封字迹潦草的信，上面写道："决不投降。"

第二天，隆美尔三番五次乘坐他的斯托奇飞机去寻找主力部队——奥尔布雷奇上校指挥的第5装甲团。但直到太阳落山以前他才发现，这个团正在一片荆棘丛生，甚至连坦克也无法通过的地带择路而行。天黑以前，隆美尔气愤地返回了施特莱彻的指挥所，这时施特莱彻的一些坦克已经断断续续地到达了。隆美尔只是简单地下达了一道命令："明天你们必须攻占梅基利。"

4月9日天刚亮，隆美尔疲倦地从床上爬起来，乘上他的斯托奇飞机去视察战场，可这次却成了一次充满惊险的行程。

斯托奇飞机起飞后不久，隆美尔便发现了一支意大利军队，他像找到了救星似的，让飞行员降低高度。可他刚一下降，意大利部队就误以为是敌机，连忙用所有的武器朝飞机射击。子弹打到了机翼，全亏飞行员驾驶技术娴熟，才好不容易让飞机逃出射击区。就在这时西边远远地扬起了一片灰尘，因为英军都在向东撤离，隆美尔以为那是自己的部队。然而等飞近一看，不由大吃一惊，这是一支朝西进发的英国部队。隆美尔不知道他们是掉队的士兵还是英军在组织反攻，但他必须提醒自己的部队注意这一危险。所以，他又向前飞行了12公里，终于看到了自己的先头部队，便立即降落，由于飞行员没看清前方有一块大岩石，结果损失了半个尾翼。隆美尔告诉他的先头部队：必须跟着他尽快撤离，5分钟后英军将到达那里。

结果隆美尔带着这个小分队还没走出800米，沙漠风暴便来临了，转眼间所有的士兵都被吹散，只剩下孤零零的几个人跟着他。他们只好靠指南针和示速器探测道路前进。在行进

∧ 取得节节胜利的隆美尔脸上露出了得意的微笑。

中，他发现一条电话线，便沿着电话线向前走，最后发现自己已来到了梅基利要塞。要塞外围的地上摆满了武器和装备，几百名英军俘虏正在地上发抖。在要塞的院子里，师指挥官施特莱彻将军报告说："梅基利已被攻克。我们俘获了1,700多名敌人，其中包括70位军官和1位将军。同时还缴获了大批武器、汽车和粮食。"

在梅基利稍事休整，隆美尔命令施维林的一支追击部队沿沙漠小道向海岸边的德尔纳出发。而此之前一天，施特莱彻的一支小分队已经带着八辆坦克沿着同一条沙漠小道出发，并直接开进了德尔纳。当时，英军正在撤退，港口里到处都是披着色彩艳丽的斗篷的阿拉伯人，他们成群结队地围拢在德国军队的车辆边出售鸡蛋、橘子、枣和其他鲜美的食物，英国军队已缩入到机场里。古斯塔夫·波纳斯的机枪手们随后也进入了德尔纳，他们经过一场激烈的枪战，在德尔纳机场建立了一个据点。

→

★英国人的"超级机密"

艾尼格马密码机——帮助德国制造"艾尼格马"密码机的波兰籍工程师莱温斯基,由于是犹太人而受到纳粹的驱逐和迫害。他设法与盟国的情报机关取得了联系,争取合作。在英国政府的帮助与支持下,在伦敦郊外的布莱奇利庄园建立起一套规模庞大的密码破译机构,专门从事对截获的德国无线电的破译工作。英国将这次破译行动称为"超级机密"。在二战后期,"超级机密"为盟国提供了大量有战略价值的情报。

4月9日晚6点30分,当隆美尔驱车驶进机场时,波纳斯上校得意地宣布说他们俘获了900名俘虏,其中包括4名将军,并报告说他们每一挺机枪都只剩下最后一条子弹带了,士兵们已经筋疲力尽,是否可以休整一下。隆美尔冷淡地看了看他们,然后命令道:立即沿公路继续东进,目标是特米米尼和托卜鲁克。

随着2月12日至4月8日的连续进攻,先前被英军攻占的地区正逐渐被德军重新夺回,隆美尔在2个月的时间内已扭转了北非战局。如此迅速地取得如此大的战绩,固然与英国调兵希腊和隆美尔抓紧战机有着很大的关系,但还有一个重要的原因连隆美尔自己都不知道。他在无意之间钻了英国军队的空子。

隆美尔与德国最高统帅部的全部秘密通信,一直在用艾尼格马密码机★传送,这是一种很像小木盒的电动打字机。德国密码专家宣称这种机器对敌人的密码侦破机是绝对安全的。电文通过这种密码拍往罗马,然后再通过电线传送到希特勒的大本营。然而远在英国乡村,英国人建造了一种更为先进的机器,它像一所房子那么大,能够把艾尼格马的秘密信号译成电文。无数个电台监听站把德国的信号送给这种机器,一个庞大的多功能的服务机构把这些信号翻译出来,然后标上"绝密"字样,再把它传送给与隆美尔对峙的英军指挥官们。

然而,正是由于英国对德军情报的准确捕获,使得隆美尔对他们的进攻屡获成功。因为他不止一次地违背由艾尼格马电码发给他的命令。例如1941年4月,英国人只知道下达给隆美尔的命令是固守在班加西,而对隆美尔的真实行动却一点也不了解,他们设想隆美尔肯定是会执行这一命令的。所以当隆美尔向前推进时,镇守在昔兰尼加的英军被完完全全地打了个措手不及,只有慌乱地溃败。

而且这种溃败一个接着一个,使得隆美尔的野心日益膨胀起来,他决意要进攻昔兰尼加半岛上最重要的港口——托卜鲁克。

与此同时,英国首相温斯顿·丘吉尔已从伦敦发来命令,必须"誓死守住托卜鲁克,决不允许产生撤退的念头"。另外,8日晚从昔兰尼加撤退出来的军队主力也已到达托卜鲁克,并按照丘吉尔的命令,开始进入了意大利人被赶走前修筑的防御工事。英国人这次不会再轻易地丢下城池逃走了。

一场恶战即将开始。

>> 无敌之芒遇挫

托卜鲁克地处利比亚西北地中海沿岸，是昔兰尼加最具有战略意义的港口。它封锁着一段50多公里长的海岸公路，是从利比亚北部进入埃及境内的战略要地。隆美尔要想进入埃及，必须首先拿下托卜鲁克，否则，一方面他不得不绕过这个港口，多走一段沙漠弯路，另一方面他必须大力加强后方补给线的防护力量，因为托卜鲁克的守军随时可以冲出来切断他的补给线。

为了攻下托卜鲁克，隆美尔把他的住所和作战指挥部一起搬到了托卜鲁克前线以南的一个浅凹的石谷里。这是一间很小的、意大利人修建的活动屋。在那里，除了睡觉，隆美尔的每一分钟都用来为进攻托卜鲁克作准备，他甚至无暇给露西写信，而让勤务兵根据他的口述代劳。

在这片大沙漠里，只有清晨和黄昏时，能见度还好一些。当白天到来时，热空气在人们的视野里闪烁跳跃，发出反光，大大影响了炮手们射击的准确性。有时候，他们的周围会出现海市蜃楼般的一大片水源，然而真正的湖水千百年前就在这块大盆地下面枯竭了，如今只有阿拉伯人为贮存冬天的阵雨而修建的干缩、有毒的蓄水池。从早到晚，太阳炙烤着士兵们的身体，使之失去水分，变黑脱皮，热风使他们的嘴唇干裂，头发卷曲，眼睛里布满血丝。士兵们的整个神经系统都处在痛苦的折磨中，使这些意志消沉、孤独无援地在非洲作战的德国人备感痛苦。

就在这种条件下，4月11日，隆美尔命令施特莱彻发起第一次对托卜鲁克的进攻。施特莱彻派波纳斯带领疲惫不堪的第8机枪营从南线出击，奥尔布雷奇的全部可用坦克大约20辆左右在右翼平行推进。下午4点45分，德军的坦克开始滚滚前进，第8机枪营紧随其后。然而在临近托卜鲁克时，德军坦克突然掉转方向，疯狂地穿过机枪营的阵线，在密集的炮火中向后溃逃。一名坦克军官报告说：在前边400米的地方，有一条又宽又深的反坦克壕，坦克无法冲过去。一小时后，波纳斯上校跑到隆美尔面前，他说在坦克陷阱后边还有一大片带刺的铁丝网屏障，进攻已暂时停止，第8机枪营被英军的炮火压制住，无法撤退，营里已有11人阵亡。

4月12日，一场猛烈的沙漠风暴开始了。隆美尔命令部下利用风暴作掩护，于下午3点30分组织一次新的突袭。然而就在发起突袭之前，风暴减小了。施特莱彻问："我们还继续进攻吗？"隆美尔命令继续进攻。

施特莱彻派出工兵首先设法为坦克扫清障碍，然后发动所有兵力直插敌巢。但在他们进入近距离区时，遭到了英军炮火和炸弹的混合打击，无法继续前进。然而当天晚些时候，隆美尔再一次命令施特莱彻："你们师必须攻下托卜鲁克。"

下午6点钟，坦克团指挥官奥尔布雷克回来报告说，他的坦克在突破防线的战斗中又一

∧ 在沙漠恶劣环境下作战的德军士兵。

次失败，并且付出了十分高昂的代价。第5装甲团在战斗开始时有161辆坦克，现在一下减少到不足40辆，而71辆最好的M3型坦克，仅仅剩下9辆。为此，施特莱彻拒绝了隆美尔在做好适当准备之前重新发动进攻的要求。

4月13日中午，波纳斯被召回隆美尔的指挥部，接到了要求他们下午发起新进攻的命令。下午5点，波纳斯再次爬回他的机枪营，指挥他的部下穿插到翼侧，为坦克团即将在拂晓前的进攻筑起了一个桥头堡。实际上，隆美尔正在用500名机枪手和大约20辆坦克与34,000名英国士兵所固守的要塞对抗。

当夜，当波纳斯开始行动时，隆美尔把所有参加进攻的指挥官召集到他的指挥车里，宣布了拂晓时发起进攻的计划，他让施特莱彻负责指挥这次进攻。

4月14日凌晨4点30分，奥尔布雷克的坦克团怒吼着进入了第8机枪营打开的突破口，隆美尔命令施特莱彻用一个意大利炮兵团和高射炮连的炮火做近距离支援。当坦克团进入突破口后，英国军队果断地掐断了德军机枪手们身后的退路。早上7点45分，奥尔布雷克的坦克在敌人

∧ 德军坦克正向前线推进。

的炮火下被迫后退，但已损失了一半坦克，其余大多数坦克的炮塔又都被沙子塞住了。整个机枪营500名士兵中只有116人在夜间脱逃，其余的人不是战死就是当了英军的俘虏，机枪营指挥官古斯塔夫·波纳斯也在这次战斗中阵亡。

隆美尔愤怒而又茫然不知所措。他暴跳如雷地命令施特莱彻下午4点再次发起进攻，即使不能占领托卜鲁克，至少也要帮助波纳斯残存的机枪手逃离险区。随后，他又收回了这道命令，他不得不承认：德军目前对托卜鲁克的守军根本无能为力，而且只要英国军队有那么一点勇气，他们完全可以从要塞里冲出突破口，那样一来，他们就不仅仅是越过德军的残余部队，而且会俘获非洲军团的指挥部，那将意味着德国在利比亚存在的最终结局。

晚上，隆美尔给总参谋部写了一份有关这次战斗的报告，并发出一份要求增派部队的电报。他伤心地说，他现在正在把全部精力集中在托卜鲁克上，"尽管整个形势提供了难得的机会"，可他已无法再向东线发起进攻了。

但为了鼓舞士气，隆美尔还是装出很有信心的样子。4月16日，他视察了遭到重创的各级部队，并鼓励他们说，这个挫折只是暂时的，"从今天起8天之内我们将到达开罗。你们把我的话传出去好了。"这一天恰好是施特莱彻的50岁生日，但隆美尔没有到他的指挥所去，只是让一位机枪营的军官转告说，他对这次伤亡表示遗憾，但大家不应该被这点伤亡搞得一蹶不振。做出牺牲是必要的，这是士兵的天职。

★ "飓风"式战斗机

英国制造。原型机在 1935 年首次试飞。机长 9.81 米，翼展 12.19 米，总重量 3,422 公斤，最大平飞速度 529 公里 / 小时，航程 740 公里，乘员 1 人。第二次世界大战期间，该机在反击德军大规模空袭作战中，曾发挥过重要作用。在保卫英国领空的"不列颠大空战"中，该机曾屡立战功。

施特莱彻默默不语地坐在指挥所里，他与隆美尔发生了多次战术意见相左的情况，并多次拒绝执行隆美尔的命令。隆美尔在他生日的时候都没有到他的指挥所来，很明显地表现出对他的成见正在日益加深。于是施特莱彻猜想，也许自己在非洲的日子已经屈指可数了。

>> 托卜鲁克僵局

进攻托卜鲁克的失败是隆美尔进入非洲以来遭受到的第一次挫折。但隆美尔不是一个轻易服输的人，他一面加紧筹备对托卜鲁克发起新的进攻，一面派出第 3 侦察营继续绕过托卜鲁克，直插埃及，把前沿战线推进到利比亚与埃及的交界处。随后，德军继续挺进，越过利埃边境，攻下了埃及境内第一座城市塞卢姆。

面对隆美尔凶猛的攻势，英国首相丘吉尔不断与前线指挥官韦维尔联系，要求他以托卜鲁克为重，一定要守住。很快，一支由 5 艘坦克登陆舰、1 艘护卫舰和 1 艘驱逐舰组成的英国舰队驶进托卜鲁克港，送来了一大批"马蒂尔达"式坦克、大炮、弹药和食品。4 月 18 日起，英军又先后向这里运送了第 7 步兵师的第 18 步兵旅以及第 1 和第 7 坦克团的先遣队。为了打击德军的后方补给线，英军又于 4 月 21 日黎明派出由战列舰、巡洋舰和驱逐舰等组成的舰队驶入的黎波里附近海面，对德军海港进行了长达 40 多分钟的炮击。同时，英军又利用空中的绝对优势，加强了对托卜鲁克附近德军的空袭。

在英军的空袭中，隆美尔在短短几天内几乎两次送命。一次发生在他与一群官兵谈话时，一枚炸弹正好落在他们中间，一名中尉当场死亡，另外几个人失去了胳膊；另一次是在 4 月 20 日，当他从巴尔迪亚视察归来时，一架英国"飓风"式战斗机★突然猛冲过来，超低空用机枪向他的指挥车一阵疯狂扫射，在他关上钢制防弹车门之前，他的司机被子弹击中，一名

> 德国新式Ⅲ型坦克源源不断地被运往北非战场。

卡车驾驶员和助手被当场击毙，跟在指挥车后的电台车也被摧毁。

但这两次隆美尔都安然无恙。

英军的反攻迹象越来越明显，由于托卜鲁克拖住了大批德军，隆美尔只剩下了一支微不足道的部队守卫在巴尔迪亚和埃及边境。4月24日，隆美尔再次向柏林请求援助："由于英军兵力在不断增加，巴尔迪亚和托卜鲁克的局势一天比一天严峻。"他请求空运第15装甲师，并要求尽快将损伤严重的第5轻装甲师补充完整。

第二天，当希特勒听说隆美尔在非洲正处于困境时，他因总参谋部对隆美尔提出的增援要求无动于衷，骂了他们一些十分难听的话。两天以后，德军第15装甲师的先头部队开始空运到班加西。

几乎是与此同时，意大利最高统帅部也送来了当初他们驻守托卜鲁克时的详细防御计划。现在，隆美尔终于明白自己面临的是什么了。原来，意大利士兵曾沿着托卜鲁克修建了55公里长的环形防线，这道防线分为内外两层。第一道防线由地堡和反坦克壕构成。反坦克壕深2.5米，全用木板覆盖，上面再铺上一层薄沙。地堡的顶部也用沙土覆盖，在外观上与地面处于同一水平线，进攻者只有脚踏在上面方能发现，每个地堡直径约100米，由几个地下混凝土工事组成，可容纳30~40人，堡垒的四角设有机枪射孔，配备有反坦克炮和迫击炮炮位，各堡垒之间有交通暗壕相连，防守者可随时从地堡里钻出来发起突袭。第二道防线距第一道防线约2,500米左右，结构大体相同，只是没有反坦克壕。整个环形防线内共有138个互相连接的地堡，防线周围布有密密麻麻的带刺铁丝网。

拿到这份防御计划后，隆美尔再次把意大利的指挥官和施特莱彻等人召集在一起，商讨新的进攻计划。在4月的最后几天里，隆美尔为了即将展开的新进攻而积极筹划着，德军总参谋部对隆美尔在非洲的进展也焦急起来。总参谋长哈尔德将军显得更没有耐心，他已经多日没有接到隆美尔的有关报告了。他愤恨隆美尔不听他的命令驻守原地，反而疯狂至极地向东推进。在遭受托卜鲁克的挫折后，他以为隆美尔将会退回防守状态了，可很快他就从私下里得知隆美尔正在筹划新的进攻，整天奔忙在广为分散的部队之间，策划侦察和突袭，他觉得隆美尔这是在无谓地消耗着士兵的精力。于是，他决定派出保卢斯作为他的代表，亲自前往非洲视察一下实际情况。

保卢斯的到来使隆美尔感到二人之间的关系变得尴尬。虽说他俩都是中将，但由于他是哈尔德的代表，隆美尔别无选择，只能执行命令。为了表示自己的决心，隆美尔让保卢斯绕着托卜鲁克的环形防线跑了一圈，并告诉保卢斯，他正计划于4月的最后一天，在托卜鲁克的西南方向发动一次大规模的进攻。保卢斯对这个计划的可行性持怀疑态度。

由于保卢斯频频对自己的进攻泼冷水，隆美尔怀疑这位将军的突然光临是总参谋部的一个阴谋。但保卢斯没有告诉他，总参谋部不想让隆美尔再在非洲大动干戈了，希特勒的"巴巴罗萨"计划即将推行，德军计划用200个师在6月份向苏联发动猛烈进攻，他们不想因为隆美尔在非洲的一意孤行，而影响他们的精力和消耗德军的实力。

但在当前，隆美尔的战绩是显著的，他在不足三个月的时间内，已经神速地向东推进了1,000多公里，除了托卜鲁克，英军已完全被赶回埃及境内。同时，隆美尔的处境也是艰难的，驻在托卜鲁克里的英军几乎每晚都出动一股或数股小分队，打击隆美尔的运输线，袭击各级指挥所。

目前的问题不是守与攻，而是必须清除托卜鲁克的英军，这是希特勒的看法。在考虑非洲问题的时候，希特勒有时候似乎与总参谋部的意见并不相同。因此，在短短的几天里，第15装甲师的主力部队被空运到了非洲战场，第5轻装甲师的坦克也已增加到74辆，其中半数是威力强大的M3型和M4型坦克，一些战斗机和轰炸机也已转场到距托卜鲁克更近的机场上了。

4月30日早晨6点30分，隆美尔按照原计划向托卜鲁克发起了新的进攻。德军的俯冲轰炸机带着刺耳的呼啸声冲向209高地，整个高地顿时陷入浓烟和火海之中。这是隆美尔的第一个目标。209高地被阿拉伯人称作摩德尔角，是托卜鲁克周围的一个战略要点，站在这个高地上，可以清楚地看到英军对德军后方运输线的骚扰活动。

隆美尔驱车来到了战线前沿，他曾一度爬过最后几百米，到达突击部队附近，当时这个突击部队正在被英军的一个地堡压制着。战斗进行到上午9点钟，一个机枪营从后方攻占了209高地。隆美尔又命令从高地的东北方向托卜鲁克发起进攻。但是由于地形的限制，德军进攻的纵深面太窄，当大部队前进时，遭到了英军从隐蔽得很巧妙的地堡里发起的狙击。5月1日，第15装甲师指挥官报告隆美尔：德军在无数未被发现的地堡的反坦克火力以及占压倒优势的炮火面前，遭到重大伤亡，大多数部队伤亡50%以上，有些则更为惨重。

5月2日到4日，托卜鲁克的守军在德军进攻毫无进展的情况下，发起了多次大规模的反攻，直接冲向209高地，双方的战斗异常惨烈，短兵相接持续到4日凌晨。最终，隆美尔牢牢地控制住了209高地，并抓获了几百名英军俘虏。但德军也付出了极大的代价，有1,200名士兵死伤和失踪，消耗了大量弹药储备，隆美尔第一次真正地体会到自己正面临着给养危机。而进攻托卜鲁克的全部成绩只是获得了一个近6公里宽、3公里纵深的阵地。那个丝毫未受损伤的托卜鲁克，仍然挑衅似的屹立在昔兰尼加大沙漠的边缘。

面对这种情况，保卢斯断然地命令隆美尔放弃对托卜鲁克发起新的进攻，并在他返回德国总部前再次向隆美尔声明：坚守在托卜鲁克东面的塞卢姆一线，不准再次进攻托卜鲁克，因为现在德军正面临着严重的补给困难问题。

连续的失败终于让狂热的隆美尔冷静下来，开始认真地分析他所面临的真正困难。在非洲，仅仅为了生存，非洲军团每月就需要3.4万吨给养；作为以后进攻用的储备物资，每月又需要2万吨；空军的给养要9,000吨，再加上意大利军队和驻在利比亚的意大利居民所需要的6.3万吨给养，每月所需给养的数字惊人地达到了11.6万吨之多。然而，的黎波里的港口设施每月仅能容纳4.5万吨物资。面对这些严峻的事实，尽管德国驻罗马的代表们想尽一切办法，只能保证每月向隆美尔提供最多2万吨的物资。

在如此补给困难的情况下，隆美尔无法再展开新的战斗，他必须依靠每天从2,000多公里外用卡车运来的物资，维持整个部队的生存。

隆美尔的军队仍然牢牢地围困着托卜鲁克，一场陷入僵局的"拉锯战"开始了。炎热的夏天正一步步地向这些可怜的军人们走来。酷热的太阳和数不清的苍蝇是北非夏天的典型特征，生病和过度疲劳的士兵越来越多，他们的鼻子脱了皮，嘴唇干裂，起了水泡。一种让人胃肠系统紊乱的寒战病正在军队里流行，它有时竟能让一名强壮的士兵在一天里昏迷三次。在如此恶劣的条件下，德国士兵们只能靠饼干、橄榄油、罐头沙丁鱼、罐头咖啡和罐头果酱等维持生命，鸡蛋、火腿和牛奶自然不会有，更不用说新鲜水果和蔬菜了。随着天气一天比一天热，给养的缺乏对这些年轻士兵健康的损害明显地在日益加剧，甚至25岁的年轻人已开始掉牙。

这时的天气是如此酷热，甚至拘谨、古板的隆美尔也穿上了短衣短裤。每天早上6点，他便开始用一种新奇的步兵战术在所有的士兵中进行严格的操练，这些战术正是他针对托卜鲁克地堡、连接地堡的防线而设计的。在托卜鲁克的失败以及他为此付出的高昂代价，使他感到无比压抑，无论是高层的官员还是底层的士兵，对他的批评和埋怨正在悄悄滋长。

为了对付即将继续开始的战斗，隆美尔再次临阵易将，由5月31日抵达的琼汉尼斯·冯·腊芬斯坦取代了施特莱彻，而施特莱彻终于离开

∧ 能在沙漠中洗上一次澡，对于非洲军团的官兵来说是种莫大的享受。

＞ 隆美尔亲临前线视察。

了北非。6月上半月，第15装甲师全部到达北非，他让年轻的瓦尔特·纽曼·西尔科上校指挥着这个师开往塞卢姆前线。这样，隆美尔在北非已拥有两个完整的作战能力很强的德国装甲师：第5轻装甲师和第15装甲师，共拥有坦克150辆，此外，他还指挥着三个意大利师。

但由于德国对苏联的战争即将开始，在北非支援隆美尔作战的德国空军却被调走了。

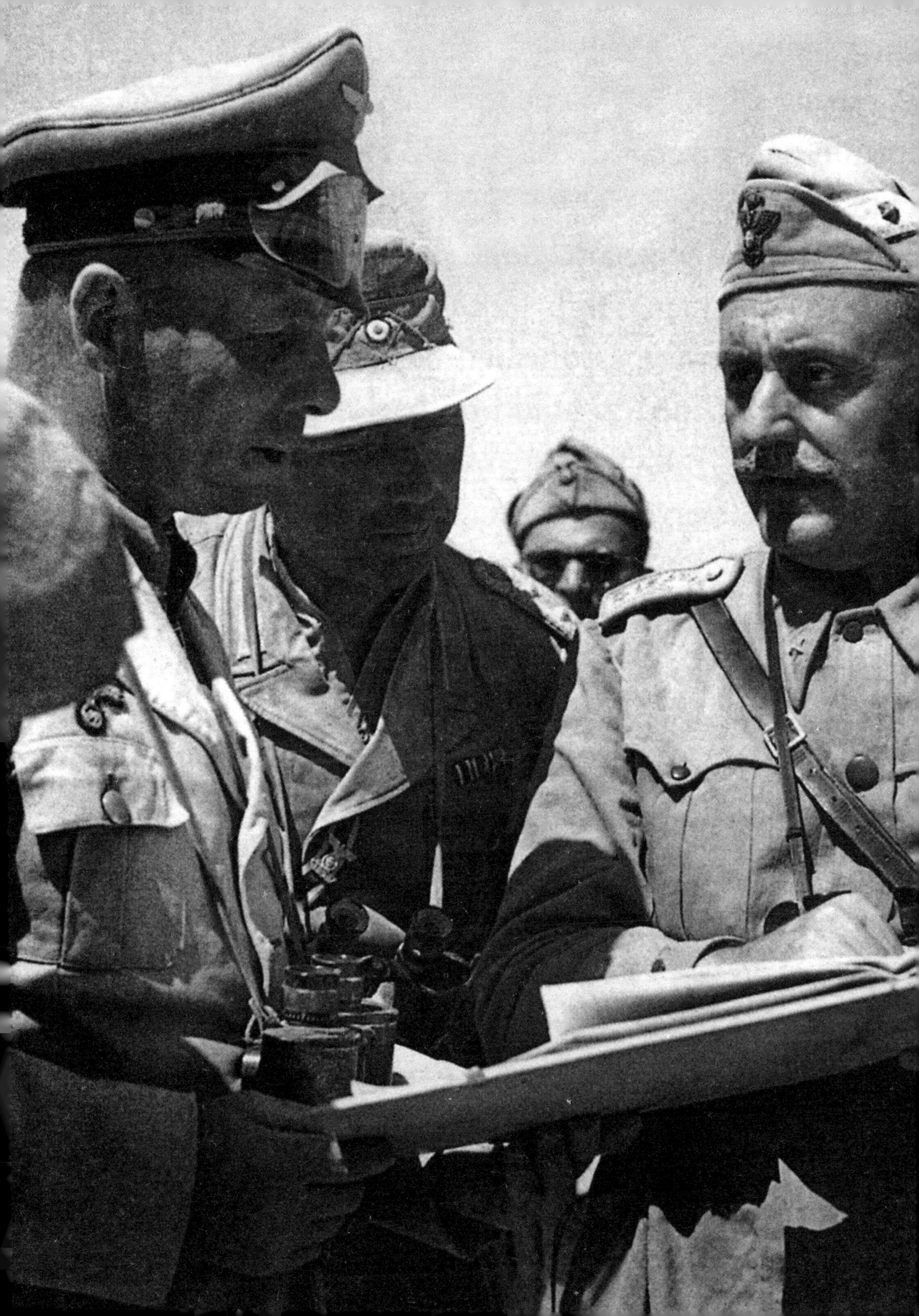

第四章

辗转昔兰尼加半岛

1891-1944 隆美尔

天空下起了毛毛细雨，克鲁威尔的三个装甲团就像三只铁锤，沉稳有力地向隆美尔驻在西迪雷泽格的那块大铁砧上砸去。夹在这三只铁锤和铁钻之间的是一支已立稳脚跟正等待着他们的英军装甲部队……

★ "战斧作战计划"

"战斧"是1941年夏英军进攻昔兰尼加地区作战计划的密语代号。1941年6月15日，驻守利比亚的英国军队为了减轻德意军队对托卜鲁克的巨大压力，开始实施"战斧"行动计划，向昔兰尼加地区的德意部队发动进攻。双方在该地区进行了一场激烈的阵地争夺战。由于侧后受到严重威胁，英军被迫于三天后撤退，"战斧作战计划"宣告失败。在三天的战斗中，英军伤亡1,000余人，87辆坦克和装甲车被击毁。

>> 卷刃的战斧

1941年5月中旬以后，随着英军海上运输队成功地抵达亚历山大港，英军的坦克数量迅速增加了。英国首相丘吉尔再次与战区指挥官韦维尔商讨在北非的反击计划，最后他们制订了"战斧作战计划"★。丘吉尔对这个战斧计划充满了信心，他觉得英军通过这次行动，不仅要在北非取得一场决定全局的胜利，而且要彻底消灭隆美尔的部队。但韦维尔对此持有保留意见，他根本就不相信英军在北非能取得彻底的胜利。5月28日，他在一份报告中说："我们的步兵坦克在沙漠中的行驶速度太慢，在敌人强大反坦克炮火下会遭到相当大的损失。我们的巡逻坦克在速度和动力方面与德国中型坦克比，也不占优势。"他最后表明了自己的目的，只是希望这次进攻最终能将敌军赶回到托卜鲁克以西。

根据这个计划，英军将动用第13军的第4印度师和第7装甲师遂行此次任务，前者加强有第4坦克旅一部，后者由第4坦克旅和第7坦克旅编成。"战斧作战计划"分为三个阶段：第一阶段，由第4印度师在第4坦克旅一部协助下，进攻塞卢姆、哈勒法亚、卡普措堡，第7装甲师做掩护；第二阶段，由第7装甲师向包围托卜鲁克的德意部队发动猛攻；最后由该师会同托卜鲁克守军向西继续推进。整个战役由第13军军长贝雷斯福德·皮尔斯指挥。从总体上看，英军在坦克和飞机方面占有很大的优势，拥有300辆坦克、116架战斗机和128架轰炸机，而隆美尔仅有150辆坦克、60架战斗机和79架轰炸机，英军火炮的数量也远远多于德军。

6月14日，隆美尔的无线电监听员获悉，每一支英军部队都从电台里接到"比特"将于第二天开始的通知，由于"比特"这个代号在5月中旬英军的一次反攻之前也同样使用过，因此隆美尔清楚，这意味着英军将发起新一轮的进攻。于是他在当天晚上命令塞卢姆前线的部队进入战备状态，并要求德军机动后备部队做好行动准备。

6月15日清晨4点30分，英军的进攻沿着海岸平原和高原展开了。在这一天的战斗里，隆美尔的前景并不乐观。他的坦克跟英军比，在数量上已处于劣势，而且其中只有95辆是具有很强战斗力的M3型和M4型战斗坦克。而英军大约有100辆凶猛的"马蒂尔达"式坦克。这种坦克的装甲厚度是德军坦克的两倍，德军37毫米的反坦克炮对它们无可奈何。

　　隆美尔知道，只有88毫米高射炮才能够对付"马蒂尔达"式坦克。于是，他在哈勒法亚、哈菲德山脊和塞卢姆前沿布置了仅有的12门这种高射炮。在沿塞卢姆前线的其他战术据点，隆美尔又布置了一种新的38型反坦克炮，这是一种仅把37毫米反坦克炮的口径改装成50毫米的改进型武器。尽管由于后勤补给线供应不上，在这次战斗中，整条战线只有一半部队能得到弹药、粮食和水的补给。然而北非德军中的传奇人物之一，威廉·巴赫上尉却因坚守住了哈勒法亚而一战闻名。他是第104步兵团第1营的一个个子瘦长、爱抽雪茄烟的指挥官。巴赫过去是个牧师，举止文雅，说话和气，但在战斗中却显得异常勇敢。

　　6月15日整个白天的战斗中，英德双方互有进退，未分胜负。然而到了晚上，隆美尔却显得很乐观。在这一天中，德军不仅守住了处于关键地位的哈勒法亚隘口，而且英国12辆从高原一侧进攻的大型"马蒂尔达"坦克，有11辆被巴赫上尉隐蔽得很好的88毫米高射炮击中，另6辆从海岸一侧推近的"马蒂尔达"坦克也有4辆在德军的主要阵地前被击毁。而瓦尔特·纽曼·西尔科上校的第15装甲师也摧毁了英军60辆坦克。隆美尔克制住自己急于想冲入塞卢姆前线战场的心情，一直待在150多公里外的指挥部里，用无线电指挥着前方的战斗。当夜，隆美尔决定在第二天凌晨展开全面进攻，一决胜负。

　　6月16日拂晓，纽曼·西尔科的坦克率先发起了反攻。隆美尔计划冲过前天晚上被英军攻占的卡普措堡，跨过前线的铁丝网，再向敌军漫长的翼侧进攻。然而他的进攻却没有多大进展，到上午7点45分，由于第15装甲师的80辆坦克中仅剩下35辆还可以正常运转而被迫退出战斗。到中午过后不久，第5轻装甲师在边境地带也遭到了英军强大坦克火力的狙击。

　　到此时，德军基本上已处于劣势状态，如果英军这时不顾一切地集中兵力，全力冲过来，隆美尔将不得不放弃对托卜鲁克的包围，撤回昔兰尼加的西部地区。但就在这个关键时刻，隆美尔做出了一个决定，这也是他一生中最重要的决定之一，他把赌注押在英军对翼侧明显感到不放心这一点上。晚上12点35分，隆美尔电令第15装甲师撤离卡普措堡，与第5轻装甲师的前沿平行向南推进，并要求这两个装甲师在拂晓之前必须插入敌军翼侧，然后冲向哈勒法亚海岸。这样既解除了英军对守在哈勒法亚隘口的巴赫上尉的包围，也切断了英军的整个远征部队。与此同时，他派出一架战斗机，给哈勒法亚的守军散发了激动人心的消息："德军的反攻正在西线取得节节胜利，英军被迫处于守势，整个胜利将取决于哈勒法亚隘口和海岸平原能否被守住。"

　　6月17日，第5轻装甲师在清晨4点30分准时出发，6点便到达了第一个目的地西迪苏莱曼。第15装甲师也同样抵达了指定位置。英军果然对冲向自己翼侧的德军感到惊恐不已，

∧ 英军"马蒂尔达"坦克在与德军坦克的对抗中占了上风。

很快就陷入了一片慌乱之中。上午7点45分，英军第7装甲旅报告弹药告急，处境艰难。阵地上已有指挥官向开罗的英军请求援助。这些消息都被隆美尔的电台截获了。见策略奏效，隆美尔立即催促第5和第15装甲师迅速向前推进。中午，德军坦克隆隆地驶过哈勒法亚隘口，不仅解救了巴赫上尉所受的围困，而且将英军从原路赶了回去，隆美尔赢得了这场坦克激战的胜利。

6月18日，隆美尔离开了后方指挥部，驱车前往前沿阵地，看望那些已精疲力竭的德国和意大利士兵，并向他们致谢。在这次战斗中，隆美尔仅仅损失了20辆坦克，却摧毁了英军100多辆坦克，其中包括极难对付的英国"马蒂尔达"式坦克。隆美尔对于这次胜利感到万分得意，他迫不及待地向柏林报告了战果，并将英军被摧毁的坦克数量夸大到180～200辆，几天后，他又把这个数字改为250辆。

英军的"战斧"就这样被隆美尔折断了。但令英军迷惑不解的是，他们不知道隆美尔究竟是用什么武器，将英军令人骄傲的"马蒂尔达"式坦克击坏的。一名被俘的英军少校在德国军营中执意要看一看摧毁他们坦克的德国武器。满面笑容的隆美尔很痛快地满足了这个少校的要求，当德国88毫米高射炮摆在他面前的时候，这个少校以一副混杂着愕然和愤怒的表情说："这太不公平了，你们居然使用打飞机的高射炮来对付我们的坦克。"和这名少校一样，几乎每个英国人都在猜测他们的"马蒂尔达"坦克到底遇到了德国的什么克星。但不幸的是，即使打死他们，也没想到隆美尔是用打飞机的大炮对付他们的坦克，他们一直以为那是德国M3型和M4型坦克新配置的一种令人震惊的炮弹。以至于这场战役情况被传遍世界后，当时的一些国外媒体每每谈及隆美尔和他的坦克部队时，都不免使用了极其敬畏的语气。

英军"战斧作战计划"的失败，使隆美尔的声誉再次在德国达到了顶点。尽管1941年4、5、6这三个月，隆美尔因为在托卜鲁克的连续失败，让自己的声望连续三次一落千丈，但最后这一仗却仿佛证明他比英国人更有能耐。当宣告隆美尔胜利的嘹亮喇叭声在德国广播电台里回荡时，许多德国人重新拾起了对隆美尔的崇拜之情，一位上校说："隆美尔是我们这个时代的一位典型的年轻将军，要把他作为我们后代子孙的榜样。他为激励尚武精神高潮的到来，提供了一个新的起点。"这一壮举更深得希特勒的赞赏。在为隆美尔举行的庆功会上，希特勒亲自提议把隆美尔晋升为上将。

1941年6月22日，隆美尔正沉浸在被提升为上将的兴奋之中，希特勒经过充分的准备，终于将策划已久的"巴巴罗萨"计划付诸实施。他未经宣战，就单方面撕毁了《苏德互不侵犯条约》★，对苏联发起全线进攻，第二次世界大战进入了新阶段。

此时，隆美尔终于明白了，过去希特勒和总参谋部何以拒绝把大批装甲师、重炮和给养运往北非。希特勒对这次进攻苏联充满信心，"这场战争一结束，伊拉克和叙利亚就必须重新考虑自己的出路，这样我便可以腾出一只手来，一直向土耳其挺进。"三天后，希特勒的这些梦想秘密地传到最高统帅部，并紧接着被制订成具体的草案。这份草案将隆美尔在利比亚的任务正式纳入希特勒的这一远景规划。根据规划，隆美尔首先必须占领托卜鲁克，然后确定从西线入侵埃及的道路。德国军队则在征服高加索后，直接南下，从东线入侵埃及。

8月8日，隆美尔的飞机降落在巴尔迪亚机场，他踌躇满志地走下飞机，望着这一片望不到边际的大沙漠，开始着手准备新的进攻计划。

然而，返回巴尔迪亚后，谁都可以看出隆美尔已患上了某种疾病，因为他的眼睛和皮肤都变成了很不协调的黄色。几个战地医生们谨慎地为

> 1939年8月23日，苏德双方在克里姆林宫签署了《苏德互不侵犯条约》。

→

★《苏德互不侵犯条约》

1939年8月16日，德国为避免两线作战，向苏联建议缔结互不侵犯条约。8月23日，苏德签订了《苏德互不侵犯条约》，规定缔约国双方互相不使用武力，也决不直接或间接参加反对缔约国另一方的国家集团，如果互相之间发生纠纷，两国将通过和平的方法解决，条约的有效期为10年。该条约的签订虽然暂时缓解了苏德矛盾，为苏联的备战赢得了一些时间，但却给世界反法西斯斗争带来了很大危害。

∨ 踌躇满志的隆美尔为战局的进展而沾沾自喜。

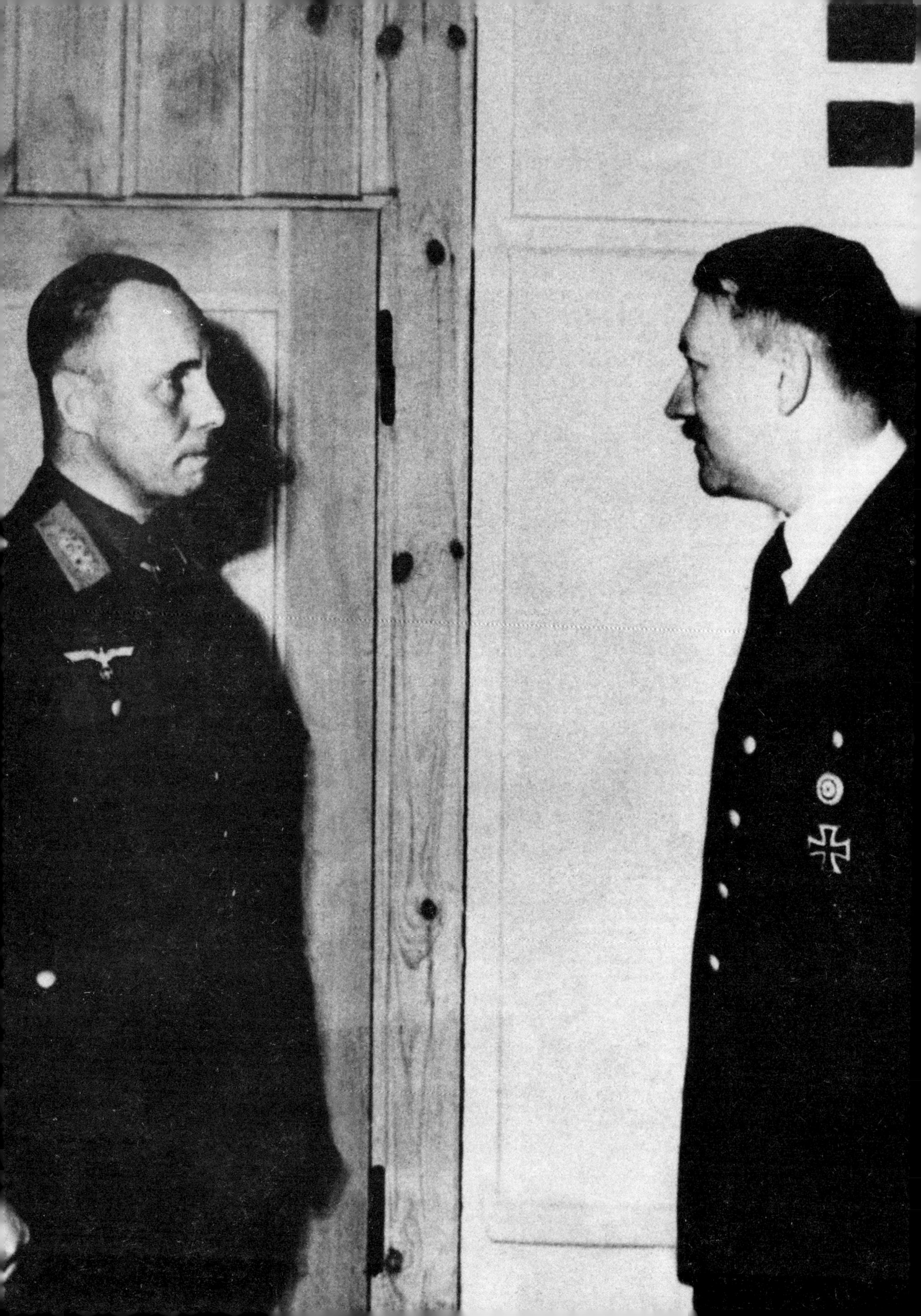

他做了诊断，最后一致断定他患了黄疸病，规定他只能吃刺激性小的食物并必须保证有足够的休息。隆美尔接受了医生们的饮食规定，但对其他告诫却置之不理。

他的部下听说他生病后，纷纷把水果、鸡蛋、土豆和活鸡等在非洲难得一见的食物作为礼品赠送给他。这些东西是士兵们磨碎了嘴皮子，跟那些漫天要价的阿拉伯人经再三讨价还价后才买来的。尽管指挥官们可能会对隆美尔牢骚满腔，但他的士兵们却是真心爱戴他。隆美尔以他独特的方式激起了士兵们内在的感情，同时也树立了他个人与众不同的形象。在战斗中，他冲在最前面；在休整时，他又永远出入在士兵之间。隆美尔对一名下级指挥官说的话，让每个士兵都记忆犹新："告诉你的士兵们，都把胡子刮干净。我们需要的是年轻的士兵。而且，我们永远都不会衰老。"

然而，这些"永远都不会衰老"的士兵们如今却和隆美尔一样，都在忍受着这片沙漠上悄悄滋生的各种疾病，白喉和黄疸病像疾风一样地在各个师之间穿梭。

8月15日，总参谋部极不情愿但又不得不组建的装甲兵团正式被命名为非洲装甲兵团。随后，来自德国本土的扩编部队断断续续地在利比亚登陆。在8月末最先到的是一个新编的师——非洲特种部队，随后被改编为第90轻装甲师。接下来，原来的第5轻装甲师也被改编为第21装甲师。这样，非洲装甲兵团已拥有了第15、第21和第90共计三个装甲师。其中第15和第21装甲师各辖有一个由两个营组成的坦克团、一个由两个营组成的装甲运兵车团、一个侦察营、一个反坦克炮兵营、一个摩托化步兵营、一个通信营、一个由三个营组成的炮兵团以及后勤补给分队。第90轻装甲师则辖有三个摩托化步兵团和一个坦克营。

在非洲德军调整的同时，意军也进行了改编并得到加强。由阿雷艾特装甲师、的里雅斯特装甲师和特兰托装甲师组成第20装甲军，由新任的意大利非洲驻军总司令巴斯蒂

< 希特勒对隆美尔青睐有加，提拔其为上将。

81

∧　在前线指挥作战的隆美尔。

柯直接指挥。帕维亚、波洛尼亚、布雷希亚、萨沃纳4个步兵师重新组合在一起，成立了第21步兵军。这些意军部队在作战时大部分调归隆美尔指挥。

不久，隆美尔又搬出了位于贝达利托里的前线司令部，将之挪到了位于托卜鲁克和巴尔迪亚之间的甘布特。这是一个臭虫出没、蝇卵遍地、十分肮脏的地方。德国人和意大利人在这里建有补给库和修理车间，这是一座伪装得很巧妙并有机床设备、重型起重机和无数坦克零件储备的大型工厂，即使严重损坏的战车也可以在战斗期间从战场上拖回来修理，要不了几天就可以重新投入战斗。

平日里，隆美尔每天都乘着他的指挥车颠簸在沙漠上，走遍每一个兵营，并沿着古代的骆驼小道到那些配备有凿岩机和炸药、正在修筑托卜鲁克迂回便道的德国和意大利部队中去。接着他必然会驱车去塞卢姆前线，视察一下新的战术据点的修筑情况。他必须保证能够为每个阵地提供足够维持八天战斗的粮食和弹药，并把前一年意大利军队撤退时遗弃在沙漠上那些生锈的大炮修复好后，作为补充火力投入到前线。各地的部队都在进行训练和实弹演习，为新的进攻积极准备着。

隆美尔已下定决心，只要德国足够的火炮和弹药运到这里，他就将向托卜鲁克发起一次经过周密布置的大规模进攻。他的作战计划在1941年7月就已基本成型，经过补充和修改，在10月份，他把这一计划作为军团命令下达给了他的下属指挥官们。

>> "十字军"的杀气

1941年11月17日夜晚，利比亚遭到了多年以来最猛烈的一场暴风雨。漫长、干涸的河道变成了奔腾的急流，卷带着又粗又长的荆棘冲向士兵们的营地，卷走那里的坦克和汽车，淹没了机场，冲毁了电话线路。

深夜12点30分，六个模糊的人影冲向贝达利托里一所被德军占用的普雷菲特拉式二层楼房。它坐落在昔兰尼加海岸附近，掩蔽在一片柏树林中。六个人影闯过有德国卫兵把守的入口，强行冲入楼房。

这些人都是英国突击队员。几天前，一名英国军官化装成阿拉伯人混进了这个小镇子，并摸清了这所建筑就是隆美尔非洲装甲兵团的指挥部，随后他们接到上级命令，在一场大规模的进攻开始之前，先干掉隆美尔和他所在指挥部里的其他人员。这个雨夜为他们提供了最好的天然掩护。当这六个人冲进小楼里时，一名德军卫兵发现了他们，并试图发出警报。英国突击队员迅速地射出一排子弹，那名卫兵倒在了走廊的血泊中。这阵枪声惊醒了一楼总机械部办公室里的人，一名德国军士打着手电，小心翼翼地走了出来，又一串冲锋枪子弹立即将他打倒在地。紧随其后走出来的一名德军中尉马上拔出了左轮手枪，但来自不同方向的冲锋枪子弹又将他射倒。

接着，英国突击队员将一颗手榴弹扔进了那间办公室，一声伴随着火光的爆炸响过之后，一切又归于冥寂。

最初的那些响声，惊动了正在楼上开会的装甲兵团总工程师巴泰尔少校和隆美尔的助理军需主任威兹上尉，他们立即拉响警报器，锁好机密文件，抓起左轮手枪。这时，楼下的枪声已响成一片。

枪声停止后，巴泰尔少校和威兹上尉下了楼。他们发现，走廊里已是血迹斑斑，从总机械部办公室水箱里流出的水与地上的鲜血混杂在一起。四名德军官兵倒在不同的地方，一具英军少校的尸体横陈在楼门口，屋里还躺着一个负了重伤的英军上尉，其他英国突击队员已不知去向。

这六名英国突击队员偷袭贝达利托里的时候，隆美尔正因飞机故障滞留在雅典。当他拿到这次偷袭的详细报告时，隆美尔迷惑地摇了摇头：为什么英军要把偷袭的地点选在贝达利托里呢？难道他们真的相信他隆美尔会在距前线300多公里的后方司令部里指挥他的部队作战？

这座二层小楼是意大利人送给隆美尔的。1941年8月14日，为了照顾意大利人的面子，他把装甲兵团司令部设在这里。但隆美尔在这里只住了七天，他因这里食物太好、过于安全而感到极不自在，于是把这里交给了他的司令部成员，带着那些牢骚满腹的军官乘上卡车，开往更接近战场的前沿地区，并在那里建立了新的司令部。

隆美尔对英军这次暗杀没有给予太多的注意，他只是命令将英军少校与兵团司令部里四名同时死去的德军官兵合葬在一起，以表示他对这名勇敢的英国人所怀有的敬佩之情。但他仍然没有领悟到这正是英国一次大规模反攻行动的前奏。

事实上，英国自"战斧行动计划"失败后，首相丘吉尔就开始酝酿新一轮的进攻计划。1941年7月2日，丘吉尔撤换了韦维尔，由奥金莱克接任英军中东总司令，并进一步加强了对北非的增援，企图再兴攻势。

从7月至9月，英国先后向北非增调了3个师、10个坦克队以及大量的航空兵，使英军的坦克和飞机在数量上取得更大的优势地位。在此前提下，奥金莱克决定在北非发起第二次大规模的进攻。这次作战的代号是"十字军"行动★。

根据"十字军"行动计划，英军首先要收复昔兰尼加，并在那里彻底摧毁非洲军团的装甲部队。如果发展顺利，英军接下来则向的黎波里塔尼亚进攻。为了实现这一目标，奥金莱克于1941年8月底将北非的英军各部队编为第8集团军，由坎宁汉将军指挥，共约15万人、坦克924辆、飞机1,311架。此外，他们还可以随时得到从马耳他岛出动的10个航空中队的支援。

这个时候，隆美尔的手下只有10个师约10万人，其中还包括作战能力相对较差的7个意大利师，拥有坦克550辆、飞机500架，而且由于苏德战争正处于举世瞩目的莫斯科会战

∧ 化装成阿拉伯人的英军突击队员。

阶段，德军在地中海的空军也被抽调到苏德战场上去了。

　　鉴于此种形势，坎宁汉将军决定使用第13军沿着滨海公路向西突击，争取与托卜鲁克守军会合，并要求托卜鲁克的守军同时也向东突击，接应前来援助的第13军；而第30军则迂回到德意军队防线的南侧，然向再向西北方向发起进攻，在第13军的协同下，先粉碎昔兰尼加东北部的德意军队，此后，得胜英军全力向西挺进，追击退却之敌。

　　1941年11月18日凌晨，也就是隆美尔的贝达利托里司令部遭到偷袭的几乎同时，英军冒着瓢泼大雨，发起了突然进攻，"十字军"行动开始了。由于隆美尔毫无准备，英军第8集团军进展迅速，第30军从南面逼近西迪雷泽格，第13军向西逼近西迪俄马。

★ "十字军" 行动

1941年11月18日，北非英军第8集团军为歼灭在北非的德意联军，解救被围困在托卜鲁克要塞中的英军，发动了代号为"十字军战士"的战役。当时，德意军对正在全力攻打托卜鲁克要塞，以拔除这颗向埃及进军道路上的"钉子"。11月27日，德意军队被迫后撤，12月11日，英军转入追击。

18日清晨5点30分，德军第21装甲师侦察营指挥官韦切马中校报告，在侦察过程中，他们先与向前推进的英军侦察兵相遇，随后又遭到200辆敌军装甲车的进攻。

鉴于这个情况以及前些天的内部情报，第21装甲师指挥官向非洲军团指挥官克鲁威尔建议，在18日夜里把他的一个装甲团派往甘布萨尔赫，以期在那里挡住来自英军的威胁。甘布萨尔赫位于在甘布特以南60多公里的地方。

而非洲军团指挥官克鲁威尔此时却陷入了两难境地，一方面，只要向隆美尔报告有关英军发起进攻的消息，得到的只有斥责，另一方面，他的空军部队也已发现有1,650辆英军车辆，正在沿着前线向西迪俄马方向集结。当天7点钟，克鲁威尔在思想上几经斗争，最后同他的参谋长拜尔莱因私下决定调整了自己的部署。他们命令第15装甲师进入待命状态，并同意将腊芬斯坦的那个坦克团派往甘布萨尔赫。

8点钟，克鲁威尔思虑再三，觉得还是应该给隆美尔打个电话，请求批准采取进一步的行动。果不出所料，隆美尔听了克鲁威尔的报告后，怒气冲冲地说："我们决不能惊惶失措，也不能让腊芬斯坦把坦克团派往南线，我们不能过早地向敌人暴露自己要向托卜鲁克发起进攻的真实目的。"

隆美尔仍然处在错误的判断中，但这种错误判断的影响面却越来越小。10点钟，意大利北非司令部参谋长甘巴拉向驻在昔兰尼加东部的两个意大利师下达了命令：午夜前必须进入战备状态。

11点，有关英军已发起进攻的又一份证据送到了隆美尔的手中。意大利巡逻部队在西迪俄马附近抓获了一名英军士兵，这名士兵承认英国第8集团军的大部分兵力已经进入了利比亚。隆美尔让他的参谋释放了这个俘虏，并给了一句简单的评语：不可置信。

11月19日中午，克鲁威尔来到了隆美尔的指挥部，再次苦口婆心地解释，英军的进攻真的开始了。隆美尔却轻蔑地笑了笑，说道："这些都是谎言和夸张。"

事实上，19日凌晨，英军第30军第22警卫旅的战斗群已推进到了比尔古比，并在那里与意军艾里特师发生了一场激战。由于意军阵地坚固、伪装巧妙，英军第22警卫旅遭受了严重损失，半数以上的坦克被击毁。随后，英军第30军第7装甲师的1个旅转而攻下了西迪雷泽格，这里离隆美尔的指挥所只有15公里。但由于隆美尔仍然没做出什么反应，连英军第8集团军指挥官坎宁汉将军也陷入了一片迷惑之中，他不知道隆美尔的葫芦里到底卖的是什么药。

根据隶属关系，非洲军团指挥官克鲁威尔应该毫无保留地服从非洲装甲兵团总司令隆美尔的命令。但在事实上，克鲁威尔在很多时候却可以不服从命令地采取独立行动，而隆美尔却经常对此保持缄默。据分析，这种特殊的情况可能与克鲁威尔的出身有关。克鲁威尔当时已是德国机械化部队军官的典型代表，熟知机械化作战的各项技能及指挥艺术，此外，他家世代是出版商，垄断着教堂的赞美诗出版业，既拥有无尽的财富又具有深厚的知识背景。

这些方面，都使得隆美尔自愧不如。所以，隆美尔尽管在隶属关系上高于克鲁威尔，但在心理上，却永远在这个下级面前处于一种莫名的被动地位。

19日下午，克鲁威尔绕过隆美尔，命令第21装甲师第5坦克团迅速南下甘布萨尔赫，迎击已攻入那里的一支英军装甲旅。经过几个小时的激战，第5坦克团以损失两辆坦克的代价，击毁了23辆美制斯图亚特式坦克，有力地阻止了英军的继续北上。

11月20日，克鲁威尔通知第21和第15装甲师，要他们全力进攻甘布萨尔赫。他说："我拒绝袖手旁观，就这样眼看着敌人平安无事地推进到托卜鲁克。"

但此时的隆美尔仍未相信英国已发起了总攻，直到当晚他听到开罗BBC广播电台的公开广播，才彻底改变了他的看法。"第8集团军，"那天晚上的新闻简报说，"拥有75,000名装备精良、武器优越的士兵，已经在西部沙漠开始了一次总攻，其目的在于消灭驻守在非洲的德意军队。"

来自敌方的广播终于让隆美尔从执意要进攻托卜鲁克的迷梦中惊醒过来。而此时，英军的"十字军"行动已进行3天了。当天夜里，隆美尔通过电话向克鲁威尔下达了命令：要求非洲军团的两个装甲师，天一亮即沿着英军装甲部队留下的痕迹，从甘布萨尔赫向北开往托卜鲁克。"你们的目标，"他在电话中焦躁地喊道，"是西迪雷泽格的机场中心。"

11月21日6点30分，北非的大地上仍然是一片漆黑，隆美尔爬出指挥车，登上了西迪雷泽格北面5公里处的一座山丘，亲自指挥那里的炮兵部队对准机场展开猛烈轰击。清晨7点45分，天已大亮，隆美尔举起望远镜向南张望，看到英军的步兵和坦克正在机场上列队，准备向团团包围着托卜鲁克的德意军队发起最后的冲锋。没多久，英军的进攻开始了，外围的英军与托卜鲁克的守军里应外合，很快就把围困托卜鲁克的德意军队反包围了。焦急的隆美尔四处寻找，终于在机场南面很远的地方，看到了他的非洲军团正扬起漫天灰尘，急速地赶了过来。

隆美尔情绪振奋，他爬下山丘，驱车赶到防守在进入托卜鲁克通道处的德军那里，临时指挥起韦切马的侦察营，并给这支担任临时任务的部队增派了4门威力强大的88毫米高射炮，目睹着他们把英军的一辆辆坦克打中起火。

与此同时，山丘上的炮兵部队仍在向西迪雷泽格机场不断地倾泻炮弹。非洲军团的坦克已冲进机场的环形防线，骤然迸散的灰尘和火焰团团笼罩着机场上的英军阵地。接近中午时，英军第7装甲旅仅剩下了10辆坦克。

隆美尔知道，尽管德军取得了暂时的胜利，但英军的另一支装甲旅第二天必然要从北边赶来参加战斗，从而从后方再次形成对非洲军团的夹击态势。那天夜里，隆美尔无法入睡。他深恐一不小心出现的错误就会使他输掉这场战斗，或许也会导致整个战役的失败。

11月22日清晨7点钟，隆美尔重新返回战场。他在筹划着新的进攻计划，但从早上起，他先后两次推翻了自己的设想。直到中午时，他终于下定决心，命令第21装甲师立刻向机

∧ 英军与德军展开夜战。

场直接发起冲锋。战斗于下午2点20分开始，第5坦克团的斯太芬上校一马当先，率领着他的57辆坦克从西面发起猛攻，而步兵部队也从北面冲了进去。

这是这场战斗的转折点。在来自多方的夹击进攻下，机场内的英军炮手大多数都牺牲在了自己的战斗岗位上。此时，英军的第22装甲旅带着107辆坦克终于赶到了机场，然而为时已晚，机场上幸存下来的英军炮手欢呼声尚未落，隆美尔已命令他那些威力无比的88毫米高射炮集中火力向这些坦克开火。英军第22装甲旅的坦克立即停止了射击，然后则是一片溃败。

黄昏时分，西迪雷泽格机场再次回到了隆美尔手中。他的两个装甲师依旧还有173辆可以正常运行的坦克，而唯一能与之抗衡的英军第7装甲师却只剩下了144辆坦克，隆美尔终于转败为胜。

那一天的黄昏，隆美尔自始至终都在双筒望远镜里观察着战斗的进行，他数着被烧焦变黑的英军坦克，直到悄悄来临的暮色将它们全部覆盖。他亲眼目睹着坦克中弹后的全过程：长长的火舌从坦克的每一个通气孔喷向外面，座舱里的炮弹和机枪子弹开始爆炸，直到看上去整个坦克外壳都在膨胀和摇晃为止，熔化了的金属铅闪着熠熠的光，像眼泪一般从死气沉沉的坦克发动机里向外流淌，最后在沙漠地面上凝结成坚硬的金属镜子，紧接着橡胶和油类也起了火，犹如丧葬的烟柱从恐怖的燃烧物里螺旋升起，在烧成残骸的坦克周围，躺着它的成员们的尸体，有些仿佛刚刚入睡，有些却没有头，没有四肢，或是已被烧得焦黑。

11月22日晚，隆美尔当面赞扬了腊芬斯坦的指挥有方，"今天的胜利大大缓和了我们的局势。"

然而就在此时此刻，已和隆美尔失去联系整整一天的克鲁威尔，正在另一个战场上夺取着另一场胜利。当天下午，由于失去了联络，克鲁威尔独自决定派第15装甲师向西扫荡，并恰好在英军第4装甲旅"夜间会合"时冲进敌营，在接之而来的混战中，熊熊燃烧的坦克、机关枪和大炮的轰鸣响成一片，克鲁威尔缴获了50辆装甲战斗车，并俘虏了英军的旅指挥部。就这样，英军最后一支前后连贯的装甲部队也变成了无首之师。

11月23日是一个星期日，也是德国人对战争中阵亡者的传统纪念日，人们把它称为"死亡星期日"。5点多钟，克鲁威尔和他的参谋长拜尔莱因一同出发，按照他们自己制订的方案，驱车穿过浓密的晨雾先与第15装甲师会合，继而向西南方向运动。

到上午11点时，克鲁威尔在灰色的天空下冒着刺骨的寒风，纵横在荒凉的大沙漠里，已经吃掉了大批落了单的英军后勤梯队，接着他开始把自己的部队以井然有序而又坚定不移的方式集结起来。下午2点30分，他的三个坦克团——阿雷艾特、第8和第5装甲团，在古尔古比附近肩并肩一字排开，面朝北方，带着大炮和88毫米高射炮迅猛地向前推进，两个步兵团乘坐汽车，紧跟在坦克的后面，他们要把所有的英军都赶回西迪雷泽格。

此时的隆美尔正坐在第21装甲师的指挥部里，焦急地等待着已失去了联系的克鲁威尔的消息。

下午 3 点钟，天空下起了毛毛细雨，克鲁威尔的三个装甲团就像三只铁锤，沉稳有力地向隆美尔驻在西迪雷泽格的那块大铁砧上砸去。

夹在这三只铁锤和铁砧之间的是一支已立稳脚跟正在等待着他们的英军部队。克鲁威尔的坦克全速向北滚滚前进，喷射着穿甲弹和机枪子弹的火焰。英军的炮弹和子弹呼啸着从他们的头上掠过，炮火和车辆燃烧的浓烟遮黑了这地狱般的战场。德军坦克遭到重创，但大多数仍在继续前进，拼命向英军冲去。德国军官笔直地站立在自己的小汽车和卡车上，以此鼓舞士兵。正职军官被打倒，副职又站了出来，副职被打倒，下一级的军官又站了出来，德军军官们一个接一个地受了重伤，但总有人站在指挥的位置上，排列成方块阵形的德军推着英军阵地向后移动。

∧ 行进中的德军坦克。

下午 6 点钟，铁锤触到了铁砧，一场昏天黑地的厮杀之后，克鲁威尔以高昂的代价歼灭了英军第 7 装甲师的残部和第 1 南非师大部。这一巨大的胜利消息在 6 点 50 分传到了隆美尔的耳中，他对克鲁威尔违背自己战斗命令的做法只有装聋作哑。但他同时也为这次胜利而欢呼，他感到"精神愉快，心情很好"。

黄昏时刻，闲坐了一天的隆美尔拿出了他的下一步计划，他决定进行一次突然袭击。这次袭击将从第二天上午 10 点开始，他将驱使自己的两个装甲师扑向西迪俄马的边境铁丝网，直指塞卢姆前线的沙漠尽头。

∧ 隆美尔率部队向前线挺进。

他将消灭肯定会在那里集结的英军，然后再横跨英军集结处，杀回利比亚，切断英军后方的补给线，并最终消灭整个英军第8集团军。

11月23日夜里，隆美尔发布了第一道命令。他通知司令部的威斯特法尔上校："我将站在非洲军团的前列并开始追击，可能直到明天晚上我都不会在这里，或者至少到后天早上。"

11月24日日出时，刚刚从战场上回来的克鲁威尔听说了隆美尔这孤注一掷的计划后，当即擅自闯入了隆美尔的会议室，提出强烈的反对意见，并建议隆美尔按照常规首先打扫战场："我们必须在敌人有时间亲自清理和收拾大批战利品之前打扫战场。"他以强调的语气这样说。

隆美尔拒绝了克鲁威尔的建议。随后，他向非洲军团下达了命令：各部队做好准备，10点钟正式出发。

>> 功亏一篑的反攻

11月24日上午10点钟，隆美尔冲击前线的计划开始了。他笔直地站在自己的敞篷汽车里，指挥第21装甲师从西迪雷泽格机场出发，阴冷的寒风扑打着他的面颊。克鲁威尔坐在自己的指挥车里，带着一辆通信联络车、两名通信兵和两辆小汽车远远地跟在后面。纽曼·西尔科的第15装甲师由于要医治伤员、补充燃料和弹药，直到中午才循着腊芬斯坦的行进路线出发。

这时太阳透出了多雨的云层，隆美尔拉着他的参谋长高斯一道登上指挥车。"我今天晚上回来。"他喜气洋洋地说，然后将整个装甲兵团司令部的责任丢给了年轻的作战部长齐格菲尔德·威斯特法尔，自己带着所有能够作战的部队很快就消失在望不到边际的大沙漠之中。

此时，刚刚被克鲁威尔打败的英军残部正在向东和东南方向撤退。隆美尔在甘布萨尔赫附近赶上了这些正在匆忙逃跑的英军坦克、装甲车、卡车和大炮车。德军的装甲部队疯狂地冲进这片混乱的队伍，在他们当中横冲直撞、猛烈攻击。英军的旅长、下士、司机、打字员、密码译电员、机械师以及随军记者，在极度的恐慌中把自己的职责全扔到了九霄云外。空军部队仓促涌进机场，整个天空布满了向东逃窜的英军飞机。英军第8集团军司令坎宁汉本人勉强跳上了一架布莱海姆轰炸机，在潮水一般涌向甘布萨尔赫简易机场的卡车群中仓促起飞。

下午4点钟，隆美尔和腊芬斯坦开到了离大海40公里的比埃边境区。带刺的铁丝网像一条恐怖的毛虫，从北向南一直伸延到看不到尽头的沙漠深处。隆美尔不顾一切地迅速派遣腊芬斯坦从东北方向进入埃及，并命令他天黑以前必须在哈勒法亚隘口东南面立住脚跟。

此时的腊芬斯坦已成了光杆司令，手头仅有一辆自己乘坐的卡车，既无坦克也无大炮，他师里的两千辆战斗车此时仍疲惫地分散在后方的漫长战线上，正在竭尽全力地追上来。虽然如此，腊芬斯坦还是兴致勃勃地接受了命令。

5点钟，克鲁威尔的指挥车蹒跚地来到了靠近铁丝网的一个出入口。隆美尔兴高采烈地宣布说："我刚刚把腊芬斯坦派往哈勒法亚。"克鲁威尔不由得大吃一惊。因为跟在他身后的第15装甲师，也正散布在从甘布萨尔赫到哈勒法亚横跨100公里的大沙漠上，此时的德军根本就没有足够的实力展开任何一场战斗。

但隆美尔却固执地说，非洲军团和意大利的第20军将共同在这里包围和消灭敌人，"我们的装甲师将把敌军赶到我们在塞卢姆战线的布雷区，迫使他们投降"。克鲁威尔无可奈何，只好按照隆美尔的要求，驱车进入了铁丝网另一侧的埃及。

隆美尔仍然站在铁丝网边上，像等待着约会情人一样地等待着自己的部队赶上来。然而，仅剩30辆坦克尚可运行的斯太芬坦克团，由于汽油和弹药的暂时短缺，已掉队留在了利比亚境内；意大利的阿雷艾特师因遭到英军南非旅的抵抗已经停步不前；还剩56辆坦克的第15装甲师也同样滞留在后方。隆美尔只能命令先期赶到的侦察营去占领从利比亚高原到埃及海岸平原的关键通路，但这个营却因缺乏汽油和弹药而拒绝执行任务。

黄昏很快来临了，隆美尔独自带着参谋长高斯跨越铁丝网进入了埃及。他的小汽车由于长途颠簸，方向盘已经折断，而警卫车远远地落在后面未见踪影。司机只好每开出100多米就走下车来用脚踢一下前轮，借此来控制小汽车的行进方向。后来，发动机也熄了火，天气非常冷，隆美尔和高斯被冻得瑟瑟发抖。好在不久后，克鲁威尔的车开到了这里，他们才算获救了。

于是，代表着希特勒非洲装甲兵团的10名德国军官和5名士兵，挤进了位于英军铁丝网一侧的一辆指挥车里，准备返回利比亚。然而新的问题又出现了，由于天色已晚，他们无法从铁丝网上找到返回利比亚的缺口。这时，焦急的隆美尔抢过方向盘，像发狂的昆虫撞击玻璃窗似的在铁丝网前徒劳地冲撞了一阵之后，只好向黑夜屈服，让发动机熄了火，在车上睡觉。

事实上，他们此时恰好置身于英军前沿司令部的北边。一整夜，他们听到英军的通信兵和卡车不断地从静止不动的指挥车旁经过。由于这辆指挥车是缴获的英军车辆，对过往的英国人来说没有什么特殊的地方，所以安全地在英军司令部的眼皮子底下休息了一夜。

天稍亮，隆美尔立即发动引擎，不一会儿便在铁丝网上找到了缺口，众人都怀着谢天谢地的心情回到了利比亚。当隆美尔重新和已连夜赶上来的部队会面时，清晨的天空中还挂着一弯淡淡的新月。

这天早上，隆美尔巡视了纽曼·西尔科的第15装甲师，这支部队刚刚到达铁丝网地区，他命令纽曼·西尔科向北出击，封锁住从西边扑向塞卢姆的英军，要尽量扬起灰尘。而腊芬斯坦的第21装甲师一天前已经出发了。

但11月25日的战果并不理想。纽曼·西尔科仅仅打击了英军的一个坦克修理工厂。第21装甲师勇敢的第5装甲团指挥官斯太芬，在行进中因遭到英军的空袭而阵亡，迈尔德布拉斯少校接替了他的位置；在随后进攻西迪俄马的战斗中，这个团仅剩的20辆坦克打到黄昏时折损了一半，仅存的10辆坦克中却只有3辆坦克的炮还能正常发射，但汽油和弹药都已耗尽。

此时的隆美尔已驱车去了哈勒法亚隘口，这里一直控制在德军那位不屈不挠的牧师巴赫少校手中，隆美尔命令他们挖壕固守。接下来，直到11月26日，精力充沛的隆美尔开始再一次以他特有的那种方式进行战地动员。他驱车走遍了一个又一个疲惫的部队，给他们下达新命令，鼓舞他们的士气。

在此期间，被隆美尔派往哈勒法亚的腊芬斯坦带着全部军队，于11月26日在未报告给隆美尔的前提下，出乎意料地撤回了利比亚。这彻底打乱了隆美尔的部署。

尽管后来隆美尔曾大发雷霆地要求对这件事进行彻底调查，但结果证明，这的确不是
腊芬斯坦的责任。

隆美尔在11月24日孤注一掷的进攻，确实曾引起了英军的极大恐惧和混乱。英国第
8集团军指挥官坎宁汉将军面对德军如此诡异的反击，决定全线撤退。但前来督战的中东
军总司令奥金莱克★却坚决要求继续对德军加紧进攻，并临时派出他的副参谋长里奇将军
接替坎宁汉的指挥职务。

里奇将军一方面组织英军坚守边境上的阵地，另一方面命令第13军的前进部队继续
向西推进。经过两天的激战，这个军的第2新西兰师再次攻下了德军坚守的西迪雷泽格，
又一次离隆美尔的指挥部只有15公里。在此情况下，独守在非洲装甲兵团司令部的作战
部长威斯特法尔发狂似的通过无线电台告诉隆美尔，一场真正的危机正在威胁着他们的托
卜鲁克战区，他请求克鲁威尔和隆美尔派一个装甲师，从后方进攻这个新西兰部队。

但威斯特法尔不断送来的情报未能引起隆美尔的注意，他执意要首先消灭东部战线上
的英军。在此背景下，威斯特法尔大胆地下达了命令，要求第21师迅速突围返回巴尔迪
亚，以增援德军的托卜鲁克战线。

隆美尔知道，腊芬斯坦的过早返回，意味着他孤注一掷的突袭已经告终。当他最后坐
进威斯特法尔开来的指挥车上时，仍在大发雷霆。他紧闭着嘴，大步地走进指挥车，凝视

着作战地图，突然宣布说他累了，要躺一会。不久之后，当隆美尔再次从指挥车里露面时，没再提起这件事，大家也因此感到一阵轻松。

事实上，隆美尔正在默认自己的失败。他对英军兵力部署的判断是完全错误的。他在向英军后方进攻的时候，没有想到英军同时也向他的后方发起了进攻，最后导致他这次孤注一掷的进攻没有起到任何作用。

1941年11月最后的那几天，隆美尔的前景呈现出一片暗淡的景象。非洲军团仅剩下40辆良好的战斗坦克，在数量上与英军形成1∶7之势。从巴尔迪亚向托卜鲁克推进的英军新西兰师仍拥有80辆坦克，英军的第7装甲师经过两天的休整后也投入了130辆坦克。在它们的支援下，拥有70辆坦克的托卜鲁克守军终于在11月26日突破了德军的包围，与新西兰部队建立了一条薄弱的通道。

11月27日，隆美尔继续向托卜鲁克方向推进。纽曼·西尔科的第15装甲师在开出30多公里后，遭到英军第22装甲旅的45辆坦克的狙击；下午4点，英军第4装甲旅的77辆坦克也到达了纽曼·西尔科的翼侧，第15装甲师真正是陷入了死亡之地。但到黄昏时，英军坦克由于有夜间会合的传统习惯，自动放弃了这场战斗，返回营地，第15装甲师得以大难不死。

当天晚上，疲惫不堪的隆美尔带着满身灰尘命令克鲁威尔，准备从托卜鲁克东面发起一次大规模的猛攻，以迫使英军新西兰部队退入托卜鲁克城内。

11月28日一整天，隆美尔把全部时间都用在了勘察地形上，大约晚上9点钟，他又给克鲁威尔送去一个新的计划。但克鲁威尔对隆美尔先后下达的两道命令全未理睬。他直接命令手下两个师的指挥官纽曼·西尔科和腊芬斯坦29日早上8点钟来见他，以确定他们自己的计划。

然而腊芬斯坦将军第二天没有到达。在第21装甲师到非洲军团指挥所的途中，人们发现腊芬斯坦的奔驰小轿车空着，并留下了许多枪弹的痕迹，他被英国人抓走了。后来，腊芬斯坦辗转埃及，被送往加拿大的俘虏营。

11月29日，非洲军团的两个装甲师按照克鲁威尔的命令向托卜鲁克展开了进攻，但直到黑夜降临时，他们没有取得任何进展。

11月30日，垂头丧气的克鲁威尔不得不重新遵从隆美尔的命令，对英军新西兰师实行包围计划。10点30分起，德军向西迪雷泽格的英军据点连续炮击了5个小时。下午2点40分，机场内英军的炮弹已经消耗殆尽，纽曼·西尔科乘机率领装甲师冲入阵地。这又是一场残酷野蛮的厮杀，到夜间10点钟，西迪雷泽格再次回到了德军手中。

12月1日，隆美尔围歼新西兰师的最后行动开始了。经过穿插迂回，到上午8点30分，德军的包围圈终于形成。一场激战之后，新西兰师遭受重创，残余部队逃回埃及边境地区，托卜鲁克再次成为一座孤城。

经过这几场战斗，德军在11月间遭到了惨重的伤亡，共阵亡473人，受伤1,680人，失踪962人，同时还损失了142辆坦克和大批其他装备。更为严重的是，他们的给养已消耗殆尽，却始终没有得到新的供应。与此同时，他们已摧毁了英军814辆坦克和装甲车，127架飞机；缴获了大量的战利品，并俘获了9,000名俘虏。

隆美尔决定要扩大这个有限的胜利鼓舞起德军官兵的士气，最后给英军以致命的打击。

12月2日，隆美尔命令非洲军团兵分两路，纽曼·西尔科率领两个装甲师的步兵部队负责对前线的驻军加以补充，其余的兵力编队继续向南推进，力争消灭残存在大沙漠上的所有英军。克鲁威尔对隆美尔的这个命令表示愤然反对，他认为非洲军团首先和最迫切的任务是对付托卜鲁克东南的危急局势，那里的英军正跃跃欲试，竭力想改变托卜鲁克的孤立局面。但隆美尔一意孤行，拒绝了克鲁威尔的建议。

在12月3日的行动中，由于装备不足和缺乏补给，隆美尔的几个计划一个也没有实现。事实证明，一直没有得到补给的德军此时已几乎没有任何战斗力了。面对这个残酷的现实，隆美尔翻然醒悟：德军不能再在这个大沙漠里打消耗战了，得不到后方补给，德军不可能战胜英军。

3日晚上，经过激烈的思想斗争，隆美尔做出了一个重大的决定，放弃托卜鲁克以东的全部阵地。他让非洲军团司令部率先撤离了甘布特。

12月4日，隆美尔又谎称有情报表明，一支强大的英军部队正在从南面逼近。随后，他把整个非洲军团派往了南面，同时悄悄地削减并撤除了托卜鲁克包围圈以东的装备。拖拉机拉着大炮向西进发，军需仓库和修理了一半的坦克全部炸毁。12月5日，隆美尔在向第90轻装甲师下

∧ 深入最前线指挥战斗的隆美尔。

∧ 隆美尔与手下将领在托卜鲁克勘察地形。

达防守托卜鲁克包围圈战线的命令后，接到一条来自意大利最高统帅部的指令，墨索里尼告诉隆美尔，由于英军对地中海的封锁，非洲军团至少在一个月内不可能得到新的补给和增援部队。这个消息进一步加强了隆美尔的后撤决心。当晚10点15分，他通知第90轻装甲师撤出前线，全部西移。

隆美尔的非洲军团如今只剩下40辆坦克，贮存的弹药完全不够作战使用，人员损失已高达4,000人，其中包括16名优秀的指挥官。他不仅要放弃托卜鲁克，而且要放弃整个昔兰尼加半岛。

巴黎和会召开

第一次世界大战结束后，有关国家在法国首都巴黎凡尔赛宫召开了解决战后和约问题的大型国际会议。出席会议的国家是第一次世界大战中战胜国阵营中的27个国家，中国作为战胜国参加了和会。会议所讨论的主要问题是建立国际联盟问题、德国疆界问题、德国赔款问题、中国山东问题等。1919年6月28日，与会各国代表与战败国德国代表签署了《凡尔赛和约》，此后战胜国与德国又签署了一系列的和约。这些和约形成了战后的凡尔赛－华盛顿体系。

retrieval

01

凡尔赛－华盛顿体系形成

第一次世界大战结束后，以英国、法国、美国等帝国主义国家通过一系列国际会议和国际条约建立了一整套帝国主义和平体系，史称凡尔赛－华盛顿体系。该体系确认了帝国主义战胜国在欧洲、远东以及太平洋等一系列战略地区的力量对比关系，确定了第一次世界大战后国际关系的总格局。它对20世纪20至30年代的国际关系格局产生了极为深远和重要的影响，既巩固了帝国主义战胜国的既得利益，又使资本主义世界获得了暂时的和表面上的和平。

绥靖主义出台

第二次世界大战前，以英国首相张伯伦和法国总理达拉第为代表的西方大国统治集团，对德意日法西斯采取姑息、退让、妥协、纵容的政策，被称为绥靖政策。20世纪30年代以来，德意日三国对外侵略扩张，严重威胁和侵犯了英法美的既得利益和霸权地位。英法等国为了维持现状，总是企图牺牲弱小国家的利益与侵略者妥协，而不敢与侵略者正面对抗。1938年9月30日签订的《慕尼黑协定》是绥靖政策的典型表现。

希特勒下达第 1 号作战指令

1939 年 8 月 31 日，德国最高领导人希特勒向德国军队下达了入侵波兰的秘密指令。这是希特勒在整个二战期间下达的第一个作战指令。命令规定，德军将于 1939 年 9 月 1 日拂晓 4 时 45 分正式实施入侵波兰的"白色方案"。命令被迅速下达到德军各级军事机构和各有关部队。当日傍晚，150 万德军向德波边境地带移动并集结。

张伯伦表明对德态度

1939 年 9 月 3 日，英国首相张伯伦在英国下院发表演说，就德国入侵波兰问题表明了英国的态度。在演说中，张伯伦宣布，英国已同德国处于战争状态。他说："今天，对我们所有的人，特别是对于我，是一个令人感到悲伤的日子。我为之劳动和操心过的一切，我所指望得到的一切，我在自己全部政治生涯中所信奉的一切，都变成了废墟。"这篇演说反映出在绥靖政策遭到致命打击之后，张伯伦的沮丧心情。

< 英国首相张伯伦是执行绥靖政策的代表人物之一。

苏联红军进入波兰

1939 年 9 月 1 日，德军以"闪电战"方式进入波兰，波兰军队很快被分割包围，波兰政府退至国外。9 月 17 日，苏联外交人民委员莫洛托夫发表广播演说，声明苏联政府对波兰目前的局势决不能袖手旁观，有义务出兵保护波兰境内的乌克兰人和白俄罗斯人。同日凌晨，苏联红军分六路进入波兰，未遇重大抗击便占领了波兰东部的西乌克兰、西白俄罗斯地区。这一事件在国际关系中造成了恶劣的影响。

03

∧ 新当选的英国首相丘吉尔。

法国不承认汪精卫政权

1940 年 4 月 2 日，法国政府就日本扶植成立汪精卫傀儡政权一事发表重要声明。声明谴责日本对中国的侵略，对日本扶植汪精卫组织亲日政权一事进行抨击，同时正式宣布法国政府将不承认汪精卫政权。1938 年 12 月 29 日，汪精卫给国民党中央党部和蒋介石发电，公开打出了乞降的旗帜，汪精卫集团公开投靠日本。1940 年 3 月 30 日，汪精卫在南京正式宣布成立"国民政府"，自任"国民政府"主席兼行政院院长。

丘吉尔发表就职演说

丘吉尔被任命为英国首相后于 1940 年 5 月 13 日在议会发表了著名的演说。他在演说中表达了对赢得反法西斯战争的坚强决心和坚定信念。演说词中充满了鼓舞人心的警句。丘吉尔在演说中表示，"我所能奉献的，只有热血、辛劳汗水和眼泪"；"要问我们的目的是什么？我可以用两个字回答，那就是：胜利。"这篇演说使英国人民和军队受到了教育，成为丘吉尔一生中为数众多的演说中最为著名的演说之一。

罗斯福谴责墨索里尼独裁

1940 年 6 月 10 日晚，美国总统罗斯福就意大利对英法宣战发表了一项声明。此声明发表于意大利对英法宣战后仅数小时，而且措辞极为强烈。声明对意大利墨索里尼独裁政权进行了谴责，指出意大利在战争中将付出高昂的代价，美国政府向英法等国郑重保证将对其提供更大规模的物资援助。

> 美国总统罗斯福与英国首相丘吉尔在阿金夏湾共同签署了《大西洋宪章》。

"台风"奇袭莫斯科

"台风"是苏德战争期间德军"中央"集团军群实施的一次战役计划的密语代号。该计划的主要内容是，德军于1941年9月30日在封锁列宁格勒并占领基辅之后，开始实施目的在于围歼莫斯科附近的苏军并攻占莫斯科的战役。"台风"行动是苏德战争中德军进行的一次重大军事行动。在1941年至1942年的莫斯科会战中，该计划被苏军的顽强防御所击破。

04

《大西洋宪章》公布

1941年8月9日至13日，英美两国首脑在位于大西洋的阿金夏湾举行会谈，并于8月13日签署了《联合声明》，次日正式公布，史称《大西洋宪章》。其内容包括两国不谋求领土和其他方面的扩张，不承认轴心国家通过侵略所造成的领土变更等。这一宣言的发表，对于动员和鼓舞全世界的人民，加强反法西斯同盟，打败德意日法西斯侵略者起到了积极的推进作用。宣言中的民主、自由等原则成为联合国宪章的基础。

第五章

兵临阿拉曼

1891-1944 隆美尔

隆美尔正在睡觉，他实在太疲倦了，不能和他的参谋们围聚在指挥所的收音机旁，收听来自柏林的特别广播。9点45分，隆美尔突然被兴奋的呼声惊醒，喇叭里响着高昂的歌声，播音员说道："元首大本营，6月22日。元首晋升非洲装甲军团司令官隆美尔上将为陆军元帅……"

∧ 隆美尔在北非前线。

>> 希特勒钦佩他

英军在1941年11月中旬发起的"十字军"行动，终于让隆美尔深深地品尝到了失败的滋味，撤退成了他唯一的选择。这是隆美尔历经沙场、所向披靡的一生中第一次撤退。对隆美尔来说，这是一次莫大的耻辱。

1941年12月初的隆美尔成了一只夹着尾巴的狐狸，内心满是凄楚，蹲守在不足20公里长的卡扎拉防线里。这道防线的尽头是一片空旷无边、根本不用防御的沙漠沼泽。他临时住在一所小房子里，孤独地承受着来自意大利和德国军队内部各层军官的责难，同时又不得不时刻提防着来自英军的各种打击。这道防线早已远离托卜鲁克守军的炮火射程，但尾随而来的英军却时常出现。

几个星期以来，隆美尔夜里一直穿着军装裹着大衣睡觉。卡扎拉的夜间仍然是非常寒冷的，而内心同样寒冷的隆美尔也无心去洗一个澡或是换一下内衣，舒舒服服地做一个美梦。然而白天，隆美尔在这片孤寂的沙漠里努力让自己保持着饱满的精神，并用他那种特有的方式把饱满的精神传递给所有的士兵们。他四处奔走，一处接一处地看望退守到这里的那些身心疲惫的士兵们，亲切地与他们攀谈，鼓舞他们的士气。

12月上旬，隆美尔从广播里断断续续地得知，日本已于12月8日成功地偷袭珍珠港★，同时兵分五路，向泰国、马来亚、菲律宾、香港和关岛进军，直指东印度群岛和缅甸，太平洋战争全面爆发了。12月11日，希特勒在公开演说中正式宣布对美国开战。就在这次演说中，隆美尔作为德国人的骄傲再次被希特勒提起，这使心情沉闷的隆美尔得到了极大的安慰。

是的，希特勒没有忘记他，隆美尔仍然是希特勒坚决支持的一张王牌。12月19日，一

★偷袭珍珠港

随着日本侵占中国及向南方推进，日美矛盾日益尖锐。1941 年 3 月起举行的日美外交谈判也未取得进展。日本决定对美国发动战争，并选择珍珠港作为首先打击的目标。1941 年 12 月 7 日晨 7 时 55 分（夏威夷当地时间），日机开始向珍珠港投弹，当即炸毁美国的大量舰只和飞机。8 时 54 分，日机对珍珠港进行了第二轮的轰炸，而后日机返航。日本偷袭珍珠港标志着太平洋战争的爆发。

∧ 1941 年 12 月 7 日，日军偷袭了美国太平洋舰队所在地珍珠港。

艘火车渡轮到达了班加西，给非洲军团运来了极其珍贵的 22 辆坦克。这使得隆美尔对一直埋藏在心中的计划再次加强了信心。

隆美尔并不准备长期停留在卡扎拉阵地上。12 月 28 日起，隆美尔终于向紧随而来的英军挥起了拳头。他利用两天的时间，向英军发起了一次令其一蹶不振的突然袭击。克鲁威尔以他敏锐的目光注意到，在紧靠阿杰达比亚的两个英军旅之间有一个诱人的突破口，于是马上派非洲军团冲向其中的一个旅——第 22 装甲旅。在两次熟练和顺利实施的进攻中，德军一举摧毁了这个旅历尽无数艰辛才闯过沙漠紧追至此的 60 辆坦克，这是他们全部兵力的 2/3。

对英军的这一挫败给了隆美尔一个极其难得的喘息机会，于是 1942 年新年时，隆美尔决定在卜雷加港一条新的战线上休整，并重新组织他的兵力，力求经过训练之后，在春天向英军发起主动进攻。

1942 年 1 月 2 日，隆美尔探望了克鲁威尔，这时从昔兰尼加的撤退已基本接近尾声，他的士兵们在没有补给和弹药的情况下，面对着英军的步步紧逼，完整无损地撤到了卜雷加港。但克鲁威尔却没有任何兴奋的表情，他那宽宽的孩子气的脸膛，显得苍白并泛出一种不祥的黄色。黄疸病使他变得非常虚弱，只能卧床不起了。隆美尔告诉这位跟他并不是很协调、却充满了战争智慧的指挥官，他打算在新防线地带埋十万枚地雷，这些地雷将由德国的潜水艇运过来。"我将筑起一道强大的屏障，以保卫的黎波里塔尼亚。"隆美尔说。

随后，一支精锐的德国伞兵部队到达了这里，同时希特勒还专程送来了一封私人贺信，

∧ 增援北非的德军伞兵部队抵达利比亚。

表达了他对非洲装甲兵团的敬意。"我知道，在新的一年里，我同样可以信赖我的装甲兵团。"元首这样写道。

1942年1月时，北非的夜晚是寒冷且潮湿的。隆美尔躺在冰冷的床上，望着从窗外洒进来的月光。此时的天空正挂着一轮满月，但隆美尔的心里却出现了一块缺口。刚刚从前线传来消息，经过一场残酷的拼杀之后，巴尔迪亚要塞的德意军队被迫放弃了那里。"不久，由此而得到解脱的英军将成为我脖子上的另一把利刃。"他这样想，"我必须时刻准备着迎接他们。"

也许是天公作美，随后两天持续出现了猛烈的沙暴天气。在风沙的掩护下，隆美尔把他最后一支后卫部队拖出了阿杰达比亚。这时，他的全部兵力，包括德国和意大利军队，都集结到了的黎波里塔尼亚边境的卜雷加港一线。

"猛烈的风暴，"隆美尔高兴地说，"似乎已经过去了，我们的头顶上出现了蔚蓝色的天空。"

也许只有作战的士兵们才会赞赏隆美尔在一个月之内，未使兵员遭到重大伤亡而成功地完成了500公里的撤退，但他不可避免地依然受到来自各方面的猛烈中伤。尽管他挽救了大批非摩托化的意大利部队，但巴斯蒂柯和他的意大利同僚们对此并不表示任何感谢。"完全可以理解，"隆美尔嘲笑道，"这些想当军阀的人做着鬼脸，妄加批评。这是再容易不过的事了。"

但对隆美尔达到最高点的赞扬却是来自同盟国。美国驻开罗大使在一封急件中说，北非的德军长驱直下，闯过了英军第22装甲旅的层层封锁和截击，最后毫无损伤地抵达了目的地，并曾在途中给予第22装甲旅致命的一击，这是军事史上少见的、极为了不起的一次胜利。

在1942年1月份的那些天里，隆美尔一直在巡视沿卜雷加港一线挖壕固守的部队。新任的翻译威尔弗莱德·阿尔布鲁斯特每到一处都在陪伴着他。这是一个生气勃勃的中尉，他的母亲是意大利人，此人天生就具有模仿一切事物的天赋。当隆美尔咆哮着辱骂意大利将军们并发号施令的时候，阿尔布鲁斯特中尉也用同样的嗓音和声调向他们咆哮着，把隆美尔的话丝毫不差地翻译成意大利语。

新的计划正在隆美尔的心中萌芽滋长，他不知疲倦地巡视着前线的部队，以恶魔般的速度在沙漠上驱车来回奔跑。

1月15日，隆美尔乘坐他的斯托奇侦察机在前线上空飞来飞去。他命令非洲军团做好可以从任何一个方向发起突袭的准备。他正在期待着另一次厮杀的早日到来。英军显然还在为新的进攻集结兵力，无线电窃听到的情报表明，他们也正面临着给养困难的残酷现实。

这是一个难得的机会。隆美尔这样想。一连许多个夜晚，他难以入睡，一直坐到深夜，面对着地图、照片、刚送来的情报和军需报告，脑海中翻腾着巨浪。他要用目前自己仅有的150辆战斗坦克与英军的360辆坦克展开决战。这将是一次冒险，但隆美尔并不害怕，因为他清楚地知道，如果他不趁此时机扭转整个战局的话，再经过长时期地等待，英军将赢得更多的优势。

1月17日，隆美尔把自己的联络官海因兹·赫根莱尼派到意大利人那里去。"我觉得，"他笑嘻嘻地宣布，"进攻的时机已经成熟了。"但是他紧接着告诉赫根莱尼："你这次去意大利人那里，并不是要谈我们的进攻。恰恰相反，你要想办法让他们相信，我们正在制订进一步撤退的计划。"

1月18日早晨，隆美尔再次看望了他的非洲军团指挥官克鲁威尔和参谋长拜尔莱因。"我们的装甲兵团将全力进攻集结在阿杰达比亚以南的英军，"他宣布说，"眼下，我们的兵力已超过了他们，我们要向他们发动突然袭击，并一举歼灭他们！"

隆美尔的这一决定令在场的人都兴奋异常。他们更加坚信，德军英雄隆美尔所带领的非洲兵团绝不是只知一味撤退的缩头乌龟。

为了保证这次突袭的成功，隆美尔把这次进攻列为机密计划，并拟订了一份可以参与这一机密的指挥官的名单。他禁止炮兵用胡乱发射的炮火对前来挑衅的英军进行回击，禁止所有的卡车在白天向英军方向运动。与此相反，他故意让卡车运输队直到黄昏还在向西方运行，然后在黑夜的掩护下再掉转车头驶向英军。坦克和大炮也都做了巧妙的伪装。他把这一秘密深深地埋在心底，甚至都没有告诉柏林的德军最高统帅部，意大利最高统帅部更是无从知晓，因此德军的无线电也没有发出任何密码讯号。

为了让所有的德军主力部队得知这次进攻的具体时间，隆美尔将装甲兵团的命令巧妙地公布在沿着维亚巴尔比亚通往前线的所有客栈的通告牌上。

发起进攻的时间被确定为1月21日上午的8点30分。当这一时刻接近的时候，天空被建筑物的火焰映得通红，沿海岸的船只也根据隆美尔的指示故意点燃了火堆，借此暗示德意军队的又一次撤退开始了。

在焦急的等待中，发起进攻的时刻终于来到了。隆美尔身先士卒，指挥海岸公路上的战斗部队穿越布雷区。他的左边是广阔的大海，右边是贫瘠的沙漠。与此同时，克鲁威尔的非洲军团在右翼几公里的地方也发起了进攻，并且配合得恰到好处。隆美尔尽管遇到了一连串的困难，但他的战斗部队却如期越过了英军防线，并在1月22日早上冲进了阿杰达比亚。由于英军毫无防备，面对德意军队，他们除了撤退别无选择。

英军后退得如此迅速，使得隆美尔要包围他们、并将其就地歼灭的意图没有奏效。但德意军队还是取得了极其令人振奋的胜利，非洲军团一举击毁了299辆英军坦克和装甲战斗车、147门大炮并俘获了900多名英军俘虏。而德军自己的损失却微不足道，他们总共有3名军官和11名士兵阵亡，只有3辆坦克被摧毁。

但隆美尔这次未经请示的行动直接激怒了意大利人。1月23日，意大利最高统帅部司令卡瓦利诺将军再次飞到北非。由于有墨索里尼的亲笔指令作后盾，卡瓦利诺毫不客气地告诫隆美尔说："权当这次行动是一次出击吧，但你必须直接返回卜雷加港，等待新命令的到来。"

隆美尔对此报以不屑地一笑。因为仅仅在几天前，希特勒刚授予他一柄镶有橡树叶和骑士十字勋章的佩剑。在德国，这是第一次把这样的荣誉授予一个军团级指挥官。隆美尔时刻感觉到希特勒的一只手，正坚定地扶持在自己的后腰上。

所以，他满怀轻蔑地告诉正在对他怒目而视的卡瓦利诺将军："我打算把这种进攻长时间地坚持下去，只有元首才能制止我的行动，因为大多数战斗都将由德国军队承担。"

愤怒的意军司令不知该用什么话来打击隆美尔的嚣张气焰，最后只能咆哮着离去了。

但隆美尔的嚣张没能持续太久，因为补给是他在北非的致命问题。1月25日，军需部给隆美尔发来了通知，他们在2月份将不会像1月份那样向非洲军团提供同样的给养，隆美尔的雄心再次遭到打击。

可从英军那里获得的情报却无法让隆美尔削弱自己的雄心。目前，英军指挥官们正在没

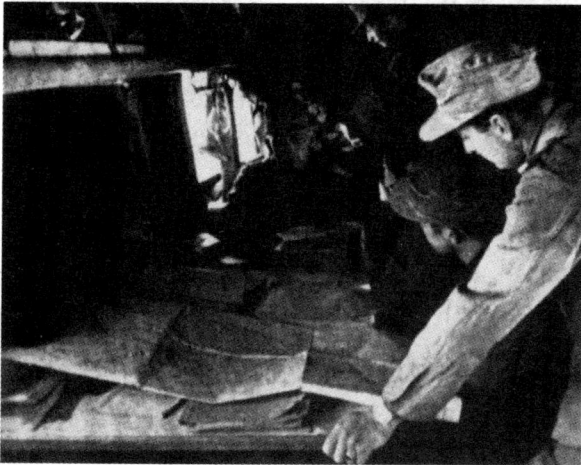

< 隆美尔前往前线视察。

< 隆美尔在作战室里研究地图。

完没了地互相争吵，他们甚至正在准备放弃班加西。于是，隆美尔命令非洲军团暂时不得使用自己的优势装备，仅允许使用战利品来作战。

1月27日黄昏，隆美尔率领一支小部队，冒着猛烈的沙漠风暴，走在队伍的最前面。他正在出其不意地奔向班加西，尽管紧接下来又是一场折磨人的大雨，但隆美尔对前途充满了信心。此时，拜尔莱因伪装向梅基利前进的诱敌部队已经吸引了英军的火力，隆美尔的计划已成功了一大半。

1月28日，隆美尔神不知鬼不觉地到了班加西以北。在那里的一条海岸公路上，英军一个印度师的长长纵队正在行进。他们满以为德军的部队此刻仍然活动在阿杰达比亚地区，不

★**温斯顿·丘吉尔（1874～1965）**
英国首相，军事家。生于英格兰。1894
年毕业于桑赫斯特皇家军事学院，
1904年加入自由党。1911～1915年
任海军大臣，因为在一战中的惨败辞
去了海军大臣职务。英国卷入第二次
世界大战后，又出任海军大臣，反对
绥靖政策，呼吁全国进行武装，准备
战争。1940年任首相，组成联合政府。
1941年德国对苏联发动进攻后，迅速
声明援助苏联，曾出席德黑兰、雅尔
塔和波茨坦等重要会议，为世界反法
西斯同盟的建立和反法西斯战争的胜
利作出了贡献。

想忽然之间犹如一声炸雷，隆美尔亲率着德军从东边出现在他们的面前。当时正是1月28日下午6点钟，夕阳残照溅满了半天的红霞。在维亚巴尔比亚公路上，印度师本想逃跑，但由于两侧的深沟令他们无处藏身。不到一个小时，这个英军印度师就被摧毁了。隆美尔缴获了几百辆卡车和供给品。随后，他们带着胜利折向班加西。

火焰和爆炸腾起的火舌再次映红了这座古老港口的上空，英军乱成了一锅粥，班加西再次更换了占领者。

在这次战斗中，隆美尔缴获了大批战利品。其中包括急需的1,300辆卡车。当天夜里，德国广播电台用隆美尔胜利的新闻中断了其他广播节目，隆美尔再次成为德国的英雄。

1月29日，希特勒在演说中向隆美尔发出了无上的赞扬并宣布提升他为标准上将。在德军历史上，还从来没有一个如此年轻的人得到过这样高的军衔。当刚刚从苏联前线回来的瓦尔瑟·奈宁将军在去北非之前拜见希特勒时，元首又命令道："告诉隆美尔：我钦佩他。"

在伦敦，温斯顿·丘吉尔★在议会里步履沉重地回答着有关北非危机的愤怒质问。他早先说过的不久英军将进入的黎波里的大话，现在听起来显得十分空洞。现在，全世界报刊上的英雄不是丘吉尔，而是一个戴着有机玻璃眼镜、佩着功勋奖章的可憎的坦克将军。"我无法告诉你们，"丘吉尔对议院的议员们说，"眼下昔兰尼加西部前线的形势如何。目前与我们作战的对手是个十分大胆而又精通战术的人，如果撇开战争的浩劫来说，这是一位了不起的将军……"

"为元首，为民族，为新思想贡献我的微薄之力使我感到十分荣幸。"隆美尔面对来自各方的赞扬强抑制住欣喜说道。

随后，他接到了露西寄来的信件。在这封欣喜若狂的信中，几乎每个字里行间都可以看到露西那掩藏不住的笑脸。"我们是多么为你感到自豪呀，我亲爱的埃尔温，"她写道，"当元首昨天在他的一次盛大演说中提到你的名字并说'我们的隆美尔上将'时，整个德国民族给予了暴风雨般的欢呼。这对我们两人来说是多么美妙啊。现在，我的房间里放满了崇拜者送来的鲜花，我的电话独自响个不停，前门的门铃也连续不断地奏着音乐。你的照片显眼地登在每一张报纸上。"

∧ 隆美尔与第21装甲师指挥官俾斯麦将军一起讨论作战方案。

>> 冒险的进攻

隆美尔是个喜欢荣誉但从不会被荣誉而淹没的人，现在，他又开始制订新的更加重大的计划了。尽管希特勒曾再次规定坦克军团的使命只是尽可能地牵制住英军，但沙漠之狐却有他自己的打算。昔兰尼加是个折磨人同时也很诱人的大沙漠，隆美尔要再次征服整个昔兰尼加，并将攻克托卜鲁克，然后向埃及和尼罗河推进。

但受尽隆美尔蔑视的意大利人似乎对隆美尔取得的胜利毫无热情。"罗马已经刹车了，"隆美尔说，"让它去吧，我觉得我必须尽快飞到元首大本营去。"他补充说，"现在的罗马，除了放弃整个昔兰尼加之外好像别无他念。"

可隆美尔的部下们不一样，特别在取得这样的胜利之后，那些欢欣鼓舞的部下们愿意跟着隆美尔走到天涯海角。

1942年1月底，希特勒再次为他的非洲军团输入了新鲜血液。增援部队徐徐地抵达了利比亚。乔治·冯·俾斯麦少将被派来担任第21装甲师的指挥官，古斯塔弗·冯·瓦尔斯特中将成为第15装甲师的指挥官，两人都是杰出的将领。1,300名德国空降兵也来到了北非，他们都用最新式的武器和装备武装到了牙齿，这使隆美尔手下的军官们大开眼界。缴获来的英军卡车都作了重新分配，坦克和战斗装甲车也重新喷上了非洲军团的番号。

隆美尔整天驱车奔波在这片被大沙漠覆盖着的半岛上，追踪和骚扰着英军的小股部队。2月11日，他把自己的司令部移到了沙漠半岛的中心，这预示着隆美尔即将夺回整个昔兰尼加。此时的天气仍旧很冷，然而非洲的春天却正在悄悄地走近，沙漠边缘地区的杏树已经开花，花瓣上欲滴的露珠在每个清晨都为这单调的大沙漠带来一点儿罕见的生机。

按照隆美尔的计划，在新的行动开始之前，他还有两个月的准备时间。但如果非洲军团的元气不能按时恢复，行动势必要向后推移。3月末，隆美尔再次把指挥部向前推进，搬到了以前英军曾驻守过的一所石头房子里。一名英军士兵在撤离这里时曾用铅笔在前门上写下："请保持整洁，我们很快就会回来。"看着这些话，隆美尔的脸上不禁泛起一丝微笑。

一个星期后，隆美尔重新改编了自己的装甲军团。他要为进攻卡扎拉做好充足的准备，而且不想让英军看出来他正准备发起进攻，他要努力做出一副正在加强防御的样子。

卡扎拉位于托卜鲁克以西不到70公里的地方，那里曾是隆美尔后撤时的第一个停留点。但自从英军占领了这道防线后，他们在那里埋了大约100万枚地雷。这个事实让隆美尔感到极其震惊和沮丧，因为这道防线恰好切断了所有较为理想的、横贯东西的沙漠小道。隆美尔面临的战略选择既不能直接对那里发起正面进攻，也无法做漫长的迂回穿插入防线的东侧，而且英军在坦克上的数量又已超过隆美尔50%左右。

如何进攻卡扎拉，成了1942年4月隆美尔苦苦思索的问题。

最后，"隆美尔做出了他一生中最大胆的决定，"非洲军团参谋长高斯后来回忆时说，"他让军团的全部坦克迂回到南端。这种进行翼侧包围的决定是十分大胆和罕见的，尤其值得注意的是，隆美尔自己的后勤补给线也必须从那个侧面绕道而行。如果他的这次战斗失利，他将面临失去整个非洲的危险。"

4月15日，隆美尔会见了意大利第21军司令官埃尼·纳瓦里尼将军，此时他已决定了自己的基本战术。"我们将运用转移目标的战术，使英军把大批兵力调往卡扎拉，"他对纳瓦里尼说，"为此目的，我们还要动用意大利摩托化军的一些部队，但大多数部队仍须向南运动，迂回到敌人的翼侧和后方去。我们将在南线给英军以致命的打击。同时，我们还必须要阻止他们退往托卜鲁克，这样德军的快速纵队将带头冲向托卜鲁克。我们的目标是一定要歼灭英国陆军部队，同时也一定要攻占托卜鲁克。"

为了实行这次极具冒险性的进攻，隆美尔要求他的部下们开始进行极其严格细致的训练。新补充的步兵必须学会如何在烟幕和坦克的掩护下向敌军阵地发起进攻，军官必须学会如何

∧ 隆美尔用来蒙蔽英军的假坦克。

像坦克炮火观测员那样行动，并且能够及时向后方请求炮火援助，假目标和虚设物也必须尽快建造起来。

随后，隆美尔开始视察各部队的准备情况。他亲自观看了坦克修理连将卡车紧急改装成假坦克的情景，并要求空军修理车间制造十几辆极其怪异的卡车。这些卡车上装有飞机发动机，同时还配备有如同巨大的风扇似的螺旋桨。

此时的德意士兵们情绪十分高昂，他们不顾酷热和干渴，不畏艰苦的工作着，他们的皮肤就像棕色的兽皮，仿佛被沙漠坚硬灰暗的沙尘煎烤过似的。

5月5日，隆美尔详细地向军团指挥官们概述了计划草案，并在地图上标明了他准备采取的行动步骤。这次行动将分成两步完成，第一步命名为A行动计划：包围并歼灭敌人的陆军；第二步命名为B行动计划：占领托卜鲁克。

隆美尔命令这些军团指挥官将计划传达到师一级指挥官，所有的书面文件在接收后一律焚毁。

当1942年5月的炎热和风暴连续缓慢地吞噬着昔兰尼加沙漠的时候，隆美尔发觉几乎可以触摸到的紧张不安已经控制了整个军团。"英军在期待着我们，"他说，"我们也在期待着他们。"随着马耳他暂时被德军轰炸机的威力所慑服，各种给养正以前所未有的规模源源不断地运到隆美尔的手中。

5月12日上午9点40分，隆美尔简要地向全体高级指挥官作了一次战前报告。

"我们面前的敌军由三到四个师组成，其中南非师和英国师的一些部队在固定的阵地上。敌军并非全是机械化部队……"伴随着急促、明快的手势，隆美尔指着地图说道："我们必须造成不是向南进行翼侧包围，而是在北边发起正面突破的假象去赢得这次胜利。这样做将迫使敌人出动装甲部队，我军的第一次佯攻将把他们引诱到英军防线的卡扎拉一端，这一行动将在 X 日的下午两点钟开始。我军主力将在第二天拂晓从这里出击。"随后，他指着英军防线的沙漠东端说："至于 X 日具体定在哪一天，以后我会通知你们。"

"主力部队将在 X 日天黑后开始运动到预定的起点线，晚上 9 点钟出发。在非洲军团的部队到达起点线后，我要求所有的装甲和机械化部队能够有足够的休息时间……然后在夜间，我们将在英军防线末端的卡扎拉正面，伪装成装甲部队正在大规模集结。"随后，他向指挥官们布置了他们各自的进攻目标以及从起点线发起进攻的时间。真正的坦克部队将在清晨 4 点 30 分出动，在 X 日之后两天，"你们必须马不停蹄地直接攻占托卜鲁克，最迟也得在 X 日之后三天内到达进攻托卜鲁克的起点线。"

一场沙漠风暴即将来临。

>> 可观的突破口

X 日应该定在哪一天？这是隆美尔在确定了进攻计划之后一直犹豫不定的问题。

从前线的观察可以看出，英军的部署越来越具有进攻性。整个卡扎拉防线北起海岸附近的卡扎拉，南至比尔哈希姆，绵延 80 公里，英军在防线上构建了一系列要塞堡垒。在这道防线的东部是英军的后方，那里驻扎着机动能力很强的装甲和摩托化部队，他们牢固地保卫着从防线到托卜鲁克的补给运输线，而托卜鲁克则是整条卡扎拉防线的补给基地。

对于这道防线，隆美尔曾经评价道："所有的要塞都拥有强大的炮兵、步兵和装甲部队以及充足的弹药。整个防线的构筑显示出优良的技巧和高超的技术水准。所有阵地和要塞均符合现代战争的要求。"而且，英军当时正在前方扩建前进基地，进攻的发起就在朝夕之间。"在新的战斗中，更主要的是看谁先发起进攻。"隆美尔焦急地认为。

事实上，英国中东司令奥金莱克早已计划在 5 月中旬发起夏季攻势。但由于德意方面控制了地中海后，隆美尔的装甲集团军实力迅速增强，英军总部以奥金莱克尚不具备发起进攻的强大优势，而将 5 月进攻的计划向后推迟了一个月。在无意之间，英军犯下了一个致命的错误：他们在将卡扎拉防线转换为进攻阵势后，却丧失了进攻的先机。

坐在德军前线指挥部里的隆美尔一边苦苦地思索，一边在一本样式古老的日历上划了一个圈儿。这个圈儿圈住了一个历史性的日期：5 月 26 日。

隆美尔要用 3 个德国师和 6 个意大利师来对付英国的 6 个师、2 个摩托化加强旅和 2 个英国集团军直属旅。而且意大利师中有 4 个是非摩托化的，英军却几乎全部摩托化。从坦克力量上看，隆美尔拥有 560 辆，其中有 230 辆是过时的、已不顶用的意大利坦克，真正具有战斗力的 M3 式坦克只有 19 辆。除此 560 辆外，另有 50 辆后备坦克，其中 30 辆正在修理，另

20辆远在的黎波里。英军此时则拥有849辆坦克,其中近400辆是新装备的美制"格兰特"式坦克★,这种坦克无论在装甲厚度还是主炮穿透能力都明显优于德国M3式坦克。此外英军还拥有420辆备用坦克。而此时,隆美尔还没有见识过格兰特坦克的厉害,一直到后来相遇在战场上时,才真的把他吓了一大跳。

★美制"格兰特"式坦克

1941年装备美军和英军。该坦克有A1~A5五个型号,战斗全重27.22吨,乘员6人。发动机采用1台9缸风冷新型汽油机,功率为340马力,最大速度为42公里/小时,最大行程为193公里。防护装甲厚度为12~37毫米。武器为1门安装在车体一侧炮座内的75毫米火炮和1门安装在炮塔内的37毫米火炮,另有4挺机枪。第二次世界大战期间,加拿大和苏联也曾装备这种坦克。

1942年5月26日晚上8点30分,隆美尔在宣布开始行动的命令后,乘着自己的汽车直接开往前线,他身后留下的是从下午两点起就已经向卡扎拉战线发起佯攻的4个意大利步兵师。其他部队则紧跟着隆美尔,乘着夜色摸向卡扎拉防线的南部要塞比尔哈希姆。

此时,月光如水,静静地洒落在无边的大漠里。夜色下,雪一样的沙漠安静地沉睡在北非的土地上,反射出苍白冰冷的微光。隆美尔乘着指挥车,左翼是拥有228辆坦克的意大利第20军,右翼是非洲军团的第90轻装甲师,坦克尾管喷射出来的火光划破了夜的寂静。隆美尔正在不时地核对着自己的指南针和汽车速度表。

27日凌晨3点钟,隆美尔到达靠近比尔哈希姆的第一道停留线,这是离托卜鲁克仅有60公里的英军沙漠前哨。在这里,隆美尔对非洲军团进行了重新编队,他让俾斯麦的第21装甲师走在左边,瓦尔斯特的第15装甲师走在右边。每一个师又进行了区域编队:让322辆坦克走在最前面,其后跟着工兵、炮兵和信号兵,两翼是乘坐卡车的步兵和反坦克部队,中间则是成千辆编成梯队的给养卡车。

清晨4点30分，隆美尔带着这个怪兽开始向北推进，正式向比尔哈希姆发起了进攻。直到此时他才发现，事先掌握的情报出现了很大的漏洞。在情报部门为他准备的地图上，竟然漏掉了一个英军装甲旅。紧接着，隆美尔第一次看到了美制"格兰特"式坦克，他的情报人员也没有向他提供过有关这种新型坦克的任何报告。这些坦克用最高效的爆炸炮弹于最远射程外向德军第21装甲师发起了第一次猛烈攻击，火力之猛远远超过隆美尔所拥有的任何一辆坦克。

德军队伍立刻一片混乱。面对着隆隆而来的英军坦克，几乎所有的德军都选择了逃跑。非洲军团指挥官奈宁与其他的师、团级指挥官混杂在一起，在溃退中发现隆美尔正冲向位于队伍中间的几门88毫米高射炮。此时，英军约40多辆"格兰特"式坦克距德军中心阵地只有1,500米了。隆美尔一边训斥着撤下来的各级军官，一边及时地打出了第一门88毫米高射炮的第一枚炮弹。

一阵炮声过后，英军的"格兰特"式坦克终于停了下来，不敢贸然前进。

此时，在战场的右侧，瓦尔斯特指挥着第15装甲师，在向东北方向推进时也遭到了英军坦克的狙击。瓦尔斯特派出一个装甲营向右迂回到英军翼侧发动突然袭击，经过三十分钟你来我往的激战，瓦尔斯特以损失30辆坦克的代价摧毁了英军20辆坦克。由于英军发觉翼侧危险时仓促地撤出了战斗，瓦尔斯特取得了暂时的胜利。正在他不知道下一步该冲向哪里时，他突然发现隆美尔正笔直地站立在指挥车上，穿过战场上弥漫的硝烟和密集的炮火，冲在从翼侧出现的那支装甲部队的最前面。

尽管隆美尔亲率德军浴血奋战，但在第一天结束时，他们仅仅向前推进了一小步，而且他们的坦克已损失了1/3。原以为可轻而易举攻下的比尔哈希姆，现在看起来却仿佛固若金汤。由于意大利负责正面佯攻的步兵师根本不卖力，英军把后备装甲力量都调往南端迎战隆美尔。同时，跟着隆美尔迂回过来的几个意大利师也耍了滑头，英军一冲上来，他们就与德军失去了联系。

∧ 英军中东司令奥金莱克将进攻时间推迟了一个月，因此犯下了致命的错误：让德国人抢得了先机。

∧ 德军装备的88毫米高射炮被隆美尔用来对付英军坦克。

　　这样，德军最终的态势已不是大胆地绕过卡扎拉防线包围英军，正好相反，他们现在已陷入了英军的重围之中。

　　5月28日，隆美尔令非洲军团继续向北开进，但进展仍然很小，损失则更大了。第15装甲师的汽油和弹药已经用尽，无法继续前进。第21装甲师击溃一支英军小分队后，登上了控制维亚巴尔比亚公路的一块战略高地，但由于供给不足也被迫停止了前进。此时，前来支援隆美尔的德国空军部队因为不知道德意军队的前沿阵地在哪里而无法提供任何援助。通信中断了，隆美尔又没有与非洲军团在一起。当他准备前往第21装甲师前沿阵地时，因受到英军坦克的阻隔而差点成了俘虏。隆美尔只好返回装甲集团军的司令部，但当他快要到达那里时才发现，他的参谋部已经被英军占领。天黑时，非洲装甲集团军已经四分五裂，隆美尔的司令部被打得七零八落。非洲军团只有150辆坦克还可以投入战斗，而英军却依旧拥有420辆坦克。

　　5月29日，对非洲军团指挥官克鲁威尔来说，既是幸运也是不幸的一天。幸运的是他终于完全恢复了健康，重新回到最前线，指挥着自己的大军从正面向英军发起进攻。而不幸的是，随后在他乘飞机跨越一个英军据点时，飞机被命中，他本人成了英国人的俘虏。后来只好由调度空中支援的陆军元帅凯塞林临时代替了他的位置。

　　但在这一天，隆美尔的进攻仍然毫无进展。经过一天的激战，他只是在英军的地雷区内开辟了几条小道而已。

　　5月30日清早，隆美尔新建的司令部已经完全处于英军的炮火和飞机轰炸的威胁之下。他想沿着已开辟的小道继续拓展，在英军的雷阵中撕开一个缺口，但英军给予了他们一阵强烈的炮火。几经选择，隆美尔最后将突破口定在一片遍布碉堡的浅滩上，德国士兵把这片浅滩形象地称之为锅底。这一天，隆美尔终于与执行轰炸任务的空军指挥官瓦尔道建立了通信联系，空军现在可以有把握地把全部力量投入战斗。326架德国飞机开始在战场前沿横冲直撞，局势变得有利于隆美尔。

　　就在这时，陆军元帅阿尔伯特·凯塞林顺道来访问隆美尔。这两人的性格极不相同。凯塞林56岁，作为一名空军指挥官，他的勇敢是颇富传奇性的，他的乐观主义也是众人皆知的。他那永远露齿的微笑就是他的标志，在军队里，他和隆美尔一样赫赫有名。希特勒让他以南线总司令的身份到北非负责检查隆美尔得到的补给情况，同时也负责着这里的空军飞机调度指挥。

　　对于凯塞林的到来，隆美尔因怀疑他会摆出南线德军最高指挥官的架子，故意摆出一副不愿合作的模样。然而出乎隆美尔意料的是，"微笑的阿尔伯特"是一个正直的军官而不是

∨ 德军操作88毫米高射炮，平射轰炸英军坦克。

∧ 隆美尔与属下在北非前线。

一个阴谋家，他待隆美尔的态度是钦佩中带有真心关怀的情调。见到隆美尔后，他立刻承担起被俘的克鲁威尔将军的担子，指挥卡扎拉战线以西的步兵部队，并令人吃惊地把自己置于隆美尔散乱的战场指挥之下。

5月31日，隆美尔对守卫在锅底的英军旅重新发起进攻。

6月1日，瓦尔道的一个轰炸机中队也投入了战斗。当主力突击部队向英军阵地运动的时候，隆美尔不断地从一个排爬到另一个排指挥战斗。这个时候，跟在隆美尔身边的集团军作战部长威斯特法尔被弹片打中，受了重伤。过了一会儿，隆美尔对身边的一名装甲掷弹营指挥官叫道："我想英国人已经受够了，向他们挥动白旗，他们会投降的。"

那名营指挥官对隆美尔的话感到怀疑，但他的士兵们却按隆美尔的建议去做了。一名士兵脱下他的衬衣，其余的则挥动着他们的手帕或绷带。奇迹出现，枪声立即停止了。英军士兵疲惫地爬出散兵坑，双手举在空中。3,000名英军士兵走进了俘房的行列，更为重要的是，一个相当可观的突破口出现了，这个突破口长达8公里宽，隆美尔终于有了前往比尔哈希姆的通道。

到6月1日下午晚些时候，英军猛烈的炮火继续轰击着德军司令部的周围。隆美尔的战斗指挥车被摧毁了，正在那里的集团军参谋长阿尔弗雷德·高斯受了重伤，当时在场的另外三名军官也阵亡了。

随后，隆美尔把装甲部队重新进行调整，并修理了被打坏的坦克，对下一步的行动作了周密的计划。他任命拜尔莱因暂替高斯担任参谋长，梅伦辛代替威斯特法尔担任作战部长。

6月2日，正在把希特勒打得焦躁不安的苏联在莫斯科宣布：北非战场上的"沙漠之狐"隆美尔已被英军俘获。世界媒体一片惊愕，过了好长时间，各国记者们才清醒，原来苏联人将克鲁威尔当成隆美尔了。那个时候，克鲁威尔已被押往开罗，住进了那里最为有名的"牧羊人"大旅馆。当英国人让他说一说住在那里的感受时，他谈笑风生地指着那座富丽堂皇的旅馆说："不久以后，它将会成为隆美尔的一个庞大的司令部。"

他这句带有明显嘲讽意味的话，使希特勒大为高兴并很快地传遍了全世界。

>> 陆军元帅的桂冠

经过奋力血战，隆美尔终于在英军雷区内打开一个缺口，兵临比尔哈希姆要塞。

比尔哈希姆是整个卡扎拉防线最南端的战术据点，这里的守军是戴高乐流亡英国后组织的自由法国爱国武装，共有4,000人，包括一个犹太人旅和许多退伍军人。德军的一些将领曾轻蔑地把这些人称为"二十个不同民族的戴高乐主义者、流氓和罪犯"。然而在接下来七天的时间里，法军猛烈的反击让隆美尔真正地认识到了什么是英勇顽强。

实际上，早在1942年5月30日黎明，德军的炮击就已密布于比尔哈希姆要塞。当天，要塞内即有230多名自由法国★战士受了重伤。他们的呻吟声充满沉寂的夜空，使人惨不忍闻。接下来令人难以忍受的酷热和饮用水的匮乏，更是让他们受尽干渴的煎熬。

6月1日中午开始，德军轰炸机一批接一批像冰雹似的倾泻炸弹，不仅让法国士兵增加了大量伤员，而且炸毁的建筑和墙壁甚至活埋了许多士兵。更为雪上加霜的是，自6月2日开始，一些没有摸清情况的英国轰炸机，也来这里向法国士兵展开空中袭击。在要塞之内，伤员们正在一天天地增加，他们痛苦的呼号声在残破的要塞四周环绕。空中布满了硝烟，在灼热的空气里，严重缺水的法国士兵坚强地防守在比尔哈希姆要塞内岿然不动。

1942年6月5日一大早，卡扎拉防线内的英军对隆美尔发起了最后的进攻，但由于他们的计划和配合不够完善，担负进攻任务的70辆坦克中有58辆损失在隆美尔的炮火之下。而从翼侧发起进攻的英军也因缺少配合而毫无进展。当天下午，隆美尔发起反攻，一举摧毁了陷于混乱中的两个英军进攻师的作战指挥部。夜里，隆美尔又一次利用小包围，抓获了4,000名英军俘虏并缴获几百门大炮。

隆美尔在这两次行动中使英军遭受的损失是整个进攻中的转折点，但比尔哈希姆要塞的守军却成了他最头痛的问题。法国军队最优秀的军官之一比尔·柯宁上校指挥着4,000

★自由法国

亦称"自由法国运动"。1940年6月法国战败以后，法国国防部副部长戴高乐将军飞赴伦敦，宣布组织"法兰西民族委员会"，并得到英国政府的承认。1941年9月，戴高乐在伦敦成立了"自由法国委员会"。"自由法国"号召法国人民团结一致，击败纳粹德国占领军。在二战过程中，"自由法国"及其所领导的反法西斯武装抵抗运动对于法国人民的反法西斯斗争及其最终取得胜利，起到了重要作用。

名自由法国战士横亘在隆美尔面前,使德意军队无法前行半步。

6月8日早晨6点21分,德军对比尔哈希姆的残酷进攻全面打响了。45架轰炸机呼啸在要塞的上空,然而隆美尔的士兵却没有做好进攻的准备,德国空军的努力白费了。

随后几天里,德国空军多次展开同样的进攻,但隆美尔的步兵经过多天的战斗已过于疲惫,他们也不想抱着要死在这片炎热贫瘠的沙漠里的愿望去跨过布雷区,冲向根本看不见的敌人。

6月10日,凯塞林向隆美尔发出了一个类似最后通牒的指示:6月11日清晨,轰炸机将对要塞发起新一轮空袭,"我希望,德国空军的大规模进攻必须由有足够力量的装甲部队配合,一劳永逸地解决比尔哈希姆"。

隆美尔别无选择,只有紧急调动兵力,加强部署,倾出全部力量,于6月11日清早部署完毕。

当德军飞机再次如乌云一般布满天空时,已坚守数天的自由法国战士早已弹尽粮绝,接近崩溃。隆美尔冲锋在最前面,隆隆的坦克声震耳欲聋,比尔哈希姆残破的城墙终于倒塌了。

法军指挥官柯宁上校早在前一天夜里,自知不敌,已带着幸存的2,700名守城战士,在黑夜的掩护下偷偷溜出要塞,乘着前来营救他们的卡车开往其他的战线去了。

占领比尔哈希姆后,隆美尔终于可以腾出兵力对付卡扎拉防线了。

目前,隆美尔除了拥有60辆意大利坦克和25辆M2型坦克外,还剩下124辆战斗坦克,不过他的步兵力量却显得有点单薄。

6月12日和13日,隆美尔在卡扎拉防线一带连续发起两次大规模的坦克战。战斗结束时,英军又损失了将近140辆坦克,隆美尔成了战场上这片防区的主人。事实上,英军此时只剩下70辆坦克了,去营救那些在沙漠上失去战斗力的坦克已毫无希望。次日一大早,英军开始把他们的剩余部队拖出卡扎拉防线,撤出了他们曾耗费巨资在托卜鲁克东南面修建起来的补给基地。

隆美尔乘胜追击,于6月17日推进到托卜鲁克南面的重要阵地西迪雷泽格。6月17日下午3点,非洲军团和意大利阿雷艾特装甲师的坦克抵达托卜鲁克东部指定位置。下午6点30分,隆美尔亲自指挥第21装甲师迂回到托卜鲁克的北面。为了抓紧时间,他带领着自己的战斗小分队走在最前方,全速急驰过茫然不知所措的英军炮车和装甲车,直抵海岸。6月18日上午8点零3分,隆美尔电告德军总参谋部:"托卜鲁克要塞已被我军包围。"

毒烈的朝阳将炽热的光斜刺向这座古老的城市,此时的托卜鲁克更多的是显露出一副疲倦的面容。这个曾让隆美尔吃尽苦头的要塞如今已经走向颓败,顽强的澳大利亚守军已不复存在,原来用在城外布雷区的地雷和阻碍物都被用去防守卡扎拉防线了,那些沟壑纵横的坦克壕也已被狂猛的沙暴填平。

20日凌晨2点钟,隆美尔在指挥所里试着打了个盹儿,然而那种熟悉的、进攻之前的激动却使他难以入眠。3点30分，隆美尔接到报告，各装甲师已经到达指定的位置。他稍微睡了一会儿。4点30分，他再也睡不着了，非洲酷夏的夜同样寒冷得令人发抖，隆美尔登上自己的汽车，一溜烟向前线开去。

清晨5点30分，排得密密麻麻的德国和意大利大炮准时向托卜鲁克开火了。近半个小时后，瓦尔道将军带着他的空军中队呼啸而来，冲向预先指定的英军目标，随即向所有的地堡直接投下炸弹。隆美尔一声令下，连长和排长们纷纷站起身吹响了进攻的哨音，在令人窒息的灰尘和硝烟中，掺杂着震耳的枪炮声；工兵迅速在堑壕上架设起钢桥。7点55分，桥已架设完毕，大批坦克隆隆驶进要塞。

隆美尔也带着自己的战斗小分队进入了第15装甲师的防区。接着他改乘一辆装甲运兵车，开到地雷区的突破口，观看他的坦克和步兵连穿过布雷区向英军地堡发起进攻。

到9点钟的时候，隆美尔已亲自看到6辆英军坦克着了火。他对胜利已经很有把握了，于是驱车来到坦克壕边，视察了两个被攻占的地堡。随后，他示意一名随军记者走到近前，随即对着送话器向德国广播电台宣布："今天，"他大声说道，声音在录音盘上发出沙沙的摩擦声，当时战斗仍在他身边紧张地进行，"我的士兵们正在倾注全力攻打托卜鲁克。"他扭头向战场上看了看，接着说："个别的士兵或许会阵亡，但我们整个民族的胜利却是确定无疑的。"

一名通讯兵迅速地将这盘录音带收好，乘车冲出炮火送到最近的一个机场。这盘录音将直接被飞机带往柏林，作为当天晚上播放的节目。

晚上8点，托卜鲁克城内最大的两个堡垒宣告投降。英军已失去了他们最后的一道屏障，德意军队像潮水一样涌了进去。几个月来，这些士兵们一直蜷缩在这个恶毒而又满怀敌意的利比亚沙漠城市的外面，忍受着苍蝇和瘟疫的折磨，抵御着零摄氏度以下的寒冷和灼热阳光的煎熬，无法抬起他们的头，甚至无法在黎明与黄昏之间找到一个掩蔽所。而现在，他们终于进入了这座令人愤怒的城堡。

托卜鲁克陷落了，德意军队长期以来积聚的仇恨喷射出比炮火还要猛烈的火焰，整个古城在寒意袭人的月色下瑟瑟发抖。隆美尔此时正站立在这个要塞的中央，他清楚地知道，任何力量，甚至包括他本人，也无法拯救托卜鲁克了。

晚些时候，隆美尔终于以一种胜利者的心情开始吃起了晚餐。那是从缴获的英军仓库里取来的极其珍贵的食品。饭后，他转向自己的参谋长拜尔莱因上校，禁不住脱口说道："你知道，赢得这样的胜利并非仅仅是指挥上的成功，你还需要有愿意接受你下达给他们的任何一个强制性命令的士兵：一种无论是免职、艰辛、战斗，甚至死亡都在所不惜的士兵。我把这一切归功于我的士兵。"

6月21日太阳出来后，隆美尔驱车进入城里。此时的托卜鲁克到处都涌动着数不清的英军俘虏，公路的旁边零乱地陈放着正燃着大火的汽车和坦克，有些是被炮弹打中的，也有些是英国人自己烧的。在被俘获的南非旅中，有很多士兵是喝得醉醺醺的黑人，他们看上去全都很高兴，挥着手高声叫喊："战争结束了。"

随后，隆美尔指示部下给希特勒大本营发电："托卜鲁克整个要塞投降了，共俘获25,000多名俘虏，其中包括一些将军。"五分钟后，隆美尔又把刚才口述的电文向装甲军团重复了一遍。

这天中午，由于托卜鲁克的迅速崩溃使英军陷入十分茫然慌乱的境地，凯塞林担心隆美尔会被眼前的胜利冲昏了头脑，于是他告诉隆美尔，接下来他必须把全部空军力量投入轴心国入侵马耳他的战斗。在马耳他岛未被占领前，隆美尔的补给线总是暴露在空中和海上，从而很容易遭到英军的进攻。

隆美尔对于凯塞林的退出很不同意："现在英军正在逃窜。直接扑向苏伊士运河，这对我们来说是千载难逢的良机。"事实上，隆美尔已经派了一名私人参谋，带着他向希特勒要求允许他马上入侵埃及的私人信件到柏林去了。

整个下午，德国和意大利士兵都在忙着装运托卜鲁克缴获的战利品。他们得到了足够推进几百公里的汽油，装甲军团夺取了储存白面、香烟、烟草、食品、果酱和衣服的全部仓库。

下午4点钟，俾斯麦把他的非洲军团军帽牢牢地扣在头发剪得短短的头上，登上M4型坦克，并发出信号命令第21装甲师向东急驶。

隆美尔已经向他的部队下达了要求他们消灭英军的命令。"在未来的几天里，"他说，"我号召你们全体竭尽全力达到这一最终目的。"

晚上，他又一次简单地巡视了一次托卜鲁克战场和被他们占领的英军仓库，然后才返回旅馆。"我毕竟把这一工作做完了，"他自言自语地说，"我得抓紧时间睡几个小时的觉。"

6月22日，整个纳粹帝国都沉醉在来自非洲的胜利消息中。一座新落成的桥以隆美尔的名字命名；从省长到将军都把贺信贺电纷纷寄到新维也纳露西的住所，露西的住所再次被鲜花淹没。

当晚，希特勒和戈培尔以及他的随身参谋也围坐在收音机旁。当节目告终的时候，戈培尔评论说："几乎没有任何一位将军能够像隆美尔那样，懂得战斗宣传的重要意义。他是个最善于使用词汇的现代将军。"当说到"将军"这个词时，希特勒抬起手来示意众人不要说话，然后带着大家所熟知的笑容指指喇叭。乐队随即奏起响亮的音乐声，一次特别公告即将广播。"元首大本营，6月22日……"播音开始了。

∧ 接受随军记者采访的隆美尔。 ∧ 德军炮兵向英军目标开火。 ∨ 被俘的英军将领们。

∧　德军非洲军团向阿拉曼推进途中遭到英军飞机的轰炸。

　　在 2,500 公里之外的指挥车里，隆美尔正在睡觉。他实在太疲倦了，不能和他的参谋们一块围聚在指挥所的收音机旁，收听来自柏林的特别广播。9 点 45 分，隆美尔突然被兴奋的呼声惊醒，喇叭里响着高昂的歌声，播音员说道："元首大本营，6 月 22 日。元首晋升非洲装甲军团司令官隆美尔上将为陆军元帅。"

　　陆军元帅？隆美尔难以抑制自己的兴奋心情。"对我来说，当上陆军元帅就像做梦一样，"他在后来给露西的信中承认，"在过去的几个星期里，所有已发生的重大事件，就好比一场梦。"

　　对一个军人来说，被封为陆军元帅是一个极大的荣誉。在德国，还没有谁可以获得比陆军元帅更高的荣誉。陆军元帅意味着这个人永远也不会退休或者被解职，而是终身都担任这一职务，并有资格配备秘书、马匹或小汽车，还有专用司机和其他额外津贴。这对曾经征服一个重要的要塞或赢得一场伟大战役胜利的勇士来说，是一种传统的优惠。一旦成为一名陆军元帅，也就等于他已经名杨千古了。

或许隆美尔生来就适合做一名元帅。在22日下午，被授予元帅的命令尚未公布，未经希特勒或墨索里尼的允许，他就自作主张地给非洲军团下达了进军命令。下午7点30分，两个装甲师开始向南挺进，直接冲向利埃边境防线。

　　这一夜，隆美尔睡得格外甜蜜和安稳，犹如死人一般。

　　6月23日早晨6点钟，他一跃而起，立即给驻在巴尔迪亚的第90轻装甲师下达命令，让他们迅速越过铁丝网，进入埃及。当天下午7点22分，第90轻装甲师和意大利第20军经过长途跋涉，终于越过了埃及边境的铁丝网，并在那里宿营。

　　这位新任的陆军元帅开始了他征服埃及的尝试。

　　第二天，6月24日，隆美尔听到一种在他耳边消失了一个多星期的声音，英国的飞机终于出动了，他们以惊人的规模重新开始了作战。下午6点钟，15架英国波士顿式轰炸机进行编队攻击。隆美尔跳进掩体，大多数炸弹都落在了他的指挥车周围。几乎就在同时，成群的英军战斗机出现在天空中，机关炮喷射着猛烈的火焰。一架战斗机刚好飞在隆美尔小车的上空，离地面仅有6米高，但隆美尔极其幸运地免于遇难。

　　他不知道危险，只知道推进。很快，德军在没有遭到任何抵抗的情况下就占领了埃及的重要城市西迪巴腊尼。

　　6月29日一大早，隆美尔又攻克了马特鲁。在那里，德军抓获了约2,000名俘虏。此时，隆美尔刚刚从无线电侦破的情报里获悉，英军正在悄悄向东撤退。

　　"追上他们！"他给非洲军团下达了命令。

　　然而说起来容易做起来难。此时被一味追击冲昏了头脑的隆美尔并不知道，非洲装甲军团已经接近了能量的极点。6月30日那天就有许多迹象表明，他的部队差不多已濒临覆灭了。有些步兵在光天化日之下入睡，醒来时却成了英军的俘虏。上午8点50分，意大利第20军报告说，它仅剩下了15辆坦克并正在遭到8辆英军坦克的狙击。隆美尔解开衣领，在电报稿上潦草地回了一个无礼的答复：即使死在那里也要顶住。

　　抛开暂时的困难，隆美尔不顾一切地向前猛冲，终于抵达了距亚历山大港仅有不足200公里的地方。打开地图，隆美尔清楚地意识到，在他的部队前面，英军已经撤到从海岸延伸到内陆的一条防线上的一个污秽的火车站——阿拉曼。

　　这是英军退回尼罗河前的最后一个防御阵地。

第六章
沙漠之狐的克星

1891-1944 隆美尔

但他还必须坚持下去，坚持最后几天。8月底转眼就要到来了，一场新的战斗正在等着他。

这一天，隆美尔拖着病体对整个战线做了最后视察。接下来，他就要向正在集结的英国大军发起猛烈的进攻。这将是具有决定意义的一战，但他严重的病情已使他在面对这场战争时显露出满脸的疲惫……

∧ 隆美尔在前线指挥作战。

>> 危机将是长期的

截止至1942年7月1日，隆美尔已抵达距亚历山大港不足200公里的重镇阿拉曼的东北地区。

这个消息像一枚重磅炸弹在所有的英国人之中引发了强烈的震撼：隆美尔即将征服整个埃及。

英军中东司令奥金莱克将军急得如同热锅上的蚂蚁。在宽敞的办公室里，他坐立不安、手足无措，紧张地踱来踱去，接着飞快地开出一张隆美尔攻陷埃及前必须遭到破坏的设施项目表：电台、电报和电话系统、石油和汽油装置、交通以及动力供给系统。

在伦敦，温斯顿·丘吉尔首相也同样陷入了困境，他的议员们以隆美尔作为武器，正在把他逼入死角。保守党议员们集体提出了一个反对丘吉尔和他的战争措施的"指责议案"。议员约翰·瓦德洛、米尔恩爵士直言不讳地对丘吉尔说："对任何一个公民来说，现在已经十分清楚，过去几个月来的一连串灾难，甚至更远可以追溯到两年前，从那时起，所有的灾难都是由于英国军事总部的根本错误造成的。"

第二天，也就是1942年7月2日，英国议会对丘吉尔的攻击达到了一个新的高点。一位议员情绪激动地指责道：英军的失败主要在于军队中按部就班的思想，它使得整个军队变得毫无灵活性，"在这个国家里，人人嘴边都挂着这样一句富有讽刺意义的话，如果隆美尔是在英国军队里服役，那么恐怕他现在还仍旧是一名中士"。

面对种种攻击，丘吉尔展开了一次才华横溢的雄辩，最后他把军队中的各种弊端都推到了他的将军们身上，并声情并茂地把英国第8集团军在北非的不利战果归结为隆美尔的英明才干。

针对这件事，德国的《柏林经济报》满含嘲笑地用大标题报道："丘吉尔说：怪隆美尔。"

在遥远的东普鲁士，希特勒也不禁对丘吉尔发起评论来："人们时常问，隆美尔是如何享有这种遍及世界的伟大声誉的，"他说，"这更主要的是因为英国的这位首相，他总是在那里把隆美尔描绘成一个军事天才。"希特勒抿着嘴轻声笑了笑，"仅仅是一个名字，却突然开始赢得了一种价值。设想一下，如果我们一直大肆宣传苏联的元帅，那将会带来什么样的后果？最终我们的士兵会逐渐把他们都看成超人。"

但此时，在非洲战场上，德军并不是士气激昂的，连日来的疲劳几乎使这些士兵们躺倒，烈日和干渴也在无情地折磨着他们。

隆美尔自己也有着同样的感觉，在炎炎的烈日下，他抽空将指挥车开到了海滩上。他以一个胜利者的姿态在那里先后两次享受起海水浴的新感觉，然而由于水温太高，他根本感觉不到丝毫的凉意。

紧跟而至的第90轻装甲师极其羡慕这种享受方法，他们也想体验一下这种海水浴。可隆美尔断然拒绝了他们的要求，并冷酷地把他们驱向新的战场：阿拉曼。

7月1日凌晨3点钟，德意军队的步兵、机枪手在第90轻装甲师的带领下，重新爬进卡车，编成浩荡的队形登上征程，直指阿拉曼。

但这种浩荡的队形没有保持多久，刚刚出发，一场突至的沙漠风暴便使他们迷失了方向。这些士兵们在慌乱中正好闯入了英军的防御阵地。

顿时，枪炮声四起，火光冲天。第90轻装甲师溃不成军地逃了回来。指挥官们气急败坏，扯着嗓子强令他们返回各自的阵地，但已经没有人再听指挥。隆美尔只好亲自驱车上阵，重新组织进攻。于是，他亲自领略了英军炮火对他这支仅有20辆卡车和装甲车的小部队正在进行着何等猛烈的攻击。

这是一场可怕的战斗，英军的炮火织成了一张密网，简直无法穿越。隆美尔的指挥车很快被压制在一块洼地里，最近的一颗炮弹在离他仅有6米的地方爆炸。在如此密集的炮火下，德意士兵们发疯似的在地上挖着洞，以便将自己藏在那里。

战斗一直持续到当天晚上，英军才停止了炮击。但随后天空却下起了瓢泼大雨，无情的雨水哗哗地流进士兵们刚刚在地上挖好的藏身洞。他们只好带着满身的泥水爬了出来，这时英军无休无止的空袭又开始了。

此时，那些饱受折磨的德国士兵们除了高声诅咒别无他法，他们无力与英军强大的火力相对抗。非洲军团仅剩下37辆坦克了，开始时还跟在他们后面的意大利部队现在已逃得无影无踪。

可怜的第90轻装甲师现有兵力只是正常编制的1/6。可隆美尔依然在猛烈的炮火中，高声命令这个师要在月亮升起之时重新发起进攻。

但直到月亮升起之后，第90轻装甲师也没有获得进攻的机会。英国轰炸机持续不断的空袭令这个装甲师根本无法出动。这次空袭一直到第二天，也就是7月2日的凌晨4点才结束。

∧ 德军坦克部队在与英军坦克部队的较量中损失惨重。

在天亮前一小时，英军空袭停止后，第90轻装甲师疲惫不堪的步兵们在没有任何炮火掩护的情况下，疯狂地开始了一次新的进攻。但仅仅前进了2,000米，进攻就被英军势不可当的炮火和机枪扫射拦住了。

上午10点钟，隆美尔在获知第90轻装甲师的战况后，显得焦急不安。当天下午，他不顾一切劝阻，命令非洲军团的第15和第21装甲师在第90轻装甲师发起进攻的同时，从另一条路冲破英军的封锁，进行一次打开通往海岸突破口的尝试。

然而直到下午4点30分，第90轻装甲师仅仅推进了500米，进攻再次受阻。而非洲军团的两个装甲师与英军的装甲旅一直拼杀到天黑，也没有打开任何突破口。这时，非洲军团指挥官奈宁的手中已损失11辆坦克，他们只有26辆坦克了。

7月3日，隆美尔在各地的进攻都遭到了不同程度的挫折。中午12点50分，他重新打起精神，命令整个非洲军团全速向前推进。然而隆美尔此时的命令已得不到任何人的响应，甚至意大利师中战绩较好的阿雷艾特师也开始崩溃了。猛虎般的英军新西兰师在那天早上与阿雷艾特师展开了白刃战，几乎缴获了阿雷艾特师的全部大炮并抓获380名俘虏，其他意大利士兵不得不扔下武器望风而逃。

直到这时，隆美尔才不得不承认，他正在打一场寡不敌众的无希望之仗。"不幸的是，局势并不像我所希望的那样有利，"他说，"英军的抵抗十分顽强，而我们的力量已经耗尽……我相当累，疲乏极了。"

7月4日清晨，隆美尔决定不再消耗他有限的装甲力量了，他把疲惫的装甲师拉出这条战线，用步兵顶替他们，这些步兵基本上是意大利人。坦克手们可以休息一段时间，给坦克加足燃料，并进行整编。

这个时候，隆美尔非常清楚，目前自己的前景无法预测，他的弹药和汽油已经用尽，部队兵员也大大不足。仅在6月份，他的部队中就有840名士兵死亡，3,318人负伤；而且他的后勤补给线现在益发显得过长。相反，英军补给线却短得多，并且有着强大的防卫力量。

1942年7月间，隆美尔曾无数次聚精会神地就站在那片荒野的边缘，俯瞰着这片茫茫的空地。无数的沙丘像平展的波涛涌向闪闪发光的远方，在沙丘后面，耸立着寂静可怕的平顶山峰。人类或许从不曾在那里留下过自己的足迹，但隆美尔就要从这里横跨而去。

他打算于7月11日在这条战线的南端用装甲师冲开一个突破口。两天前他在巴卜·卡塔拉附近占领了一个英军放弃的战术据点，在这个充满地下通道、混凝土地堡和精心修筑的漫长战壕的复杂区域里，隆美尔与第21装甲师固执的指挥官俾斯麦交换着意见，并用他那杆众所周知的彩色铅笔画着装甲师即将开始的进攻方位的草图。他把装甲军团的前沿指挥部就地设在地堡的医院里，但他随后发现地堡里到处都是成群的跳蚤时，还是决定在自己的指挥车里睡觉。

7月9日深夜，隆美尔在睡梦中被雷声惊醒。清晨4点钟，他又一次听见远远传来的雷鸣。当他头脑清醒过来时才意识到，这根本不是雷声，而是野战炮以一种他自第一次世界大战★以来就不曾再听到过的连续爆炸在猛烈地呼啸。

★第一次世界大战

人类历史上第一次世界范围的大规模战争。1914年7月28日爆发，1918年11月11日结束。包括英国、法国、俄国、德国、奥匈帝国、意大利、日本和美国在内的33个国家先后卷入战争，战火遍及欧洲，以及中东、北非、东非、东亚、南美等地。战争以协约国的胜利而告终。战后，协约国和参战各国在巴黎和会上及和会稍后与战败国签订了《凡尔赛和约》等一系列和约，形成了战后的凡尔赛—华盛顿体系。

∇ 英军中的澳大利亚部队正向意军发起进攻。

隆美尔当前正置身于爆炸声以北55公里的地方，英军正在向海岸附近的两个山脊发起出乎意料的突然进攻，这两座山脊均由意大利步兵防守，隆美尔的主力部队也在那附近。

难道我们落入了英军的陷阱？隆美尔马上意识到这阵炮声的危险，英军可能会直接突破德意军队的防线，摧毁补给线。他翻身而起，叫醒正在酣睡的士兵们，立即带着自己的战斗小分队和第15装甲师的一个战斗组向北方炮声轰鸣处开去。

但隆美尔还是来晚了。驻守在那里的一个意大利师在英军的进攻下，一口气退出去6公里，隆美尔的新任作战部长梅伦辛不得不调动所有可以找得到的德军部队，去挽救这种危险的局势。于是西波姆上尉率领的无线电侦破连成了第一批阻击力量。最后，他们义无反顾地战死在那块阵地上。

然而，西波姆上尉的死给隆美尔带来了一个极沉重的打击。西波姆指挥着一支出色的无线电侦破连，不断地为隆美尔提供击败英军的有利情报。现在他死了，他那些训练有素、无法代替的部下们永远地离开了德军，他们收集的密码本以及英军的作战命令也全都丢失了。这一损失给隆美尔随后几个月的战斗带来了不可估量的困难。现在德军的装甲军团只能盲目作战了。

7月10日早晨，英军的澳大利亚部队向特勒艾莎发起主动进攻，未到中午便占领了这个山脊，一支坦克和步兵的小部队将驻在那里的意大利军队打得一片狼藉。

气愤的隆美尔除了谩骂别无他法。他重新检查了剩余的力量，经过适当的休整后，命令俾斯麦的第21装甲师于7月13日向英军防线发起进攻，切断阿拉曼的坚固防御，然后大力突破，继而将其全部摧毁。

这次进攻在7月13日正午开始，强烈的阳光让沙漠上一切东西的轮廓都在高热中闪烁和模糊起来，再好的炮也无法瞄准目标。在进攻发起的同时，从地中海赶来的瓦尔道将军派出轰炸机，对阿拉曼的西南方阵地进行了一番猛烈的轰炸，随后隆美尔的坦克也开始隆隆响起，奋力前进。这时，一阵沙漠风暴昏天黑地地席卷而来，所有一切都陷入了一片混沌之中，深入到前线掌握战斗进程的隆美尔什么也没有看到。

直到下午5点钟，隆美尔才获悉，他的装甲部队正在阿拉曼西部的一个高地附近停止不前，同时空军飞机也在等待着进一步的命令和指示。6点30分，瓦尔道终于下达了第二次让轰炸机发起攻击的命令，隆美尔的坦克再次点火起动。

晚上8点钟，隆美尔打电话给瓦尔道，情绪显得极为激动。他宣布，装甲师将在轰炸机出色进攻的掩护下直接开过英军的防线，要争取在今天夜里到达阿拉曼以东的海岸公路。

可严峻的现实却并非隆美尔想像的那样简单，高速推进的坦克开到了英军一道厚重的铁丝网前面。由于没有适当的工具，开辟通路的工作毫无进展，只有少数工兵有钢丝钳，仅仅打开一条狭窄的通道。在硝烟四起的夜色下，摇曳闪烁的火焰和苍白的月光无法让德军坦克找到正确的方向，它们杂乱无章地拥挤在铁丝网旁边。然而，英军的炮火将阿拉曼防线照得如同白昼，终于看清了方向的德军坦克现在却只能选择后撤。

晚上10点钟，第21装甲师满怀沮丧地向隆美尔报告，新一轮的进攻再次失败了。

隆美尔颓坐在指挥车上，无可奈何地说："我对这次进攻所怀的全部希望都已经令人悲痛地幻灭了，无论如何，我们不会再取得什么成功了……"

接下来，两军之间进入僵持状态，小规模的攻守战一天接一天地进行，而隆美尔却始终找不到可以突破阿拉曼的好办法。

在这场漫无天日的消耗战中，隆美尔手下已有两个意大利师率先崩溃，无法重整。7月17日，另两个意大利师又被英军的澳大利亚师冲开突破口，大批意大利士兵不是投降就是开了小差。

7月18日，北非的天空突然变得一片碧蓝，强烈的阳光照得整个大沙漠雪白耀眼。在这一天，英军出人意料地停止了进攻，前线战场一片寂静。

随后的两天时间，隆美尔打起精神，走出指挥所，在整个战线上四处巡视，指挥士兵们埋设地雷和修筑战术据点。他不无失望地对第90轻装甲师的指挥官们说："由于实际上已被歼灭的4个意大利师的失败，一个暂时的危机已经出现，而且这一危机将延续到8至10天后德军主力到达这里为止。"

7月21日，隆美尔显得稍许高兴了一点，因为战场上仍然是一片平静。现在，经过维修和补给，他还拥有大约42辆正常的德军坦克和50辆意大利坦克。"前线已经平静下来，感谢上帝，我终于有机会估量一下局势了，"他私下这样说道，"然而这将是一个长期的危机，因为在战线另一侧的英国兵力集结得远比我们快速得多。凯塞林将飞回元首大本营了。多么遗憾啊，我不能像他一样也飞回柏林。"

沮丧终归是沮丧，但隆美尔这只对战争的嗅觉极度敏感的沙漠之狐，时刻没有忘记奥金莱克随时可能发起新一轮的进攻。

事实也正是如此，奥金莱克在对英军进行了重新补给和给予了他们充足的休整时间之后，新的进攻计划马上出台了。

7月21日晚上，一场猛烈的空袭之后，接着是一阵密集的炮火轰击。当夜，一支英军新西兰旅从南面径直插向埃及麦尔洼地，这是位于沙漠中央的一处浅碟形的地方。

事实上，隆美尔早就知道英军会向这里发起进攻。此时，非洲军团指挥官奈宁将军正埋伏在这里，不慌不忙地观察着新西兰旅的活动。他早已通知他的装甲部队在凌晨4点15分发起反攻。

清冷的星光伴随着若有若无的寒风在夜空下徜徉，德军士兵们的手表正在滴答滴答地接近进攻的时刻。

此时，刚刚抵达这里的新西兰人丝毫没有意识到他们的危险处境，正在悠闲自得地等待着将和他们一起发起突袭的英军装甲部队的到来，有些人甚至在洼地上架起了帐篷，似乎想

> 英军中的澳大利亚和新西兰士兵。

在进攻之前安安稳稳地睡个好觉。

7月22日凌晨4点15分，一发德军的信号弹准时划破长空，接着一束束拖着尾光、具有高爆炸力的炮弹雨点般地落在新西兰旅密集的人群中。德军装甲车隆隆驶过洼地的边缘，冲入英军阵地，但直到此时，英军的装甲部队仍未见踪影。奥金莱克精心准备的进攻，尚未开始就损失了1,000多人。

7点30分，英军的装甲部队终于出现了。100多辆英军坦克从东面冲了过来，突破了德军布雷区，坦克的先头部队改变方向、势不可当地冲到隆美尔战线的后方，德军力量单薄的步兵阵地立即被突破。

此时，由于俾斯麦刚刚受伤，临时代替他的布鲁尔指挥着第21装甲师飞速地赶了过来。他阻住正在往后逃的步兵营，令他们转而抵抗英军，接着他派出第5装甲团直接冲向英军翼侧。英军装甲部队终于被冲散了。在接下来的两个小时内，隆美尔的指挥官们齐心合力，一举俘获了200多名英军官兵，并缴获87辆坦克。

为了表彰隆美尔的这次胜利，几天后，希特勒派人给他送来了一枚十字剑勋章。

在这次短暂的交战后，隆美尔再次恢复了自信，似乎胜利之神又一次站到了他这一边。英军第23装甲旅被全歼，仅仅两天，英军就损失了146辆坦克和1,200名士兵。阿拉曼的局势出现了微妙的变化，隆美尔将要转守为攻了。

1942年8月初，隆美尔估计，在英军采取另一次行动之前，他可能还有四个星期的准备时间，此时，隆美尔与英军的力量差距正在缩短。7月间，他得到了5,400名补充兵员和新组建的第164轻装甲师的两个先头团。13,300 名新兵已经空运到北非，更多的部队正在以平均每天 1,000 人的数额逐渐到达。

8 月初，一支空军精锐部队第 1 伞兵旅归属于隆美尔指挥。这支部队的指挥官赫尔曼·兰克将军是一位灵巧好斗的老兵，他镶着一口金属假牙，原来的牙齿在一次跳伞事故中摔掉了。他手下的伞兵装备精良，身体强壮。然而，由于他们是空军部队，隆美尔很少去看望和关心他们。

< 正在前线仔细查看地图的隆美尔。

这些受过严格训练的德国人正源源不断地填补到隆美尔在大海和大洼地之间的薄弱防御线上。炮兵也正在到达，弹药库已经修建起来了，密集的布雷区已用计划好的方式细致地埋设妥当。

新的意大利部队也到达了。但对意大利人抱有极度偏见的隆美尔早已把他们排除在自己的计算之外了。"这些意大利士兵实际上毫无用处。"他这样说。

随着实力的增强，隆美尔制订了新的进攻计划。他要把阿拉曼的南端作为自己的突破口，并决定在那里与英军第 8 集团军决一死战，同时把其他部队直接推向开罗和亚历山大，横跨尼罗河，发动闪电进攻。

为此，隆美尔在一张地图上详细地标出了他的每一个军、每一个师和营推进时应遵守的部署。他们之中的一部分将从开罗冲向苏伊士运河，另一部分则从开罗转向南方，沿尼罗河直接插入非洲的心脏。

隆美尔此时也非常清楚，虽然德意军队现在的实力增强了，但等到9月份，英军第8集团军也将变得十分强大，可能已远非他隆美尔所能打败的。几经思考，隆美尔将进攻时间选在8月。他希望这次进攻以一种突然袭击的方式打开通向埃及沃壤的最后一道门户，为了确保成功，隆美尔大胆地决定在夜间发起这次进攻。这就要求这一天必须是月圆的日子，也就意味着在公历8月末。

但是，自从8月2日以来，他就开始感到有些不舒服了。只是隆美尔没有太在意，几乎每一个到过非洲的人，只要待上一段时间，都会多少沾点小病的，坚持一阵就好了，他想。

但隆美尔没有坚持多久，他真的病倒了。

但他还必须坚持下去，坚持最后几天。8月底转眼就要到来了，一场新的战斗正在等着他。

这一天，隆美尔拖着病体对整个战线作了最后的视察。接下来，他就要向正在集结的英国大军发起猛烈的进攻。

这将是具有决定意义的一战，但他严重的病情，已使得他在面对这场战争时显露出满脸的疲惫。

>> 蒙哥马利抵达开罗

病情严重的隆美尔正在筹划着即将于8月底月圆之夜发起的新进攻，但是，历史在后来无情地告诉隆美尔，从一个名叫蒙哥马利的英国人到来开始，胜利的命运已经不再敲响他的大门，他在非洲的辉煌有如正在熄灭的炉火，光亮日趋暗淡。

也许是命运的安排，蒙哥马利来到非洲或多或少也有德国人的功劳。

1942年8月4日，英国首相丘吉尔在前往莫斯科访问途中，因对北非局势的极度关注，决定绕道开罗，亲临埃及。经过短暂的考察，丘吉尔毅然更换了驻在中东的高级将领。他任命被称为英国最有头脑的将军亚历山大，取代奥金莱克担任中东总司令，同时任命第13军军长戈特将军担任埃及的第8集团军司令。

根据戈特的作战经验和指挥才能，他不可能成为隆美尔的对手。但仿佛一切都是天意，戈特在乘机飞往开罗就职的途中，不幸遭到德军飞机的攻击，当场机毁人亡。

于是，丘吉尔只好委派第二人选蒙哥马利填补戈特的位置，前来北非指挥第8集团军。

8月12日，蒙哥马利安全抵达开罗。这位自从两年前敦刻尔克大撤退后就再也没有指挥过战斗的矮个子将军，终于找到了一个可以伸展手脚的新战场。

伯纳德·蒙哥马利习惯于戴一顶带有团队徽章的不协调的澳大利亚丛林帽，帽上嵌有双徽★。他那高昂并带乡音的嗓音听起来刺耳而又不友好，他的膝部是白色的，而脸部却是粉红色的。事实上，蒙哥马利在许多方面都与隆美尔相似，两人都很孤僻，在自己同行的将军

*蒙哥马利的双徽帽

蒙哥马利的军帽上有将军和士兵两个帽徽。在第一次世界大战时，蒙哥马利担任过排长和上尉参谋。他为自己从未见过总司令而深感遗憾，认为这是英军士气低落、战斗力不强的重要原因之一。他认为，一个统帅人物要在军队中拥有威信和感召力，必须使下级官兵经常能够在前线看到他。为此，他专门制作了这顶特殊的军帽，并经常戴着它到前线部队中去。他说："各部队官兵看到这顶帽子，就知道我来了，就知道我对他们的所作所为非常关心。"

> 头戴双徽帽的蒙哥马利。

中，敌人多于朋友。两人都很专横、傲慢，是缺乏文化教养的职业军人；在受到约束的情况下，两人都是难以对付而又敢于违命不遵的军官，然而在一切由他们支配的情况下，却又是优秀和具有独到见解的战斗指挥官。两人都不吸烟，也不喝烈性酒，而且都喜爱运动和注意保持身体健康。

但不同的是，蒙哥马利不仅是一名出色的战术家，同时也是一位阵地战大师。一来到第8集团军，他就把他在第一次世界大战时打阵地战的经验传输给他的将士们。而这一点正是隆美尔和他的德意军队不愿意看到的，严重缺乏补给的德意军队没有任何资本，敢跟蒙哥马利打一场以旷日持久的消耗为特点的阵地战。

另外还有一点，蒙哥马利一来到非洲，他就在情报方面占有隆美尔无法相比的优势。利用英国方面的情报优势，蒙哥马利几乎可以洞察隆美尔的内心世界，而消息不灵通的隆美尔在丧失了自己的情报侦察连后，基本上已注定了他在新的战斗中肯定要失败。隆美尔与最高统帅部联系的许多绝密电报，几小时后便可在英国情报机关的侦破机那里看到。

在兵力上，德国装甲军团此时比起自己的对手来也同样要弱得多。隆美尔的部队中，有12,000名士兵已失去了战斗力，病员的数量达到了最高峰。而在他的编制中，本来就已短缺210辆坦克、175辆运载车和装甲车，以及1,500辆别的运输工具。

8月30日是隆美尔计划发起进攻的日子，他准备投入203辆德国战斗坦克，而蒙哥马利

∧ 蒙哥马利的到来让隆美尔遇到了一位真正的对手。

却调集了 767 辆坦克，并且还拥有可以发射重达 6 磅的新炮弹的新型反坦克炮。

更为糟糕的是，现在的隆美尔恰好重病在身。在即将开始的这场战争之前，隆美尔没有任何精力再去设计出一个可以令英军心慌意乱或使之失魂落魄的新战术和新发明，再也没有装着飞机引擎的卡车或是经过周密计划的奇袭行动了。

毫无疑问，他的主要弱点在于燃料的供应。他的两个身经百战的装甲师的汽油只够行驶 200 公里了。

8 月 28 日早晨，隆美尔仍旧没有确定是否要按计划在 30 日发起进攻。几经思考，最后他终于在上午 8 点 30 分，把指挥装甲师的全体将军召集到了他的司令部里，又一次重复了自己的计划并告诉他们："进攻日的最后期限仍旧定在 30 日，但一切还要取决于燃料的供应情况。在阿拉曼战役之后我们究竟能走多远，将由后勤来决定，由燃料和弹药来决定。"

29 日，隆美尔决定不再等待，第二天一定要发起进攻，过了这个日期，进攻只能推到 9 月份。到那时，德军胜利的可能性更小。目前，这场进攻如果没有足够的燃料，也可以暂时不向开罗进发，但至少应该摧毁英军在阿拉曼防线上的兵力。

当夜，德意装甲师已经在夜间沿着沙漠小道向内陆运动，直接向阿拉曼战线的南端推进。隆美尔要在那里突破英军防线，他希望他的对手对这次秘密行动不会有所觉察。

8 月 30 日一早，当他登上指挥车时，他怀着忧郁的心情向跟随着他的医生说："今天发起的进攻是我有生以来最难做出的一项决定。要么是我们设法到达苏伊士运河，要么……"说到这，他停了一下，然后做了一个失败的手势。随即，他关上指挥车的车门。随着一阵发机动声响，新的进攻开始了。

隆美尔在向沙漠内部推进了 35 公里后，在那里设下了前线指挥部，霍尔斯特医生紧紧地跟在隆美尔身后。

"今天，"隆美尔强打起精神，向所有的参战将士们喊道，"我们的大军又一次向敌人发起进攻了，我们的目标就是要消灭他们。这将是一个永远难忘的时刻。我希望我军团里的每一名士兵在这富有决定性的日子里，奋勇前进，尽力冲杀!

1942年8月30日晚上10点钟，一轮苍白的月亮照耀着盖塔拉洼地波浪起伏的沙漠，隆美尔的装甲部队开始朝东向着英军的布雷区推进。

奈宁将军指挥的非洲军团冲在最前面，他的左翼是意大利重新整编的装甲部队利托里奥和阿雷艾特师，右翼是第90轻装甲师。他们大踏步地走上了自己的征途。

8月31日凌晨，隆美尔的活动指挥部紧跟着他的军团，迁到了克拉克山，他确信英军在这一防区的布雷和防御都很薄弱。然而，就是在这里，他的士兵们闯进了一片密集的布雷区，这里埋着英军大约20万枚地雷，另有配备着重机枪、大炮和迫击炮的顽强步兵在此扼守。

凌晨两点10分，整个阵地被英军伞兵的照明弹照得通明透亮，无休无止的空袭也同时开始了。非洲装甲军团的先头部队被死死地挤在布雷区里，成为飞机轰炸的目标，而工兵们则在前面拼命地为德军打开一条狭路。卡车、运兵车和坦克纷纷被炮弹击中，燃起了熊熊烈火，爆炸声、叫喊声和重机枪的嗒嗒声响成一片。

显然，蒙哥马利一直在等待着德军的到来。就是在这场混战中，冯·俾斯麦将军被英军的迫击炮流弹击中，当场身亡。几分钟后，一架英军战斗轰炸机又袭击了奈宁的指挥车，摧毁了他的电台，他手下的许多军官被弹片打死，奈宁自己也身中重伤。隆美尔的参谋长拜尔莱因当即换乘另一辆汽车，临时担任起非洲军团的指挥。

上午8点，满脸疲惫的隆美尔驱车来到前线，他接到的第一份报告就是他们进入了英军的布雷区。5分钟后，第二和第三份报告接踵而至：非洲军团司令官奈宁将军身受重伤，冯·俾斯麦将军已经阵亡。

震惊与疼痛犹如两记重拳，狠狠地击在隆美尔的要害之处。

"立即停止战斗。"他面带痉挛的表情命令道。

10分钟后，参谋长拜尔莱因兴冲冲地跑过来："总司令，我们的两个装甲师已胜利突破到布雷区的尽头，他们前面横躺着的是一片开阔的沙漠。"

但这点好消息已无法弥补隆美尔刚刚丧失的信心："告诉两个装甲师，停止前进，等待新命令。"

"可是，总司令，"拜尔莱因争辩说，"我们已经冲出了雷区。如果眼下放弃进攻，那对为了突破布雷区而做出牺牲的士兵们来说，简直是一种嘲弄。"

在拜尔莱因的多番劝说下，疲倦的隆美尔犹豫了半个多小时，终于在9点10分下达了命令：向阿拉姆哈勒法岭进军。

但是，这次隆美尔并没有完全按照原计划前进，本来他的计划是从克拉克山向东推进35

∧ 英军士兵向德军发起进攻。

公里，到达阿拉姆哈勒法岭的山脊，然后再迂回到山脊的后方进攻敌军的主力。这次他却突然改变主意，让所有的兵力直接冲上山脊，准备横跨过去。

这是对原计划的一个灾难性的修改。因为蒙哥马利在那座山脊上埋伏着重兵，他最希望的就是隆美尔能从山下直冲上来。他正想在那座山脊上彻底打破沙漠之狐不可战胜的神话。

下午1时多，隆美尔的坦克开始再次向东进发，这时刮起了沙漠风暴，从而使他们十分侥幸地避免了英军空袭的威胁。直到下午4点30分以前，他们的进展都很顺利，接着便开始转向北进。这条新的路线把他们带进了一片松软的沙漠，下午6时，一切都不得不

＞ 英军士兵躲避在一辆被击毁的德军坦克后伺机反击。

停顿下来，因为他们已经来到133高地前面这座山脊上最占优势的据点。

此时，天已放晴，太阳正在向西方山口处落去。

隆美尔的部队刚一到达，集结在山脊上的英军坦克和大炮立即开火。一场新的厮杀又开始了，英军居高临下、以逸待劳。天黑之后，英军的轰炸机也飞来了。可在此时，德军坦克的燃料只够行驶50公里了。非洲军团的新司令官左斯塔弗·冯·瓦尔斯特焦急地报告隆美尔，他们已经受困，甚至无法绕过山脊继续前进，除非夜间能够及时送来更多的燃料。

整整一夜，两军的厮杀从未间断。

9月1日拂晓，隆美尔驱车前往战场时看到，在这片狭窄的地段上，铺满了德意军队坦克的残骸，很多坦克还在燃烧着熊熊的大火。由于燃料的严重短缺，隆美尔被迫放弃了对高地的继续进攻。他只能暂时坚守在已经夺取的阵地上，等待着足够的燃料送到前线来。

这一天早晨，隆美尔连遭英军的六次轰炸。空气几乎令人窒息了，硝烟灼热呛人的气味夹杂着细沙，使人无法呼吸。有一次，一块近20厘米长的弹片正好打穿了放在他掩体边上的一把铁锹，烧得火红的金属碎片落到了他的战壕里。

夜间，英军的空袭更加猛烈。更多的德意士兵在对燃料的等待中阵亡了，隆美尔最宝贵的几门88毫米高射炮和许多弹药车接连被炸毁。

事实上，隆美尔根本就等不到燃料了。8月底意大利人虽然曾经许诺要给他们送来5,000

∧ 隆美尔与凯塞林在一起交谈。

吨汽油，但在9月1日早晨，装载着1,200吨汽油的"撒达迪尔号"油船，已在托卜鲁克港外被英军击沉了。9月2日，另一艘载有1,110吨汽油的"法斯西尔"号油船也遭到了同样的命运。

2日上午8点25分，隆美尔终于失去了对意大利人的任何盼望。"罪已经受够了，"他说，

<　蒙哥马利在与隆美尔的第一次对决中,
明显占了上风。

BERNARDLAW MONTGOMERY

"全体撤回到 8 月 30 日出发时的阵地。"

几乎已经溃不成军的非洲装甲军团狼狈地向洼地方向撤去。阿拉姆哈勒法战斗结束了。

这是一次关键性的撤退,同时也是一次莫名其妙的撤退。它标志着隆美尔的辉煌已经越过顶点,正在开始回落。

下午 5 点 30 分,当南线总司令凯塞林来到隆美尔的指挥车上时,面色严峻、斩钉截铁地告诉这位非洲装甲军团司令官:这次撤退将破坏元首的伟大战略部署。

隆美尔竭力地向凯塞林解释,并绘声绘色地描述了一番英国空军轰炸的猛烈和可怖。最后,他强烈要求非洲军团的给养状况能够从根本上得到改善。

凯塞林未置一词,直到所有装甲师都已撤回自己的出发线时,他曾气愤地说:"隆美尔一直声称他没有汽油了,可他用以长途跋涉、撤回到原地的汽油为什么就不能用来继续发起进攻? 我看,他不是缺乏汽油,所缺乏的是,能够把不可动摇的决定坚持到底的决心。"

事实上,尽管隆美尔在这次战斗中打得极其惨烈,但他的损失并不比蒙哥马利严重多少。德意军队中,总共只有 536 人死亡,其中有 369 名德国人,另有 38 辆坦克被击毁。而英军尽管处于有利的地形上,却损失了 68 架飞机、27 辆坦克和更多的伤亡人数。这次战斗中,隆美尔在撤退前已占领了英军的布雷区和一块重要的高地,在那块高地上,他可以清晰地观察到蒙哥马利的南翼部署。实际上,他当时已经从翼侧包围了英军称之为最后希望的防御线。对此,凯塞林曾经说过:如果隆美尔没有在 9 月 2 日早晨撤退,"只要在几小时后重新发起进攻，那么，令人惊讶的败局将不会出现。"

但不论如何评说，隆美尔撤回原地后，已意味着蒙哥马利取得了一次决定性的胜利。这场胜利使得之前屡屡战败的英军士气大涨，出现了前所未有的高昂状态。

蒙哥马利也为他在对抗沙漠之狐的过程中初战告捷而得意非凡。

9月2日，在亚历山大举行的晚宴上，蒙哥马利对所有前来向他祝贺的各国客人骄傲地宣告："到现在为止，埃及已经没有危险。我最终必将消灭隆美尔，这是确定无疑的。"

>> 仓促结束的疗养

9月4日，隆美尔撤回到了进攻前的司令部。十分疲倦的他在这一个星期来，第一次脱下鞋子舒舒服服地洗了个澡。

此时的隆美尔似乎对战争已不再感兴趣。失败的屈辱使他不愿意再出现在自己部下们的面前。他把自己关在司令部里，他焦急地催促和等待着接替他的人到来，他希望可以早一点儿回到家里看望妻儿。

这种极不自在的等待足足煎熬了隆美尔半个月的时间。9月19日，接替他的格奥尔格·施登姆将军终于抵达北非。这是一位个子高大、脾气很好的坦克专家，几乎一抵达埃及就完全适应了那里的气候。隆美尔详尽地向他介绍了非洲装甲军团的情况，并把自己请求在蒙哥马利发起总攻之前调拨增援部队和给养的信件给施登姆过目。他告诉施登姆，英军的总攻可能会在10月份月圆的时候发动。不过，在此之前，一座"魔鬼的乐园"★正在等待着欢迎这些英国人。

"魔鬼的乐园"是隆美尔设计的一个十分全面的防御系统。为了防止蒙哥马利从正面发起进攻和减少英军空中轰炸对德意军队驻扎区的影响，隆美尔在德意阵地的最前沿为他们建起了连绵的布雷区战线。这些布雷区均无人驻守，却布下了成千上万的地雷和陷阱。在布雷区后面大约2,000米处是主要的步兵防御阵地，在步兵防御阵地后面则是布局巧妙的大型反坦克炮

★ **"魔鬼的乐园"**
第二次世界大战时期，阿拉曼战役前夕对德军非洲军团司令官隆美尔在沙漠中布下的巨大的布雷场的称呼。为了防止英军从正面发起进攻和减少英军空中轰炸对德意军队驻扎区的影响，隆美尔设计了一个十分全面的防御系统，在德意阵地前沿建起了连绵的布雷区战线。这个布雷场长达64公里，宽7～13公里，大约由40万颗地雷组成，对英军的反攻起到了巨大的阻滞作用。

阵，而炮阵后方则是较为机动的装甲和摩托化师。

的确，这条防御带也许只有魔鬼才会将它看成是自己的乐园。

9月23日，隆美尔将他的布置和设想都已详细地向施登姆介绍之后，终于踏上了归程。在登机之前，他与施登姆握手告别。"一旦战斗开始，"他保证说，"我将放弃治疗，返回非洲。"

就在隆美尔离开北非的同一天，消息同样落到了英国人的手中。当英国人将他们窃听到的德国电报送到美国总统弗兰克林·D·罗斯福那里时，罗斯福面带兴奋地说："隆美尔肯定受到了一次相当大的打击。直到目前为止，根据从英军内部得到的情报，他一直是习惯于打胜仗的。感谢上帝，现在终于结束了这种状况。"

从罗马起飞后，隆美尔直接去了柏林。这位元帅接下来在戈培尔的家里一连做了好几天客。他在那里整理着一些他将用来影响元首的地图和计算表。几乎每天晚上，这个家庭都在倾听他那迷人的有关埃及战斗的描述，一直到深夜。渐渐地，他们使隆美尔从沉默寡言中解脱了出来。他讲述了不少有关意大利贵族和军官们的轶闻趣事，接二连三地详尽地叙述了他们的"怯懦"表现和第一次碰到澳大利亚或新西兰部队时如何逃跑的细节。他还告诉他们，他自己如何经常从死亡或几乎被俘的险境中脱身的经历，这常常使得戈培尔和他的家人们发出钦佩或恐怖的尖叫。

作为回报，戈培尔给隆美尔放映了一些有关北非的新闻记录片。当隆美尔看到自己攻占托卜鲁克和追击英国第8集团军进入阿拉曼的情景时，一种新的生命和活力涌进了他的躯体。

9月29日，隆美尔离开了戈培尔的家，受邀到慕尼黑参加希特勒的主要副官鲁道夫·施蒙特举行的一次盛大晚宴。这一天正是施蒙特的小儿子的生日，无数的德国高官和社会名流都聚集在这里，他们满怀希望地想亲眼目睹这位传奇式人物的风采。

当晚，一阵门铃声响，施蒙特的小儿子打开了房门，风尘仆仆的隆美尔出现在门口，客人们一阵欢呼。但隆美尔几乎没有和这些人打招呼。他面带笑容地问那个小孩子："今晚你得到的最好的生日礼物是什么？"

"一辆玩具火车。"施蒙特的小儿子高兴地回答。

"那太好了，走，咱们去玩吧。"于是他俩便上楼去了，在那里整整玩了一个晚上。隆美尔始终没有下楼和客人们见面。

9月30日，隆美尔回到了柏林。希特勒早已通知说将在这一天接见他。

这是一个炎热的秋日，太阳正在冬天到来前拼命地炫耀着它的热量。

∧ 希特勒亲自将元帅权仗颁给隆美尔。

∨ 在柏林体育场在为隆美尔举行的仪式上，隆美尔面对摄影机挥手致意。

迎着烈日，隆美尔轻快地走进帝国总理府希特勒的书房，一大批纳粹高官正齐聚一堂。这时，希特勒异常严肃地将一个黑皮箱交给隆美尔。

隆美尔轻轻地打开这个沉甸甸的箱子，一阵炫目的宝气迎面而来。

里边是一根元帅杖，镶满了钻石，正在闪闪发光。

当天下午6点，希特勒又为隆美尔安排了一次正式的接见仪式。隆美尔成了柏林运动场群众集会的上宾，新闻记录片摄下了他走过要员们密密麻麻的行列，来到主席台前受到希特勒迎接的情景。他摆动着刚刚拿到的元帅杖，用一种近似挥手和行纳粹礼的姿势扬起手臂。所有帝国广播电台都播送了希特勒赞扬隆美尔的演说。他已经达到了自己成就的顶峰。

几天后，隆美尔写信告诉施登姆关于他和希特勒会见的情况。"元首和领袖已经同意我关于固守目前我们在非洲已赢得的阵地的那番打算，"他说，"在我们的部队充分得到供应和恢复以及更多的部队被派往那里之前，将不发动任何新的进攻。元首已经答应我，他将考虑让装甲军团尽可能地得到增援，首先是最新最大的坦克、火箭发射装置和反坦克炮。"

在那次会见中，隆美尔还要求希特勒能够给他大量的火箭弹、260毫米迫击炮和一种新的多管火箭发射器，以及至少500台烟幕发生器。

隆美尔告诉希特勒，目前令他头疼的有两样东西：一样是英军的空中优势，另一样就是那些没用的意大利人。他说，意大利的坦克根本没有战斗力，大炮的射程不足8公里，除了防御，他们毫无用处，而且如果英军步兵用刺刀发起进攻，他们也同样毫无用处。最可气的是，这些意大利人还不断向英国人泄露情报。自己患病、德军将向阿拉姆哈勒法发动突然袭击的消息，以及无数意大利运油船的沉没，都跟意大利叛徒有着直接的关系。

可怜的隆美尔直到死时还不知道，德国的密码早被英国人破译，而他一直都在怀疑是那些无辜的意大利人出卖了他。

最后，隆美尔雄心勃勃地向希特勒说："只要给我的坦克三艘船的汽油，那么48个小时后，我一定能够打进开罗。"

10月3日中午，隆美尔的飞机离开了柏林，飞往靠近新维也纳的塞麦宁山，他将在那里开始治疗。几小时后，他终于又回到了自己阔别已久的家中。

从某种意义上说，隆美尔已把自己的家看成了世外桃源。这里远离非洲，远离苏联，是战争硝烟根本弥漫不到的地方。他可以悠闲懒散、自由自在地做着自己想做的事情，而不必为战争四处奔跑，也不必为了自己的形象和职责而装腔作势。

所谓的治疗从更多的意义上来说，就是休养。这是一种十分惬意的体验，隆美尔真的希望他能永远这样在气候宜人的山区里静卧，什么也不想，让自己的思绪自由地飞翔。

但好景并不长。

10月24日下午3点整，隆美尔疗养室内的电话铃急促地响了起来。电话是从罗马打来的，一个令隆美尔惊诧万分的消息传来了："蒙哥马利昨夜开始进攻了!施登姆将军已经失踪，

∧ 希特勒与隆美尔在一起。他对手下这员爱将十分赏识。

不知去向。”

隆美尔随即要通了德国最高统帅部的电话。几乎与此同时，统帅部也给他打来了电话，他发现跟他讲话的竟是希特勒。元首的声音有些沙哑："隆美尔，非洲的消息很不妙，施登姆将军下落不明。"

"那我，现在回到阿拉曼去吧。"隆美尔提议。

"你的身体支撑得住吗？"希特勒问。

"还可以，应该没有什么问题了。"

于是10月25日清晨7点50分，一架亨克尔飞机载着隆美尔起飞了，10点钟飞抵罗马。

林特伦正在机场等候他。一见到隆美尔，林特伦立即向隆美尔汇报："陆军元帅凯塞林已飞抵非洲战场，那里的装甲军团剩下的汽油只够三天战斗消耗。"

隆美尔立即咆哮起来："我离开非洲时，部队的汽油还够用8天。现在至少也得有30天的汽油才行。"

林特伦抱歉地说："您知道，几天前我才休假归队。在我休假期间，后勤补给工作没有受到足够的重视。"

隆美尔越发扯开了嗓门："那么，意大利人就必须得采取一切可能的措施，包括动用潜艇和海军，把给养物资迅速运给装甲军团。现在就开始行动。"

早晨10点45分，隆美尔从罗马再次登上飞机。下午2点45分，隆美尔抵达克里特岛，一辆刚加过油的坦克迎上前来。目前指挥着德国空军第10军的冯·瓦尔道将军正在跑道上等候他。他脸色阴郁，将一份阿拉曼战线的最新报告呈交给这位陆军元帅。战线的北部和南部地段同时遭到英军坦克的猛烈进击。经过再次搜索战场，德军找到了施登姆将军的尸体，死亡原因是心脏病突发。

隆美尔转身正准备登机，瓦尔道将军上前阻止道："我们不能允许您大白天乘坐亨克尔飞机，这会招来麻烦的。"于是隆美尔改乘一架漂亮的高速的多尼尔新式轰炸机，马上飞往埃及。

5点30分，多尼尔轰炸机在飞沙走石的一个埃及小机场着陆。隆美尔的斯托奇飞机已经等在那里。他继续向东飞行，直到天黑才着陆，接着又乘车沿海岸公路往前急驰。此刻，前方的地平线已被炮火映得通红。

在装甲军团司令部里，隆美尔又见到了那些熟悉的面孔和战斗车辆，那遍地石头的荒凉沙漠和依旧令人窒息的热浪，以及无所不在的苍蝇和蚊子，还有他离开了32天的那些营养不良却骁勇善战的士兵。

10月25日夜间11点25分，隆美尔向全体官兵发出了他重临非洲后的第一份通告："从现在起，我再次担任全军总指挥。"

>> 撤离阿拉曼

此时，战争已开始了整整两天。

10月23日晚上9点，蒙哥马利在发起进攻的前一分钟，信心十足地向英国军官们宣布：隆美尔正在告假养病，他的军队战斗力已经衰竭，而且军粮不足、汽油弹药短缺。"你们训练有素，眼下正是杀敌之时，"蒙哥马利向一眼望不到边的英国大军把手一挥，"向坦克开火，向德国人开火。"

这是一场力量悬殊的战役。尽管双方的兵力都是8个步兵师和4个装甲师，但德意军队的兵员远远不足额，隆美尔实际上只有8.2万人，而且其中尚有1万多人因为疾病而丧失了战斗力，实际上，非洲装甲军队的有生力量只有7万人。由于给养不足，这些德意官兵们几周来一直处于半饥半饱状态。在蒙哥马利发起进攻之前的整整一个星期，德军就没有吃到过肉食和新鲜蔬菜。相反，蒙哥马利的英军部队不仅供给充足、士气高昂，而且拥有足足19.5万人。隆美尔只有550辆坦克，其中包括320辆意大利坦克，而蒙哥马利则拥有1,229辆坦克，包括500多辆德军无力应对的"格兰特"式和"谢尔曼"式。德意军队仅有派不上用场的350架飞机，而英国方面则拥有占据绝对空中优势的1,500多架飞机。

如此巨大的力量差距，使得战争尚未开始时，胜负已基本确定。虽然丘吉尔在回忆录中曾满怀抱怨地说：为了对付隆美尔，阿拉曼之战要求英国的火炮和兵力必须对德军有2∶1的优势，但"我们不可能有这样的优势"。事实上，尽管英德双方在这场战争中投入的部队编制相当，而实力却远非2∶1。

为了保证这次进攻的成功，蒙哥马利还采取了一系列的欺诈行动：他在即将发起主攻的北部地区设置了大量的假卡车、假大炮，并按兵不动，直到进攻发起的前一夜才换上了真家伙；而在南部地区，则有意地做出一副将要全力发起进攻的假象，设置了一大堆假油泵房、假输油管道等，使德军相信主攻将在那里开始。

正因为如此，当10月23日晚9点15分，蒙哥马利的部队以雷霆万钧之势向隆美尔的"魔鬼的乐园"开始炮击、发

∧ 在＂捷足＂行动中败退的德军装甲车。

起"捷足"行动★时，非洲装甲军团代理指挥官托马将军刚刚接到德国情报部的保证：从前线的侦察看来，英军不可能在近期发起进攻。

因此，当10月25日傍晚，隆美尔来到战场的最前线时，英军已经攻陷了德国的一部分布雷区，他们正在以步兵为突击队，在浓郁的烟幕掩护下从布雷区里杀开一条条通路，以便英军的坦克可以突破防线。在这些通道之间，兀立着可作为炮兵观察所的光秃秃的28号高地，但这个高地在夜间时已落入了英军手中。

隆美尔立即下令：所有炮兵，立即向英军开火，未接到下一步命令，不得停止。

突如其来的炮火马上引起英军的一片惨叫，德军密集的炮火打了整整一夜，最后炮声汇集成一阵持续不断的雷霆般的轰鸣。这一夜，英军受到重创。

10月26日早晨，隆美尔仅仅睡了几个小时，就于5点钟回到了指挥车里。他再次来到前沿阵地，用望远镜观察着英军的调动和部署，并清楚地看到英军正在28号高地挖筑工事。

经过仔细的观察，隆美尔确信：蒙哥马利企图在北部发起主攻。当天下午，他命令将包括第21装甲师和炮兵主力部队的所有后备力量都从南部防线调到北方。这是一场孤注一掷的大赌博，如果他的判断失误，部队就再也调不回去，因为装甲车的汽油已濒于告尽。

10月27日，隆美尔集中全部力量，对北部英军的每一次突破企图给予了全力的还击，将英军死死地困在原地。

★ "捷足"行动

1942年10月，英国第8集团军在非洲西部沙漠阿拉曼的作战计划的密语代号。此作战计划的主要内容是趁德军集中精力在东线作战而无暇顾及北非战场之机，于1942年10月23日在埃及阿拉曼防线对驻守在那里的德国和意大利军队发起大规模进攻。10月23日夜，在连续3天的飞机猛烈轰炸后，英军向德意军阵地发起进攻。经过12天的战斗后，英军转入追击。从此，德意法西斯在北非开始节节败退。

下午3点，隆美尔调动装甲和步兵主力集中向28号高地发起反攻。但由于英国空军的强大空中优势，德军在根本无法隐蔽的地段上遭到了无情的轰炸。

隆美尔再一次灰心丧气起来，他回到指挥车上，悲伤地说："谁也不了解压在我肩上的这副重担。现在，我已经没有任何一张称心如意的牌可打。"

当天夜里，焦急无援的隆美尔无法入睡，白天从望远镜里看到的那些密密麻麻的英军正在不断向前沿阵地聚拢的景象，有如噩梦一般折腾了他整整一夜。他知道，英军的大进攻即将开始了。

10月28日8点50分，隆美尔向所有的德意指挥官们发布了命令：这是一场生死存亡的搏斗，每一个人必须绝对服从命令，并且都必须战斗到最后。"凡临阵脱逃或违抗命令者，无论其职位高低，一律军法论处。"

随后，隆美尔将所有尚具备战斗力的德军全部调往北部，仅将意大利部队和已无法打仗的德国军团留在南边。

当天下午，他在一张缴获的英军地图上，终于看清了蒙哥马利的意图：突破北部主要防线，然后长驱直入，打到达巴海岸。

太阳落山之前，隆美尔乘车开往战场前线。一路上，他不断地用望远镜向四处观望，他看到密密麻麻的英军经过惨重的伤亡之后，正在继续深入德军布雷区。

晚上9点整，英军震撼大地的炮击开始轰鸣，一个小时后，蒙哥马利总攻的序幕拉开了。

此时的隆美尔，正是怀着极度绝望的心情在此全力一战的。他知道，他的阻挡只能敌住英军一时，最后的失败已经是非他莫属了。

同样，此时的蒙哥马利也没有任何兴奋，对他来说，10月29日是一个忧郁的日子。在占据绝对优势的情况下，经过短短5天的战斗，英军伤亡几近1万人，而且前线的进攻也没有获取任何新的战役突破点。

焦急地坐在伦敦等待着好消息的丘吉尔，此时也有些坐不住了，"捷足"行动已进行了5天，可得到的消息却几乎全是有关前线伤亡的情况。最后，他终于不想坐等了，立即找来了英军总参谋长阿兰·布鲁克。

一见面，丘吉尔就不留情面地说道："如果蒙哥马利的全盘计划就是打一场掉以轻心的仗，他为何还对我们讲只消7天就可以获得胜利？难道我们大英帝国就找不出一个能打赢一场战斗的将军来了吗？"接着他宣布，中午将召集一次参谋长联席会议。

在这次会议上，布鲁克毫无信心地声辩说：蒙哥马利正在策划一次新的更大规模的进攻。嘴上虽然这样说，可布鲁克心里却在不停地打鼓，他担心此刻的蒙哥马利已被隆美尔狠狠地收拾了一顿。会后，布鲁克不敢休息，他在自己的办公室里踱来踱去，惴惴不安。他希望尽快得到蒙哥马利胜利的消息，同时他又害怕接到蒙哥马利发来求救的电函。

在埃及，隆美尔同样也在来回地踱步，取胜已是毫无希望，现在最令他绞尽脑汁思考的事情就是如何才能找出一个死里逃生的办法。

德军的作战司令部已经后撤了好几公里，但他一整夜仍然呆在战场上，注视着英军飞机的狂轰滥炸，望着摇曳的照明弹和燃烧的炮火。

10月29日凌晨3点30分，隆美尔走出室外，他在漆黑的沙漠上徘徊往复，想借此清醒一下自己的头脑。他清楚地知道，英国人对德军绝不会有半点怜悯，他们会把德军一个营接一个营地吃尽扫光。虽然德军已重创了他们的坦克和步兵，但两军的兵力悬殊正在日益增大，结局势必对德国方面愈来愈不利。

半小时后，当地平线上晨曦初露之时，英军的战斗轰炸机又发起了新的进攻。此时，隆美尔越来越清楚地看到，如果他的部队固守在原地，一旦英军突破防线，就会形成包抄的态势，德军必将彻底覆灭。因为他根本不可能迅速地将辎重装备和大批非机械化的意大利步兵撤至新的防线。

清晨6点钟，隆美尔又赶往附近的一个高地。由于睡眠不足，他两眼模糊。远远的，他看到了夜间被打烂的英军坦克残骸，但这并没有使他感到宽慰。事实上，德军已经赢得了4天的喘息时间，但在这宝贵的4天里，隆美尔却没有得到任何他急需的补给物资。

7点钟，他的参谋长拜尔莱因休假归队了。也许对隆美尔来说，这已是一个好消息了，因为随后他就得到通知，一艘刚刚入港的意大利油轮，再次于托卜鲁克附近葬身海底。

一切都已表明，现在的德军除了撤退，别无选择。但撤退也不是一件容易的事，隆美尔必须瞒住他的上司们。

中午时分，隆美尔的后撤决心已定。他用红笔在地图上画了一道新防线，这道新防线处于阿拉曼以西100公里的地方。

下午2点45分，隆美尔于午餐后进一步扩大了他的计划，将新防线后移到富卡。下午4点，他正式与最信赖的威斯特法尔上校讨论起这一计划。

而在事实上，就在他讨论这个计划之前，他已命令所有的非作战部队撤到比富卡防线更远的马特鲁。就这样，隆美尔神不知鬼不觉地已经开始了他的撤退计划。

而此时的蒙哥马利正在设计新的进攻计划，地面战斗已经暂时停止。1942年10月的最后两天就在这样的寂静中流过去了。隆美尔总算有个机会可以毫无忧虑地睡了一觉。

第二天醒来，隆美尔接到了一连串的好消息。一艘意大利油船终于安全到达，但只运来了600吨汽油。接着，凯塞林陆军元帅来到了北非战场，他告诉隆美尔，一支德国空军运输中队正在从苏联战线转到北非来。可这些好消息反而令隆美尔更加悲观："当事情已弄到不

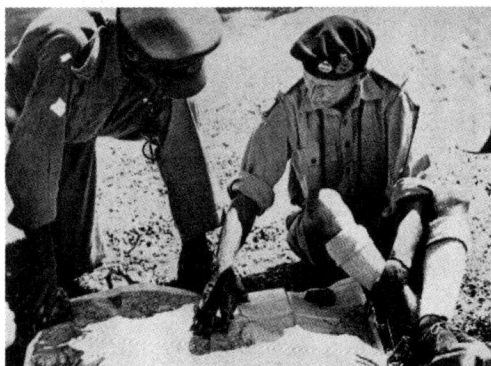

< 蒙哥马利坐在沙地上与手下将领共同分析战场形势。

< 英军炮兵向德军目标轰击。

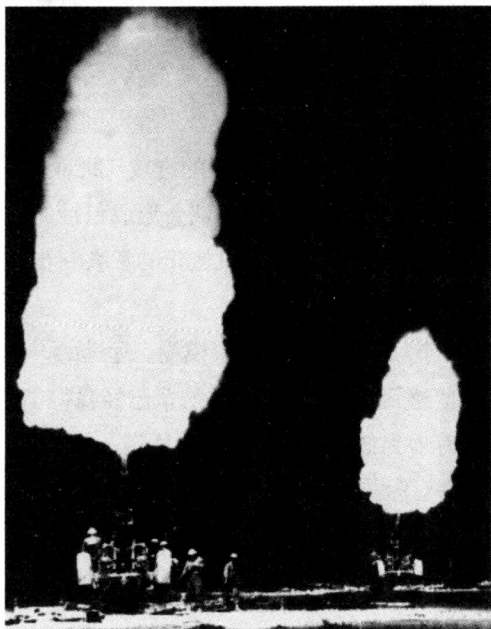

可收拾的地步时，才开始所谓的增援，这简直是在上演一出悲剧。"

10月30日晚些时候，又一个好消息传来。已经楔入隆美尔防线极北地段的澳大利亚步兵突然向海岸挺进，30辆英军坦克乘机赶到了海岸公路上。隆美尔的部队抓住战机，合围进攻，先后俘房了200名澳大利亚士兵，并摧毁了20辆坦克。

获知此消息后，意大利最高统帅部总司令卡瓦利诺立即从无线电里，发来了墨索里尼对这次局部胜利大为赞赏的电报，并确信隆美尔会同样赢得这一战役的最终胜利。

但隆美尔对此只是惨淡地一笑，他正在秘密地准备着装甲军团的全面撤退。

11月1日夜里10点，蒙哥马利惊天动地的新进攻又开始了。200门大炮集中火力对隆美尔防线的一段狭窄地带展开了猛烈轰击，构成一道密集的火力网。成群的重型轰炸机同时出动，潮水一般地向该地区和后方目标狂轰滥炸。

　　11月2日凌晨5点，隆美尔驱车赶到前沿阵地时，得知英军的坦克群和步兵已于凌晨1点在1,000米宽的战线上突破了28号高地西面的防御工事，此刻正在长驱直入，通过布雷区，企图打开一条通道。

　　当隆美尔赶到28号高地西面时，天已放亮。他看见布雷区里有20多辆英军坦克的残骸。但紧跟在后面的却有100多辆坦克正在排成纵队滚滚而来，涌向突破口，有20多辆英军装甲车实际上已冲破防线。

　　上午11点，刚刚回到指挥车的隆美尔忽然接到电话："英军坦克群已突破28号高地西南二三公里的地段，正在向西推进。据观察，这个坦克群共有坦克约400辆，另有400辆停在它们的后方，随时可以对它们增援。"

　　隆美尔仓促地吃了几口鸡丁盒饭，随即驱车出发，赶去指挥他一生中最后一次沙漠坦克大战。但这也是他一生中最不愿意指挥的一次战斗，因为不管他如何指挥，结果只能是输，而绝对不会有第二种结局。

　　英军正在以极其强大的兵力一步步地踏过德军阵地。而比这更可怕的则是没完没了的空袭。从正午到下午1点钟，整队的英国轰炸机已经对28号高地以西的残余防线进行了7次轰炸。

　　下午1点30分，德军的无线电情报部截获了蒙哥马利给坦克部队的命令，表明英军正打算转向东北，逼向达巴方向，以便从北部的突破方向切断隆美尔。

　　艰苦的战斗继续了整整一个下午。英军坦克主力部队使用了数百辆从未见过的美制"谢尔曼"式坦克★。这种坦克远比德军的坦克厉害，它可以在1,000米距离之外开火，而口径88毫米的德国高射炮几乎连它的装甲都无法穿透。

　　下午3点30分，隆美尔终于下定决心：当晚就开始从前线撤兵。一个小时后，他向参谋

★"谢尔曼"式坦克

美国制造。1942年开始装备美军。该坦克有多种型号。发动机采用8缸直列水冷汽油机，功率为500马力，最大速度为42公里/小时，最大行程为160公里。防护装甲厚度为15~100毫米。武器装备为1门75毫米火炮，另有3挺机枪，并配有1门50.8毫米发烟迫击炮。第二次世界大战期间，盟国许多国家军队都曾广泛使用过该种坦克。

∨ 美制"谢尔曼"式坦克。

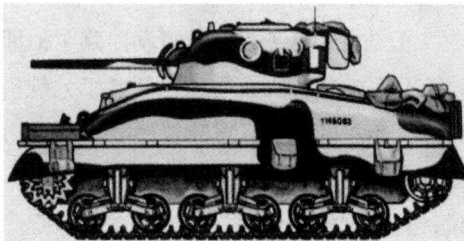

人员宣布了自己的决定：后撤到富卡防线已经刻不容缓，我们别无出路。

当晚，非洲军团司令托马将军从前线打来电话："我们已尽了最大的努力将防御线重新连成一体。现在战线虽已稳住，但很薄弱。明天能够作战的坦克只有30辆了，至多不会超过35辆。另外，"他接着补充说，"我们的后备队已经全部出动。"

"只有35辆坦克了？"隆美尔的心已经沉了下去，"听着，托马将军。"

"我在听着，总司令。"

"我的计划是，全军要边打边撤退到西线。步兵今天夜里开始行动。非洲军团的任务是坚守到明天早晨，然后撤出战斗。但要尽量牵制住英军，给步兵赢得脱逃的机会。"

从当晚7点20分到9点零5分，德军所有部队都收到了这样一条命令："鉴于敌军优势兵力的压力，我军准备在战斗中逐步后撤。"

按照隆美尔的安排，这次撤退当夜即已开始。这是一次绝对秘密的撤退，因为连柏林和罗马的最高统帅部都不知道隆美尔这次擅作主张的行动。

11月2日下午，隆美尔在正式撤退之前，曾给希特勒发了一份临时报告："虽然我军在今天的防御战中获胜，但面对占有绝对优势的英空军和地面部队，经过十天的艰苦鏖战，全体将士已筋疲力尽。预计强大的敌军坦克群可能于今晚或明日再次突破战线，我军部队确实已鞠躬尽瘁。由于缺乏运输工具，无法将意军的六个非机械化师和德军的两个非机械化师顺序撤出阵地。大批部队将被敌方的摩托化部队牵制。目前，我军的机械化部队正在浴血奋战。然而，预计可能仅有一部分兵员能够摆脱敌军纠缠……尽管我军部队进行了英勇顽强的抵抗，显示了大无畏的牺牲精神，但鉴于此种形势，全军覆没的危险依然不可避免。"

几乎就在同时，在英国一幢乡村别墅里，隆美尔的电文正被投放入破译机中。几小时后，丘吉尔等几个可以参与绝密事件的官员拿到了一份与希特勒一样的电报原文。"看来隆美尔正处于进退维谷的境地，"几个高级官员研究时说，"他好像是正在向希特勒呼叫，请求增援。这看起来确实是个好消息……"

正是由于隆美尔对希特勒隐瞒了他即将撤退的企图，所以英国人也没有想到他在当天夜里就已开始了大规模的撤军行动。

隆美尔的撤退，意味着德意军队在阿拉曼之战中的彻底失败。而这次战役则又是事关北非战局的重要战役，无论对同盟国还是对轴心国来说，这一仗的胜负都是命运的关键。

∧ 英国首相丘吉尔一直关注着北非战局的进程。

第七章

余勇可贾的转进

1891-1944 隆美尔

这一天是隆美尔踏上非洲土地的纪念日。两年来，他手下残存的第一批非洲军团的官兵已所剩无几，以第8机枪营为例，初到非洲时有1,000名兵员，而现在只剩下4个幸存者。中午时分，那些自1941年2月就跟随着隆美尔的军官们开了一个小小的团聚会，如今他们总共还有19人⋯⋯

> 率部撤退的隆美尔一脸的无奈。

>> 败军之帅的抉择

1942年11月3日清晨，尽管朝阳似火、晴空如洗，但对希特勒来说，这个早晨仿佛比暴雨之夜更为阴暗。隆美尔在非洲的失败犹如霹雳当空，打得他重跌在地，久久不能站起。当他终于从震惊中苏缓过来时，立刻叫嚷着要撤掉国防军指挥参谋部副参谋长瓦尔特·瓦利蒙特的职务，因为在"隆美尔呼救时，这位瓦利蒙特先生却在呼呼大睡"。

在众人的多番劝慰下，希特勒终于止住了怒火，稍加思索，向隆美尔口授了一份电文："我和全体德国人民，怀着对你的领导能力和在你领导下的德、意部队的英勇精神的坚定信念，注视着你们在埃及进行的英勇防御战。鉴于你现在所处的形势，毋庸置疑，只有坚守阵地，决不后退一步，把每一条步枪和每一名士兵都投入战斗，除此别无出路。大批空援即将在未来几天里到达南线总司令凯塞林那里。领袖和意军最高统帅部必将竭尽全力积极增援，以保证你能继续战斗。敌人虽占有优势，但已是强弩之末。意志的力量能够战胜强大的敌人，这在历史上已屡见不鲜。你可向你的部下指明，不胜利，毋宁死，别无其他道路。——阿道夫·希特勒。"

上午11点零5分，约德尔亲自打电话把希特勒的命令传达给在罗马的林特伦。11点30分，密码被艾格尼马机译出并将电文转到埃及。没多久，在伦敦的丘吉尔也接到了这份电文。后来，这份电文传遍全世界，成为第二次世界大战中最闻名遐迩的电文。

隆美尔在阿拉曼的失败标志着希特勒末日的开始，虽然希特勒对最初的这次重大失败表现出少见的狂怒，但随后盟军在5天后于北非登陆★、德军在3个月后兵败斯大林格勒等事件，终于使希特勒认识到，他正在迈向命运的深渊，而且已经无可挽救。

同一天上午9点钟，隆美尔驱车沿着海岸公路赶往指挥所，向西通往富卡新防线的路上已挤得水泄不通，但前沿阵地已平静了下来。直至上午11时，英国人尚未发现隆美尔正在

159

∧ 准备在北非实施登陆的盟军部队。

★北非登陆

1942年11月11日，盟军在艾森豪威尔的指挥下，成功地在法属北非登陆，控制了这一地区。罗斯福总统高兴地说，美国在北非的胜利，成功地阻止了德国和意大利向那里派遣更多的军队。他还说，苏联将会因开辟第二战场而得到援助。在伦敦，丘吉尔在宣布英国在埃及取得的胜利的时候，他说："由于它的本身的意义，在埃及的战斗，必然被认为是历史上的胜利！"

撤退。蒙哥马利的炮兵曾在早晨对着德军几小时前就已放弃的阵地发起了猛烈轰击。

心力交瘁的隆美尔在炮兵指挥所里待了整整一个上午，穿着松松垮垮、皱皱巴巴的上衣，耷拉着脑袋，脸上罩着一片黑晕。

此时的非洲军团正在拉赫曼以东一块开阔的半圆地带与英军对峙。在那里，冯·托马将军已指挥着这些严重缺乏补给的装甲部队，再一次将100多辆英军坦克轰成废铁，其中包括令人生畏的"谢尔曼"式坦克。

下午1点30分，希特勒那份著名的电报被送到了隆美尔的手中。电报结尾那几行字让隆美尔感到大脑里忽然雷电交加："你可向你的部下指明，不胜利，毋宁死，别无其他道路。"

隆美尔读电报时心乱如麻。他时而勃然大怒，时而惶惶不安。仅仅90分钟前，他还在向部队发出进一步撤退的命令。然而此时此刻，希特勒明令禁止撤退，这该怎么办？

在接下来的一个小时里，隆美尔试图找到一种最合适的措词方式向希特勒发电，申明当前的现实已决定德意军队必须撤退。他写了一份又一份，但要忠于元首的念头却让他无法将任何一份电文写完。

最后，隆美尔把所有这些未能完成的电文草稿推到一边。下午2点28分时，他接通了非洲军团指挥官冯·托马将军的电话："停止撤退，你要不遗余力地继续战斗！"接着，他向托马宣读了希特勒的来电，然后强调道："把这项命令贯彻到士兵中去。部队必须战斗到最后一兵一卒。"

托马大吃一惊："这是一项必然导致灭顶之灾的抉择。至少我们应该先撤下坦克，重新进行组编。"

"什么都不能撤！"隆美尔对话筒吼道，"元首命令我们竭尽全力坚守！不能撤退！"

托马迟疑了一阵，终于同意道："遵命。不过那是总的策略，我们还是可以作一些小小的撤退的。"

"遵照最高指令，固守现有阵地！"隆美尔满腔怒火地挂了电话，只是不知这怒火到底是发向托马的，还是发向希特勒的。

隆美尔的参谋们，特别是参谋长拜尔莱因，激烈地反对希特勒的这项命令。隆美尔不得已，只好重新拿起钢笔，进一步向希特勒说明他们当前的处境。但在此时，他正处在困境中的部队又浪费了更多的宝贵时间。到下午4点30分，他的步兵、反坦克兵和工程兵的伤亡已达到50%、炮兵近40%。非洲军团现在仅剩下了24辆坦克，意大利第20军的两个机械化师事实上已不复存在。

不得已，隆美尔于绝望之中派他的副官伯尔恩德中尉，长途飞往东普鲁士向希特勒报告新情况，希望能够撤销那项灾难性的命令。

但在得到确切的答复之前，隆美尔意识到部队不可避免的撤退必将会被认为是公开违抗命令，所以他继续坚持抵抗到底的原则。下午6点40分，他向指挥官们呼吁："我要求你们在力所能及的范围内，竭尽全力取得当前战斗的胜利，要做战场的主人。"

在同托马的参谋长通话时，他又一次强调："元首的命令已排除任何机动防御的可能。"隆美尔大声疾呼："我要你们守住现在的阵地，这是生死攸关的大事！"

此时的隆美尔已抱定了全军覆灭、自己必死的信念。他把自己的一些机密文件让伯尔恩德在回到德国本土的途中带给露西，并留下了一封信："我不相信，几乎也不再相信我们会以胜利而告终。我们的生死全操在上帝手里。别了，露西，别了，我的孩子……"他把所有的积蓄25,000意大利里佛（约合60美元）塞了信封里。

尽管隆美尔多次向前线申明必须死守，但他的内心却一直是矛盾的，而且斗争越来越激烈，他不敢违背希特勒的命令，但他同时也不想眼睁睁地看着手下士兵死在这里。伯尔恩德离开后，隆美尔在指挥部里长达几个小时地走来走去。他跟身边的参谋们说："如果我们死守在这里，部队就活不过三天了。"过了一会儿他又说："作为一名总司令或者甚至作为一名士兵，难道我有权违抗元首的命令吗？"经过一阵长时间的沉思，他忽然说道："要是我果真服从了元首的命令，部队就有不服从我的危险。"又过了一会，他大叫了起来："战士的生命第一呀！"

一直到了晚上，隆美尔终于坐了下来，不再四处走动，疲惫的他望着屋顶，第一次破天荒地说出一句对希特勒不尊的话："元首简直是在发疯……"

11月4日7点25分，南线总司令、陆军元帅凯塞林风尘仆仆地赶来给隆美尔的部队打气。

"继续这样守下去，我们只能是全军覆灭。"隆美尔无精打采地对他说。

"不能这样说，"凯塞林一副充满信心的样子，"元首现在正一心一意地扑在苏联战场上。"他对隆美尔解释道："苏联的经验已告诉他，坚守现有的牢固阵地一直是最好的策略。"

"可是，用什么坚守？我们现在只剩下22辆坦克了。这22辆坦克能抵挡住潮水一般扑过来的英军吗？"

"什么？22辆坦克？"凯塞林如触了电一般。

接下来，凯塞林低下头，四处乱踱。

过了好久，他终于抬起头来："我觉得，应把元首的电报看作呼吁，而不是一成不变的命令。"

隆美尔立即眼睛一亮，转而又暗淡了下来，他诚惶诚恐地说："我认为元首的指令是绝对不能更改的。"

"但必须随机应变，"凯塞林反驳说，"元首并不愿意你和你的士兵葬身此地。"

"命令有如晴天霹雳，"隆美尔苦恼地说，"但我一向认为元首是信得过我，所以才这样对我说。"接着他向凯塞林说了自己很想采取边打边撤的办法，"但只有元首对自己的命令做出明确的修正才行。"

"你立即电告元首，"凯塞林劝道，"就说部队损失惨重，人员剧减，不可能再守住防线。要在非洲立足的唯一机会完全系于此次撤退战。"他用力地向隆美尔挥了一下手，"我也将马上给元首去电，告诉他这里的情况。"

隆美尔果然给希特勒拍了电报，但他仍旧没有取消固守阵地的命令。到上午11点，几个意大利师已经出现了溃逃现象。"尽最大力量守住阵地。"隆美尔再次向他们重复这一命令。

中午12点55分，参谋长拜尔莱因上校急匆匆地跑进了隆美尔的指挥所，报告说非洲军团司令冯·托马将军刚刚大骂了一通，说坚守命令是发疯，随后挂上自己所有的勋章，乘坦克冲到最前线去了。

隆美尔吃了一惊："赶快追回来，以免意外。"

拜尔莱因驱车出发，一路打听，终于在一小时后看到了托马。在一堆堆烧着熊熊烈焰的坦克、尸体和反坦克炮旁，托马将军高挑的身影正伫立在那里，在离他200米的前方，英军坦克隆隆地迎了上来，托马一手拿着一个小小的帆布包，另一只手正在向英军招手示意。

后来，隆美尔从一份缴获的英军文件中获知，托马在被俘后，愉快地接受了蒙哥马利的邀请，二人共进晚餐。在随后的谈话中，托马将隆美尔未来的计划和部署向英方和盘托出。

当天下午3点30分，阿雷艾特师给隆美尔发来了最后一份电报：英勇无畏的意大利装甲师已战斗到自我毁灭的地步，第20军全军覆没，英军现已打破了德意军队的最后一道防线，新的进攻即将开始。

遭到进一步打击的隆美尔终于下定了决心，不再等待希特勒的修正令了。他果断地将命运握回到自己的手中，下令撤退。

当晚8点50分，希特勒在多方说服下，只好答应让隆美尔向西撤退："既然木已成舟，我同意你的要求。" 但当这份电文于11月4日送到隆美尔手中时，早在1942年11月3日下午开始，已是满怀绝望的隆美尔虽疾病缠身、头晕目眩，却毅然带着残存的7万官兵，开始了长达6,000多里的大撤军。

这支由坦克、大炮、各种载人车辆以及7万多人拼凑起来的队伍，从首至尾长达100公里，他们缺乏燃料、弹药不足、短粮少水，地面英军尾追、空中飞机轰炸，白天要忍受着热带酷热的煎熬，黑夜要抵御彻骨寒冷的侵袭，时刻还要提防着疾风暴雨的吹打。在荒无人烟的大沙漠里，他们不敢有任何怨言，只有一路苦行。

因为他们是败军之师！

11月4日黄昏过后，隆美尔手下所有可以撤出来的部队都已踏上了西行之路。在他们右面海岸线的公路上，燃烧的车辆正喷着烈焰、火光冲天。隆美尔有意让自己的队伍走在不容易被发现的大沙漠里。以稳扎稳打为风格、缺少冒险精神的蒙哥马利多次试图从两翼迂回包抄隆美尔，可每一次当英军到达公路上时，他们总是找不到这支首尾长达100公里的大队伍的影子。隆美尔轻而易举地便挣脱了英军的包围圈。

在接下来的两天里，隆美尔对残存的部队做了大规模的整顿和重组。这时，非洲装甲军团中只有十多辆坦克了。唯一令人欣慰的是，兰克将军的伞兵部队于11月7日突然出现在隆美尔的指挥车旁。这个从未被隆美尔重视过的伞兵将军粗暴地向隆美尔行了个军礼，然后尖酸刻薄地宣布：他和那些被隆美尔在11月4日弃之不顾的800名伞兵，伏击了一支英军运输队，得到了汽油，从而得以闯过敌阵与隆美尔会合。兰克讥嘲的笑脸上，流露出极度不满和幸灾乐祸的表情。

此时的隆美尔无法给他的士兵们指出令人鼓舞的前景。他的给养情况已岌岌可危，虽然曾有5,000吨汽油运到了班加西，但离他尚有1,000公里的路程。埃及土地上贮存的汽油已经一滴不剩。在前面200公里远的托卜鲁克还贮存着7,000吨弹药，但在这中间，在利埃边境上，还隔着塞卢姆和哈勒法亚的高山险道。

11月8日早晨，连续两天的大雨终于停了，被洗得干干净净的太阳满面笑容地走了出来。在清新的空气中，一弯美丽的彩虹出现在西侧碧蓝的天空下。

隆美尔决定趁着天晴再次转移。他不得不放弃马特鲁，进一步后撤，因为天晴之后，英军将随后追来。当天上午，隆美尔的部队径直撤到了利埃边境，尽管蒙哥马利打算在西迪俄马再打一次伏击，但隆美尔马不停蹄地行军速度根本没有给英军留下任何机会。

中午时分，一辆小车把个子矮小、性情活泼的卡尔·贝劳威斯少将送到了隆美尔跟前。他是刚上任的装甲军团的工兵指挥官，是个极具天才的布雷专家。

隆美尔命令他抓紧时机阻止蒙哥马利的追击。同时，他还让贝劳威斯放心，在工兵埋设地雷炸毁公路时，西奥多·冯·斯波纳克中将的第19轻装甲师将在他背后狙击英军。

从这时起，追击隆美尔的英军开始噩梦缠身。天才的贝劳威斯将埋有碎金属片的假雷区

> 德军凯塞林元帅赶赴北非前线为德军士兵颁授奖章。

< 德军非洲军团司令冯·托马将军投降后向蒙哥马利敬礼。

和真雷区混杂在一起，那些魔鬼般的圈套引得英军不断上当受骗，弄得他们不是当场送命，就是身受重伤。在此后的行程中，贝劳威斯为隆美尔的撤退赢得了许多宝贵的时间。

下午，当隆美尔的队伍正走在进入利比亚的途中时，刚从希特勒那里回来的伯尔恩德恰好赶到这里。

这位副官引用希特勒的重要命令向隆美尔说："现在唯一要做的事就是在非洲某个地方重新建立新战线，而且要选择在不太重要的地方。"元首答应要让装甲军团恢复元气，重整旗鼓。一大批最近生产的主要新式武器即将运送过来，其中包括具有大杀伤力的88毫米大炮以及41型高射炮，还有新出厂的十几辆巨型坦克、新式M4型坦克和"虎"式坦克，每辆均有60吨重。

落难之中的隆美尔极受鼓舞。

但这种鼓舞仅仅维持了一个小时。随后，作战部长威斯特法尔给隆美尔送来了一份更重要的情报：一支庞大的、拥有10万人的美国部队已在阿尔及利亚和摩洛哥登陆，盟国军队

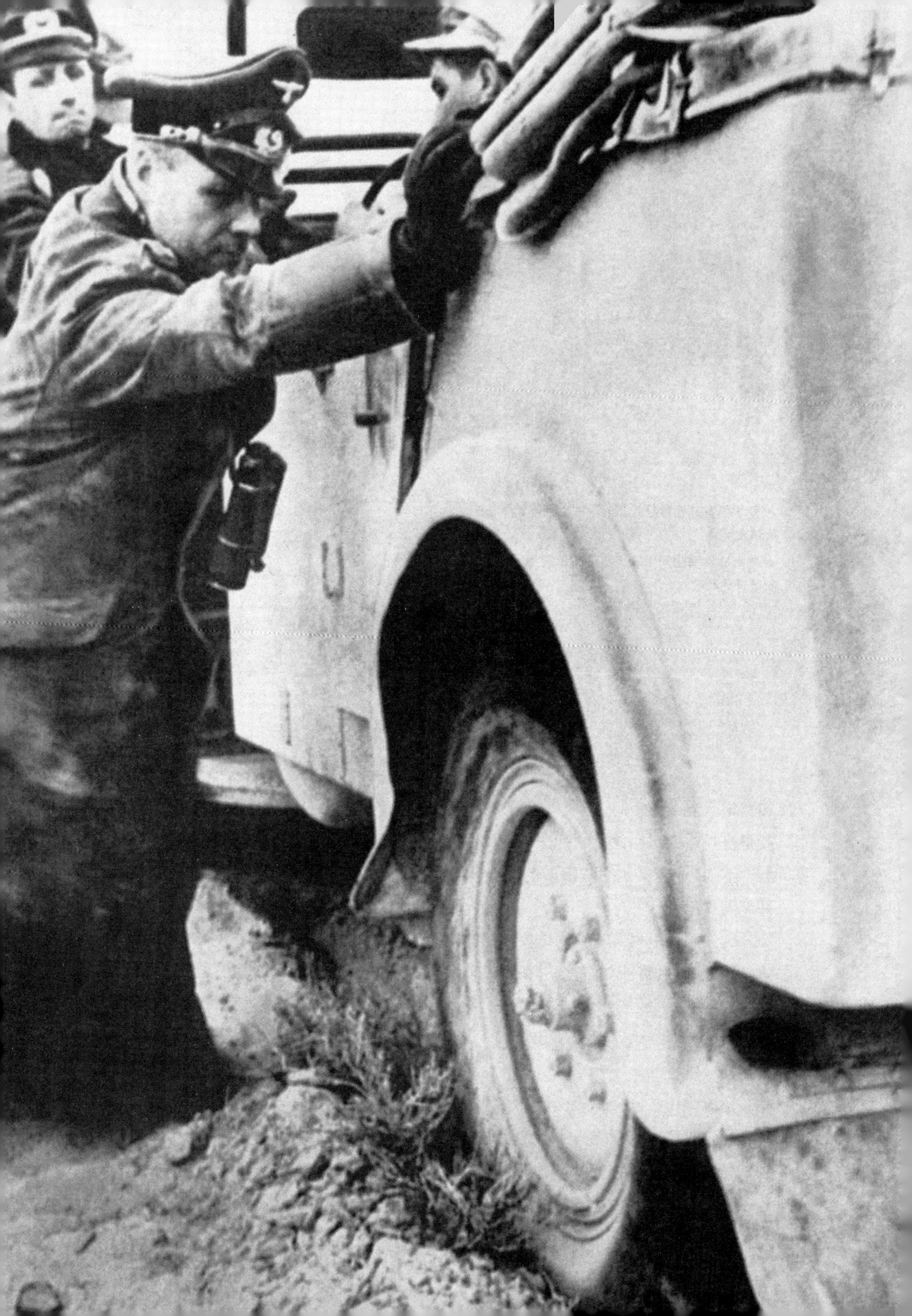

在北非对隆美尔已形成了两面夹击之势!

这个消息犹如又一枚炮弹重重地打在隆美尔的身上。现在,仅东面的英军已令他难以招架,实力雄厚的美军又在西面站稳了脚跟,补给极度困难的德军基本上已丧失了在北非继续生存的条件。再建立什么立足点都已毫无希望,看来只要可能,德军就该撤出非洲了。

隆美尔正在一天天地心灰意冷,他在不发一枪一弹就丢弃了哈勒法亚之后,再次将托卜鲁克扔在身后。他没有兵力和补给守住任何一个地方,哪怕是易守难攻的天然要塞。

>> 撤退路上狡计万端

到达阿杰达比亚后,燃料危机再次出现。隆美尔的全部燃料已经耗尽。凯塞林电告说:"现在你已经超出了我们的航程最远距离,空投汽油已不可能。"隆美尔焦急地向最高统帅部报告:在整个非洲,他只有510吨汽油,其中的10吨存放在400公里之外的布厄艾特,另外500吨则存放于在更远的的黎波里,现在他正停留于阿杰达比亚,坐以待毙。

11月21日,隆美尔躺在自己的指挥车里,呼天天不语,呼地地不应,只有豆大的雨点正在急剧不停地敲击着车顶。他不知道下一步该做什么,只能在此做无谓地焦急,因为没有人会给他送汽油来,而没有汽油,他的部队则寸步难行。他痛苦万分地说道:"不敢期望我们的命运会有什么好转,除非出现奇迹。"

但是奇迹果真出现了。那天早晨,执行空中侦察任务的一名将军刚一落地,就飞快地跑到隆美尔的车前,两手挥舞:"汽油,成千桶的汽油!"

"在哪里?"隆美尔一跃而起。

"海上,从阿盖拉到卜雷加的海面上。"

这是遭鱼雷袭击的汉斯阿尔普号油船上的货物,在海浪的冲击下,成千上万的箱子和油桶涌到了沿岸的海区。

隆美尔犹如濒死的病人被输入了新鲜的血浆。他就是靠着这些打捞上来的有限燃料,于23日安然无恙地撤出阿杰达比亚,把装甲军带到卜雷加一线。事实上,他在没有遭到什么损失的情况下已从阿拉曼后撤了1,300公里。

在卜雷加,隆美尔对当地的地形进行了重新视察和评估,随即认为这不是进行防御的好地方,应迅速西移。但墨索里尼★和希特勒在得知他已到达卜雷加后先后来电,命令他坚守

< 隆美尔身先士卒与下属一起推陷进沙土中的指挥车。

★墨索里尼（1883～1945）

意大利独裁者，法西斯首领。第二次世界大战主要
战犯。第一次世界大战初期主张和平，很快转为拥
护战争。1915年当兵参战。1921年建立法西斯党。
1922年发动政变、夺取政权，当选首相。1928年
废除议会，自任政府首脑，对内独裁，实行法西斯
统治。1940年6月参与进攻法国，正式参加第二
次世界大战。9月与德国、日本形成法西斯轴心。
1945年4月被意大利游击队抓获并处死。

在那里。这样，在随后的10天里，隆美尔不得不使尽浑身解数、运用各种手段让这两位首
脑相信，坚守卜雷加的计划是错误的。

隆美尔说，这条新防线长达160公里，是阿拉曼战线的一倍半。但现在的他一没汽油，
二没机动部队，对英军的迂回包抄无能为力。在阿拉曼战场时，他还有50万颗地雷，相比
之下，他现在的地雷只有32,000颗。部队已丧失许多重型武器和反坦克炮。而且当前他正在
对抗的是蒙哥马利不断聚拢而来的大军，可在他的背后，仅仅到达布厄艾特港就需要再走
400公里长的沙漠路，要想横跨这个广袤贫瘠的地段，每一滴淡水和汽油，每一吨粮食和弹
药都是极其宝贵的。因此，我们也应该让蒙哥马利尝尝这400公里沙漠路的苦头，这远比等
在这里让他们进攻好得多。

11月24日，隆美尔、凯塞林、卡瓦利诺和巴斯蒂柯四位陆军元帅召开了一次长达3
个小时的会议。态度粗暴的隆美尔明确说明自己不愿在卜雷加死守。他一再强调，既然
墨索里尼和希特勒命令他坚守，再争论其他的选择也是徒劳无益的。但他要参会的人明
白，他仅有35辆坦克和57门反坦克炮，而蒙哥马利却已调动了420辆坦克和300辆装
甲车。

凯塞林马上接过来说："但你的能力远远强于蒙哥马利。在一条1,300公里长的路上

拉回一支庞大的部队，蒙哥马利也无法把你阻挡住，这在战争史上是空前的。我们都十分佩服。"

隆美尔立即想起了自己在阿杰达比亚前方没有一滴汽油、坐以待毙的惨况，于是不耐烦地回答说："说点儿现实的问题。假如在一两天里敌人在这条战线上缠住我军，然后以强大的兵力迂回夹击，我该怎么办？"

会议室内立刻鸦雀无声，没有人可以回答隆美尔提出的问题。这个没有达成任何共识的会议就这样结束了。

11月25日晚上，装甲军团里开始为这些疲劳的士兵放映电影，片名是《我爱陌生人》。按照惯例，电影前都要加映一部新闻记录片。这次放映的是隆美尔在柏林的记者招待会。当电影屏幕上的隆美尔意气风发地说道"通往埃及的大门已掌握在我们手中"时，电影场内一片笑声哄然而起。

正在场内看电影的隆美尔马上感到有一股热血涌上了双颊。他不由地意识到：也许现在全德国的电影院里，人们在看到他时都会发出谩骂和嘲笑之声。真是世事难料，想不到自己的赫赫大名如今竟已成为众人耻笑的目标。

11月26日，巴斯蒂柯，这个被德国最高统帅部确认过的上级电告隆美尔：墨索里尼希望装甲军团能够抓住有利时机，向英军的先头部队发动有限的反攻。同时，墨索里尼还强调，没有他和巴斯蒂柯的直接允诺，隆美尔无论如何也不得再往后撤。

"这些意大利蠢猪！"隆美尔暗暗骂道。随即简短地命令非洲军团：准备后撤，下一个目标，布厄艾特。

隆美尔最难接受的就是那些令他极为看不上的意大利人在他的头上指手画脚。暗中拒绝了墨索里尼的命令后，他觉得必须亲自向希特勒说明自己的实际境况，以求得到元首的直接支持。

于是，他把装甲军团的指挥权暂时移交给3天前到达利比亚古斯达多·费恩将军，自己带着副官伯尔恩德中尉钻进亨克尔飞机，往北直飞维也纳。与露西简短见面后，隆美尔随即给位于东普鲁士的希特勒大本营打了电话。

下午3点多，最高统帅部的凯特尔和总参谋部的约德尔亲自在东普鲁士的机场等候他，一见到隆美尔，就极不高兴地问他找希特勒干什么。隆美尔无心在此过多地浪费口舌。

5点钟，隆美尔走进了秘密司令部的会议室，希特勒被他的突然到来惊得目瞪口呆，随后他劈头问道："你没有我的允许，怎敢擅离职守？"

这第一句话就已注定了他们接下来一个小时会谈的紧张气氛。

斯大林格勒战事不利，已使希特勒心烦意乱，在他的眼中，相对平静的非洲现在已经顾不上了。

"你这次大后撤是一个空前绝后的好榜样。"希特勒很勉强地赞扬了一下隆美尔。

> 行进中的意军装甲部队。

　　于是，隆美尔借机开始详尽地汇报他的军队所处的困境和新防线的不利，以及意大利人后勤组织的无能。

　　但此时的希特勒不想考虑任何苏联战场以外的事情，他不耐烦地打断隆美尔："你手头还有多少人？"

　　隆美尔说："大约六七万。"

　　"英军进攻时你有多少人？"

　　"8.2万人。"

　　"看起来，"希特勒冷淡地说，"你并没有遭到什么损失。"

　　隆美尔固执地反驳道："可我们的武器几乎都丧失了。成千上万的士兵甚至连支步枪都没有。"

　　希特勒终于忍不住了，扯开嗓门叫道："那是因为他们把枪都扔掉了。"

　　隆美尔也跟着大声嚷道："但最终的事实是，非洲已无法固守，唯一能做的事就是尽量地把德军撤出非洲。"

∧ 意大利人的刚愎自负，让隆美尔嗤之以鼻却又无可奈何。

∧ 向前挺进的英军装甲部队。

希特勒尖声叫道："你提出的建议和我的那些将军们去冬在苏联所干的完全是一码事。我拒绝任何撤退。我们之所以必须在北非保留一个大的桥头堡，是因为它有着十分重要的政治原因。假如我们丢掉了北非，意大利就会产生极其严重的反响。因此，放弃的黎波里塔尼亚是绝对提不到议事日程上来的。你的部队会得到足够的武器，使你能够把每一个士兵都投入前线。你必须把后勤部队削减到绝对的少数。凯塞林的空军将竭尽全力护送给养队伍。你可以和戈林一起去见一下领袖墨索里尼。"

晚上8点，隆美尔带着希特勒坦诚的诺言离开了元首司令部，前往罗马。希特勒答应将给他增援更多的武器、弹药和部队，包括88毫米41型高射炮和"虎"式坦克★。

隆美尔是搭乘帝国元帅戈林的富丽堂皇的专用列车"亚洲号"去罗马的。在列车上，他第一次如此充分地见识到了这位六星上将、德国第二号人物、希特勒的指定接班人的腐化丑态。这个肥胖的蠹虫穿着满身珠光宝气的灰色制服，别着镶有宝石的领针，与之相配的是手指上套着几个过于讲究的戒指，嘴里则喋喋不休地谈论着他的各种珍藏。

★ "虎"式坦克：

德国制造。1942年起装备德军。该坦克战斗全重为55吨，乘员5人。发动机采用1台Ｖ－12型水冷式汽油机，功率为700马力。该坦克最大行驶速度38公里／小时，最大行程为100公里。车体防护装甲厚度为26～110毫米。武器装备为1门88毫米线膛炮，2挺7.92毫米机枪。第二次世界大战时期，"虎"式坦克广泛应用于苏德、北非和西欧战场，一直到战争结束。

< 德国"虎"式坦克。

隆美尔越发地心灰意冷起来，对希特勒，对戈林以及从戈林身上所看到的德国的未来都心灰意冷起来。

1942年12月2日清晨6点30分，隆美尔飞回了利比亚。

一下飞机，他就下达了命令："停在原地，暂时不动。"这个时候，谁都看得出来，隆美尔疲惫不堪、神情冷淡。

12月3日，隆美尔一头钻进斯托奇飞机，直飞布厄艾特，从空中视察起那里的地形。同时，他在焦急地等待着汽油，因为已有迹象表明，英军距这里越来越近了。

这种等待一直持续到12月6日，汽油终于凑齐了。天黑后，意大利步兵率先从卜雷加出发，再次登上西行之路。尽管隆美尔命令他们：为保证这次撤退的安全性和秘密性，每辆汽车前面必须有一人步行，在夜色中引路。而且在必要时，可以用步枪击灭零星的车灯。但是，如同出笼野鸟一般的意大利部队却摩托阵阵轰鸣，喇叭声声作响，大开着车灯飞速狂奔。整整一夜，数百辆军车满载着欣喜若狂的意大利人，忙乱地行驶在通向布厄艾特的沙漠公路上。然而英军却对此毫未觉察，因为到天亮时，路上又空无一人了。

隆美尔诡计得逞，禁不住情绪也渐渐高涨起来。意大利已经运来了大批汽油，他的部队血液充足。这时，空中侦察报告说，英军有5,000辆汽车和坦克正在附近集结，准备发起进攻。

12月8日夜里，车灯又一次亮起来，另一批意大利步兵师急急忙忙地涌向布厄艾特。到9日夜，意大利步兵师全部离开了卜雷加防线。"毫无疑问，敌人仍然不知道我们正在撤退。"回到利比亚后第一次穿得如此仪表堂堂的隆美尔得意地说。

此时的卜雷加，乡野间已空旷无人，给养部队也已撤出，防线上只剩下非洲军团的装甲部队了。但隆美尔却决定让这些汽油充足的坦克暂时留在防线内，他要在临走之前好好地戏弄蒙哥马利一番。

他从早到晚都待在司令部里，等着电话铃的响声，他必须在最需要的一刹那做出果断的决定。隆美尔要在蒙哥马利聚集好部队、准备最后一击的那个时刻，把自己剩余的部队一下子拉走，让蒙哥马利枉费心机和炮火，闯进一座布满陷阱的空城。

12月10日早晨，非洲军团指挥官新任的费恩将军提醒说，蒙哥马利的进攻已迫在眉睫，英军的战斗轰炸机和侦察机活动更加频繁，特别是在薄弱的南部地段。

12月11日，蒙哥马利的迂回包抄终于开始了。隆美尔早已看惯了英军的这个招术，他一直以嘲笑的眼光观察着英军煞有介事的秘密行动。夜里，他若无其事地要求放一场电影《一起跳舞如何？》。电影刚刚结束，已是午夜时分，蒙哥马利进攻前惯用的排炮轰击开始了。隆美尔立即拍发密码电报：令德意装甲部队在汽油允许的情况下尽量后撤。

天亮时。卜雷加防线一带早已空空荡荡，可蒙哥马利的炮火还在朝那儿死命地轰击，殊不知那里早已是一座空城。隆美尔唯一给他们留下的就是贝劳威斯设下的、数以百计的地雷阵。

12月13日，扑了个空的蒙哥马利无奈的宣称，他们已攻陷卜雷加防线，但没有赶上隆美尔的主力部队，仅仅抓获了100名俘虏。隆美尔立即要求各部队进行清点，结果证明：德意部队没有损失一个人。

1942年12月13至15日，隆美尔在撤出卜雷加后的这三天，燃料危机再次出现。在英军的不断空袭下，唯一的一条公路惨遭摧残，到处弹坑累累，一堆堆燃烧着的车辆翻倒在公路两旁。轰炸机的俯冲轰炸不止一次地光临隆美尔的头上，因而他不得不趴在沟渠里躲避。

根据最新的消息，刚刚抵达北非的三艘油船再次沉没；而英军的一支 1,500 辆坦克的装甲部队正在沙漠上小心翼翼地向隆美尔迂回包抄。但德军所剩的汽油只够再行驶 50 公里。这一次，隆美尔是真的落入了蒙哥马利的包围圈。

经过修理和补充，非洲军团此时尚有 54 辆残存的坦克。情急之下，费恩将军命令把第 21 装甲师坦克里剩余的汽油全部支援给第 15 装甲师的坦克，以便至少能有一个师的坦克可以在夜间继续作战，保护其余的部队，直到有更多的汽油运到。

当天晚上，开罗电台和英国广播电台开始大肆宣扬说，隆美尔及其部队终于在靠近海岸的一座小城诺菲利亚，被蒙哥马利装入了瓶中，现在，蒙哥马利正在把瓶盖盖上。隆美尔不由得笑了起来：那里不过是第 115 团的一个排而已，他们已经抛弃了运输车，正在设法逃出来。就让蒙哥马利去包抄那里吧，只要我们今晚能得到汽油，蒙哥马利将发现所有的瓶子里都不过是空空如也。

就在当晚，8 架美国飞机从托卜鲁克飞来，降落在德军控制着的一座小机场上，它们是给蒙哥马利空运汽油来的，却误落在隆美尔的手中。这是汽油，宝贵的汽油！

隆美尔的装甲师重新恢复了生机，趾高气扬地直指西方，英军从四面八方涌来的"谢尔曼"式坦克和装甲车，再次扑了个空，看着僵尸复活般苏醒过来的德国装甲师的远去背影，他们对此只能是鞭长莫及，独自兴叹了。

12 月 17 日上午，隆美尔的部队钻出了蒙哥马利的瓶子，沿着沙漠的公路向布厄艾特飞一般进发。

>> 寄望突尼斯

过了卜雷加后，一路西撤的隆美尔大军犹如决了堤的江水，一泻千里，仿佛他所到的每一个地方都不是他应该停留之处。

早在到达布厄艾特的头一天上午，隆美尔经过空中侦察后，坦率地向他那个什么事情也作不了主的上司巴斯蒂柯元帅说："我还剩下 60 辆坦克，布厄艾特还有 12 辆，此外，另有 10 辆由于缺乏燃料正瘫痪在的黎波里。这些坦克大半是新式长管炮特型坦克，只要我有汽油，它们还可以大干一场。"他顿了一顿，继续道："可是，现在我们一点汽油也没有，弹药也同样缺乏。我们的下一步形势主要决定于汽油。可照目前我们的状况看来，布厄艾特已不可能守得住了。我们必须撤到的黎波里东面的霍姆斯防线去。"

巴斯蒂柯翻了半天眼睛，他不知自己该说什么，因为他清楚地知道，虽然他是上司，但无论他说什么，隆美尔都不会认真考虑。他越来越明显表露出的与意大利人不合作的态度，使得意大利最高统帅部总司令卡瓦利诺也开始不信任他了。

卡瓦利诺跟凯塞林说："隆美尔什么时候想撤就撤，每天他都说自己在作'殊死'的战斗，

< 隆美尔在前线视察时用望远镜观察敌情。

但这并非事实。"接着，他发表了自己的看法："照我看来，隆美尔无非是在寻找撤退的借口罢了。不管在什么地方，特别是自塞卢姆和哈勒法亚两地撤退之后，隆美尔便不停地叫嚷着撤退，撤退。"

但凯塞林现在也奈何不得隆美尔了，他只能跟着卡瓦利诺附和几句而已。因为隆美尔对凯塞林的话也不听了，他们的关系正在日趋紧张。

隆美尔责备德国空军跟意大利人一样，正在把他逼到进退维谷的窘境，埋怨凯塞林不理解自己的处境，却不断地把理应归他隆美尔的坦克、弹药和汽油奉送给在突尼斯新组建的第5装甲军团。

互不信任使双方的矛盾开始公开化了。隆美尔明确提出自己不愿坚守布厄艾特。隆美尔向巴斯蒂柯元帅抱怨道："倘若我应该对装甲军团负起责任，他们就必须给我解决问题的自由。"

巴斯蒂柯立即将隆美尔的意见上报了卡瓦利诺。

卡瓦利诺大声嚷道："我完全反对给隆美尔任何行动的自由。他一旦有了自由，就什么事都能干得出来。很清楚，他要迈开双腿，一气退到突尼斯。"

正是由于这种矛盾的公开化，卡瓦利诺第一次向凯塞林谈到把隆美尔调回国的设想，他要让装甲军团统归意大利将军指挥。晚些时候，卡瓦利诺正式将这个设想向墨索里尼提出了。"我们不得不摆脱隆美尔了。"他说。

进入12月下旬，圣诞节就要来临，食品袋和慰问信以及一箱箱的柑橘从德国的四面八方涌向隆美尔的司令部。隆美尔用他的车子把这些礼品装得满满的拉到前线去分发。"这是

∧ 美军部队从阿尔及利亚登陆准备围攻德军非洲军团。

我最乐意做的事了。"隆美尔说，"开着车子到各个部队去，这一来你就会把心事全忘了，而且你又能见到生气勃勃的年轻德军士兵们。"

在灿烂的阳光下，隆美尔还看到了他最好的礼物，从德国运来的第一批88毫米高射炮。希特勒没有食言，这是世界上第一流的高射炮。

圣诞节前夜，隆美尔仍然在四处视察前哨阵地。在回来的途中，他和翻译阿尔布鲁斯特碰到了一群羚羊，足足有25只。二人立即进入了打猎状态，各打到了1只。下午4点，他们回到驻地，正好赶上警卫连在欢庆圣诞，隆美尔很快加入到他们之中。

不一会，圣诞老人开始给大家分发礼物。隆美尔得到一块大蛋糕，他的参谋长拜尔莱因则得到了一只羊腿。晚上8点，隆美尔和部下们坐下来分享下午他刚刚猎获的野味。哄笑不断的热闹场面一直持续到午夜时分，一些士兵高声合唱着那首传遍了二战每一处战场的《莉莉玛莲》。

天下没有不散的筵席。一时间，众人离去，一切又恢复了冷清。隆美尔无心睡眠，坐在桌子前，陷入了无边的孤寂中，一件他刚刚得到的礼物在手中翻来覆去地转动着。这是一只袖珍汽油罐，但里面装的并非汽油，而是两磅咖啡。

汽油啊汽油，只要给我足够的汽油，我隆美尔就不会落到今天的地步。

但隆美尔不知道、可能也不愿相信，严重的给养短缺也像瘟疫一样蔓延在蒙哥马利的部队中。事实上，在1943年1月中旬之前，英军根本不可能对布厄艾特防线发起进攻。因为蒙哥马利面对着同样给养短缺的困扰，如果他的部队在10天之内到不了的黎波里，他就不得不撤兵。

正是由于隆美尔一路急退，才使得蒙哥马利后来紧紧跟住了他，拉长了自己的补给线。

12月31日，这是1943年的最后一天。凯塞林来到了装甲军团，他和隆美尔沿着海岸公路驱车前去会见巴斯蒂柯元帅。紧接着，他们再次陷入一场针锋相对的争吵中。

巴斯蒂柯说，墨索里尼新的命令已经指出，只有装甲军团在布厄艾特受到威胁，并面临毁灭的危险之时，才被允许边打边撤，后退到下一道防线，即的黎波里以东的霍姆斯山口。

隆美尔不再顾什么情面。"你们命令我全军覆没，"他怒气冲冲地说，"那简直是今古奇观。请想一想我们近来的战斗情况，我们每一次都是在最后一刻才设法把脑袋脱出绞索。"他指出，把步兵撤到霍姆斯至少也得8天的时间，可是蒙哥马利在进攻前是不会等你8天的。

随后，隆美尔擅自做主，在接下来的两个星期里，不顾一切地做着飞兵撤向突尼斯的准备。

事实上，在丰饶的的黎波里塔尼亚地区的日子，是隆美尔的非洲装甲军团最幸福的时光。他们吃得饱，喝得足，部队有了新鲜肉食，隆美尔的参谋人员还时常可以享受到羚羊野味。晚间时，他们不是看看电影，就是读一读办得挺出色的《沙漠绿洲》战报，要不然就饮上几盅美酒，玩玩扑克牌，或是伴着手风琴唱上几只歌。

但隆美尔一直以为，只要他撤入突尼斯，就可以在那里得到充足的补给，而且可以得到第5装甲军团的援助。他没有设想过，一旦在他丢下的黎波里后，美国人切断了从突尼斯向东去的补给线，他又该怎么办呢？

1943年1月4日，隆美尔俘获了几个美国空军军官，他们告诉隆美尔,美国强大的部队正在集结,恰恰在准备一举切断突尼斯对外部的补给线。

如果美国人得手,失去了的黎波里的隆美尔将无从得到任何补给!

这时,巴斯蒂柯想到了美军正在筹划的进攻,他试探性地建议隆美尔可以径直向突尼斯推进一个师,以挫败美军意欲切断补给线的企图。这是隆美尔最喜欢听到的建议,正中他加速后撤的下怀,所以他立即欣然受命,再也不提汽油和进攻能力问题。

不久,意大利最高统帅部命令他调遣第164轻装甲师率先进入突尼斯,可隆美尔却在私下里擅自决定改派实力强大的第21装甲师。

凯塞林立即看出了隆美尔的真实意图:"冯·阿尔尼姆将军无须隆美尔的增援完全守得住突尼斯,隆美尔只是一个劲地想后撤,他以部队疲惫为借口,实际上他是想撤得更快。"

但凯塞林说什么,隆美尔根本不予理睬。令凯塞林想不到的是,狡猾的隆美尔还有更绝的一招棋:他随即坚持要求第21装甲师在离开布厄艾特前,把它全部的坦克、大炮和装备留下,因为这支部队到了突尼斯,还可以重新得到来自第5装甲军团的装备。

对于这个请求,希特勒点了头。这样,隆美尔又一次阴谋得逞。

得意洋洋的隆美尔一连好几天,都乘着他的斯托奇飞机在新防线上空巡视,以了解那里的地形。这里是一片高低起伏、景色宜人的乡野。1943年1月9日,他降落在意大利的森道诺装甲师,并在那里与意大利将领共进午餐,德意双方会谈融洽愉快,这对一向傲视意大利人的隆美尔来说,极为少见。后来当该师师长谈起他曾在上次大战中,于隆格诺恩与隆美尔真枪实弹地打过一场并做过阶下囚时,不禁引起全场众人的捧腹大笑。

同一时刻,在罗马的两个德意双方代表人物,凯塞林和卡瓦利诺也在融洽地会谈着。他们正在商量如何才能将隆美

★斯大林格勒战役

第二次世界大战期间,苏德战场上苏军首次大规模围歼德军并从根本上扭转战场形势的重要战役,也是二战中的最重要的战役之一。1942年5月,德军统帅部乘苏军战斗力削弱之际,在战线南部集中优势兵力,发动战略性的进攻,其根本目的是一举夺取战略要地斯大林格勒,然后迂回北上攻打莫斯科。整个战役持续了200多天,苏军全歼了被包围在斯大林格勒的德国军队。这场战役的胜利,扭转了苏德战场的整个战略攻势。

尔调离非洲，将装甲军团转交给意大利人指挥。

但他们的密谋没有瞒住隆美尔。1月10日，隆美尔命令他的副官伯尔恩德立即飞往元首大本营，求见希特勒。

1月12日夜间10点30分，伯尔恩德走进了希特勒的地下避弹室，二人一直密谈到第二天凌晨2点钟。希特勒向伯尔恩德担保说："我打算委任隆美尔为突尼斯的最高指挥官，只要他的健康情况允许。"尽管当时斯大林格勒战役★的危机已达到顶峰，但希特勒仍然不耐其烦地讲述了突尼斯桥头堡的重要性。"只有出类拔萃的人物才能拯救非洲，并且要源源不断地提供最新武器。毫无疑问，关键在于运输。"希特勒声称，他已责令凯塞林负责这项任务。"我完全理解你们总司令面临的困难，"他对伯尔恩德说，"但是我也常常不得不屈从于政治上的考虑，希望隆美尔元帅也能这样，无论局势怎样令人烦恼，都请让隆美尔放心，我绝对相信他。"

就在伯尔恩德带着好消息正在赶回非洲的时候，蒙哥马利的新进攻又开始了。他没有察觉到隆美尔早已全军溜走，于1月15日向布厄艾特强力挺进。

蒙哥马利在布厄艾特的南部部署了100辆坦克，北部部署了70辆，外加80辆装甲车，笨手笨脚地向这个空防线包抄过来。

隆美尔下令躲在这道防线后面的部队继续撤退，同时令第15装甲师动用为数不多的几辆坦克断后，并要求他们要适时对英军进行反攻。结果，这个装甲师以两辆坦克的代价，干掉了32辆"谢尔曼"式坦克。

但英军并没有丝毫后撤的意思，反而源源不断继续前冲。原来英军要倚仗实力的雄厚，硬攻到底。隆美尔只好命令布厄艾特防线后面的部队脱离战斗，向第一道临时防线撤退。第二天夜里，他继续撤到80公里外的第二道临时防线。

1月17日，隆美尔担心英军的迂回运动会打到的黎波里，于是下令将第二道临时阵地也同样放弃，迅速地撤到从塔尔休纳延伸至海岸边的霍姆斯新防线。那是墨索里尼指望他们三个星期后才到达的地方，但隆美尔只用了三天。这是的黎波里前面的最后一道防线，但这里并没有做过任何防御准备。隆美尔不打算在这里呆得太久。"我们与英军在兵力实力上的对比是8∶1，"隆美尔在1月18日说，"而且我们的给养物资，尤其是汽油，已岌岌可危。"

第二天，局势更加恶化。隆美尔几次驱车赶到非洲军团的阵地上，站在高高的山顶，注视着英军的各个师集结和准备进攻的过程。他对如此浩大的场面感到惊叹。举起望远镜，向英军坦克掀起的滚滚尘埃望去，数着那些坦克的数量。天啊，足足有200多辆！凄凉的绝望再次攫住了隆美尔的心。

很快，英军的坦克进攻开始了，隆美尔巧妙地运用不同的地势配合不同的炮火遏止了坦克的冲锋。但如此轻松的成效很快就让他意识到：英军的这次进攻只不过是一种牵制性的行动，其目的不过是想将他套住，他们一定正在其他地方捣鬼。

∧ 北非前线，蒙哥马利在地图上分析隆美尔的意图。

　　果然不出所料，下午2点，空中侦察部队向他报告，在他原先确信坦克不能通过的山野内陆那边发现了情况：英军的一支大部队，包括1,400多辆坦克和各种车辆，正在横跨那里向西挺进，其目的仍然是迂回包抄。

　　下午4点，隆美尔下命令放弃塔尔休纳，继续后撤。不多一会儿，第19轻装甲师打电话报告："在英军一高级军官身上找到的秘密文件说明，敌人的战略目标是扎维尔。"隆美尔朝地图上瞟了一眼：扎维尔位于的黎波里以西50公里的海岸公路上。

　　这一眼使隆美尔的神经几乎崩溃。英军希望推进到的地点比他意料中的还要远，此时正在把他关进一个水泄不通的包围圈中。

　　他立即命令同时放弃塔尔休纳和霍姆斯防线。

　　与此同时，蒙哥马利从截获的电文中明显地发现了隆美尔的意图。1月20日早晨，他取消了原定的战略计划，停止从内陆发起的进攻，直接沿海岸公路挺进。

　　隆美尔把的黎波里这个豪华的商埠和港口拱手让给蒙哥马利，从而把蒙哥马利从进退两难的窘境中解救了出来。本来蒙哥马利并没有多大信心，由于补给的困难，他早已决定：倘若进攻布厄艾特后十天之内到不了的黎波里，他就放弃这次进攻。

　　但现在隆美尔已把机会让给了他。

　　随后，隆美尔也得到了侦察结果：内陆的英军在山岳地带骤然而止，他们不必再在山地里艰苦围抄，现在可以直接沿着海岸上的公路发起进攻了。

隆美尔立即意识到自己的错误，在过后的好几个星期里，他仍在为此感到惴惴不安，不断地自责。

利比亚的首都的黎波里就这样被隆美尔放弃了，未能及时销毁或运走的成千吨军用物资一起落入了蒙哥马利的手中。

1月25日，装甲军团先头部队开始进突尼斯。

1月26日凌晨5点59分，隆美尔的车子冒着倾盆大雨驶过利突边境进入突尼斯。

隆美尔透过挂满水滴的车窗玻璃，最后望了一眼利比亚的土地，无尽的荣耀和耻辱都留在了那一片大沙漠里。尽管他曾在那片土地上多次撤退过，但他清楚地知道，这一次绝不会像在昔兰尼加那样，他已没有力量和信心再重返利比亚了。

当天中午12点，隆美尔在新设于突尼斯的装甲军团司令部里还没有坐稳，就接到了来自意大利最高统帅部的一封加急电报：鉴于隆美尔的健康状况，在巩固马里斯战线后，将免除其总司令的职务，原非洲装甲军团更名为意大利第1集团军，总司令由意大利的乔沃尼·梅塞将军担任，请隆美尔做好交接准备。

"这简直是莫名其妙，"隆美尔抱怨道，"就在我将要做出新的决策的时候却解除了我的职务。可是，他们至少应该找一位德国将军接替我。"

隆美尔为他的职位将被一名意大利将军所替代，感到深为震惊。

当夜，隆美尔在自己的活动住房里彻夜没有合眼，一直在倾听着突尼斯野狗的狂吠。他情绪低落，萎靡不振，头痛病又犯了。

霍尔斯特教授为他做了紧急检查，最后将建议上呈最高统帅部：希望从2月20日起，对隆美尔进行为期不少于8周的治疗。隆美尔元帅的病情已经引起了忧郁症的突发。

但隆美尔无心回国治疗，他一心向往的突尼斯让他重新焕发了活力。

突尼斯不同于利比亚，这是一块富庶丰饶、景色秀丽的土地。这里山势连绵起伏，草地上百花盛开，田野里玉米葱茏。一片片树林与灌木丛、果园和种植园飞来眼底。居住区内，井中泉水清清，牧马恬静安闲，一棵棵棕榈点缀其间。

隆美尔带着翻译阿尔布鲁斯特中尉驱车四处游览。他们发现这里许多阿拉伯妇女外出根本不戴面巾，老百姓比起利比亚人来要友好得多。很多地区宏伟壮观，颇有浪漫色彩。

这里就是古代的迦太基，曾是地中海的一大商业枢纽。当年的迦太

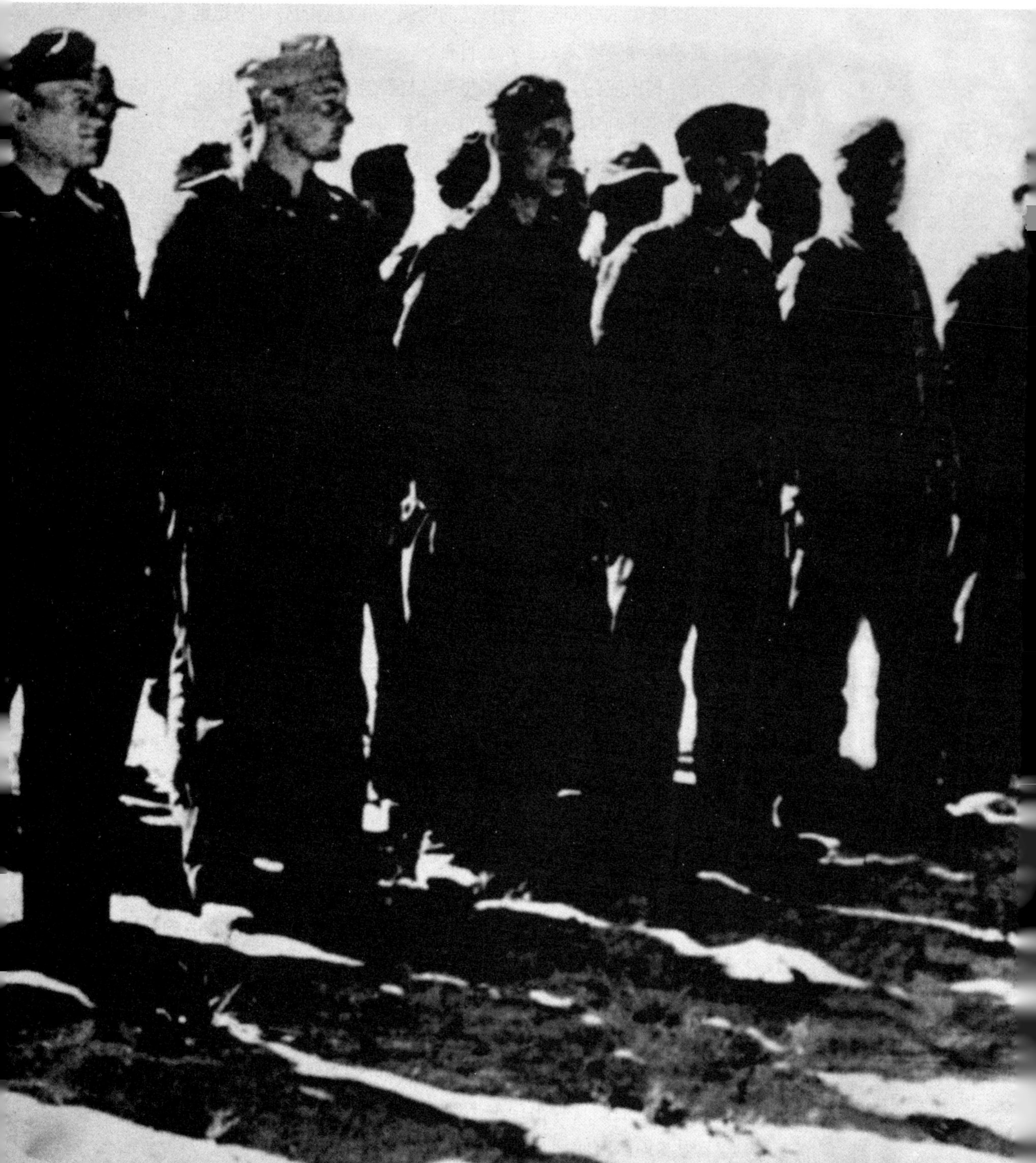

< 隆美尔对士兵们训话：虽然我们失败了，但是仍然要坚定最终能取得胜利的决心。

∧ 德军北非新任指挥官
阿尔尼姆。

基名将汉尼拔曾翻越人迹罕至的阿尔卑斯山，深入罗马帝国腹地，大败过罗马人，后来汉尼拔终因孤悬异域，粮弹不济，被迫引军退回、拔剑自杀。

追往思今，隆美尔与其又何其相似？

如今，突尼斯正面临着英美两国军队的夹击。拼死一战，已不可避免。

在新的司令官未到之前，隆美尔已决定利用仅有的一点时间，在这里狠狠地打击一次美国人。

经过仔细的考察，隆美尔选定了突尼斯那两条山脉之间的原野，作为他即将发起进攻的主要战场。

1943年2月2日，意大利将军乔沃尼·梅斯将军与隆美尔共进了一次午餐。梅斯声称自己并不急于马上接任。隆美尔却显得情绪低落，他简单地告诉梅斯："在非洲，没有一条不可能被迂回包围的防线，马里斯这条防线同样如此。"

梅斯是从苏联战线上调来的一位实干家，胸前挂着纳粹高级勋章。他对隆美尔有着极好的印象。他宣称，自己能够成为陆军元帅隆美尔的继任，这是他一生中最大的荣幸。

这个时候，希特勒和墨索里尼已就突尼斯的局势拟定了一个完善的计划，他们准备将那里的德意军队划归为一个集团军司令部管辖，以便控制和管理所有驻扎在突尼斯的部队。第5装甲军团的冯·阿尔尼姆将军被内定为这个即将组建的集团军的总司令。

人人都在迫不及待地等着隆美尔按计划告病离开战场，但是他却顽固执著地呆在那里，拒绝动身。他还在等待德国最高统帅部的正式调离命令，而德国最高统帅部却不愿过多干涉希特勒这位行为粗鲁的爱将，他们听凭隆美尔自己做出最后的决定。

正是由于隆美尔赖着不走，从而在整个2月里影响了德意军队在突尼斯的指挥关系。"我属于我的士兵，"隆美尔说，"要是我早早确定离职的日子，过后几天如果事情出了差错，人们就会谴责我事前没有做好充足的准备，骂我趁平安无事的时候不负责任地溜走了。"

就这样，隆美尔留了下来，使得阿尔尼姆和梅斯两人都感到左右为难，他们谁也不敢出面赶隆美尔走，可隆美尔不走，他们又无法走上他们已被任命了的位置。

阿尔尼姆在1942年12月就到了非洲，但是双方的作战参谋却从未来往过。直到1943年1月31日，阿尔尼姆的代表海因兹·齐格勒中将才来与隆美尔晤面，商讨了共同的分界线以及对向西面的美军发起进攻的意见。隆美尔闷闷不乐地对齐格勒说："就我们主要的战略意图来看，我没有你那么聪明。我们缺乏给养，加之部队又少得可怜，因此我个人认为向西的任何重大攻势都是极不可行的。鉴于这种局势，我们以目前的姿态，坚守突尼斯这一桥头堡毫无意义。"

隆美尔的一句话几乎抹杀了德意军队在突尼斯存在的意义，同时，有关两个集团军的中界线问题也没有得到任何解决。

但在2月3日，局势突然出现了变化，隆美尔的消极态度也马上开始转变了。这一天夜里，已归属阿尔尼姆指挥的第21装甲师主动发起进攻，从一支法国军队手里夺回了生死攸关的弗德山口，这就给德国人造成了冲过山口打击美国人的机会。

2月4日，隆美尔巡视了驻守在马克纳斯另一山口的森道诺意大利装甲师，他说：我们在最近的将来有对加夫萨采取一次军事行动的可能，请大家作好准备。

加夫萨是一块原有一万居民的沙漠绿洲，居民们住在那些掩映在棕榈树丛中光彩夺目的粉红色楼房里。如今这里是艾森豪威尔将军为进攻隆美尔的补给线而部署的强大美军中心。

那些美国人宛如在阅兵场里操练一般，昂首阔步、趾高气扬地来到了西北非洲。被俘的英法军官谈起他们，都响应隆美尔对意大利人的态度，把这些美国人称为"我们这边的意大利人"。

隆美尔打算进攻他们，刹一刹美国人的威风。他要向全世界表明，即便经过3,200公里的后撤，希特勒的士兵仍然能打败拥有优势装备的艾森豪威尔的美国兵。

但从一开始，隆美尔和阿尔尼姆两人之间在如何才能最有效地打击美国人这一问题上，就产生了意见分歧。阿尔尼姆不急于为实现隆美尔的计划而分散自己的兵力；而隆美尔仍旧对蒙哥马利向马里斯防线的长驱直入耿耿于怀，他拒绝抽调在东部担任后卫任务的第15装甲师。阿尔尼姆计划把他的第10装甲师从刚占领的弗德山口推进到西迪布齐德，以便巩固他在突尼斯"山脊"东面的山岳阵地。

由于双方都不愿意动用自己的主力发起进攻，那究竟用哪些兵力去对付美国人呢？

最后，凯塞林出面进行了裁决。他认定阿尔尼姆的计划应该居先，隆美尔的方案在后。但隆美尔可以调用他自己的和阿尔尼姆的装甲部队。

可阿尔尼姆仍旧不太同意，于是凯塞林敦促两位指挥官于1月9日在雷诺切德空军指挥所的中立地段进行磋商。

隆美尔已经18年没有见到阿尔尼姆了，当年共处时他们两人还都是陆军上尉。那时候隆美尔就不喜欢阿尔尼姆。如今阿尔尼姆也同样讨厌隆美尔。凯塞林指示他俩："我们要同心协力地彻底消灭美国人。他们已经把主力部队撤到斯贝特拉和卡塞林一带……我们必须抓紧时机，迅速出击。"

阿尔尼姆提议12日早些时候，由他向西迪布齐德首先发动进攻。隆美尔却回答道："我两天之后就能进攻加夫萨，那时敌人还来不及逃走。我们现在的关键问题不是获得地盘，而是要重创敌军。"

隆美尔一席话使凯塞林大感振奋："我看，拿下加夫萨后我们应该乘胜前进，插入阿尔及利亚，"他说，"然后再歼灭其他美军。"

但隆美尔并没有附和，他显得很不乐观。

这时凯塞林才明白过来，原来隆美尔不过想打一场小规模的进攻。私下里，他问隆美尔的医生："还要多久隆美尔才会离开非洲？"

霍尔斯特回答："我建议他在2月20日左右动身。"

于是，凯塞林背着隆美尔，劝阿尔尼姆说："稍安勿躁，静候已经许诺给你的集团军指挥权到手再说。"他笑着说，"我们在隆美尔退出非洲之前，给他一次争取光荣的最后机会吧。"

2月12日早上8点，第8装甲团的乐队在隆美尔的住所外奏起了军乐。这一天是隆美尔踏上非洲土地两周年的纪念日。两年来，他手下残存的非洲军团士兵已寥寥无几。以第8机枪营为例，初到非洲时有1,000名兵员，而现在只剩下了4个幸存者。中午时分，那些自1941年2月就跟随着隆美尔的军官们开了一次小小的团圆会，如今他们总共还有19人。

此情此景下，形体消瘦的隆美尔，脸庞上布满了一条条忧虑的皱纹。历历往事浮现脑海，记忆犹新，他的两眼不由得湿润起来。

其他人看着他们的总司令，同样默默不语，任凭非洲的热风吹拂着他们满脸的沧桑。

这时，乐队轻轻地奏起为感慨这两年出生入死的鏖战而创作的进行曲。音乐的声音越来越高，在场的20个人不禁跟着唱了起来。

激昂的乐曲再度唤起了隆美尔的雄心。他突然大手一挥："做好准备，我们要消灭美国人！"

第八章

起伏在权力之峰

1981-1944 隆美尔

隆美尔不断地出入"狼穴",与希特勒的关系日益密切,使其他人深为嫉妒,尤以戈林最为突出。嫉妒的最终结果是戈林组织了一群人向希特勒进谗,千般阻挠隆美尔担任驻意大利的德军总司令,说他是典型的反意大利分子,他进入意大利将对德国的利益十分不利……

∧ 驻北非盟军总司令艾森豪威尔（左二）在前线司令部。

>> 再振雄风难遂愿

就在隆美尔准备对立足未稳的美国军队发起进攻的同时,进驻北非的盟军总司令艾森豪威尔也在积极筹划着新的行动。

1943 年 2 月 11 日,艾森豪威尔从英国方面得到情报,阿尔尼姆将率德国第 5 装甲军团于近期向美第 2 军防线北端发动攻击。虽然很多将领对这个消息提出质问,但艾森豪威尔却对此深信不疑。

2 月 13 日下午,艾森豪威尔抵达弗雷登达尔的第 2 军司令部,召开了作战会议。弗雷登达尔将主力部队第 1 装甲师分为两部分,A 装甲战斗群和 B 装甲战斗群,并将 B 战斗群部署在防线的北端,作为重点防御力量。

几乎在同一时刻,德军也在召开作战会议。在斯法克斯南面的一座飞机场里,隆美尔、齐格勒、第 10 装甲师指挥官弗里茨·冯·布诺奇、第 21 装甲师指挥官汉斯·格奥尔格·希尔德布兰特等人坐到了一起。会上讨论了德军即将展开的进攻计划,这次进攻将由美军防线的南部地区西迪布齐德开始,由阿尔尼姆的作战部长齐格勒指挥,时间定于 2 月 14 日,代号为"春风"★。

在这次进攻中,隆美尔的非洲装甲军团没有被赋予具有实际意义的任务。

2月14日早晨6点,在空中力量的支援下,德军的进攻开始了。这是一次完全出乎艾森豪威尔意料的进攻,直到10点30分,他才知道德军正在从南部向美军阵地深处推进,他连忙调集附近的各个美军部队紧急支援,但由于部署的不合理和领导体制的不完善,没有哪个部队可以伸出援助之手。至下午5时,美军南部的A装甲战斗群全军溃散,狼狈逃往斯贝特拉方向,他们损失了44辆巨型坦克、59辆半履带车以及26门大炮。

2月15日,德军乘胜追击。艾森豪威尔调集一切力量仓促堵截,到黄昏时分,美军又损失了54辆坦克、57辆半履带式车辆和29门大炮。A装甲战斗群实际上已被消灭。艾森豪威尔被迫退却,甚至将防线最南端的重镇加夫萨也放弃了。

隆美尔由于自己的非洲装甲军团没有拿到主攻任务,所以没有亲赴战场前线。虽然他当时正在突尼斯南部视察马雷斯防线,但他对美军的关注不曾一刻减少。

当得知美军已放弃加夫萨后,隆美尔于2月16日上午7点30分亲自动身前往那里。

一路上,到处都挤满了前进的坦克、汽车,以及俘获的吉普车和美式装备。坐在车中,隆美尔聚精会神地研究起作战地图来,美军的溃退再一次激发了他要再展雄风的想法。他想,要是他和齐格勒齐心协力追击敌军,穿过西部山脉,乘胜攻占那些隘口,最后他们就可以从后面对突尼斯的全部英美部队形成夹击之势,这将是一个难得的机会。

于是,隆美尔立即向阿尔尼姆建议,让齐格勒的两个装甲师于黄昏时挺进,争取当夜攻占斯贝特拉。但阿尔尼姆根本没有隆美尔的那种气魄和气质,他无意开展大规模的军事行动,对于隆美尔的建议只是不置可否地应付了几句。

但隆美尔不会放弃这个机会,他驱车驶入加夫萨,对那里的地形进行了细致的观察,然后又冒着猛烈的冰雹回到营地,向阿尔尼姆的司令部挂了紧急电话。但阿尔尼姆不在,他手下的参谋人员要隆美尔放心,他们现已决定向斯贝特拉展开攻势。

斯贝特拉是位于边远贫瘠的平原交叉路口上的一座古代罗马城镇。隆美尔宣布,他决定投入非洲军团的突击队,从加夫萨向富里亚奈推进。继此之后,他有两个选择,因为道路是交叉的:他可以挥戈西北,向阿尔及利亚的特贝萨进攻,也可以进军东北,指向卡塞林,在那里与从斯贝特拉来的齐格勒的装甲师会合。

＜ 美军 M3 "斯图亚特" 轻型坦克开往前线作战。

2月17日下午，隆美尔率领非洲装甲军团的突击队快速发起进攻，径直穿过富里亚奈，然后转向东北。艾森豪威尔情知不妙，火速派出增援部队。他命令美军第9师炮兵部队急行军1,200公里开赴新战场，把第2装甲师和第3步兵师的装备运送给第2军，并调拨阿尔及尔和摩洛哥其他部队的装备，以便把车辆、坦克、大炮和弹药送到前方。

但隆美尔的推进速度远远超过美军的调动速度，美军在南部地区的主要空军基地转眼就落入了隆美尔的手中，汽油库火光冲天，两个机场共丢下了30架飞机。同时，驻在阿尔及利亚境内特贝萨地区的美军开始炸毁燃料和弹药库，准备后撤。隆美尔的热血不由得又沸腾起来。到下午4点，仅用3个小时，他便先后攻占了到卡塞林沿途的全部据点。

满怀激情的隆美尔仿佛重新找到了昔日的战场感觉，他冲锋在前，带领着自己的突击队奋勇直前，杀向卡塞林。他知道，只要他到了卡塞林，与齐格勒会师后，那么更多的主动权将转向德军方面。

但是，隆美尔想错了。当他兴冲冲地赶到卡塞林时，齐格勒的装甲师并未在那。缺乏战场洞察力和大将气魄的阿尔尼姆已把他的装甲师远远地调走了。

隆美尔当即勃然大怒"要是这三个装甲师都归我指挥，我会打得艾森豪威尔丢盔弃甲。"

2月18日整整一个上午，这个稳操胜券的局势折磨得隆美尔几乎要发疯，他完全丧失了耐性，这么个千古难逢的好机会就让阿尔尼姆这个懦夫轻松地丢掉了。

中午12点30分，气愤的隆美尔决定孤注一掷，进行一场巨赌，要把所有的兵力投入到阿尔及利亚境内的特贝萨。在隆美尔所有赌博性军事行动中，这是最具冒险性的一次，在以往，即使他在最为鲁莽的军事行动中，也一直保留着足够的后备队以防措手不及，因此他根本用不着担心会全盘输光。但是这次的局势却迫使他要用比以前更大的风险来扭转战局。他认为，如果他推进到特贝萨，再从那里向北派出侦察部队，那么突尼斯的整个美英军战线必将崩溃。

决心已定，隆美尔迅速地把这项建议电告罗马："倘若你们同意，我请求将第10和第21装甲师归我指挥，迅速向集结地区富里亚奈运动。"

两小时后，凯塞林从罗马复电同意部队暂时归他指挥，同样的命令也下达给了阿尔尼姆。现在什么也不能阻挡隆美尔了，他不由得满心欢喜。

可事情并不是像隆美尔想像的那么简单，阿尔尼姆一直保持着与隆美尔不合作的态度。当天夜里，当隆美尔亲自打过电话去的时候，这位第5装甲军团的指挥官依旧满怀敌意："我计划在几天之内进攻突尼斯的西面，因此我需要使用我的第10装甲师。"

对于隆美尔的计划，阿尔尼姆同样持有不同意见，他认为进攻的重点应放在东面，譬如进攻勒凯夫。隆美尔指出这样会使进攻部队直接陷入美军正在前来支援的大部队手中，而从特贝萨展开进攻，则将直接打击美军较为薄弱的要害之处。

但阿尔尼姆顽固不化，他悄悄地把自己反对这一计划的细节报告了罗马。

18日晚，从来就没有战略眼光的意大利最高统帅部给隆美尔送来新命令：隆美尔继续指挥第10和第21装甲师以及自己的非洲军团突击队，但进攻的头一个目标改为勒凯夫。

2月19日凌晨2点30分，天空中阴沉欲雨。这是隆美尔一生中具有决定性的一天。自3个小时前他发出最后一道命令后就几乎没合上眼。他同时安排了3条进攻路线：在富里亚奈，一支意大利装甲突击队作好战斗准备，试探性地朝西北方向沿通往特贝萨的大路前进；另一支由贝劳威斯指挥的突击队则将强行闯过卡塞林隘口；而第21装甲师将直接向北挺进，从斯贝特拉推到勒凯夫。

隆美尔暂时将第10装甲师控制在自己手中，然后他将注视着这三路进攻的发展情况，等他弄清楚了哪一支部队进展得最快后，他就会直接在那里担任该部队的指挥，并把第10装甲师也投入战斗。

但由于阿尔尼姆的意见分歧和罗马命令的改变，隆美尔已耽误了过多的时间。艾森豪威尔的援助力量已纷纷到位，在卡塞林山口，美国人赢得了足够的时间，已占领了那里的有利地形，当贝劳威斯早晨发起进攻时，美军猛烈而又准确的炮击使得他们无法快速前进。下午，隆美尔驱车赶往斯贝特拉，检查第21装甲师的进展情况。

希尔德布兰特带领的第21装甲师同样令隆美尔失望。他们花了4个小时才仅仅前进了25公里。连续几天的大雨之后，路上已全是深陷的烂泥，可走出烂泥地之后，又是复杂的布雷区。希尔德布兰特的进攻从中午时分就因地雷的阻碍受到拖延，而且还有一些力量极强的英军防御部队也赶来抵挡他的进攻。下午4点，他的坦克冒着倾盆大雨又开始移动，但遇到了更多的地雷。

隆美尔最后决定放弃希尔德布兰特的进攻，将主要进攻路线确定在卡塞林方向，他要求第10装甲师协助贝劳威斯的非洲军团突击队，强行穿过卡塞林隘口。

但第10装甲师此时却未见踪影。夜幕降临后，隆美尔只好出去寻找他们。该师花了整整一个下午越过东侧的山脉，穿过阴暗的草原，正在向他这边赶来。

"这帮家伙简直太慢了。"隆美尔怒气冲冲地说。

夜已深了，隆美尔仍在寻找这个装甲师。最后，他终于在靠近斯贝特拉的一座古罗马村落的废墟里，找到了正在休息的第10装甲师。但是更让隆美尔生气的是，阿尔尼姆根本就没有让第10装甲师满编制地过来，其中不仅被阿尔尼姆留下了两个营，而且还少了24辆"虎"式坦克。

2月20日上午7时，隆美尔驱车回到了卡塞林。在前一天夜里，他曾命令贝劳威斯突破山口，然后沿左侧插向直通特贝萨的那条煤渣道前进。但当隆美尔回到这里时，却发现贝劳威斯丝毫没有取得进展，美军的援兵已经到位，德军方面的主动权不复存在了。

隆美尔驱车驶出卡塞林村，沿着一条柏油路颠簸前行，路的前方有一片灰蓝色的山峦正耸立在大雨浸透、绿草丰茂的草原上。路之尽头消失在两山之间，那里就是卡塞林山口，德

∧ 在北非境内作战的美军坦克兵。

军的一支装甲步兵团在过去的24小时里苦苦进攻，却无法拿下。

  在离隘口3公里多的地方，隆美尔找到了战斗指挥官门顿上校。门顿见到隆美尔，立即报告：美国人仍控制着高地，因此他们仍掌握着穿过山谷的道路。

  隆美尔未听完报告就已满面怒气，他最看不惯指挥官站在部队的后面指挥战斗，他一把将门顿扯上指挥车，然后告诉司机直驶卡塞林山口，隆美尔在那里立即设下了他的流动司令部。

  这个时候，天空中飘起了夹杂着雾气的蒙蒙细雨。大约10点左右，弗里茨·冯·布诺奇将军风尘仆仆地赶来了。隆美尔扼要地询问了一下他的第10装甲师所处的位置，然后他要求布诺奇派出一营摩托化部队，辅助门顿从侧面发起进攻。可布诺奇却说他要等步兵营到位后才能行动。隆美尔马上给了他一顿没好气的申斥，然后告诉他："现在你自己去带那支摩托化部队，你要亲自领着它投入战斗。"

  隆美尔布置的这次进攻是由山口的两侧同时展开的。他安排好门顿上校这一侧后，又迅速地前往贝劳威斯那一侧，他命令贝劳威斯使用新式的奈比尔威费火箭发射装置向美军射击。这种六管的大杀伤力武器很快就使美国人扔下山口，开始逃窜。

  但是在山口的另一边，门顿的装甲步兵于下午2点报告说，有50辆美制半履带式车辆运来了数以百计的部队，另外还有大约30辆重型坦克。隆美尔扬了扬手，要求门顿不惜代价，强行突破。

  黄昏时分，两军终于在山口以北地区相遇，这是一场扣人心弦的坦克大战，场面非常壮观。美军坦克如潮水般向德军拥来，炮火连天，烟雾弥漫，而德军则利用最新的奈比尔威费火箭炮，一通狂射。几个小时后，烟消云散，德国摧毁了美军22辆坦克，并俘获了30辆半履带式运兵装甲车。

  2月21日是个星期天，一大早，隆美尔驱车进入卡塞林山口，视察大厮杀后的战场。战场上尸横遍野，被打烂的美军坦克狼藉不堪，一些当地的阿拉伯人正在战场上四处游荡，寻找着战利品。隆美尔面对这场暂时的胜利，脸上没有笑容。他命令手下的部队在下午2点钟继续发起进攻，越过山口向前推进。

2月22日，隆美尔也越过了卡塞林山口，来到最前线。士兵们看到他的来到，脸上都显出了崇敬的神色。他和所有的士兵一样，在最前面的步兵和坦克中间穿行，在进攻最激烈的时刻，冲在美军炮火的轰击中，他时而卧倒，时而冲锋，皮大衣上粘满了泥土，浑身湿透。德军士兵看到隆美尔的表率作用，不禁士气振奋。战斗取得了迅速的进展。

但随后，隆美尔却犯下了一个小小的错误，从某种意义上来说，这个小小的错误跟他最终输掉了整场战斗不无关系。

隆美尔在最前线的表率作用没有发挥到最后，不长时间以后，他一改过去的习惯，突然调头驱车回到了卡塞林山口。没有隆美尔在，第10装甲师向前推进的炮火和动力又都恢复了原来的样子。

到2月23日早晨，第10装甲师经过一夜的混战，基本上还停留在隆美尔离开时的地方，甚至没有攻下距那里很近的下一个战略据点塔莱镇。

塔莱镇实际上只驻守着一支力量单薄的法军小分队，艾森豪威尔早已预料那里是守不住的，而过了塔莱镇后，就是一条直通勒凯夫的坦途。美国人这个时候已做好了撤退的准备，正在忙着撤出重要机场和炸毁仓库，英军的陆军指挥官事先也已下令：倘有必要，可以放弃塔莱镇。由于美英联军害怕受到来自不同方向德军的围攻，于是在前一天夜间就已撤离了斯贝特拉，但正向那里推进的、愚蠢的第21装甲师，甚至没有注意到美英军队早已丢弃了那里，仍然试探性地缓慢推进。

正是由于德军没有像盟军意料中的那样快速推进到关键的战略据点，美军的增援部队先于德军抵达塔莱后，英军指挥官改变命令，要求所有的部队"不准以任何借口向后撤退一步"，必须与德军决战到底。

当隆美尔获知英军已下令不准撤退的情报后，不禁长叹一声，期待胜利的愿望已成过眼烟云，战机不再，只能撤退。

隆美尔垂头丧气地坐在指挥车里，一路倾听着雨点拍打车顶的声音，返回了卡塞林地区。这场战斗的失败就像跑马拉松的运动员在离终点线一步之遥的地方瘫倒下去一样，是那样的令人惋惜。当天下午，陆军元帅凯塞林和威斯特法尔上校前来看望隆美尔，威斯特法尔刚刚被提升为凯塞林的参谋长。

这两个人像哄小孩子一样地劝慰着隆美尔。他们称赞他，奉承他，让他想到过去的光荣；他们还预言他已置美国人于比他先前预想的更为尴尬的境地。可是隆美尔坐在那里只是摇头，连身旁的电话铃响起都没有听见。

尽管隆美尔的这次进攻因各种内部因素，最终丧失了战机，没能达到自己的预期目的。

但不言而喻，他使美军遭受了极为严重的损失。美军第2军3万人的作战部队，有300人阵亡，4,000人被俘。隆美尔还摧毁了200辆美军坦克，并缴获了60辆。

正是由于隆美尔的这次突袭，美军遭受到了一次难以忘怀的痛击。艾森豪威尔的海军副官2月23日在他的官方日记里直言不讳地承认："骄横傲慢、不可一世的美国人今天蒙受了耻辱，这是历史上我们最惨的败仗之一，我看这已是世所周知的事实。与彬彬有礼、明白事理的英国人相比，更使我们狼狈，'确有羞愧之感'。"一份德军电文以轻蔑的语气谈到了美国军队的战斗素质，艾森豪威尔获得这一电文后，要求属下的每一个军官都看一看，"这份电文使每一个美国人都感到懊丧……"

按照意大利最高统帅部的想法，隆美尔应该在2月22日前离开非洲。但此时的隆美尔却一拖再拖，没有丝毫要离去的迹象。他在凯塞林来视察时仅仅谈到要向蒙哥马利发动反攻，并建议从马雷斯防线*开刀。凯塞林经过一番考虑，随后做出了一项惊人的决议。他私下征求隆美尔的意见，问他本人愿不愿意接受非洲这两个军团合并后的集团军司令职务。隆美尔佯作不高兴的模样说："考虑到意大利最高统帅部的态度，以及阿尔尼姆事先已被提名担任此项职务的事实，我无意担任集团军司令。"

2月24日，隆美尔又坐在指挥车里，静悄悄地倾听着几公里外卡塞林山口附近回荡着的雷鸣般的爆炸声。这是他的部队在撤出那甲之前，正在搞破坏活动。

∨ 德军装甲部队与美军装甲部队展开激战。

下午4点，隆美尔怅然望着他的部队全部撤出后，这才发动汽车，开往他在斯贝特拉新设的司令部。刚抵达那里，等待着隆美尔的是来自罗马的正式命令，委任他为非洲集团军司令。

他怀着迷惘的心情估量着这一新的职务。

>> 沙漠之狐离开沙漠

隆美尔郑重其事地接受了作为集团军司令的新职务。但是，凯塞林、阿尔尼姆以及意大利最高统帅部，却似乎只是把他的这一新职务作为一种象征性的荣誉，对于他的权力置若罔闻。阿尔尼姆不与他讨论新的进攻计划；罗马方面总是直接与阿尔尼姆和梅斯商议军机事务；甚至希特勒的情报署长到访突尼斯，也不拜访隆美尔。

与此同时，新成立的非洲集团军内已出现了越来越多的难题，居于首位的就是他们所面临的巨大给养困难。在突尼斯，非洲集团军每月至少需要8万吨给养，但他们实际上每月却只能得到2.5万吨。非洲集团军的指挥机构也是一片混乱，谁也弄不清到底谁是突尼斯的最高指挥官。作为集团军总司令的隆美尔正在计划用两个师的兵力，首先向南面的英军发起一次攻势，可他却无法指挥其他的部队，停留在这里的凯塞林时而对各个部队直接下达新的命令和指示，而阿尔尼姆也仍在控制着他的第5装甲军团。

在2月下旬，隆美尔再次经受心脏病、神经痛和关节炎的折磨，但他已下定决心要在离开非洲前和蒙哥马利把账算完。很多天来，隆美尔沉思默想，夜不能寐，绞尽脑汁地研究着眼前的那些图表和空中侦察照片。他不断地测定距离，写下计算结果。

他计划于3月4日在蒙哥马利未动手前就发起猛烈的进攻。"先下手为强，"他对指挥官们说，"我们不能仅限于防御，要摧毁敌人总攻前的准备力量……第一个目标就是梅德宁。"

他知道这将是一次很艰难的战斗。蒙哥马利的部队大部

*马雷斯防线

第二次世界大战前法国军队在北非构筑的一处筑垒地区，目的在于掩护从利比亚至突尼斯的主要通道。该筑垒线从1934年开始兴建，1939年竣工，长约25公里。第二次世界大战期间被德意北非联军占领并加以防守。1943年3月，英国第8集团军在实施突尼斯战役的过程中未能突破该防线。后英军从筑垒线翼侧迂回，终于在3月底迫使敌军放弃了该筑垒地域向北撤退。

分集结在梅德宁，而且在地形上，隆美尔的马雷斯防线并不利于发起突然袭击。

2月28日，所有参战的德意将军齐聚一堂，召开作战会议。隆美尔破天荒地改变了他过去的一贯战术，建议来一次两面夹击，两个师(第10和第21装甲师)从海岸附近的北线出击，另外一个半师(第15装甲师和第164轻装甲师一部)从南线穿插出山，进攻梅德宁。隆美尔解释说，蒙哥马利再能干也只能料得到来自北边的进攻。

但隆美尔的计划刚一公布就使得与会者一片哗然。贝劳威斯指出，德军自己在北线已埋设了成千上万的地雷，"我们埋设的地雷有真有假，以防英国人取走。要是再将地雷区炸掉，就会事先警告敌人，我们发起进攻了"。

接下来，梅斯提出了一项相反的建议，他认为全部兵力应该穿过马特马达山脊。隆美尔不赞成这个建议，理由是一旦汽油车和弹药车被英国飞机击中起火，就很容易堵塞狭窄的公路。"两面夹击很有可能成功，"隆美尔说，"你们必须把全部力量投入战斗，不留一辆坦克、一辆汽车、一门大炮。"

他问梅斯，蒙哥马利的大炮位置在什么地方。这位意大利将军回答说，空中拍摄的照片表明多数大炮部署在梅德宁和海岸之间，在那里发起进攻极为不明智。

但隆美尔仍然不让步。他指出："阿拉曼战役中我们吃够了在远距离与英军坦克作战的苦头。但是突尼斯这里的经验证明，我们的坦克在近距离范围内要比英军的坦克占绝对的优势。因此我们的坦克需要复杂的地形借以向前推进。"但隆美尔的这个意见仍然受到反对。

五个小时后，会上依然什么协议也没达成。于是隆美尔指示梅斯本人拟定一项作战计划。梅斯坚持采用简单的单面进攻的战术，不赞成隆美尔的两面夹击。于是隆美尔只好甩手不干，由梅斯制定的这次梅德宁战役计划，命名为"卡普里"军事行动。

3月5日，战役打响的前夕，隆美尔向德国指挥官们发表了一通鼓舞士气的讲话，然后在下午两点沿着景色壮丽的曲折山路驱车前往713高地，从这个制高点上他可以看到25～30公里范围内的战斗情况。

事实上，蒙哥马利事先已从密码破译机获得的情报中，掌握了这次进攻的方向和确切的时间。蒙哥马利后来在回忆录里轻松畅快地写道："我已算定隆美尔的进攻将按既定方向展开，我早就在照着自己选择的计划准备去迎击他了。"但这一次并不是隆美尔的进攻，仅仅是梅斯的主意。隆美尔早就预料到：这次行动必将失败。

在梅德宁战役刚打响的几个小时里，隆美尔在713高地上观察不到战斗的进展，因为整个战场正在被山间的烟雾笼罩着。

3月6日上午6点，德军开始了炮击，奈比尔威费火箭炮从第19轻装甲师的地段发起一阵狂轰。在晨曦中，透过浓雾可以看到令人眼花缭乱、漫天飞舞的炮火。这是一幅极为壮观的战斗场面。第10装甲师推进到哈勒夫山谷，但隆美尔在713高地上观察不到它的进展。直到上午8点，天空晴朗了，他才清楚地看到第21装甲师的进展情况。

∧ 爱好摄影的隆美尔在抓拍战争场景。

接着大厮杀开始了。三个装甲师，后面跟着卡车运载的步兵穿过宽阔空旷的平原，推进到离梅德宁不足 15 公里的一座山脊上。在这里他们遭到蒙哥马利的反坦克炮火的轰击。

蒙哥马利后来回忆道："隆美尔在黎明时开始向我进攻。他真是个大草包。我在那里设下了 500 门可以发射六磅重炮弹的反坦克炮，而且还有 400 辆坦克和占据着要冲的英勇善战的步兵，此外还有大批的重炮。他们冲过来可真是天赐的礼物。那家伙一定是疯了。"

中午时分，隆美尔看见了头一天才上任的非洲军团司令汉斯·克拉默将军。后者报告说，他的坦克仍在原地没动。"这次进攻显然正中敌人的下怀，"克拉默声称，"地上遍布地雷，而在西南方的正面也有一道火炮防御屏障。"从英军俘房和侦察营缴获的文件中可以证实，蒙哥马利事先就已对"卡普里"军事行动的每一个细节了如指掌。

隆美尔无奈地摇了摇头，他的心已飞到了德国本土，对这里，他真的已不再留恋了。他不愿意再跟这些意大利蠢猪一起待下去了。

3 月 7 日下午，隆美尔开始向他的将军们告别。阿尔尼姆没有赶来，因为他又一次瞒着隆美尔到罗马和凯塞林商谈去了，直到第二天上午 10 点才回来。

3 月 8 日，匆匆赶回来的阿尔尼姆紧抓住隆美尔的手，恳求隆美尔利用他的影响挽救仍在非洲的这两个装甲军团的命运。阿尔尼姆对隆美尔说道："我们经受不起第二个斯大林格勒的打击了。还要等些时候，意大利海军才能把我们救出此地。"

隆美尔两眼空洞地看着阿尔尼姆，过了好一会，他才说："我将竭尽全力做到这一点。"他举起元帅拐杖敬了一个礼，并许下诺言："如果最坏的情况发生，我会回来的。"

事实上他是一去不复返了。他的私人参谋、司机和汽车早已在他上路前就已返回了德国本土，并且还带走了他通常在总结战斗时用的打字机和文件。

第二天，即 1943 年 3 月 9 日上午 7 点 50 分，隆美尔在斯法克斯登上飞机。

接下来的 9 个星期里，隆美尔度过了他安安静静的疗养生活。在这几周里，隆美尔一直在撰写他的战争回忆录。露西担任打字工作，14 岁的儿子曼弗雷德用铅笔在作战地图上划出轮

> 盟军北非战区司令亚历山大将军。

廓线。每当隆美尔动笔，许多往事便涌上心头，同时也使他想起了许多问题。自1941年2月以来，10,000名德国士兵，包括9名将军已死在非洲。

他仍旧惦记着非洲，一直和名义上作为他的副手的阿尔尼姆保持着紧密的联系。阿尔尼姆负责向他汇报每天的形势。

当时的事实越来越明显，突尼斯已经大难临头。隆美尔对曾在自己手下的几位将军——克拉默、贝劳威斯，乃至阿尔尼姆等人的命运深感忧虑。他清楚阿尔尼姆的境况已是岌岌可

危。阿尔尼姆只剩下 70 辆坦克，用的燃料全是从惨遭轰炸的突尼斯城弄来的劣等白酒和酒精。隆美尔致函最高统帅部，请求至少应该把最有价值的德国专家和军官从非洲撤走。但是凯塞林却仍然像从前一样抱着乐观态度，他对最高统帅部说，一旦给养物资运到，守住突尼斯是不成问题的。希特勒偏听了凯塞林的话。他命令必须千方百计守住突尼斯，部队必须战斗到最后一枪一弹。

1943 年 3 月下旬，美英军队在完成了充分的准备工作之后，终于向突尼斯的剩余德意军队发起了进攻。英军亚历山大指挥的 18 集团军，至少有 20 个师又 4 个独立旅，人员和装备齐全。而德意联军只有 14 个师又 2 个旅，人员和装备的缺额很大，每师平均人数不超过 5,000 人，且又处于亚历山大和蒙哥马利两支大军之间，态势十分不利。与此同时，蒙哥马利指挥的第 8 集团军以大部分兵力攻打马雷斯防线，并以一部分兵力从西南进攻德意联军的后方。德意联军面临被合围的威胁，不得不北撤马雷斯防线的守军，并于 4 月中旬退至突尼斯北部。

4 月 19 日，英美联军集中优势兵力发起了总攻。英军第 8 集团军自南向北实施突击，美英联军从西向东发起进攻，经过 18 天的激战，于 5 月 7 日分别攻占了突尼斯城和比塞大港。25 万德意军队由于没有运输船只可供撤退，只好于 5 月 13 日宣布投降。轴心国在非洲的冒险行动全部化为乌有。在这被押进盟军战俘营的 25 万人中，有 15 万人是德国人。

德意军队在非洲的彻底覆灭，使得隆美尔空留在那里的名字也不复存在了，隆美尔的非洲生涯已完完全全地结束了。

"沙漠之狐"永远地离开了沙漠！

∨ 隆美尔与妻子和儿子在一起。

>> 罗马的风云骤变

自从 1943 年 3 月隆美尔离开非洲以后，他感到自己仿佛是一支被人从弓上拿下来的利箭，静静地躺在远离战争的角落里，满怀着失落，等待着别人的遗忘。就在他垂头丧气的时候，柏林忽然在 5 月 8 日给隆美尔打来了电话，要求他5 月 9 日向希特勒报到，并等待进一步的命令。

5 月 9 日下午，隆美尔怀着兴奋的心情飞向坦贝尔霍夫机场，并在半小时后见到了希特勒。但希特勒只是让他先在柏林待命，当时并没有明确给他指派新的任务。事后，陆军元帅凯特尔暗示隆美尔说，如果南部的局势对墨索里尼不利，他可能在意大利会有一番作为。

此后，闲居无事的隆美尔穿着一件轻便大衣，把灰色礼帽拉得几乎贴近眼睛，漫步走进柏林著名的提尔卡顿公园。因为报纸上宣传说他目前仍在北非作战，所以他不能穿上元帅服，也不能让人获知他正闲居在柏林。因此，尽管有几个人看到了一身便装的隆美尔，但他们也只是猜疑，却不敢确定自己看到的事实。

从 5 月 9 日起，隆美尔频繁地晋见希特勒。所有的作战会议都在集中讨论一个问题：意大利遭到入侵时，德国该采取什么样的步骤？因为从形势上来看，盟军的进攻似乎在随后的两三周内就可能发生。隆美尔提醒希特勒和他的参谋们要作最坏的打算。他告诉希特勒：从他与意大利人的交往和接触中，他早就认识到，意大利军队根本不堪一击，一旦英国人和美国人在意大利南部登陆，意大利人将不会作任何抵抗，而且墨索里尼已是风烛残年、精力不济。

5 月 13 日，25 万战斗在北非的德意军队全部投降，德国丢掉了非洲。隆美尔在无数声叹息之后，很快就跟随着希特勒去了东普鲁士的"狼穴"★司令部。希特勒自 1941 年 12月解除陆军元帅冯·布劳希奇的职务后，身边就一直没有陆军总司令，因此他在作战会议上很高兴有隆美尔在不断地向他提供各种陆军作战的实践经验。他向这位陆军元帅展示了他的最新武器——巨型坦克、用于进攻的新式大炮和喷管式

∧ 在"狼穴"的希特勒及随从们。

★ "狼穴"

第二次世界大战期间，德国统治集团在东普鲁士的元首大本营驻地的代号。此地位于拉斯登堡城东约 1 公里处。1941 年 6 月 24 日至 1944 年 11 月 20 日，希特勒和德国部分政治、军事领导人曾经在此办公。希特勒还在这里多次会见外国领导人。1942 年 7 月中旬，曾经设在"狼穴"的德军统帅部大本营转移。1944 年 7 月 15 日，大本营曾发生一起针对希特勒的谋杀事件。1944 年 11 月 20 日，希特勒离开了"狼穴"。

∧ 1940 年时的希特勒与墨索里尼。

手提反坦克火箭筒。但隆美尔知道,这些迟来的先进武器再也无法帮助他在北非报仇雪恨了。

因为在这个时候,盟军在北非已获得了完全的胜利,这种胜利使得意大利立即受到日益严重的威胁。希特勒在5月15日的作战会议结束时发表了两小时的秘密讲话,分析了盟军可能采取的行动。他说:"在意大利,我们唯一能依靠的就是墨索里尼本人。但越来越令人担忧的是,他可能被赶下台,或者被迫采取中立态度。意大利皇室和军官团所有的领导成员、教士、犹太人以及广大的市民阶层不是对我们怀有敌意,就是和我们背道而驰……墨索里尼

203

正在周围安置法西斯卫队，然而真正的权力却掌握在其他人手里。"他继续说，如果盟军一旦开始入侵，他就把东线的8个装甲师和4个步兵师迅速调往意大利，不管意大利政府高兴与否，他一定要把这些部队开进意大利本土。而隆美尔将是这支部队理所当然的指挥官。"今后的一两个星期有着举足轻重的意义。"希特勒宣告。

5月17日，希特勒正式命令隆美尔为完成这项任务组建一个新的集团军司令部的参谋班子。隆美尔对接受这项任务感到非常高兴。他开始正式筹备武装入侵意大利的事项，这次入侵行动的代号是阿拉里奇。有了新任务使得隆美尔由衷地喜悦起来。他感到自己的健康状况大为好转，甚至身上令人恼火的脓疮也一下子全都消退了。他向一个个参谋人员简明扼要地作了指示，派他们到维也纳去着手布置行动准备。

5月21日，希特勒回到了在巴伐利亚山间的伯格霍夫别墅。隆美尔陪同他在豪华的伯希特斯加登旅馆留宿。第二天，希特勒签署了这项新任务的秘密指令。接着一连几天，隆美尔起草了派出4个师秘密渗入意大利北部的计划和时间表。只等一朝接到希特勒的命令，就由他亲自指挥至少16个师以上的兵力强攻意大利。尽管墨索里尼目前仍然控制着意大利，但是意大利人却一直不断地在构筑防御德国的边境工事。

隆美尔每次乘火车经由意大利边境时，都会注意到这个问题。意大利人不仅构筑了地堡，而且在铁路关卡和公路桥梁上也都安装了爆破设施。看来意大利正在做着投靠盟军、与德国为敌的准备。一旦意大利人或者是盟军队伍切断了这些山口，那就意味着正在意大利南部帮助意大利防守的德国士兵将无法回到本土，必成瓮中之鳖。

因此，希特勒下达命令：调遣德国防空高炮部队去强行保卫这些山口。如果意大利人拒绝，就佯装是英军空袭，使用缴获的英军炸弹进行轰炸。

整个6月，隆美尔都在筹划针对此事的必要对策，就信号、山地战和伞兵作战等问题不断地和德国陆军专家们进行商讨。

每天中午，隆美尔必须去伯格霍夫参加希特勒主持的例行性军事会议。会议总是在别墅里那间挂满了织锦的大厅里举行。拥有一面可以眺望山谷的巨大窗户是这座大厅突出的特色。隆美尔每次都是以顾问的身份出现在会议上，同时他也是代理陆军总司令。但在隆美尔的眼中，这些会议不过只是在争论一些设想而已，并没有实际的意义。因为与会者的人数太多，具体问题根本得不到公正的解决。

但在私下里，他却有了更多的机会与希特勒交流意见。有一次，他尖锐地向希特勒提出了德国前途的问题，他列举了一些可怕的迹象，然后告诉希特勒：意大利的崩溃看来已经不可避免，而且德国不久就要正式面对英国和美国的联合力量。

当时，希特勒目光呆滞地倾听着隆美尔的分析。突然间，他扬起头来，告诉隆美尔，他也意识到赢得这场战争的机会已经是微乎其微了。但是西方决不会跟他讲和，至少现在执政的那些政治家们不会。他说他从来就不想和英美等西方国家打仗，但是现在西方国家已和德国开战，并且还要打到底。

　　1943年7月1日，希特勒离开自己的别墅，飞回东普鲁士，因为他用2,000辆坦克进攻苏联的城堡行动计划即将展开。隆美尔尾随而至，并于当天晚上聆听了希特勒对他的一群陆军元帅和将军们的演说。希特勒严肃地解释了这次军事行动的背景，他开始把责任一股脑地推向意大利。"导致我们灾难的过失完全在于我们的盟友，"他在开场白中说，"意大利人叫我们大失所望。如果他们听从了我一再的要求，及时动用军舰护航，并把部队运到非洲，非洲就不会丢失。如今他们的舰只却在自己的港口里被炸得一塌糊涂。眼下生死攸关的是什么？"他问道："德国需要被征服的领土，否则它就不能千秋万代地生存下去。它必须争得欧洲其他地区的霸权。无论到了什么地方，都要扎下根去。"希特勒喋喋不休地一直讲到凌晨两点钟。

　　在7月的大多数时间里，隆美尔那灵活的身影一直晃动在"狼穴"里希特勒的会议桌

∨ 1943年，希特勒与墨索里尼（左一）、凯特尔元帅（左四）、约德尔（左二）等人在一起。

旁。总参谋部正在广泛地议论着有关他是否应公开露面的可能性。这时的希特勒正准备新任命两位参谋长，而隆美尔则将作为德国的陆军代理总司令。

希特勒的城堡行动计划准时在 7 月 5 日开始了。这是令一场隆美尔难得一见的坦克大战，双方打得难分难解，其规模远远超过阿拉曼战役。斯大林投入 3,000 辆坦克与曼施坦因和克鲁格指挥的 2,000 辆坦克较量。直到 9 日那天，一直在旁边观战的隆美尔还在满怀信心地认为："东线的攻势，进展良好。"

但 7 月 10 日所发生的爆炸性事件却促使隆美尔不得不改变了目光注视的方向：盟军在西西里岛登陆，开始入侵意大利，攻入了希特勒一直担心的欧洲南部。

7 月 10 日，当盟军已登陆西西里的消息传来，希特勒大为震惊。他与隆美尔从上午 9 时 30 分起，进行了长达 4 个小时的秘密会谈。隆美尔极力地催促希特勒立即干预意大利的本土事务。中午，德军召开了高层军事会议，集中讨论英美军队登陆西西里之事。

但对于是否应立即干预意大利一事，希特勒犹豫了好几天。因为凯塞林和驻罗马的外交官向他做出了保证，他们会确保墨索里尼安然无恙。希特勒从主观上害怕因为德国出兵意大利而破坏了德意间的长期结盟关系，因此，尽管他早就做好了入侵意大利的准备，但在行动之前却显得十分犹豫。不过很快他就清醒过来：如今的墨索里尼已不太靠得住了。这位疲惫衰老的意大利领袖已到了智竭力穷的地步，他几次建议希特勒与斯大林讲和，以便一起对付英美联军。同时，整个意大利也正在弥漫着浓厚的反战厌战情绪，墨索里尼正面临着法西斯党统治阶层内部他的某些最亲信的追随者、甚至包括他自己的女婿齐亚诺的反叛。而且，这种反叛的幕后，有着一个连国王也包括在内的更广泛阶层的人物所策划的、企图推翻他的阴谋。

7 月 15 日，希特勒终于下了决心，他和约德尔将军经过一番长时间的商讨，共同签署了一项命令，任命隆美尔为新建 B 集团军的司令，负责进入意大利中部组织抵抗英美联军。隆美尔接到命令后，私下里认为，这意味着时刻一到，他将是意大利的最高指挥官。

这个时候，希特勒把布劳希奇在担任陆军总司令期间曾住过的营房拨给了隆美尔。隆美尔懂得这种厚待的意义，他的脑袋里充满了各种各样的想法，并感到自己能回答令希特勒迷惑的一大堆问题。

然而此时的隆美尔的确是命运越来越不济了，就在他准备进入意大利的时候，新的意外又出现了。

　　隆美尔不断地出入"狼穴"，与希特勒的关系日益密切，使其他人深为嫉妒，尤以戈林最为突出。嫉妒的最终结果是戈林组织一群人向希特勒进谗，千般阻挠隆美尔担任驻意大利的德军总司令，他们说他是典型的反意大利分子，他进入意大利对德国的利益将十分不利。

　　这些谗言果然很快见效。几天之后，隆美尔接到命令，说最近在奥地利的一座城堡已设立了一个新德军司令部，归他指挥的B集团军将调防希腊北部的萨洛尼卡，执行阻止敌军即将在希腊或克里特岛登陆的反入侵计划。

　　不过很明显，这是希特勒在不得已情况下所作的一个折中方案，因为隆美尔一下子就明白了："我暂时成为希腊的最高指挥官，同时还管辖那一地区的全部岛屿，以便今后能再杀回意大利。"

　　7月23日，隆美尔再次与希特勒进行了长时间的深入密谈。希特勒告诉了隆美尔自己在19日与墨索里尼会谈时的情形，这次会谈在意大利北部的菲尔特雷举行。双方会晤了5个小时，基本都是希特勒一个人在说，墨索里尼只是在一旁恭听。希特勒竭力想让这位同盟者的颓丧精神重新振作起来，但没有收到很大的效果。而且会议进行期间，第一次传来了盟军飞机白天在罗马大肆轰炸的消息，那位意大利领袖绝望的心情更深了。

　　希特勒在和隆美尔谈他对这次会谈的印象时说："墨索里尼已被缚住了手脚，一筹莫展。"希特勒还说："根据在意大利的德国特工人员获悉的消息，现在有人正在阴谋推翻领袖，企图以彼得罗·巴多格利奥元帅取而代之。巴多格利奥只是个庸庸碌碌的军人，他唯一的想法就是加速意大利的投降。"

　　隆美尔就是带着这些有关意大利的最新信息，于7月25日上午11点乘飞机降落在萨洛尼卡的。但他着陆刚刚12小时，宾馆的电话铃响了。希特勒派人告诉他："墨索里尼已被人抓起来了。你必须立即赶回元首司令部报到。谁也不清楚意大利究竟发生了什么事。"这样，隆美尔的飞机于7月26日上午7点再次起飞，还没有视察完希腊的防御情况，就匆匆地离开了，这也是他最后一次来到希腊。

　　7月26日中午，当隆美尔的飞机降落在机场上时，"狼穴"已陷入了混乱状态。纳粹党的巨头们，德国军队和国家的重要人物都从帝国的四面八方飞来了。隆美尔驱车穿过哨所和地雷区，来到希特勒的会议室。希特勒对他的朋友墨索里尼遭到的这种待遇深为震惊，而且怒不可遏。

　　来自罗马的消息表明，一些将领和国王串通在一起，以国王的名义于7月25日夜晚将墨索里尼召到宫中，随之他立即被解除全部职务并被一辆救护车押往了警察局。

　　没有人放一枪来拯救他，甚至法西斯民团也没有任何动作。也没有一个人来替他作辩护，似乎没有把他的屈辱下台放在心上，他理所当然地被送进了监狱。意大利的法西斯主义也像他的创始人一样，被轻易地瓦解了。

隆美尔这下子猜到希特勒把他召回的目的了。"我们可以断定，"希特勒说，"尽管国王和巴多格利奥发表了声明，但意大利必将会退出战争，英美联军，至少英国人会在意大利北部大举登陆。"而这对希特勒来说简直是一场噩梦：现在，意德边境近2,000公里长的地段，把德国驻扎在西西里的7万精锐部队与他们在帝国本土的基地分割开来了。一个当天从罗马逃出来的法西斯头子报告说：新政权很可能在8～10天之内即将宣布与盟军停战。这样，英国人就有可能在热那亚和里窝那的北部尽头登陆，其结果是休伯将军在西西里的部队将遭到厄运。

在7月27日召开军事会议时，希特勒已经在自己忙碌不停的头脑里匆匆地想好了一些计划。计划分为四个部分，第一部分是"橡树计划"，如果墨索里尼是在一个岛上，就派海军去营救，如果在大陆，就派空军伞兵去营救；第二部分是"学生计划"，要突然占领罗马，使墨索里尼的政府在那里复辟；第三部分是"黑色计划"，对意大利全部领土进行军事占领；第四部分是"轴心计划"，要集中力量掳获或破坏意大利的舰队。

7月28日早晨，隆美尔离开"狼穴"，动身前往他即将建立军事行动司令部的慕尼黑去了，他的口袋里装着希特勒入侵意大利的绝密指示。一旦最高统帅部的命令下达，他的头一项任务就是保住德意边境的山口安然无恙。如果意大利人加强防御，就把他们收拾掉。隆美尔手下有两个步兵师：第44和第305步兵师，还有米滕瓦尔德的山地战步兵学校的部队执行这项任务，此外又从训练部队中借调了供作战用的三队"虎"式坦克。

为了避免意大利人在投降盟军之前被德国人逼反，希特勒决定开头先给他们一点软的尝尝。他要求隆美尔即使在奥地利也不能抛头露面，更不用说在意大利了。隆美尔开玩笑说，自己已被"监禁在营房里了"。他的司令部也只是用"慕尼黑最高统帅部复兴部队"这个招牌作为掩护。

正是由于德国采用了小心谨慎的措施，盟军没有发现德军正在秘密渗入意大利，他们仍然在进攻意大利，而没有要和意大利讲和的迹象。丘吉尔在国会公开宣称，意大利人目前所

＜ 希特勒在观看德国新型"虎"式坦克。

遭受到的打击完全是自作自受。这句话让希特勒长出了一口气，至少几天，甚至几周之内，盟军不会与意大利达成停战的协议，因而也就没有必要采取他准备好的强行入侵的权宜手段了。

于是隆美尔获得了充足的时间不慌不忙地把部队逐步渗入意大利北部，等到意大利人或英国人领悟发生了什么事时，可能已经无可奈何。他对意大利不表一丝同情："不管怎样，这个国家终将成为战场……与其在自己的国土上打仗，不如在意大利进行战争。这对我们来说好处更多。"

隆美尔的主要意图是在横跨热那亚到里米尼的意大利北部，占领一条战线，然后再把忠实可靠的德军遍布全意大利。布置好之后，他要先在西西里打一场旷日持久的战役，然后慢慢撤退北上，在意大利南部的科森察至塔兰托之间的一系列防线上停留，在萨勒诺和卡辛诺进行防御，最后再沿亚平宁山脉进行抵抗。这将为希特勒赢得必要的喘息时间，从而恢复纳粹德国战斗机和大炮生产的优势。

7月29日，希特勒从党卫队情报专家那里获得最后的证实，意大利的新政权正在秘密地与盟军接触。丘吉尔和罗斯福横越大西洋的无线电话交谈已被截获，丘吉尔谈到了"指日可待的停战"。于是希特勒命令第二天开始执行纳粹秘密入侵意大利的"阿拉里奇行动计划"。

8月1日，第44步兵师中的巴伐利亚和奥地利部队开始越过边界。8月3日，党卫队的精锐师"莱布斯坦达特·阿道夫·希特勒"部队也开始越过边界山口。该师的指挥官，党卫队的塞普·狄特里希中将，给隆美尔留下了精明强悍的印象。隆美尔曾以赞赏的口吻描述这个人："他已准备就绪，要狠狠地教训一下意大利人，使他们俯首听命。"

隆美尔这时已迁到慕尼黑郊外的普拉赫，住进一幢小巧的别墅里。此时，他的心情非常好，他准备亲自在意大利施展一番。为此，他还派人回到新维也纳的家中去取他的灰色

> 希特勒最坚定的盟友，意大利独裁者墨索里尼。

< 德国党卫军头目狄特里希中将。

陆军制服。"比起在巴尔干来，意大利的这一新任务更适合我的口味，"隆美尔认为，"但它并不轻松愉快。可以想像到现在的意大利人正在打什么鬼主意，他们就想一个箭步统统都跨到对方阵营里去。""不过，意大利国王已走投无路，英国人和美国人明摆着是不会给他一丝怜悯的。留给他的只有两个选择，要么让他的国家被弄得支离破碎，要么和我们并肩打下去。我希望不久就能面对面地和他结识。墨索里尼很可能回不来了，他那个党无疑已经腐败，仅仅几个小时的功夫，就被别人抛在了一边，说明墨索里尼在每一个领域都是个失败者。这下可好啦！领导欧洲的只有一位绝无仅有的伟人了。"他指的是希特勒。

>> 轴心行动计划

1943年8月15日上午10时，隆美尔和约德尔在波洛尼亚机场走下飞机，踏上了意大利的国土，一支德国党卫队组成的仪仗队站在机场上迎候他们的到来。当他们乘车驶往城外迷人的意大利别墅去会见自己的"盟友"时，党卫队整整一个机械化营陪同他们前往。意大利哨兵在别墅里外站好岗后，党卫队紧接着便各就各位围住了他们。高大壮实、金发碧眼的德国人伫立在意大利人身旁，仿佛鹤立鸡群，他们不时地在大门外操着正步来回走动。

隆美尔、约德尔及其同僚们个个腰挂左轮，荷枪实弹。一个盟友用如此正当的理由和这样不信任的态度对待另一个盟友确属少见。而就在此时，意大利最高统帅部的秘密使者也正在西班牙的首都马德里与英美盟军偷偷谈判。

面对德国军方如此咄咄逼人的态势，意大利人并不气馁。意方总参谋部的马里奥·诺亚塔将军直接向德国提出抗议："无论我们的行为和命令是否得当，我们都不容许你们表示任何的怀疑。这种怀疑是对我们的极大侮辱。"

约德尔说话也同样直言不讳，他就意大利撤兵一事开门见山地问诺亚塔："你们是把这些部队调往哪里了，难道还不十分清楚吗?"

对此质疑，诺亚塔起初愤怒地拒绝回答这个问题，接着他又对这些部队是用于防御阿尔卑斯山口，以防患德国人进入意大利的说法加以否认。

约德尔将军坚持自己的看法，并说令德国最高统帅部感到惊讶的是，当德军忠诚不渝地开进意大利帮助它防御外敌时，"意军在相反的方向也同时向阿尔卑斯山口运动，这不能不使我们感到震惊。"

诺亚塔闪烁其词，用外交辞令对付了约德尔其余的谴责，他大胆地加以抗议和否认，从而使争论变得越加复杂化。

他直截了当地反对党卫师的到来，认为他们是顽固的纳粹分子，是被推翻的意大利法西斯政权的朋友。"我们反对他们的政治面貌。"他说。

约德尔回答，他们跟其他部队一样，无非是一支机械化师罢了。

诺亚塔马上驳斥道："那好，如果我们派一支犹太部队进入德国，你们的感觉又将如何？"

在整个争论过程中，隆美尔几乎一直保持着缄默，唯一的反应就是他曾微笑过一次。当时，约德尔正在向意大利人宣布："你们要注意这个事实，进入意大利的这支新部队是归陆军元帅隆美尔指挥的。"

隆美尔这一笑如同春天里下了一场重霜，所有意大利人脸上的笑容顿时消失得无影无踪。他们谁都清楚隆美尔对意大利人一贯所持的态度。

这个时候，德国最高统帅部已经单方面决定，由隆美尔指挥驻意大利北部的所有德意部队，而凯塞林则仍然指挥南部的部队。

但诺亚塔拿出的意大利最高统帅部的计划，却与德国迥然不同。他拿出地图坚持说，隆美尔的所有部队应该从意大利北部运动到中部和南部去，而在北部只能留下意大利的部队。对德国人来说，诺亚塔的这个提法已将意大利的真实意图暴露无遗，再也没有比这更清楚的了：他们要设置一道横跨意大利半岛的障碍，这道障碍在意大利投降盟军★后，将立即截断德军的退路。

★意大利投降盟军

1943年7月25日，墨索里尼被拘禁。同日晚，意大利组织新内阁。而后，新政府一面公开扬言继续追随德国作战，一面与盟国谈判。8月中旬，英美首脑在魁北克举行会议，授权盟军总司令艾森豪威尔接受意大利投降。9月3日，双方在西西里岛附近举行签字仪式，意大利向盟军投降。墨索里尼的垮台和意大利的投降，标志着法西斯轴心国的解体和反法西斯联盟的一次重大胜利。

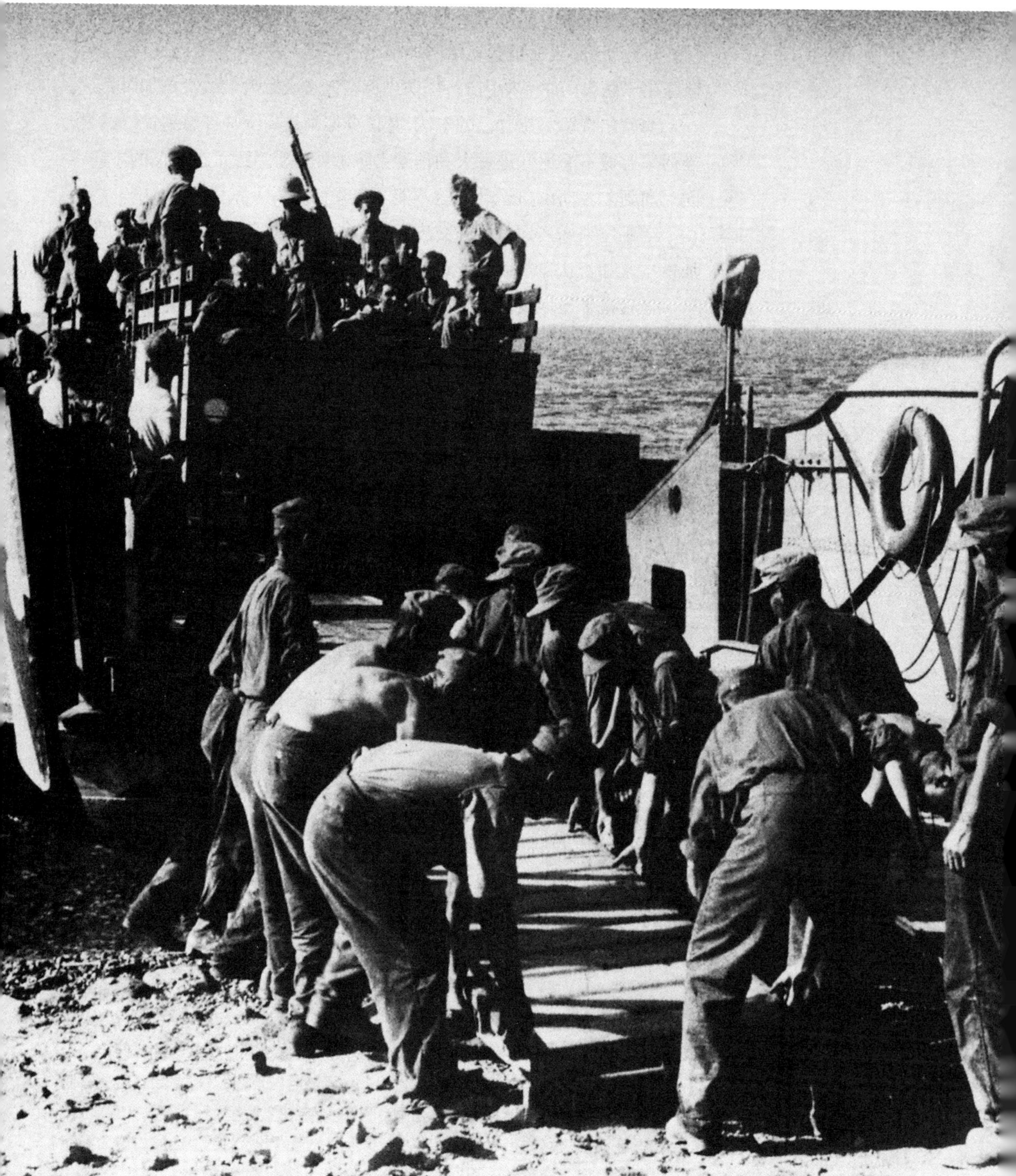

事后，约德尔向最高统帅部发去电报："意大利可疑的论据丝毫没有减少。"于是希特勒出于对驻扎在西西里岛的德军部队的关心，下令立即开始撤退。

隆美尔的出现在意大利最高统帅部里引起了一阵骚动。波洛尼亚会谈后两天，维多里奥·安布罗西奥将军愤怒地给德方写信，要求德方召回隆美尔。"隆美尔元帅可能具有非凡的指挥才能，但北非、突尼斯，尤其是阿拉曼等事件仍然在影响着他。去年冬天，意大利最高统帅部好不容易才使他离开突尼斯，并保证不再派他到那里去。鉴于这种情况，隆美尔在意大利担任指挥似为不妥。"

可德国人对安布罗西奥的建议根本未予理睬。

8月17日下午，隆美尔按照德国的既定计划，驱车前往意大利北部加尔达湖设立新的司令部。但意大利人却不给他任何帮助，他们甚至不让他的电话线从那里铺设到慕尼黑。与此同时，据党卫师的报告，在南部较远的地区，佛罗伦萨和比萨两地间的公路上，意大利人已设下了坦克陷阱。这显然是针对德军的行动而采取的措施。

此时，盟军登陆西西里岛的哈斯基战役已经结束。8月16日，美军攻陷了西西里最北端的城市墨西拿。岛上德军一面顽抗，一面破坏道路和桥梁，并于8月17日从西西里岛北部经墨西拿海峡撤至意大利本土的南部。意军来不及撤退，全部投降。在这次战役中，德意军队共损失16.7万人，其中德军3.7万人，而盟军也付出了损失3.1万人的代价。

盟军占领西西里岛后，一面加强下一步登陆意大利本土的军事准备，一面开始对德国本土进行空中袭扰。

8月初，德国北方重镇汉堡在一次盟军轰炸引发的大火中，有4万市民葬身火海，德国上下开始进入了恐慌之中。8月23日，德国首都柏林第一次遭到猛烈的轰炸。第二天早晨，隆美尔的参谋长高斯获悉，他的家园和所有的财产都已毁于一旦，等到高斯夫人从东普鲁士赶回去时，只剩下了烧得焦黑、冒着青烟的一片废墟。

< 1943年8月，战败的德军经墨西拿海峡撤至意大利。

这种情况使得隆美尔对自己在新维也纳的家园也开始担心起来。他匆忙地给露西打电话，要她刻不容缓地抓紧时间把他们的财产转移到安全的地方。"事情来的时候是多么的突然啊，"他说，"虽然我暂时看不到这些爱物，但把它们藏在乡下安全的地方才能放心，这总比眼睁睁地瞧着它们被付之一炬要好。"隆美尔停了一下又说："大火连地下室都烧毁了。必须把家里的文件、地毯、银器、衣物和床单等物迅速转移到安全的地方去。"他寻思了一阵，又在清单里加上了油画、照相机和元首签名的相片以及一把日本大使馆邮赠给他的军刀，还有猎枪等物品。当隆美尔听说高斯在银行的存款也一起葬送了时，不由得忧心忡忡地对露西说："还是谨慎一点为好，切勿在新维也纳存太多的钱。如果银行被炸，账户能不能被自动转到其他银行，是个重要的保证条件。我看新维也纳那样一个小小的储蓄银行，是不会自动转账的。"

于是，隆美尔家的大部分贵重物品开始被装上卡车，一车车地运到了巴伐利亚乡下他第一次世界大战时的老友奥斯卡·法尼的家里，那是一座偏僻的农庄。此前，隆美尔已经把他的一箱箱文件和日记转移过去了。

8月22日，隆美尔亲自乘飞机去巴伐利亚看望法尼。他把斯托奇专机停在田野里，两人先在午餐时吃了鲑鱼，随后在下午用茶时又品尝了蟹肉。

席间，两人不禁回忆起从前在伍尔登堡山地营共事的日子。过了一会儿，隆美尔单刀直入地问："你对当前德国进行的这场战争有何高见？"

法尼试图掩饰自己的尴尬和不安。"要是陆军元帅飞到乡间来问我们农民此类问题，"他回答说，"那说明战争打得并不顺手。"

隆美尔点了点头，同意道："确实如此。"

1943年8月初，隆美尔的保险柜里已经放着希特勒的"轴心行动计划"秘密指示。一旦希特勒发出代号为轴心的命令，隆美尔将立即快刀斩乱麻地收拾掉集结在意大利北部的意军，解除他们的武装，接管海岸防御工事。

但这并非是件轻而易举的事情。弗尔斯坦将军私下提醒隆美尔说，仅在第44步兵师的防御区，就有将近4万名意大利士兵。隆美尔暗示，轴心代号必须出其不意地发布，"战斗打响后，你要使用重型武器迅猛地打击意大利人，投入奈比尔威费火箭炮。"

这种火箭炮在北非卡塞林一战中曾使美国人丧魂落魄。如果像隆美尔意料的那样，盟军确实会在北部意大利的拉斯佩齐亚的海上登陆，而意大利的新政权也同时倒戈到盟军那边的话，那么隆美尔并没有低估德军即将面临的严峻局势。因为那样的话，德军将不得不在两条战线上同时作战。

然而盟军采用的战略却大大出乎隆美尔的意料之外。

9月2日夜间，盟军调集地中海战区的40个师、3,000余架飞机、650艘舰船，由蒙哥马利指挥的英军第8集团军和克拉克指挥的美军第5集团军担任主力，再次兵分两路，从意大利南端和西南海岸抢占两个登陆场，然后艰难地向北推进。

隆美尔本来以为英军会直取拉斯佩齐亚，因为那里停泊的是意大利军舰，英军在那里更易于在最后一道德军防线的后面牢固地建立起一座桥头堡，直接切断德军，一网打尽。一旦英军采取了这一策略，将是对德军的致命一击。为此，隆美尔极力地反对凯塞林把主要兵力部署在意大利南端。

但事实却是，盟军没有采取这一更具威胁性的战略。

9月4日早晨，隆美尔奉命向希特勒汇报意大利的最新战况。对于盟军的这一次登陆，希特勒似乎显得镇静自若，满怀信心。他告诉隆美尔，不久将派他去见意大利国王，并且不顾约德尔的反对，同意隆美尔提出的意大利作战计划，也就是沿实际的海岸线采取步步防御的措施。

8时30分，隆美尔陪同希特勒共进早餐。希特勒郑重其事地告诫他，在晋见意大利国王时必须格外谨慎，不能在那里用餐。希特勒特意在这个时候加了一句话："我对你的健康表示关心。"

但局势多变，在隆美尔还没来得及去见意大利国王时，意大利政府已于9月8日公开发表停战宣言，宣布向盟军投降。

当日下午19时50分，德国最高统帅部用电话向隆美尔和凯塞林下达了代号为"轴心"的命令，20点20分，进一步的书面命令也送到了他们的手中："巴多格利奥元帅承认意大利

∨ 在意大利境内作战的美军装甲部队。

投降一事属实。轴心代号立即生效。"

随后，驻在意大利的德军立即包围了罗马，解除了意军武装。与此同时，隆美尔在他控制的北部地区开始大范围地解除意军的武装，把他们一网打尽。对此，隆美尔解释道："意大利士兵在南部和美军并肩作战，与我们对垒。而在北部，我们卸除了他们的枪，把他们当作战俘送往德国。意大利军队就这样声名狼藉地完蛋了。"

9月15日，隆美尔视察了意大利的海岸防线，他意识到自己的部队为数不多，却要防守十分漫长的意大利海岸。因此他制定了一条基本原则，这项原则甚至在整个1944年都成了他的癖好：凡是用得上的一切力量都投入海岸防线中去，不再保留后备队，必须拒敌人于海面。隆美尔精心挑选了他在半个意大利领土上缴获的军事和经济战利品，调来一组铁路大炮队，用以防守拉斯佩齐亚和里窝那的港口。隆美尔同时下达了命令："如果有人庇护逃窜的英军，必定找他算账，捉住后全家枪毙。"接着他飞往新建在加尔达的司令部去了。

15日晚上22时30分左右，隆美尔突然感到腹部绞痛，整整一夜都丝毫没有减轻。身边的人连忙将他送进医院，经检查确诊，他本人必须立即进行阑尾切除手术。这样，直到9月27日，他才痊愈出院。

隆美尔躺在医院时，不止一次听到了空袭警报。举国上下都在担忧下一回哪个城市又将遭到和汉堡一样的厄运，城里四处都标有箭头，告诉人们当大火燃烧时该往哪条路逃跑。闲躺在床上无法乱动的隆美尔猛然间醒悟，由于凯塞林马上就要撤出整个意大利南部，盟军即将攫取设施齐全的福贾机场，这就意味着盟军的战略轰炸目标马上就要对准奥地利了，这样的话，新维也纳也将在劫难逃。于是他立即写信给露西，要她立刻迁居外地，"最好是移居到伍尔登堡。"因为等待的时间越长，住房也将越难找到，因为不用多久，大批逃难的人都将从德国南部城市蜂拥而出。

隆美尔的预测是对的。尽管凯塞林也曾一度阻止了盟军的登陆进程，但越来越强大的盟军后援力量是他无法相抗衡的。到9月16日，盟军已经有8个师登陆，休伯的4个师无以为敌，只得边打边撤，沿意大利半岛北上。

但有一件事却是隆美尔没有想到的，一个新的意大利法西斯政府又成立了。在9月初，希特勒获知墨索里尼被运送到亚平宁山脉最高峰大萨索山山顶的一家旅馆里去了，于是他立即制订了一个营救计划。

9月13日，营救计划正式启动。希特勒亲自挑选党卫队的一名暴徒奥托·斯科尔兹内来执行这个计划。斯科尔兹内先绑架了一名意大利将军，然后驾驶滑翔机率领着一个小分队降落在山顶上。当时墨索里尼正在旅馆二楼的一个窗口里满怀希望地向外看着，大部分意大利警卫一看见德国军队就逃入了山中，少数没逃的也没有开枪，因为斯科尔兹内正把绑架来的意大利将军挡在身前，让大家放下武器。

就这样，德国人未开一枪就将墨索里尼营救了出来。9月15日，在希特勒的支持下，新

∧ 被德军解救脱险的墨索里尼,其身后为党卫队头目斯科尔兹内。

的意大利社会共和国成立了。但墨索里尼再也没有回到罗马去,他住在加尔达湖畔的加米纳特堡,与他的情妇克拉拉·贝塔西过起了浑噩日子,不问政事,直到他们被暴尸街头。

因此,当隆美尔于 9 月 27 日从医院里出来时,发现欧洲的局势正在飞快地变化。当天下午,陆军元帅凯特尔从最高统帅部打来电话,要隆美尔飞回"狼穴"参加会议,与希特勒讨论秋季战略。当隆美尔于 9 月 30 日午后走进希特勒的会议室时,元首看上去明显的心力交瘁,几乎病倒。他弯腰曲背,说话语无伦次。当大家在争论现代化步兵师里是否可以动用牲口驮运物资时,约德尔将军怒气冲冲地插话说:"我应该知道,我和蠢驴几乎打了一辈子的交道。"他的话顿时引起了哄堂大笑,但希特勒却未动声色。

接下来,隆美尔和凯塞林两人开始汇报在意大利执行"轴心行动"计划过程中取得的战果。他们共解除了 80 万意大利士兵的武装,押送了 26 万多人到德国服苦役,缴获了 448 辆坦克、2,000 门大炮和 50 万支步枪。然而这并不是最令人叹服的战果。在拉斯佩齐亚的三条隧洞里,隆美尔的部队发现了为意大利潜艇和军舰贮藏的燃料油,共有 38,000 桶,相当于 165 万加仑。正是这个意大利最高统帅部,一边窝藏着这么多的燃料油,一边却叫嚷海军没有燃料,不能为船只护航而及时把给养物资运给在当年北非苦战的隆美尔。

戈林接着插话说:"我们也缴获了数百架第一流的意大利战斗机。"

希特勒的脸上流露出怀疑的神情。凯塞林马上证实了戈林说的是实话,于是希特勒嚷道:"这些废物怎么竟干得这么神不知鬼不觉呢?"

戈林冲动地说:"意大利和墨索里尼多年来一直在有意捉弄我们。他们把飞机和原料都藏了起来。墨索里尼竟然一无所知,真该一枪把他崩掉。"

这句话又引起一阵笑声,但希特勒仍然板着面孔。

"真正的过失全在国王和他的将军们身上,"他说,"他们策划的这次叛变是蓄谋已久了。"

接着希特勒转向凯塞林和隆美尔说:"我们在意大利南

部坚守的每一天、每一周、每一个月，对我们来说都是生死攸关的大事。我们必须赢得时间，推迟算总账。现在英美军队和我们，双方处境都不太妙，他们和我们一样，也面临着人力和物力上的同样问题。但他们不久就将恢复元气，这样，我们再也无法打赢这场战争的特定时刻就将来临。但是只要我们能把战争拖延下去，就能使他们最终屈服。"

在研究当前应在意大利采取的对策时，隆美尔建议：最好的办法，就是让德军依次安全迅速地沿意大利半岛，撤到罗马以北150公里的地方，在那里进行最后的防御战。

但在实际战斗中，凯塞林却出人意外地滞缓了盟军的北进速度。于是在10月6日，凯塞林向希特勒建议，要求在罗马以南150公里处进行最后的意大利防御战，他相信至少能在即将到来的冬季守住这条防线。希特勒和约德尔满心欢喜地赞成了这项建议。

于是隆美尔的建议被束之高阁了，而且他仍然要处于凯塞林的后方，本来理所当然归他的意大利指挥权却成了煮熟又飞了的鸭子。

但隆美尔对此已无可奈何，同时他对最高统帅部也更加深恶痛绝了。他自我解嘲似的说："或许是因为我对我们能够坚守阵地所抱的希望不大。很可能正是由于在获得最高指挥权之前，我提出的保留意见造成了这种结局。大概还有一些截然不同的原因，但不管怎么说，凯塞林暂时还是凯塞林，他想继续留任自己的职务。"

事实上，正是约德尔和最高统帅部的参谋们，策划了隆美尔命运中的一次突变。因为他们认为隆美尔那种声名狼藉、不善外交的做法，使他不可能与意大利人和睦共事。正是由于隆美尔仍然对非洲的撤退耿耿于怀，所以委派他担任与意大利毫无牵连的职务，对他来说或许更为合适一些。

但把隆美尔从战场上拿下来同样让最高统帅部犯难，他们不知道应该让隆美尔接下来去做什么。希特勒此时也陷入了进退两难的窘境，该给这位他自己的宣传机器鼓吹出来的神秘元帅分配什么工作，同样使他难下决心。随后，他做出了一个十分不当的决定，让隆美尔集团军的参谋班子原封不动，在必要时可以给他出谋划策。但对隆美尔本人来说，这更让他感到是在蒙受耻辱，他觉得自己终于被抛在了一边。

最后，还是约德尔提出了勉强可以解决隆美尔问题的方案。10月30日，他把德国军界年事最高、资格最老的陆军元帅、西线总司令格尔德·冯·伦德施泰特的长篇报告呈交给希特勒。该报告指出，自1942年8月

∧ 德国凯塞林元帅。

以来，在欧洲与英国隔海相望的海岸线上，希特勒曾大肆鼓吹的"大西洋壁垒"事实上已经不堪一击。联系到盟军在西西里和萨勒诺成功登陆的事实，"大西洋壁垒"★根本无法阻挡盟军决意进行的入侵行动。目前，德军必须尽快地彻底检查和加固海岸防御工事。

约德尔建议，这项工作对隆美尔及其参谋班子来说是一项很合适的工作，无论盟军从什么地方发动攻势，从战术上来说，隆美尔等人都可以胜任反入侵的指挥任务。但是希特勒并不想做得太过火，他要约德尔起草一份适合于隆美尔的命令，只说是"研究任务"，而不指明"战术指挥"这样的概念，因为那样同样会让隆美尔感到自己受到了侮辱。

11月5日，希特勒在"狼穴"把这项命令正式下达给隆美尔。他着重指出，这项工作对德国具有重要的历史意义。"盟军要是从西线进攻，那里将是这场战争的决定性地点。举国上下必须全力以赴。"

★"大西洋壁垒"

第二次世界大战期间，德国对其欧洲大陆防御系统的一种称呼。这一防御系统包括欧洲西海岸的"大西洋墙"和欧洲南部地中海沿岸及沿海岛屿的防御工事、军事部署和补给运输线。德国对这一系统的吹嘘带有某种心理战的成分。事实上，从挪威诺卡普到比斯开湾之间，从芬兰延伸至克里米亚，并沿地中海沿岸向南至北非的前沿阵地长达上万公里的海岸线上仅有少数战略要地筑成了真正的坚固防御工事。1944年6月，盟军有力地突破"大西洋壁垒"进占欧洲并从西面打击德军，证明该防御系统是不成功的。

＞ 德国隆美尔元帅视察"大西洋壁垒"防线。

05 retrieval

德军受阻莫斯科

1941年12月5日起，苏军在莫斯科战场开始了对德军的全线反击。已经推进到莫斯科不到30公里的德军，在苏联人顽强的反击下，不得不向后撤退。虽然这场消耗战还远未结束，但苏联人毕竟已经阻止了纳粹德国的攻势，而且冬天寒冷的天气将对自己有利。德国的遭遇却恰好相反：士气低落，装备在泥泞中无法前进。而仅仅在两个月以前，希特勒还宣称苏联"已被彻底击垮，再也站不起来了"。

日军侵占菲律宾

侵占菲律宾是日本南进目标之一。为此，1941年12月，日军调集大量部队参加攻占菲律宾的战役。12月8日中午，日本空军首先空袭了吕宋美军机场。12月10日，日军在空军的掩护下在吕宋北部、东南部等地登陆，美军经抵抗后逐步撤退。1942年1月2日，日军进入马尼拉。4月，日军向八打雁发动全面进攻。5月6日，美国驻菲指挥官温赖特率美菲军队投降。至此，日军几乎全部占领了菲律宾。

美日搏杀中途岛

1942年4月，日军大本营批准了日本联合舰队司令山本五十六关于进攻并占领中途岛的作战计划，同时派出8支舰队分别担任佯攻、牵制、主攻等任务。由于美国海军掌握了日本海军的密码，所以根据日本的计划制订了迎击敌人的方案。6月4日晨，日机从航空母舰上起飞轰炸中途岛，双方展开了激烈的空战。6月5日，山本五十六被迫发出撤退命令。中途岛海战是太平洋战争的转折点。从此，美军开始对日军发起反攻。

英美联合参谋长委员会成立

1941年12月7日，日本偷袭了美国在太平洋的海军基地，太平洋战争爆发，美国参加世界反法西斯战争。为协调与英国共同对轴心国作战，经两国最高军政首脑协商后，于1942年2月6日在华盛顿宣布成立美英联合参谋长委员会，成员包括美国三军参谋长和英国驻美的海陆军官员。该机构对美国总统和英国首相负责，任务是制定和指导英美联盟大战略。

惨烈的瓜岛争夺战

1942年8月7日，美军1.6万名海军陆战队队员在所罗门群岛的瓜达尔卡纳尔岛登陆。在接下来的6个月中，美军与日军在瓜岛进行了激烈的争夺战。由于日军拒绝投降，又由于双方是面对面的战斗，且经常是肉搏战，从而使这场战斗非常残酷。到1943年2月日军投降时，日军损失2.1万人，美军损失2,000人，澳大利亚损失1,000人。瓜岛战役是二战中最为惨烈的战役之一。

盟军远征军阿尔及尔登陆战

1942年11月8日晨，由英美军队组成的盟军北非远征军东部特混舰队，在英国将军赖德的指挥下，在阿尔及利亚的阿尔及尔实施登陆。由于维希法国军队驻阿尔及利亚的马斯特将军等5人准备迎接盟军登陆，预先将在当地的法国军政要员逮捕，组织了一次成功的暴动，使法军防御系统陷于瘫痪，所以盟军登陆上岸非常顺利。当日傍晚，驻阿尔及尔的法军向盟军投降，盟军随即控制了阿尔及尔。

∧ 在瓜岛登陆的美海军陆战队员。

< 中途岛海战中，美军舰载机为美国舰艇护航。

< 日军占领巴丹半岛后，欢乎胜利。

< 瓜岛海滩上的日军尸体。

06

07

德统帅部第45号作战指令

1942年7月23日，德国最高统帅部签发的一项秘密作战指令。7月22日，德军A集团军群对苏联罗斯托夫发起最后攻击，并于7月23日攻占该市。当日，德国最高统帅部即签发作战指令，命令德军继续实施代号为"不伦瑞克"的第45号作战指令夏季攻势。据此，德军A集团军群和B集团军群分别向高加索方向和斯大林格勒方向发起总进攻。

北非卡萨布兰卡会议

1942年底，盟军在法属北非登陆，控制了这一地区。为进一步协调盟军今后的进攻方针，英美首脑丘吉尔和罗斯福及两国军事参谋人员于1943年1月14日至23日在法属北非的卡萨布兰卡举行会议。经过反复协商讨论，于1月23日通过了题为"1943年作战方针"的最后报告。决定首先全力击败德国潜艇战，在战胜德国后，立即对日本发动全面进攻等。

∧ 出席卡萨布兰卡会议的英美首脑。
∧ 参加第一次魁北克会议的丘吉尔、罗斯福、麦肯锡·金（前排从右至左）与英美将领合影。

retrieval

苏军发起"指环"行动

苏德战争期间，苏军顿河方面军于1943年1月10日至2月初在斯大林格勒附近对德军集团所发动的战役计划的密语代号。该计划的内容为：苏军将逐次歼灭德军，首先歼灭合围圈内西部之敌，然后歼灭南部之敌，再从西向东实施突击，将德军集团残余部分割成两个部分予以各个歼灭。在"指环"行动中，苏军俘虏德军9.1万人，歼灭近14万人。

08

盟军在西西里登陆

1943 年盟军为攻占意大利西西里岛而举行的登陆作战。1943 年 7 月 10 日凌晨，英美盟军 16 万人乘坐 3,000 多艘军舰和运输船只，向西西里岛东南部发动进攻，强行登陆。与岛上意大利和德国守军展开激烈战斗。至 1943 年 8 月 17 日上午 10 时，盟军控制了全岛。盟军占领西西里岛，打开了直接进攻意大利的大门，为以后迫使意大利退出战争创造了必要的前提条件。

墨索里尼下台

西西里战役使意大利的溃败已成定局，意大利处于山穷水尽的境地，法西斯政权摇摇欲坠。意大利国内的几股军事和政治势力都企图动手推翻墨索里尼。1943 年 7 月 24 日，意大利议会举行会议，要求国王收回墨索里尼的军队指挥权。7 月 25 日，国王下令解除墨索里尼的一切职务，并将其逮捕。至此，统治意大利长达 21 年的墨索里尼法西斯政权终于垮台，这使得盟国获得了道义上和政治上的巨大胜利。

第一次魁北克会议

1943 年夏季，英美在意大利战场上的作战行动进展顺利，同年 7 月 25 日，墨索里尼政权垮台，意大利政局动荡。英美两国首脑认为有必要再次举行会晤，以研究地中海地区作战方针和加速准备"霸王"战役，并就欧洲战场与太平洋和印度洋战场的关系问题尽快达成协议。1943 年 8 月 14 日至 24 日，会议以"四分仪"为代号在加拿大魁北克举行。与会者除丘吉尔和罗斯福以及加拿大总理麦肯锡·金外，还有英美两国的高级军政人员。会议达成了多项协议。

∧ 在西西里岛登陆的盟军部队。

第九章

注目英吉利海峡

1891-1944 隆美尔

隆美尔在巡视过程中，每到一处都可以看见自己努力的结果。密如森林的木桩和魔鬼般的障碍物，黑压压地布满了每一片海滩。根据他的命令，横跨瑟堡半岛顶端数公里内的村庄已成了一片汪洋。大路上埋设了地雷，布置了路障，到处都有重兵和大炮……

>> 巡视大西洋壁垒

1943年11月21日，一切安排就绪的隆美尔分别向墨索里尼和凯塞林道别后，直接飞往新维也纳，离开了意大利。

对隆美尔来说，这是一段难得的空闲时间。他立即开始实施早在医院病床上就已作好了的迁居计划，举家搬往斯瓦比亚靠近乌尔姆的一座村庄里。当乌尔姆镇的人们在为这位名声赫赫的贵宾准备舒适的住宅期间，隆美尔一家暂时住在赫尔林根附近莱宾格夫人的消夏别墅里。莱宾格夫人是个寡妇，丈夫原是个酿酒商人，已在英军的一次空袭中丧生。隆美尔在莱宾格夫人的别墅里，合家团聚，欢乐地度过了这个月的剩余时光。

12月1日，隆美尔接到希特勒发出的正式命令，要求他视察从北边开始与英国隔海相望的全部海岸防御工事。于是，隆美尔和他的参谋班子在慕尼黑火车站集合，登上专用列车，然后用了两个星期的时间巡视了最北边的丹麦海岸。尽管那里的冬天，天空阴暗凄凉，乡野索然无味，但人们的粮仓里却贮存着充足的粮食，丰富的物资令人眼馋。

经过视察，隆美尔认为，德国空军在丹麦占有优势，盟军决不可能入侵丹麦。但他仍然对丹麦的防守提出了自己的意见，因为孤零零的海岸大炮群似乎是那里唯一的防御设施。他指示说："这里的主战线从海岸到内防拉得太远了。重点要防住海边，最好是在滩头就歼灭大规模入侵的敌军。"他重申了自己曾在意大利北部制定的那些海防原则。

12月14日，隆美尔离开丹麦，回到家中休假三天。陪同他同往的是新来的工兵专家——浓眉大眼的威廉·梅斯将军。

在飞往乌尔姆的飞机上，二人仍在谈论着西线的防御问题。隆美尔若有所思地说："敌人什么时候开始进攻呢？他们一进攻，我们的后勤补给就无法把飞机、汽油、火箭、坦克、大炮和弹药送上前线，这就要求我们排除在陆地范围内作战的可能性。唯一有效的防御是在海滩地带，只有那里，敌人力量最为薄弱。"

梅斯只是简单地插入一两句话，更多的则是在入迷地倾听着隆美尔的谈论。隆美尔说，他决定在整个大西洋壁垒地带构筑一道10公里宽的坚不可摧的地雷阵地和钢筋水泥掩体。这种想法跟他从前在阿拉曼建造的令人生畏的"魔鬼乐园"如出一辙，不过，大西洋沿岸的防线却相当于阿拉曼的50倍。"我要用杀伤地雷、反坦克雷、反空降雷，同时还要用水雷击沉敌人的船只和登陆舰。"隆美尔激动地大声吼道，他的声音盖过了飞机引擎的轰鸣。

接着他又取出一张白纸，用一支笔比划着说："我要周密的布下地雷区，使我们的步兵可以通过，而敌人的坦克却无法逾越；我要设置一触即发的地雷，要只须切断引线即能起爆的地雷，还要埋设遥控的和光线一被遮住就爆炸的光敏地雷。有些地雷要用有色金属制造，使敌人的探雷器无法辨认……"接着他敏捷地在纸上勾勒了几笔，开始把他的设想画在纸上。

梅斯将军对隆美尔的设想佩服得五体投地，后来他回忆说："隆美尔不仅有作为一个军人

∧ 隆美尔与工兵专家梅森一起探讨反登陆作战中地雷的使用问题。
< 隆美尔深入德军大西洋壁垒防线视察防御情况。

的伟大气质，而且在我看来，他是第二次世界大战中最了不起的工兵专家。我没有什么值得教给他的，他就是我的老师。"

　　隆美尔回到了新居，但乌尔姆市送给他的那座别墅仍在装修。他只好与家人仍住在酿酒商人遗孀的别墅里。一天，他信步到他那座正在装修的大别墅里察看，顺便接见了前来看望他的赫尔林根市市长。隆美尔随口问了这位市长两个古怪的问题，致使这位市长在十多年后依旧对这两个问题记忆犹新。第一个问题是："这附近有多少普鲁士人？千万不要让太多的普鲁士人来这儿居住。"第二个问题是："你对战争有何高见？"市长对这两个问题瞠目结舌，不知如何作答。

12月18日，隆美尔再次离家，奔往法国。那时，数以百万计的盟军士兵正在对岸的英伦三岛接受训练，准备大举进攻希特勒的"欧洲堡垒"。但谁也弄不清盟军将在什么地方登陆，隆美尔的任务便是挡住他们。

19日，他驱车进入巴黎，拜访德国军界年事最高、资格最老的陆军元帅、西线总司令格尔德·冯·伦德施泰特，各家报纸都争相报道了他到达的消息。

二人共进午餐之后，伦德施泰特简要地向隆美尔介绍了西线的局势。最后，他淡淡地说："在我看来，前景暗淡。"

通过介绍，隆美尔对伦德施泰特部下的工作效率很是不满。在法国防线上，德军用了整整三年的时间，却仅仅埋下了170万颗地雷，也就是说，每月才埋设4万多颗。而英军1942年初在北非仅用两个月的时间就埋设了100万颗地雷，使德军动弹不得。

对法国作了初步的视察之后，隆美尔坚定地相信：盟军最有可能进攻的海岸线，必定是自比利时延伸至法国索姆河的第15军团驻守的地段。随后，隆美尔又进一步推测了盟军进攻时可能使用的战术。他认为盟军首先会以猛烈的空袭开路，然后在海上军舰和空中战斗轰炸机的火力掩护下，用数以百计的突击艇和装甲登陆艇，在广阔的战线从海上登陆；与此同时，在离海岸不远的内陆投下空降部队，从后面打开大西洋壁垒，从而迅速地建立桥头堡。

后来的事实证明，隆美尔当时的推测惊人地准确。

接下来，隆美尔驱车前往第15军团，与指挥官撒尔穆斯进行了详尽的谈话。他告诉第15军团：防御部队必须集中在紧靠海岸的地区，并且要保证后备部队可以随时前调投入反攻。一旦英军在旱地上获得了立足点，那就再也不可能将他们赶下海去了。

隆美尔把那项沿海岸部署一条地雷带的惊人计划告诉了撒尔穆斯，提醒他们有60万枚地雷将等待着他们去埋设。他同时还说，非洲的经验证明，假地雷场也同样能阻挡敌军的推进速度。

撒尔穆斯对隆美尔的计划产生了浓厚的兴趣，并进而要

∧ 隆美尔与伦德施泰特元帅（右一）等在一起。

求："一旦敌人开始进攻，我们势必需要有强大的战斗机群作掩护。"

隆美尔立即向他担保："上面已答应派一千架战斗机给我。"

撒尔穆斯不禁欢呼："有一千架战斗机，我们就能击退任何进攻！"

会谈后，隆美尔与撒尔穆斯一同巡视了第15军团的防区，那里的港口壁垒森严，但地雷区宽度只有二三十米。他们察看了沿岸的碉堡工事以及在敦刻尔克为电动鱼雷艇而修筑的地下掩体，还翻阅了许多照片，照片摄下了离英国海岸仅有30多公里的格里斯·尼兹角的大炮群。

12月24日，隆美尔终于在前线看到了他一直不相信会有的德国秘密武器。那是为希特勒新式武器修建的发射场，只要希特勒一声令下，远程火箭就将雨点般地落到伦敦城。隆美尔不由得深感吃惊，他这时才知道德国原来真有秘密武器，眼前的一切就是证明。在威泽尼斯，隆美尔看到了德军可怕的地下火箭发射装置；而在迈莫伊克斯，他又看到了一道由400门大炮组成的地下炮群，炮口每时每刻都正对着不到200公里外的伦敦。

隆美尔在对妻儿的思念中度过了1943年的圣诞节。12月27日，隆美尔与伦德施泰特陆军元帅进一步谈论西线防御计划。和撒尔穆斯一样，伦德施泰特也支持隆美尔在滩头阵地就把敌人的进攻打下去。但他们在一个很重要的细节问题上出现了分歧。伦德施泰特不同意把装甲师调到海岸的最前沿，因为他认为如果盟军在其他地方发起进攻，德军可能会来不及迅速地把坦克从海岸前沿调到需要它们的地方去。

后来的事实同样证实，伦德施泰特致命性地否决了隆美尔的一个正确建议。

1944年1月初，隆美尔暂离法国，视察了荷兰和比利时的海岸线。他并不真正相信盟军会在那里冒险登陆，因为无数条航道把当地的乡野分割开来，很容易使其成为沼泽地带。

隆美尔仍然把他的防御重点牢牢地放在法国沿岸。这个时候，他拥有着130万军队，不过，这些军队的素质很让他担心。因为部署在海岸一线的许多师，都是为了应付苏联战场而在这里休整的。这些师很少有机械运输工具，武器也不多，很多士兵几乎没有经过任何训练。大部分师的兵员平均年龄为37岁。更甚的是，一些表面看来无足轻重的防御地点，居然让一些由反对斯大林而逃到德国来的苏联士兵们驻守着。

再者就是巴黎的平和环境，由于盟军不对巴黎实施空袭，整个法国仍然弥漫在祥和自在的气氛中。在隆美尔看来，巴黎是一个喧嚣混乱的世界。他一直让自己保持着清教徒似的生活方式，烟酒不沾。即使在新年的时候，他也只是喝了两小盅红葡萄酒。隆美尔的这个特点，甚至盟军的蒙哥马利都对他十分赞许。

1944年1月的巴黎，黑市格外繁荣，餐馆、剧场、妓院、酒吧都被德国军人们挤得水泄不通。隆美尔悲伤地看着街上的军人大都提着箱子、抱着包裹，而不是荷枪实弹地扛着武器，仿佛战争离他们很远很远。

这种状况令隆美尔焦急万分。为此，他怀着忧虑的心情去看望了德国空军驻法司令官雨果·斯比埃尔元帅。但斯比埃尔同样令他失望，这个戴着一只单片眼镜、有着肥大身躯的65岁老官僚冷冰冰地说："事实上，敌人进攻的第一天，德国空军是帮不上忙的。虽然地勤人员已为飞行中队作好了准备，但那些飞行中队，包括飞行教练和学员，都停留在德国，要在敌人入侵几天后，才能从德国本土赶来。"隆美尔对此叹息道："这里的前景实在不妙。"

几天以后，隆美尔在会见他在波茨坦学院的老友、当时正担任驻巴黎近郊地区陆军指挥官的格尔特·海斯上校时说："一旦盟军登陆，如果迟至第四天我们还不能成功地把他们赶到海里去，那么他们的进攻就会取得成功。这毫无疑问。"

1944年1月10日，德军最高统帅部电话通知，希特勒同意隆美尔把敌人歼灭在海滩上的基本设想，为此授予隆美尔统率与英国隔海相望的法国海岸上所有部队的指挥权，任命他为西线B集团军司令。此时，西线总司令伦德施泰特已开始了长达五个星期的休假，从而使隆美尔完全摆脱了监督。

在隆美尔看来，这是他又一次大展身手的好时机，想到自己可以支配百万大军，按自己的意图和英美军队对决一番，一种无以名状的激情不禁油然而生。

1月15日，隆美尔命令各部队在海滩地区大范围地打下木桩、设置障碍，以防登陆艇靠近。同时，他又在沿海岸地区划出10公里宽的区域，改造成死亡地带。他把居住在这个区域里的法国人和比利时人赶出家园，撤往他乡；接着又拆毁了各种建筑，因为它们挡住了大炮的射界。他指挥着部下在沿海地区拦海筑坝，把附近乡村变成了一片汪洋。为了设置这个防御带，隆美尔把西欧海岸折腾得面目全非。

这时，一位海岸防御专家也赶来协助隆美尔。他就是海军中将弗雷德里希·卢格，一个无比快乐又自高自大的人，他是隆美尔的同乡。卢格早先曾组建了法国的海岸防御部队，继后又任驻意大利的海军最高长官。如今他成了隆美尔的海军随从参谋。

在卢格的帮助下，隆美尔要求部下们在死亡地带临海区域的每一平方公里范围内，埋下6.5万颗地雷，同时还要在内陆区为防备盟军空降埋设另一条地雷带，从而他的士兵将在法国埋下2亿颗地雷。隆美尔认为这是切实可行的。

这个时候，隆美尔又恢复了很久以前才能见得到的那种精神状况。他的参谋人员和陆军指挥官们对他所特有的充沛精力深感惊讶。他总是在早晨8点前就离开司令部。经过意大利几个月的闲适生活之后，他开始锻炼身体，恢复体力。他将狩猎作为一种锻炼方式，时常穿过枫丹白露附近泥泞的田野，走得四肢酸痛、筋疲力尽，沿途打倒几只正从路上奔过的野兔或野猪。

1月16日，隆美尔再次到英吉利海峡南面的法国海岸视察撒尔穆斯的第15军团。驻守在这里的优势兵力是第81军，他们已埋设了25.3万枚地雷。第81军军长向隆美尔报告说："撒尔穆斯要求每个工兵一天埋设10颗地雷。"

"20颗。"隆美尔急忙命令道。

对此，撒尔穆斯对隆美尔非常不满。因为他的士兵们握着铁镐和铁铲埋完一天地雷后，已经筋疲力尽，无法再进行真枪实弹的训练了。

"战斗打响后，"撒尔穆斯抗议道，"我需要的是生气勃勃、训练有素的部队，而不是身体已搞垮了的废物。"

隆美尔看了看他，不痛不痒地说："显然你是不打算执行我的命令了。"

撒尔穆斯也采用隆美尔式的手法，他先嘲笑了这位陆军元帅一番，然后又低声下气地劝说："你应该到各处去走走，这样，你很快就会发现不可能一下子把什么都做好。至少要花一年的工夫才能使你的计划生效。要是有人对你的做法不提任何意见，那他不是想向你讨好，就肯定是一头猪。"

隆美尔先是对撒尔穆斯笑了一下，笑得非常难看，接着就是破口大骂，直到骂得自己嗓音嘶哑了才住口。双方一时陷入了沉默，撒尔穆斯面红耳赤地把隆美尔送上了车。

当车子启动驶回枫丹白露★时，隆美尔对着渐渐消失的撒尔穆斯的身影指了指，跟卢格说："那个家伙大老粗一个，咒骂是他唯一懂得的语言。"

此时，隆美尔已把他的防御要求作为正式文件下达给了各级指挥官。"主要的战线就在海滩上。"他坚决要求，在盟军的登陆艇靠拢海滩前，等待他们的必须是排成阵势的地雷和暗伏在水下的桩子与障碍物。海滩后面便是遍布地雷的死亡地带，步兵和大炮就在那里严阵以待。凡是会放枪的人都得上阵，甚至炊事连也不例外。在死亡地带等待着的应该是精锐的装甲师，它们的坦克和大炮均已挖壕固守、各就各位，随时可以用炮火轰击海滩。"我看我们一定能取得西线防御战的胜利，只要我们有足够的时间把事情安排好。"隆美尔认为。

但是隆美尔并未取得支配装甲师的权力。由于此时德军正在苏联和意大利南部进行着殊死决战，装甲部队都已用到了前线上，目前法国仅剩下全国唯一的一个装甲后备队。伦德施泰特的主要坦克专家斯奇维彭堡·利奥·冯·吉尔将军正在对这个装甲部队作跨越全国围歼登陆之敌的军事训练。隆美尔与吉尔一见面就产生了矛盾，他对吉尔把在苏联战场获得的丰富经验运用在即将到来的战役中的办法表示怀疑，而吉尔也对隆美尔处理装甲师的策略深为震惊，他认为隆美尔把装甲师像大炮一样固定在死亡地带后面，等于把装甲师摆设在商店的橱窗里作表演。

→

★枫丹白露

枫丹白露意为"蓝色美泉"。1137年，法王路易六世修建了一座宏伟的、供打猎时休息用的城堡，那就是著名的枫丹白露宫。枫丹白露宫面积0.84平方公里，以文艺复兴和法国传统交融的建筑式样而闻名于世，是法国古典建筑的杰作之一。从1528年弗朗索瓦一世起，亨利二世、路易十六和拿破仑等历代君主根据各自的需要，不断对其加以改建和扩建，使之日臻豪华富丽。

∧ 隆美尔与第15军团指挥官撒尔穆斯合影。

两人各执己见，互相谴责。

1月下旬，隆美尔巡视到诺曼底。由于腰疾发作，他在那里只坚持了三天，巡视了狂风大作的海滩地区，驱车驶过卡昂、法莱、瑟堡以及圣·梅尔·艾格利斯等一些不引人注意的市镇和乡村。

在圣洛，隆美尔会见了指挥防御诺曼底地段的第84军军长埃里希·马尔克斯将军。这是一位坚忍不拔、精明强悍的指挥官，他是军事战略方面的权威，曾拟订总参谋部进攻苏联的原始计划，并在一次战役中付出了一条腿的代价。如今他安了一条木腿出现在诺曼底，咬牙切齿地发誓，要向在一次夜间空袭时杀害了他半家子人的英国人报仇雪恨。

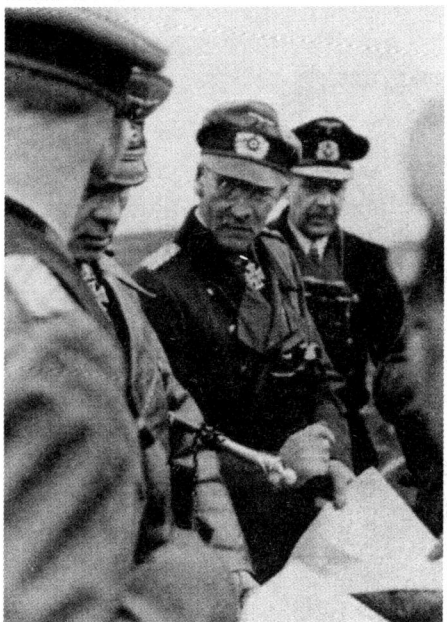

< 隆美尔推崇的用钢筋焊接起来的犬牙交错的捷克式环形筑垒障碍。

< 隆美尔与第84军军长马尔克斯将军（右二）等一起研究防御计划。

马尔克斯说话时充满乐观精神，但因为没有把他拥有的全部力量投入到主要战线而受到隆美尔的斥责。隆美尔带着失望的心情说："总的说来，在构筑防御工事方面，部队做得很不够，干得不出色。他们不知道这是火烧眉毛的至关重大的事。各处都有保留后备部队的倾向，这将导致海岸线整体防守必然薄弱的可怕后果。"

隆美尔严厉地对诺曼底防御部队批评道："要做的事实在太多了。在这儿，许多人都过着舒适的生活，对于即将到来的大战想得很少。""看来人们在和平的日子里都变得懒散怠惰、心满意足了。"

经过苦心经营，隆美尔的海滩障碍终于出现在西北欧的海岸线上。其中有钢筋混凝土筑成的呈四方体状的障碍物，有多层排列的楔形反坦克混凝土障碍，还有从用钢梁焊接起来的犬牙交错的捷克式环形筑垒阵地，以及其他不可名状、难以描述的障碍物。所有这些障碍物的用途均在用于撕裂和刺穿盟军登陆艇的底部。

在这段时期的每时每刻，隆美尔都在想着他的海滩防御工事。甚至到了每一个风景名胜区，不论他手下的参谋和随行人员如何劝说他去看一看，他都不予理睬。在充满了传说故事的圣·米歇尔山，大家正在抒发着幽古情怀，他却关注着那里的大片沙滩地带，认为那可能是理想的空降着陆场。当手下人指着修道院那带有神话色彩的尖顶让他看时，他带着一脸思考的表情点了点头说："我认为，从下面顺延至尖顶部分需要部署两个高炮连。"

隆美尔的新任作战部长冯·坦贝尔霍夫上校曾经很气愤地说过："我们的陆军元帅隆美尔一路上曾驶过许多纪念碑和优美的建筑物。但他总是专心致志地干着自己的工作，对其他的一切漠不关心，毫无兴趣，只有对目前的军事行动有用的场合例外。"由此，他想起在意大利比萨城时的情景，当参谋人员要求去看比萨斜塔时，隆美尔根本不理会，反而怒气冲冲地说："比萨斜塔不是已经倾斜许多年了吗？"他挥了一下手，"开车走吧，战争打完了那塔还会照样歪斜着的。"

一次，大家在圣马洛的一幢别墅里吃午饭，高斯给隆美尔看自己搞到的一个古董花瓶，这花瓶是塞夫勒驰名的瓷器厂生产的。隆美尔脸上顿时容光焕发："瓷器！"说着他把脸转向梅斯，"梅斯，我们为什么不用陶瓷作地雷的外壳呢？"

在此期间，隆美尔独出心裁地发明了各种新的防御技术。他建议用救火胶管的射流把笨重的木桩打入海滩下面。结果这个主意很奏效，木桩在三分钟内就能整根地被打到沙地下面，而用常规的打桩机则要花费45分钟。

在设置障碍物的过程中，隆美尔不是命令把地雷紧紧地捆在障碍物上，就是要求在障碍物上插上锋利的"铁刺"和参差不齐的钢板，这样它们就像罐头刀那样可以把登陆艇的船身撕裂。

为了克服地雷的短缺，隆美尔创造性把120万颗废炮弹派上了用场。他把这些废炮弹嵌在水泥障碍物上，上面安装了一块木板，作为临时触发器，一旦船只从旁经过，就会引起爆炸。为了把这些笨重的障碍物运到较远的海滩，他绘制了有关使用浮漂起重机、船只、马队以及滑车等技术的草图，并把设计图和使用方法印制出来分发给整个防区的指挥官们。

在那些日子里，隆美尔的精神在西线形成了一股无形的力量：士气。

渐渐地，那种赢得胜利的机会毕竟还存在的情绪，在士兵当中传播开了。人们仿佛又看到了阿拉曼战役之前的隆美尔。

>> 密谋与预见

1944年2月21日，年迈的伦德施泰特休假归来，隆美尔也可以休假10天了。

22日，隆美尔乘坐着他的亨克尔飞机回到了巴伐利亚。此时的他已经筋疲力尽。在过去的一星期里，他又一次视察了第15军团和第7军团的防区，17日他观看了在巴黎的坦克专家吉尔组织的大规模演习。陆、海、空三军将领们的意见有着极大的分歧。马尔克斯将军摇摇摆摆地走到地图跟前，重重地敲着地图上标记的诺曼底海岸线坚持说，进攻必将在那里打响，而在布列塔尼，盟军很可能会相应地发起另外的进攻。二者的目标都在于夺取瑟堡的巨大港口。隆美尔也同样坚定地回答说，他的海军专家们排除了盟军在诺曼底采取军事行动的可能，因为在靠近滩头的海底有许多暗礁。吉尔也把自己的计划向他们摊开，他的西线装甲群将作为后备队养息等待，以便在敌军登陆后的几天内，由他自己选择一块屠场与敌军作战。

这些意见分歧，令隆美尔烦恼不已。但现在，暂时可以将它们放在一边了。

此时，露西已迁到赫尔林根那幢宽敞明亮的别墅里了。隆美尔驱车沿着不算太长的、弯弯曲曲的车道驶抵住所。他还随身带了一条别人送给他的小狗，这条小狗刚刚一岁，名叫阿杰克斯。隆美尔对露西说，这是一条很好的看门狗。

而露西也向隆美尔说：家里来了一位客人。

来客是斯图加特市的市长卡尔·施特罗林。他是纳粹党的老党员，第一次世界大战时，他曾一度与隆美尔在同一部队服役，是个稳重踏实的知名人士。他身材高大，昂首挺胸。但隆美尔不知道的是，他是密谋推翻希特勒组织中的一员。隆美尔只是注意到他总神经质似的一支接一支地抽烟，却没有想到，他是把隆美尔推向死亡的第一个"索命鬼"。

施特罗林从属于施陶芬贝格的密谋集团。克劳斯·冯·施陶芬贝格，1907年出生于德国南部的一个著名伯爵世家，他的外曾祖父是抵抗拿破仑战争中的军事英雄之一格奈斯瑙，也是普鲁士陆军参谋总部的创始人之一，他的父亲曾做过伍尔登堡末代国王的枢密大臣。

施陶芬贝格于1926年参加了陆军。1936年进入柏林陆军大学学习。这是一个英俊健壮的青年，才华横溢、好学不倦、头脑冷静，曾于1943年在突尼斯参加过隆美尔指挥的卡塞林山口战役。在德军服役过程中，逐渐滋生了反希特勒挽救德国的思想。但1943年4月在盟军的一次空袭中，不幸受了重伤，左眼被炸瞎，左手的两个指头和整个右手被炸掉，左耳和左膝也受了伤,但对暗杀希特勒的执著和无与伦比的才能使他成了一个密谋组织克莱骚集团★的核心人物。

1943年9月起,施陶芬贝格升任中校,担任陆军办公厅主任奥尔布里希特将军的参谋长,很快他就开始练习用他那只残缺的左手引爆英制炸弹。这年12月26日,他到"狼穴"参加会议时,皮包里就曾装有一颗定时炸弹,但由于希特勒过圣诞节取消了会议而未遂心愿。

为了在军人高层中发展成员,密谋集团很快就将目标锁定了几名元帅,隆美尔便是其中之一。施特罗林此次到隆美尔家中正是怀揣着这个使命来的。

事实上,施特罗林在很早以前就开始了对隆美尔的试探工作。早在2月初,高斯将军告假飞往赫尔林根看望妻子时,

★克莱骚集团

德国国内反希特勒秘密团体,由反纳粹党人毛奇于1942年在位于西里西亚的克莱骚庄园建立。该团体主张在推翻纳粹政权之后以基督教作为革新德国社会的基础,并就改革德国体制问题拟订过草案。曾组织谋杀希特勒的秘密活动,但未成功。1944年,团体遭德国秘密警察破获,同年初毛奇被捕,后被处决。此后该组织逐渐被瓦解。

∨ 隆美尔与下属在一起研究防御计划。

作为市长的施特罗林就利用这种机会前来拜访。那时因为高斯的家已被炸毁，露西临时为他们夫妇提供了住处。趁此机会，施特罗林和高斯、露西长时间地讨论过政治问题。身染疾病、颓唐沮丧、在柏林遭到空袭后失去了一切的高斯不由得津津有味地洗耳恭听。此间，施特罗林用戏票讨取露西的欢心，还不时吹捧她精明能干；为她在豪华的斯图加特旅馆提供免费住宅；让她乘坐官方轿车，并献上令人眼花缭乱的花束。

但隆美尔回来后，并没有给施特罗林太多的热情，因为他是回来和露西、曼弗雷德欢聚的。此外，他还要训练小狗阿杰克斯。但出于礼貌，他还是接待了施特罗林。

施特罗林当着露西和曼弗雷德的面从箱子里取出一些文件来，接着就演戏般地、滔滔不绝地谈到希特勒政权犯下的种种罪行，谈到隆美尔有必要亲自插手"拯救德国"的伟业。这些话几乎都是证据确凿的，他所拿出的文件中有一份是为内务部准备的备忘录，其余的文件则真实地提供了纳粹的犯罪材料。他谈到纳粹分子对犹太人和在东方对其他民族的大屠杀，最后他说："希特勒不死，我们大伙儿都得完蛋！"

隆美尔一听到这话就站起来吼道："施特罗林先生，要是你能在我年纪还小的儿子面前忍住不说这些话，我会感激不尽的。"

听到此话，施特罗林显得非常尴尬，不得不收拾起文件离开了隆美尔的家。

施特罗林没能对隆美尔产生丝毫影响。而隆美尔一直到他生命的最后几周，既没有对别人提起过施特罗林，也没有再见到他。但这件事，在后来却成了隆美尔与密谋集团相勾结的一条罪证。

1944年3月3日晚些时候，隆美尔冒着漫天大雪回到了枫丹白露。他对这次假期感到非常愉快，空闲时，他给露西打电话，问那条狗生活得怎样。露西告诉他："倘若最近这两天你能和我们一起外出散步，你会很高兴地看到你的阿杰克斯，它现在不离左右地跟着我们。如果没有你严厉的调教，我想它是不会像这样听话的。"

3月4日，希特勒在作战会议上发出了重要指示，这条指示立即由最高统帅部以电报的方式发送到了隆美尔的手中："元首认为，敌人的进攻主要威胁着诺曼底和布列塔尼，因为该两地适宜建立滩头阵地。"为此，希特勒要求立即检查诺曼底的防御工事。

事实上，这并不是希特勒的新观点。自2月中旬以来，希特勒已三番五次地宣称，英美的联合进攻一旦开始，诺曼底海岸将是他们的进攻目标，或许还有布列塔尼，而战略目标则是夺取瑟堡港。希特勒之所以得出这样的结论，是因为他已获得了来自土耳其英国大使馆的情报。那是由一个代号为"西塞罗"的党卫军特务组织搞到的，他们拍摄了盟军内部文件的微型胶卷。

"英国人究竟为什么认为有必要把这一情报告知他们在土耳其的大使呢？"希特勒对这份情报持有些许疑惑。同时，希特勒还获悉这次盟军进攻西欧的代号是"霸王行动计划"。但隆美尔并不知道希特勒凭什么下这样的结论。他早已否决了这个观点，但既然是元首这么说，他无法反抗，只得去执行命令了。

3月6日早晨8时，隆美尔动身前往遥远凄凉的塞纳湾。他觉得自己这次是一种傻瓜似的远行。他带着马尔克斯将军向驻守诺曼底的第711师和716师疾驰而去。他们一路巡视着海岸和大炮阵地，一直到达很远的奥恩，然后转至特鲁维尔。所到之处，满目都是滩头障碍。隆美尔感到基本满意，但接下来的一项试验则立即让他惶恐不安起来。

士兵们用一艘缴获来的重120吨的英军登陆艇做了一次穿越德军障碍物的小型演习。结果，这艘登陆艇犹如穿过一堆火柴棍那样把隆美尔的木桩障碍撞得粉碎。

3月7日，隆美尔迅速地视察了剩下的地段。特鲁维尔东南的广大地区已是一片汪洋；在昆尼威尔，他看见一条8公里长的钢柱支架构成的障碍正封锁着海滩。隆美尔立即请马尔克斯向那里的部队转达他的祝贺。这在那几天里，是很少见的事情。因为隆美尔的视察一直让他的部下们紧张不安，他凡事都要亲自过问，而且他的要求大多超出士兵们力所能及的范围。而一旦哪里的工作没有达到他的要求，他动辄就勃然大怒，常常吓得下级指挥官们惊惶失措。甚至每天早晨向他作汇报的头一个人，必然要遭一顿臭骂已成了规律。

隆美尔的视察队伍一路风尘仆仆，从诺曼底经由瑟堡半岛和布列塔尼一直转到拉·罗歇－基杨，这里是专门为隆美尔的B集团军建造的永久指挥所。

这是一座位于塞纳河中游、风景如画的内陆村庄。塞纳河从这里环绕北去，一支高炮部队部署在这里，守卫着四周的山坡和峭壁。河谷里，一个坦克营正在演习。

3月9日晚些时候，隆美尔抵达这里，依稀的暮色映衬着那座城堡的优美轮廓。在隆美尔设立过的指挥所当中，这里应该说是首屈一指的。它背靠陡峭的山岩，山顶上矗立着一座半毁坏的、已有九百年历史的诺曼圆塔。

隆美尔手下的工兵们在峭壁里炸开了几条隧道，可容纳20名参谋军官和隆美尔集团军参谋部的另外80名人员，丝毫不会受到空袭的干扰。

随后的一星期，隆美尔曾两次驱车前往英吉利海峡岸边撒尔穆斯将军的第15军团驻地。这时，防守在布列塔尼的第7军团向隆美尔提出建议，既然木桩不能阻挡登陆艇，那就应该在木桩上绑上反坦克地雷。隆美尔立即采纳了这个建议，并对第15军团也发布了同样的命令。他再次告诫每一个人：务必对敌人跨越英吉利海峡的入侵有所防备。

隆美尔曾一再指明这一点的重要性。

ERWIN ROMMEL

< 隆美尔在前线视察。

∧ 隆美尔尽管对西线的防御信心十足，但有限的时间准备也让其忧心忡忡。

此时正是阳春三月。在指挥所的野外，春光给塞纳河谷染上了斑驳绚丽的色彩。隆美尔常常带着手下的军官们在花丛中散步，有时也出去打猎。每当隆美尔徘徊在富于浪漫情调的花园里，或是从两棵巨大的雪杉树那里沿河谷一路观赏他所喜爱的景致时，他往往不由得会讲起自己过去的生活。他给身旁的将军们讲起蒙特山、马奇诺防线、席卷阿拉曼的进军，以及亚历山大城门等。

或许隆美尔真的老了，据说只有心理苍老的人才喜欢不断地回忆起往事。

但隆美尔的回忆只限在指挥所里，一来到前沿阵地，他就再次成为那名脾气暴躁、雷厉风行的陆军元帅。他使西线的将士们都认识到：在即将到来的决战中，决不能三心二意，即使要付出巨大的伤亡代价，也要坚决将盟军部队消灭在登陆之前的海滩上。虽然德军远远不能取得整场战争的胜利，但随着西线战事出现转机，形势将会对德国有利。

"假如我们还能有几星期的时间用来加强防御，我们就能赢得这次战役的胜利，说不定可以决定整个战争的胜负。"隆美尔多次提到，"我们西线这里信心十足，能够打胜，但东线也必须坚守住才行。"

>> 生日的礼物

早在1943年12月，盟军就开始由最高司令部副参谋长摩根中将组织制订相关的欺骗和保密措施，以确保登陆的成功。这项计划代号为"杰伊"，具体实施由英国陆军中校约翰·比万负责，他的绰号是"诈骗总管"。虽然他职务和军衔不高，却拥有很大权限，甚至有时丘吉尔、罗斯福都要遵照他的要求安排活动或发表声明。

1944年1月，"杰伊"计划改称"卫士"计划。其目的主要有两个：一是通过各种途径，诱使德军分散在欧洲各地，从而使德军在法国，尤其是诺曼底地区的守军降低到最低限度。二是要使德军统帅部相信，诺曼底登陆只是一场佯攻，目的就是诱使德军过早投入后备部队，从而为他们的下一次更大规模的主攻创造条件。

为了达到"卫士"计划的第一个目的，即分散德军的目的，比万在南欧实施了"齐柏林"计划：故意泄露罗马尼亚和匈牙利欲向英美投降的情报，迫使德国从法国抽出3个装甲师和1个步兵师，于1944年3月19日占领匈牙利全境。与此同时，比万在北欧又组织了"北方坚忍"计划。1944年1月，比万访问苏联，与苏联情报机关联手制造进攻挪威、瑞典的假象，使德军在挪威和瑞典部署了13个师，其中有1个装甲师，以应付盟军的进攻。

"卫士"计划的第二个目的也是最关键的目的，就是要使德军相信诺曼底登陆只不过是一场为了过早消耗其后备部队的佯攻。为此，比万设计了多达几十项的附属计划。

其中最重要的就是"水银计划"：在英格兰东南部地区，盟军虚构了番号为美国第1集团军群的部队，并不断虚构这一假集团军群部队之间的来往电文，同时，他们还在多佛尔设立了假司令部，使用大功率电台与各下属部队联系，并在英格兰东南部地区，修建了大规模的军用设施，使德军统帅部认为盟军已集结了约 40 个师组成由巴顿★任司令的第 1 集团军群，正准备在多佛尔对面发起主攻。

★巴顿（1885～1945）

美国陆军上将。1909 年毕业于美国西点军校。第一次世界大战时期在美国坦克兵团服役。第二次世界大战期间在欧洲和地中海地区作战。1942 年任盟军战役集群司令，参加北非战役，率部在卡萨布兰卡地域登陆。1943 年任美国第 7 集团军司令，参加了西西里岛之战。1944 年任美国第 3 集团军司令，横扫德军占领下的法国。1945 年 1 月进抵德国边境。法西斯投降后，先后任巴伐利亚总督和美军第 15 集团军司令。1945 年 12 月因车祸身亡。

同时，英国还大批量地利用双面间谍协助"卫士计划"的完成。其中，"加宝""珍宝""三轮车"和"布鲁斯特"等人就是当时深受德国信任的双面间谍。这里，值得一提的就是"三轮车"，他出身南斯拉夫名门，名叫杜斯科·波波夫，在欺骗德军的过程中发挥了很大作用。后来闻名遐迩的 007 系列电影中的詹姆斯·邦德就是以他为原型的。这些双面间谍不断向德军提供高度机密的假情报，使得德军上上下下一起被蒙进鼓里。

因此，隆美尔也在所难免地出现了严重的判断失误。然而事实表明，这个时候倒是希特勒表现得最为清醒。盟军的假消息越多，狡猾的希特勒就越认为盟军的进攻目标是在诺曼底。

5 月 1 日晚些时候，希特勒急切地给 B 集团军的指挥所打电话，询问马尔克斯指挥的那个军团防守诺曼底的情况。

在 5 月 2 日的作战会议上，希特勒突然决定调派一个伞兵军和空降部队前往诺曼底和布列塔尼半岛。与此同时，西线海军部的西奥多·克朗克海军上将也根据盟军轰炸和埋设地雷的情况，以及手头掌握的德国空军对英国南部的侦察照片得出结论说，勒阿弗尔和瑟堡的大港口很有可能是盟军进攻的主要目标。但是由于隆美尔的海军副官卢格上将和克朗克上将之间结有私怨，因此隆美尔根本没机会获得克朗克的判断结果，他的两眼仍旧紧紧盯着英吉利海峡的别处。

5 月 5 日，多尔曼也向隆美尔建议，鉴于盟军有可能在诺曼底发动大规模的进攻，应把第 74 军全部人马从布列塔尼调到诺曼底。但是隆美尔一口拒绝了这项建议。

∧ 德军在诺曼底一线构筑的地堡工事。

同一天，隆美尔仍旧在向刚刚接管的第 116 装甲师发布命令："我们预料进攻会在索姆河河口附近展开，你们要严密监视这个方向。"这个时候，隆美尔对即将开始的这场战役表现得极有信心。5 月 6 日，他还心怀疑虑地给最高统帅部打电话，询问为什么他们命令增援诺曼底。

接电话的是约德尔，他说："元首有确切的情报，瑟堡将是盟军的第一个战略目标，此外，我们获得的情报说明，英国人成功地进行了穿越你那一类障碍物的试验。"

约德尔的回答让隆美尔大吃一惊。他立即打电话给马尔克斯将军，说他在三天之内要亲自视察诺曼底。

5 月 9 日早晨，隆美尔果然动身前往诺曼底了，但他的嘴里却唠咕着自己的怀疑。在那里，他特别注意到：第 7 军团的这个防区与第 15 军团的防区相比，盟军的空中活动要少得多，这个情况更增加了他对希特勒那个判断的怀疑。他不知道，这正是英军欺骗计划的一个重要组成部分，盟军已获得通知，在多佛尔对岸活动的飞机架次必须保持在到诺曼底地区活动的飞机架次的两倍以上。

隆美尔在巡视过程中，每到一处，都可以看见自己努力的结果。密如森林的木桩和魔鬼般的障碍物黑压压地布满了每一片海滩。根据他的命令，横跨瑟堡半岛顶端数公里内的乡村已成了一片汪洋。大路上埋设了地雷，布置了路障，到处都有重兵和大炮。

5 月 10 日早晨，隆美尔在圣洛与马尔克斯一同进了早餐，然后又到法莱地区埃德加·弗希丁格将军指挥的第 21 装甲师驻守地区作了一番巡视。

弗希丁格是纳粹党的心腹，但缺乏军纪，10 日早晨 8 时已过，隆美尔走进第 21 装甲师

∧ 深受隆美尔赏识的斯派达尔（左二）卷入了暗杀希特勒的行动之中。

指挥所里时，那里尚空无一人。过了好一会儿，一名上校军官才醉醺醺地走了进来。隆美尔气愤地哼了一声说："你们这些混蛋，如果敌人在 8 点半发起进攻怎么办？"上校气喘吁吁地说："那将大祸临头！"然后他就颓然倒在椅子里不动了。

但这一次，隆美尔意外地没有发火，他在心里对这支部队很是赞许。因为第 21 装甲师是临时拼凑起来的，弗希丁格手下的大多数军官过去从未跟坦克打过交道。但弗希丁格凭着他的机智用缴获来的捷克、法国和苏联坦克，把该师武装成了一支很像样的机械化部队。一旦盟军进攻诺曼底，他的这支部队将是临阵时唯一能够作战的装甲部队。

出了法莱，隆美尔直接打道回府，从而结束了他为期两天的视察工作。

隆美尔走后，马尔克斯这位驻守在诺曼底的第 84 军指挥官，终于缓了一口气，他坐下来，心平气和地给家里写了一封信："目前，很多人都认为英国人决定拿我这里开刀。但我

已得到了许多出色的新兵，并且正忙着把他们的名单从卡片盒里拿出来理一理。他们的到来使得第84军的兵员数字达到了十万之多。在战争进行到第五个年头的时候，我的部队还能在数量和质量上取得这样的成绩，真叫人高兴。最近元首刚刚派到这里的第91空降师是一支货真价实的精锐部队，自1918年以来，我就不曾有过这样的部队了。现在，我怀着欣喜的心情展望未来，不管敌人怎样向我进攻，都将不在话下。凭我的感觉，我总认为这次战役极有可能在我生日的前后几天初见分晓。"

马尔克斯将军的生日和露西的生日正好是同一天：6月6日。

隆美尔回到指挥所时，新派来不久的斯派达尔正在那里专心致志地照料着军务。隆美尔对他的这位高学历的参谋长的工作极为满意，于是，他换上一身便装，和一群法国地主出去打猎了。

但隆美尔万万没有想到，此时的斯派达尔正在积极准备暗杀希特勒的工作，同时，他也在悄然地筹备着将隆美尔拉进来。在隆美尔离开城堡上前线期间，指挥所附近总会出现一些陌生面孔，他们都是被斯派达尔拉进密谋圈子里的人。

5月12日，隆美尔和斯派达尔等人一起为陆军最有权势的军需主任爱德华·瓦格纳将军举行了一次丰盛的宴会。隆美尔希望借此机会疏通他调拨给大西洋壁垒更多的武器，譬如正处于短缺状况的反坦克火箭炮等。这位政治上头脑简单的陆军元帅却压根儿没想到，瓦格纳应邀前来的真正动机是与斯派达尔商讨推翻希特勒的计划。这名柏林的密谋分子已给斯派达尔发出信号，允许他诱导隆美尔入伙。

早在5月初，密谋分子中的关键人物之一，前任参谋总长路德维希·贝克将军就曾派遣一位中间人到巴黎敦促军事总督卡尔·海因里兹·冯·施图尔纳格将军准备起义，配合暗杀阴谋。

随后，施图尔纳格派人通知斯派达尔，要尽快地争取隆美尔加入密谋集团。斯派达尔答应用狡猾的手腕小心谨慎地开展工作。同时他也警告说，要使隆美尔成为政变的重要人物并不是一件轻而易举的事。

对于所有的这些密谋活动，隆美尔根本一无所知。他正在思考着如何与盟军打一场持久战。

5月13日早晨，隆美尔驱车离开指挥所，最后一次到第15军团防区视察了一遍。

"我很高兴自己能负责这项任务，因为在这以前，人们把我描绘成一个疾病缠身的人。但是元首信任我，这使我感到心满意足。"隆美尔对身边的人说。

的确，此时的隆美尔是心情愉快的。当他看见第2装甲师还在练习运动战时，便叫道："敌人进攻时，别窜来窜去的，只管一个劲地射击就是了。"而当另外一个师抱怨他们缺少机关枪时，隆美尔却满带笑容地说："等敌人来拜访你们的时候，到他们手里去夺吧！"

这一次巡视，隆美尔对撒尔穆斯在英吉利海峡的海岸上部署的防御工事表示极为赞赏，撒尔穆斯的脸上顿时露出了笑容。午餐过后，在一间巨大的地下武器掩体里，撒尔穆斯为隆美尔发表了一篇热情洋溢的贺辞。师一级的指挥官们借此机会骄傲地宣布了他们的总成绩：一个师设置了9.8万根木桩；另一个师打下了9.6万根。隆美尔亲自为成绩最大的部队颁发了手风琴，以资奖励。

截至这一天，德军沿着英吉利海峡的海岸用打桩、夯实、喷水、拖曳等办法已布下了51.7万座海滩障碍物，埋设了3万多颗地雷，此外，在海滩的死亡地带里也埋了400万颗。可是，在诺曼底却没什么显著的成果。盟军的轰炸完全破坏了那里的铁路和公路运输，必要的水泥和材料运不上去，反空降设施刚刚开始动工，海滩障碍物也仅仅在高水位地带完成。此时，克朗克海军上将大声疾呼，敌人可能改变进攻战术，选在低潮时登陆。5月的头几天对英军试验进攻的观察情报和破译的密码电报都证明了这一点。

但隆美尔没有去理诺曼底，他的眼光一直注视着第15军团的防区，而且充满了百分之百的信心。他公开向各媒体宣布："对于在西线即将到来的具有历史意义的战役，我充满了信心。"

同时，隆美尔在德国人心中的强大号召力再次发挥了积极作用。隆美尔坐镇法国一事，使整个德国都掀起了乐观主义的热潮，几乎所有的人都在准备迎接这场进攻，"人们把这看作是扭转乾坤的最后机会。事实上没有一点害怕盟军进攻的迹象。"

空暇时间，隆美尔去看了一次自己在非洲的老朋友拜尔莱因。此时，拜尔莱因正在担任精锐的李赫装甲师的指挥官，这个师是专为对付盟军的进攻而组建的。隆美尔悄悄地对拜尔莱因说："我真担心在这里会重演北非的悲剧，主要是担心后勤补给线被盟军炸得支离破碎，弄得从莱因河那边什么也运不过来。就像在北非一样，无法跨过地中海把给养送到我手中。"

5月16日中午，隆美尔以满腔的热情在电话里向希特勒汇报了西线战争准备的进展情况。他对弗希丁格将军正在改革的多种火箭发射器大加夸奖："我想像得出，这些发射器从地堡里一次可以连射47发炮弹，打出4,500百米远的距离。弗希丁格对我说，他完全有能力弄到火箭弹药。"希特勒对此表示赞赏。隆美尔接着补充说："这里的官兵们士气高昂。有个军为对付空降着陆已埋设了90万根木桩，这个部队在今后的几星期内还将用100万枚手榴弹作为爆破武器把自己武装起来。"

在这次电话中，希特勒似乎心情极好，对隆美尔在西线的工作表示了祝贺，同时也希望他能比现在取得更快的进展。

第二天，隆美尔带着昨日的兴奋驱车前往诺曼底，检查马尔克斯将军是否按照他的命令正在把预备队全部调往前线。

下午时分，隆美尔抵达布列塔尼。那里当时正是艳阳初斜，阳光灿烂，遍地开满了香味四溢的苹果花。隆美尔高兴地看到，他上一次视察时眼前还是空荡荡的海滩，而现在，却已布满了坚不可摧、密密麻麻的障碍物。

当晚，隆美尔与当地防区指挥官一同进餐，十分感慨地回首起往事，谈到了两年前托卜鲁克的那场恶战，以及当时被俘的新西兰人。

夜幕降临后许久，隆美尔和卢格海军上将信步行走在海滩上，一直走进一片致命的人造障碍物的纵深处。"让敌人现在进攻我们吧，"隆美尔感慨地说，"他们会心惊胆战、两腿发抖的。"

这一次巡视，再一次增强了隆美尔的信心，他心满意足地驱车回到拉·罗歇—基扬。

5月20日，两名英国突击队员在索姆河河口被德军抓获。这两名俘虏的口供再次向隆美尔证明，盟军进攻的地点将是多佛尔对岸第15军团的防区，诺曼底不可能遭到进攻。同时，隆美尔的参谋们还推论出：既然盟军现在仍在派出间谍前来侦察，说明他们的进攻并非迫在眉睫。

殊不知，这两名英国间谍被德军抓获，同样也是盟军欺骗计划中的一个组成部分。

在5月的最后几天里，隆美尔感到有一种类似于无所事事的轻松。他不是外出打野兔，就是和手下人员四处去散心。他常常带着一群狗，所到之处狗跳鸡飞，轰轰烈烈。

显然，此时的隆美尔对有关盟军进攻的目标和前景的看法没有丝毫的改变。对他来说，所有的事实都表明，进攻的目标仍旧是最靠近英吉利海岸的第15军团的防区。

隆美尔对自己的防御措施信心越来越足。为了确定盟军可能发起进攻的时间，5月31日，他详细地查看了月相和潮汐表，并做出了另一个致命的错误判断：6月20日以后才会有适于盟军发起进攻的海潮。

6月3日，隆美尔到了巴黎，在看望过那位德高望重的老将军伦德施泰特后，他一路悠然地在繁华市区里逛了起来，并为露西买了一双精致的鞋子。

但隆美尔的战争嗅觉有时的确有超乎常人的地方。那一天，尽管隆美尔是在巴黎的市区里闲逛，但他的头脑中却一直在思索着西线的防御工事。当他想到刚才在伦德施泰特那里看到的有关盟军近期演习的情况时，忽然惊了一下，他立即向各级指挥官们发布了一项意义重大的命令："敌军接二连三地进行低潮时期的进攻演习，这就要求我们对此要加以慎重的考虑。各沿海部队要加紧进行在低潮水线构筑障碍物，务必在6月20日前完成该计划。"

但由于隆美尔急于回家给露西过生日，他没有更多地思考这个问题。因此，这个纠正错

★ "海王星"计划

第二次世界大战期间,盟军诺曼底登陆战役海上作战行动的密语代号。为了彻底消灭德国法西斯,履行在国际会议中开辟第二战场的诺言,确立自己国家在战后世界和欧洲的地位及发挥应有的作用,英美两国政府决定于1944年实施在法国登陆的"霸王"战役。"海王星"战役计划是"霸王"计划的重要组成部分。"霸王"计划的实施、第二战场的开辟,给德军以毁灭性的打击,加速了德国法西斯崩溃的进程。

误的机会,在他的头脑中只是闪了一下,就永久地离他而去了。

　　6月4日早晨,隆美尔以面见希特勒、汇报西线情况为由,让斯派达尔留在指挥所里照管军务,自己在作战部长坦贝尔霍夫上校的陪同下,告假返回德国。但他没有直接去见希特勒,而是先回家给露西过生日了。隆美尔想在给露西过完50岁生日后再去面见元首。

　　他一点也没有想到,此时的西线已危在旦夕了,盟军已经开始实施具体的登陆行动,代号"海王星"★。这是整个"霸王"登陆计划中最关键的部分。

∨ 隆美尔与手下将领们在前沿视察防务。

那么，是不是盟军的欺骗计划如此完美，德军根本就没有得到任何消息呢？不是。

事实上，尽管盟军的欺骗计划制订得十分缜密，但还是出现了很多漏洞。德军的情报机构早在6月1日就破译了英国广播公司向潜伏在法国各地的破坏组织发出的一组密码，长达125条。这组密码表明，盟军的进攻将在未来两星期内开始。

接下来，这个情报机构立即向巴黎的伦德施泰特和柏林的秘密警察报告：6月15日之前盟军将发动进攻。秘密警察又立即将这条消息汇报给最高统帅部。

6月2日，希特勒得到了这一消息。紧接着，最高统帅部把这异乎寻常的情报传达给总参谋部驻在西线部队的一个由情报专家组成的直属机构。这个机构肩负着就情报工作事项把有关消息转达给下属各部队的责任。可惜的是，那条重要情报到了它这里就再也没有传达下去，因为当天负责此项任务的正是一个反希特勒密谋组织的成员。

同一天，伦德施泰特的参谋们也接到了这份直接从情报机构传送来的重要消息。但他们看到这份消息是从广播电台获得的，没有认真考虑，就丢到了一边。同时，这些参谋们还认为，既然五个月以前隆美尔就接管了海岸各军团的直接指挥权，那么给这些军团发布戒备命令就该是隆美尔的责任了。于是，他们又出于应有的责任感把这份情报转到了隆美尔的指挥所。

隆美尔的情报官员接到后，很是不以为然，因为他们经常接到这个广播电台的消息，早已失去了对它传发出来的消息的信任感。于是，在6月3日，B集团军情报部起草了一项命令："鉴于过去的经验，6月1日以来敌方无线电不断为法国地下组织拍发的密码用语不能解释为进攻已迫在眉睫。"

正在替隆美尔值班的参谋长斯派达尔同意了这个报告，继续安然地考虑着他的密谋计划。

但此时在希特勒大本营里，气氛却不那么乐观。最高统帅部约德尔的参谋人员们已正确地预料到进攻目标将是瑟堡半岛，他们查看了潮汐表后警告希特勒说："6月5日至13日将是适合盟军进攻的日子。"然而在法国，各级军官却对这些来自最高统帅部的警告置若罔闻。甚至隆美尔在离开之前也曾说过："盟军是不会就进攻的。即便发起进攻，他们在海岸上也无法逃回去。"

在整个西岸防线上，似乎唯一心存忧虑的人就是防守在诺曼底的马尔克斯将军了，他在那只假腿的帮助下，迈着不便的步伐持续地在沿岸巡察。在视察诺曼底海岸线的第716师和第352师时，他感到有点心虚，因为这两个师中每个师的防御地段都长达50公里。5月30日，他跟撒尔穆斯谈起这两个师时说："这里是全军最薄弱的防御地带。"

6月1日，马尔克斯又去了阿诺曼彻勒巴恩，他站在那里的一座山上，凝视着英吉利海峡的海面，仿佛正在眺望海平面远方的军舰一样。他头也没回地对身旁的一位陆军上尉说："假若我了解英国人，下星期天他们将是最后一次去教堂祈祷，然后在6月5日那个星期一开船。B集团军说敌人还不会来，即便出动了，也是冲着加莱去的。但是我认定我们要在星期一迎接他们，而且就在此地。"

的确，B集团军绝没有马尔克斯那么忧心忡忡。总司令隆美尔和作战部长坦贝尔霍夫都离开了指挥部，只有那个一心要暗杀希特勒的斯派达尔守在那里。斯派达尔和隆美尔一样，坚信盟军即使进攻，也只能在多佛尔对面的加莱地区展开攻势，况且多佛尔海峡的海潮在以后的许多天里是不利于军事行动的。

　　6月5日，没有隆美尔存在的指挥所成了斯派达尔的天下，他的密谋友人们聚集在那里，共同商讨着一份拟在推翻希特勒之后发布的和平宣言。

　　当晚22时刚过，一阵急促的电话铃响打断了斯派达尔小组的窃窃私语。这是B集团军情报部打来的电话："第15军团的情报人员报告，晚间21点15分，他们的一处无线电监听站收到了英国广播电台播发给法国地下组织的第二组密码。这意味着盟军的进攻日将是次日早晨，即6月6日。目前，撒尔穆斯将军已向第15军团发出戒备命令，不知在诺曼底的多尔曼第7军团是否也应处于警戒状态？"

　　斯派达尔冷淡地思索了一下："这个，你们给伦德施泰特司令部打个电话，征求一下意见。"

　　但伦德施泰特的一位副官很快就回复了B集团军情报部，让他们自己定夺。

　　此时，夜色已深。情报部因为本来就对英国广播电台的消息采取不信任的态度，而且一直相信盟军登陆也只能从第15军团的防区内上岸，既然他们已经戒备，就没必要打扰第7军团将士们的清梦了。

　　当然，一直把心思放在密谋工作上的斯派达尔也没有太多地关注此事，直到6月6日凌晨1点，客人们都走了，他才上床就寝。

　　此时，欧洲西线一片寂静。只有第15军团正怀着半信半疑的心情在紧张戒备着，而守在诺曼底的第七军团则美梦正酣。

　　而在风暴猛烈、潮水低落的英吉利海峡中，由6,400多艘舰船组成的庞大进攻舰队正在悄悄地接近诺曼底。这支舰队从海面上已行驶了很长时间，可德军方面竟然没有任何人觉察到这支舰队的到来。只要英吉利海峡里有一只德军巡逻船，也能提前给希特勒发出警告，但德国海军因为失去了制海权，而且当时海浪太大，根本就没有巡逻船出海。

凌晨1时，英军进攻部队的6名士兵第一批被空投到瑟堡半岛上。随后，盟国部队源源而至，不可计数的英军伞兵和滑翔机遮住了满天星斗，一场史无前例的登陆大作战开始了。

1时10分，德军第716步兵师率先拉响了战斗警报。1分钟后，马尔克斯向他的全体部队发出戒备命令。诺曼底的第7军团终于在1时35分进入戒备状态。与此同时，第7军团的参谋长贝姆塞尔火速向B集团军指挥所打电话。电话铃声惊醒了斯派达尔，他和贝姆塞尔通话后又立即给在巴黎的伦德施泰特的参谋们挂电话。在短短的5分钟内，西线德军的各级指挥部陷入了一片嘈杂的电话铃声和惊异的喊叫声中。

凌晨1点40分，斯派达尔接到第15军团的报告，他们也发现自己防守地段的海岸上方有空降兵正在着陆。斯派达尔立即断定，盟军在诺曼底实施的只是一次局部攻势。

5时30分，盟国海军对隆美尔的死亡地带和海滩障碍物开始了惊天动地的轰击。对此，斯派达尔却告诉第7军团："目前，盟国海军轰击的目的还不显著。总的来讲，这好像是为配合以后在别处的进攻计划而实施的一次附加军事行动。"

德军在最初的几个小时里完全陷入了争议之中，他们似乎对盟军在诺曼底的进攻是否是一场大规模的行动各持己见。

而此时的隆美尔却是悠闲的，他远在赫尔林根自家的大别墅里，对西线的混乱状态一无所知。

6月6日对他来说是一个特殊的日子。这一天，他起得很早，身穿一件红颜色的条子花睡衣，踩着拖鞋，心满意足地从这个房间走入那个房间。整个别墅里，到处都是鲜花，客厅的桌子放满了各种礼物。而他刚刚从巴黎买回来的那双鞋子，正摆放在最起眼的位置上。

这一天是露西的生日，而且是露西50岁的生日。

忽然，门外响起了敲门声，女仆卡诺丽娜走了进来："元帅，有电话找你。"

∧ 一名德军士兵在诺曼底海滩上执勤。

∧ 大批盟军舰船正驶向诺曼底。

"哦，我马上来。"隆美尔以为这是希特勒的副官们打来，告诉他有关元首接待事项的电话。他不紧不慢地穿过滑门，走进吸烟室拿起了听筒："我是隆美尔。"

"元帅，我是斯派达尔，"一个焦急而紧促的声音传来，"盟军对我们的进攻已经开始！"

隆美尔一时没有说出话来，他的脸上顿时失去了血色。过了一会儿，他才说："我马上回来！"

∨ 1944年6月6日，盟军发起诺曼底战役之日，隆美尔远在德国的家中为其妻露西过50岁生日。

第十章

诺曼底大鏖兵

1891-1944 隆美尔

隆美尔发现盟军的士兵都很年轻，平均年龄为22~23岁，而他手下的步兵师平均

年龄35~37岁。只有精锐的第12党卫装甲师和李赫装甲师士兵的年龄与盟军相

仿。与阿拉曼战役一样，敌方投入战斗的装备和弹药远非德军所能相比……

>> 迟迟未变的失误判断

盟军在他不在的时候已经展开了对西线的进攻，这是隆美尔万万没有想到的。

隆美尔挂断斯派达尔的电话，连话筒都没放，立即要求接线员接通希特勒的指挥部。焦急使他的声音已变了调，他几乎是狂吼着对接线员喊道："快点，给我立即接通元首大本营！"

从声音上，此时的隆美尔更像是一个满怀愤怒的暴徒。因此女接线员显得磨磨蹭蹭的，她或许需要做出进一步的判断，以免将一个恶意的反政府者的电话接到希特勒的指挥部去。

"你这个混蛋姑娘，"隆美尔怒气冲冲地喊道，"我是隆美尔。赶快把电话给我接通。"

女接线员吓得一愣，电话立即接通了。隆美尔简洁地汇报了西线的战局，并声明自己将立即返回法国前线，随即他挂断了电话，进屋去换军服。

到6月6日的上午，盟军已在西线登陆的消息不再是一个秘密。英国的广播电台已在上午9时许向全球宣告了这一消息。"在艾森豪威尔将军的指挥下，"广播这样报导，"由强大空军支援的盟军海陆军部队已于今天早晨在法国海岸开始登陆。"

而在这个时候，盟军的上岸部队已经开始在诺曼底海岸集结。他们的舰只在离海岸不远的海面上曾顶风停泊了很长时间，以等待海潮变换之后开始进攻。而一些率先乘小艇偷渡上岸的盟军突击队和工兵，已在天刚亮时就把隆美尔的部分海滩障碍物炸毁了。

时机来临后，第一批盟军步兵迅速地冲到了海滩上，未过五分钟，他们的第一批坦克也同时开上了浅滩的斜坡。那些突击部队则开始利用喷火器和炸药向残存的沿海地堡发起攻击，遇有悬崖峭壁的地方，他们就利用绳梯攀登上去。

盟国空军的狂轰滥炸和海军的猛烈炮击，在隆美尔设置的地雷场和死亡地带之间很快就撕开了很大的缺口。由于隆美尔原本设想盟军是在海水涨潮时发起进攻，所以他所设置的障碍很多都已在海水低落时失去了应有的作用，盟军的坦克在障碍区出现之前就已开上了海滩，然后摧枯拉朽般地撞倒了那些密密麻麻的木桩。

直到此时，德军还是没有发起反冲锋。甚至防守在海岸附近的三个德军装甲师，也一个都没有采取应有的行动。备受隆美尔重视的弗希丁格将军不在他指挥的第21装甲师里，他到巴黎去了。这支部队本来可以在两小时以内从卡昂开上前线，而实际上从早晨4点开始，该师就在跃跃欲试，可斯派达尔一直不把这支部队派上去，这一来就耽误了数小时的时间。

无论伦德施泰特还是最高统帅部的约德尔将军，谁也没有插手干预此事。因为各级指挥官都不敢确定盟军正在发起的是真正的进攻，而不是欺骗行动。

"这还不是主要的进攻，主要进攻往后将在第15军团那里展开。"这是上下一致默认的观点。甚至约德尔也这么认为，所以他拒绝把最高统帅部的装甲预备部队开往诺曼底。而在此时，急欲投入战斗的第12党卫装甲师和李赫装甲师，占据着离诺曼底最近的地理位置，可没有命令，他们无法行动。

而远离战场的隆美尔，直到中午时分才刚刚离开斯图加特市。下午4时55分，他抵达了兰斯。在那里，隆美尔向指挥所电话询问了战事的进展情况。斯派达尔以一种大势已去的口气回答说：盟军已把大西洋壁垒撕开了一条30多公里长的裂口，英军有7个师已进入了诺曼底。卡昂四周也已有两个英军空降师部队，另外还有两个美军空降师则进入了瑟堡半岛。

　　经过10多个小时的耽搁，最高统帅部终于同意把第12党卫装甲师和李赫装甲师投入反击，但第12党卫装甲师最快也要在次日早晨才能到达战区，而李赫装甲师则要在6月8日才能赶到。

　　"这里是一场大规模的进攻，"斯派达尔报告说，"但也不能排除在别的地方还会有另一次大规模进攻的可能性。"

∧　在诺曼底海滩登陆的盟军士兵用德军设置的障碍物作掩护。

　　"那我们的反攻有什么进展？"隆美尔显得有点不耐烦地打断了斯派达尔。

　　"还没有，第21装甲师正在等着进一步的增援。"斯派达尔说。

　　"马上进攻！"隆美尔生气地喊道，"不要等什么进一步的增援，这个师必须马上投入反攻！"

　　进攻的命令下达后，最高兴的当然是第7军团的马尔克斯将军，他亲自站在敞篷轿车里，从卡昂西北率领第21装甲师的进攻部队投入了战斗。经过一番冲杀，德军的6辆坦克从进攻的英军部队中间冲开了一条狭窄的走廊，一直冲了下去。到此时，隆美尔布置的死亡地带还有一条3公里多的地段屹然不动，战斗正在那里进行。

∧ 在诺曼底海滩集结的盟军部队。

　　但混乱的战场已使德军的坦克部队互相失去了联络。下午19时20分，数百架盟军飞机临空低飞，在装甲师的后方投下了成千上万的降落伞，吓得刚从巴黎回来的弗希丁格一下子不知所措，竟突然下令取消了这次进攻。

　　事实上，这些降落伞只是盟军错投了的给养物资。弗希丁格的错误判断，再次耽搁了德军的反攻。正如伦德施泰特的一名参谋所说的，西线的反攻"还只是狗屎一堆。弗希丁格望风而逃，溜之大吉了"。

　　6月6日夜里22时，隆美尔的小车终于在B集团军指挥所门前戛然停下。这位陆军元帅安详自如地从车上走了下来，板着一副面孔，本来他想借着去见希特勒的机会给露西举行一次盛大生日庆祝会，结果庆祝会没有举行成，而希特勒他也没见到。

　　可艾森豪威尔却利用这一段时间，已在诺曼底海岸200平方公里的阵地上布下了15.5万人的部队。虽然隆美尔的部队已使他们遭受了1万多人的伤亡，但结论是不可怀疑的：盟军的此次进攻显然已经成功。

　　隆美尔赶到时为时已晚，而更为不幸的是，隆美尔抵达指挥所后，立即被一种上下一致的观点所包围："在英吉利海峡可能还有另一次大规模的进攻，因为此时多佛尔完全笼罩在一片烟幕的后面。"

　　为了等待这个"熬人的第二次进攻"，从而打乱了隆美尔在未来5个星期内的战略部署。

　　6月6日至7日夜间，隆美尔几乎一直在竭力弄清楚诺曼底的真实情况。但盟军却在想尽各种办法干扰德军的无线电，甚至许多德军的电话线也都被切断了。隆美尔设法接通了第七军团的电话，他向马克斯·贝姆塞尔吼道："不管发生什么情况，你必须阻止敌人进一步获得立足点。"他同样设法命令第21装甲师和第12党卫装甲师，指示他们第二天清晨要干的头一件事就是发起反攻，务必在8点前后开始。

但弗希丁格的第21装甲师这时只有70辆坦克还可以运动。第12党卫装甲师一路上遭到盟军飞机的猛烈轰炸，在这支部队到达之后，时间已是早晨9时30分了。而负责这次反攻的狄特里希也铸成了大错，他一再推迟反攻时间，最后把行动推迟到夜间进行。

6月7日将近中午时，隆美尔给约德尔将军打电话，正式抱怨缺乏德军空军和海军的支援。同时，他还意味深长地警告约德尔说："我总的认为，我们必须估计到敌人将在别的地方发起重点进攻。"

尽管如此，希特勒的参谋部仍在抱着乐观态度。希特勒相信西线装甲群将在第二天发动决定性的反攻。他和隆美尔一样，认为整个局势还是有利的，他充满信心，预料反攻将取得成功。

此时，德国举国上下都在关注着西线的战事，人人都对隆美尔的才干深表信赖，他们记起6月5日希特勒那个信心十足的预言："敌人今年的进攻将在最有意义的一块地方遭到彻底的失败。"德国人民似乎突然明白了希特勒在别处的忍让，以为他就是为了把一切都集中在西线的胜利上。

"我们终于明白事情的真相了，这是决定性的时刻。我们现在知道这一切没有徒劳，我们还没有完蛋。"仿佛人们的情绪完全变了。

这种情绪恐怕除了隆美尔外，已感染了B集团军指挥所里的每一个人，参谋长斯派达尔尤其如此。夜里，他们全体睡在峭壁中的防空壕里，异常镇静地面对着眼前发生的一切。每天早晨，一遇上隆美尔动身到战场去，参谋们便跑到乒乓球室里，斯派达尔和卢格等人展开激烈的对打比赛。如果不是偶尔被叫到电话跟前去，他们几乎已把盟军的进攻忘得一干二净了。

隆美尔像在非洲一样，一股同样不知疲倦的活力推动着他奔赴战场，促使他密切注视事件的发展，深入到部队各处，计算着散兵坑能容纳几个掷弹手，什么地方需要炮火支援，什么地方该投入增援部队和给养物资。

隆美尔充满了信心，在战场上大步行走。他有时和装甲群指挥官吉尔在一起，有时又在党卫队的将军塞普·狄特里希那里。

> 率第1装甲党卫军驻守诺曼底的党卫军将军狄特里希。

∧ 诺曼底战役期间，隆美尔与狄特里希（中）在一起。

通过观察，隆美尔发现盟军的士兵都很年轻，平均年龄为22或23岁。而他手下的步兵师平均年龄为35～37岁。只有精锐的第12党卫装甲师和李赫装甲师士兵的年龄与盟军部队相仿。与阿拉曼战役一样，敌方投入战斗的装备和弹药远非德军所能相比。为了征服海水淹没的地段，盟军使用了两栖坦克，为对付埋有地雷的死亡地带，他们配备了前面装有滚筒、以链条扫雷的特制坦克。他们甚至把一群群"被解放"了的法国牛赶在前面通过地雷区，盟军所使用的德军防御地图比隆美尔自己的还要详细。在兵力方面，他们有侦察机配合指示目标，还有可以从远处使用全部炮火向桥头堡阵地轰击的战舰以及大批的空军。

6月8日，隆美尔再次驱车到吉尔将军那里远视，只见数千架敌机在天空飞行，声音震耳欲聋。在光天化日之下，英军甚至一个连的兵力都敢向桥头堡阵地100公里的范围内进攻。德军的无线电通信已经接近全部中断，吉尔将军的无线电卡车损失了3/4，狄特里希的20组收发报机也只剩下4组在工作。虽然隆美尔一直坚持着每天都驱车赶到前面一个又一个的指挥所，亲自控制战局，但他乘起车来已远不像以前那样安全可靠了。

此时，德军的指挥机构显得重叠而又混乱。每一个装甲师的指挥官不得不竭力辨明一大堆互相矛盾的命令，这些命令有的来自最高统帅部，有的来自伦德施泰特或隆美尔，还有的来自第7军团的多尔曼以及西线装甲群的吉尔，或第1党卫装甲军的狄特里希。

李赫装甲师已经赶到了，但在近200公里长的路上曾遭到多次空袭，损失了85辆装甲车、5辆坦克、123辆卡车，其中包括80辆油罐车。该师此刻正在塞纳河畔卡昂以西20公里的一座村庄里休整。

但负责指挥装甲师进攻的那位狄特里希，却远远不能让隆美尔感到满意。当隆美尔于早晨8时许与第七军团通话时，他们告诉他，狄特里希还没有回过神来，要在上午的晚些时候才进行反攻。"贝叶已被敌人攻占，但卡朗坦仍然在我们手中。"卡朗坦是瑟堡岛防御的要害。狄特里希计划从

∧ 在"奥马哈"海滩与德军作战的盟军部队。

★ "奥马哈"海滩登陆战

第二次世界大战时期盟军诺曼底登陆时的战斗之一。1944年6月6日晨，盟军发动诺曼底登陆战役，分别在朱诺滩、剑滩、金滩、奥马哈滩、犹他滩实施登陆。美国步兵第1师奉令执行在奥马哈滩登陆的任务。奥马哈滩地形复杂，驻守德军训练有素，抵抗顽强，美国步兵第1师拼死冲锋，于下午1时突破德军海滩防线，牢牢控制了登陆场。仅这一天，美军在奥马哈滩就伤亡2,500人。

北面打到海岸去。隆美尔怒气冲冲地告诉狄特里希说："第1党卫装甲军要尽可能快地行动，三个装甲师全用上，主要力量放在左侧。"

当天下午，隆美尔亲自赶到狄特里希的指挥所，这时才发现不管是谁，指挥起三个装甲师来也不是很容易的。上千架盟军的滑翔机正好在第21装甲师进攻的路上降落，机上跳出数以千计的伞兵部队，消灭了弗希丁格的步兵增援部队。到黄昏时，他仅剩下55辆坦克。狄特里希告诉隆美尔，盟军拥有能在3,500米范围内开火的坦克。隆美尔于是派出了一支由第21装甲师和第12党卫装甲师各一半兵力组成的战斗群，转到西北方向，企图重新占领贝叶，可是他们正好落入盟军大炮的射程范围，重新组织这次进攻又浪费了许多小时。

同时，吉尔对隆美尔分散装甲师兵力的作法大为不满。"这样一来，正要打出去的拳头又松开了。"他说。到下午5时许，诺曼底英美部队占领的大块桥头堡阵地即将连成一片。

6月8日夜里，隆美尔和伦德施泰特的参谋们大睁着两眼，注视着他们面临的战略危机。而在这时，防守在诺曼底的第7军团却刚刚得到了两份至关重要的美军秘密文件。这两份文件都是在贝叶西北"奥马哈"海滩登陆★的美军第1师那里得到的。

当时，由于海上的狂风恶浪和强大的德军防御力量，美军第1师遭受了重大损失，他们显然对隆美尔部署在该地的增援步兵师一无所知。美军的许多两栖坦克无法推进，而那些根本动弹不了的登陆艇也被德军的机关枪火力压住。在一艘漂到岸边的破船上，德军发现了美军第7军的全部作战命令。继这一重要发现之后，一支德军工兵营在重新夺占海岸边的一座村庄时，从被打死的一名年轻美军军官的公文包里，又发现了一百页的美军第5军作战命令。

对于这些美军文件的仔细研究，使德军知道了艾森豪威尔的许多计划。譬如，由于把部队投入这样大规模的进攻，使得他们不可能在英国本土保留用于第二次进攻的部队。

但是，防守在诺曼底的第7军团参谋长马克斯·贝姆塞尔或许没有勇气提前公布这个消息，他接连几天研究讨论了这些文件，接下来却仅仅从其中摘录了一些简短的不连贯信息，用电话通知了隆美尔的参谋部。贝姆塞尔的这种作法无疑再一次消灭了隆美尔纠正自己错误判断的机会。"这些条理不清的消息太不明确了。"甚至连隆美尔的情报官员也这样说。

当然，如果隆美尔不是让他周围那些几乎达成共识的、盟军将会发起第二次进攻的观点所包围，他会清楚地认识到：即便没有缴获这些文件，艾森豪威尔即将进攻瑟堡的意图也是再明了不过的。如果瑟堡落入盟军手中，德军必然遭殃。一旦攻占瑟堡，盟军就不必再从海滩上运送士兵和机器装备，这样做既迟缓而又危险，他们可以通过瑟堡这座主要的深水港口迅速把大量的兵员送上岸。欧洲大陆顿时就会涌现出盟军的大量部队。

正因为如此，远离那种盟军将进行第二次大规模进攻论调的希特勒，在几天内连续向西线指挥部发布命令：准备在瑟堡打一场旷日持久的围攻战。

同时，最高统帅部也认为时机已经成熟，应该把第15军团的剩余部队全部开上去投入战斗。6月8日晚，最高统帅部给西线总司令伦德施泰特打电话，要求他通知隆美尔必须决定是否能用他手头的部队在今天晚上取得一次巨大的成功，但伦德施泰特认为这不可能办到，德军应该毫不犹豫地从别的战线抽调部队来进一步充实力量，而不是调用第15军团的力量。

那天深夜，隆美尔刚回来，斯派达尔就把伦德施泰特的意见转达给他。最高统帅部又来插手干预使隆美尔感到很恼火，他给约德尔打了电话："我的意图是把主力用于左翼，将敌人两个庞大的集结群分成两块，"他说，"明天之前我们还不能进攻。敌人正企图打开一条通向瑟堡的缺口……我们必须阻止他们把两块主要桥头阵地合拢。"

但电话线的另一头传来了不同意的声音。约德尔坚持认为："我认为没有必要担心西线会有第二次进攻。"

顽固的隆美尔对这位将军的看法立刻表示了自己的气愤："我可以指出，迄今为止，敌人只投入了两个集团军中的一个，这正是为什么我们不能从第15军团防区抽调部队的原因所在，当然也不能从加莱抽调部队。"

约德尔镇静地重复说："不会再有第二次进攻了。"

隆美尔未置可否，随即挂断了电话。他同样放弃了约德尔送给他的改变自己错误判断的机会。

他没有想到，他的周围正在被一群反希特勒的密谋分子控制着，他们为了自己的目的凭空捏造了大量的假情报，当然，这里也包括一部分是盟军有意编造的。

盟军在欺骗计划中编造出来的巴顿指挥的"美军第1集团军"，经过在德军中控制着情报部门的密谋人员们的进一步添枝加叶，已变成不仅十分真实而且规模可怕。此外，他们在美军第1集团军之外，还为盟军编造了英美、加拿大联合部队。后来，他们又在向隆美尔提供的秘密总结报告中说："在英国南部集结的将近60个大编队，迄今为止最多动用了10~12个师，包括卷入这次军事行动的一些空降部队。"从而使隆美尔得出结论，盟军必定在计划另外一次进

∧ 德军西线总司令伦德施泰特。

攻，因为直到现在，"已知的属于美军第 1 集团军的那些师一个都尚未露面"。

>> 无法实现的反攻

∧ 诺曼底战役中被击毁的德军坦克。
∧ 诺曼底战役中被击毁的德军自行榴弹炮。

正是由于各级指挥机构对盟军的进攻意图认识不一，所以在这段时期里，德军的作战行动一直混乱不堪，彼此之间毫无协作可言。在七零八落设置着障碍物的原野上，各级部队进行着各种类型的阻击战。

在拼搏中，不断有坦克燃烧起火，不断有人在痛苦中死去。渐渐地，德军无以力敌，他们找不到后援，而英军的坦克却越聚越多。

德军不得不放弃战斗，盟军又向前推进了一步。

6 月 9 日的整个下午，隆美尔一直待在第 7 军团的指挥所里。他不由得忧心如焚。不久前，他刚刚接到了希特勒和最高统帅部的突然警告，比利时 10 日早晨有可能要遭到进攻，为此，希特勒命令将拥有 2.1 万名兵员的实力雄厚的第 1 党卫装甲师，立即开往比利时去对付可能面临的威胁。

这样，隆美尔又在一条假情报中失去了一支强大的支援力量。

随后，隆美尔又获知：美国军队正在杀出他们的桥头堡阵地，准备挥戈西向，跨过瑟堡半岛。

于是，隆美尔立即指示多尔曼："无论发生什么情况，我们一定要阻止敌人推进到瑟堡。"

为了对付瑟堡半岛面临的威胁，隆美尔企图调集一部分精锐部队，但由于敌机的空袭，从而大大延迟了部队的运动。结果迫使他在 6 月 9 日下午不得不做出另外的决定："首先我们必须守住防线……等所有部队准备就绪后再开始反攻。"

6 月 10 日早晨，隆美尔再次驱车亲赴诺曼底。这是一次典型的危险之旅，盟军的空袭异常频繁，他不得不接连跳出小车找掩蔽物卧倒。即使这样，他也根本无法到达狄特里希的驻地，几乎所有的道路都已被盟军的空中力量所封锁。为

★伦德施泰特 （1875～1953）

德国陆军元帅。参加过第一次世界大战。1932年10月晋升步兵上将。1938年晋升大将后退役。1939年8月再次服役，任南方集团军群司令。同年9月参加德波战争，10月任东线总司令。当月调往西线，任A集团军群司令。1940年7月晋元帅，10月任西线总司令。1941年6～11月任南方集团军群司令，率部参加苏德战争，战役受挫后被解除职务。1942年3月再度被起用。1944年6月盟军在诺曼底登陆后，7月初被免职。9月复任西线总司令。德国战败后被美军俘获。

了讨论看来十分迫切的进攻计划，隆美尔只好在当天下午来到吉尔的装甲群指挥所，它位于卡昂以南30多公里处的一座果园里，那里是濒临前线但至少盟军炮火还打不到的最佳地方。在吉尔的指挥车上，他们一道研究了地图。狄特里希的装甲部队按计划应在下午向北进攻，然而盟军的进攻却一整天都在逐渐加强，他们已被赶回了防线一带。

当天晚上，隆美尔回到自己的指挥所，他给在伯格霍夫的约德尔打了电话，谈到即将出现的灾难。"我建议你从最高统帅部里派几位先生来亲自看一看。"他最后对满怀着信心的约德尔说。

"敌军的空中优势给我们的行动带来了极其严重的后果。"隆美尔认为，"另一次进攻有可能很快在其他地方开始。不过，关于这一点，现在简直找不出任何头绪。"

在盟军开始进攻后的第四天，隆美尔从心理上已经决定放弃这场战斗。

随后发生的一件事，进一步加深了隆美尔的悲观态度。6月11日早些时候，卡昂传来消息说，前一天，就在吉尔和隆美尔一起走出吉尔的指挥车后一小时，一架美军轰炸机袭击了这辆指挥车，装甲群的参谋人员全部丧生。

获得此消息后，隆美尔和斯派达尔走了足足一个半小时，两人从拉·罗歇—基扬的指挥所到巴黎去看望西线总司令伦德施泰特★。

这次会面的结果是伦德施泰特向希特勒发出一封哀鸣电报，电文警告说，如果他们不能迅速建立一条稳固的战线，局势将可能迫使最高当局"采取基本决策"。隆美尔也就不断恶化的局势向最高统帅部总司令凯特尔起草了一份措辞激烈的电文，并在第二天立即把它发了出去。他特别要求凯特尔提请希特勒注意这份电报。此时的隆美尔，头脑中一直萦绕着这样一个念头：当前的西线战事，正在重蹈阿拉曼的覆辙。

趁着到巴黎的机会，斯派达尔跑到伦德施泰特的参谋长勃鲁门特里特将军的办公室里逗留了一会。两个人就希特勒下令死守诺曼底僵死战线的愚蠢举动窃窃私语了好一阵，还谈到有必要和敌方达成某种交易。斯派达尔第一次告诉勃鲁门特里特：德国有一帮人正在组织起来向元首提出抗议。斯派达尔列举了陆军元帅埃尔温·冯·维茨勒本、路德维希·贝克将军和卡尔·戈台勒市长。他还说，倘有必要，他们将强迫希特勒就范。但关于暗杀，他却只字未提，仅说要正式向希特勒陈述意见。

在从巴黎返回的路上，斯派达尔又将他的想法婉转地向隆美尔提起了。当然，斯派达尔是个十分有头脑的人，他知道隆美尔反对什么，赞成什么，他更多的是向隆美尔谈了自己对希特勒某些做法的反对意见，其中包括纳粹搞集体大屠杀的暴行，但他仍然没有提到暗杀以及自己的身份。

受斯派达尔的影响，隆美尔在当天晚上心神不安地在指挥所的院子里散了好几圈步，他跟身边的卢格海军上将说，他认为"对目前局势最好的解决办法"就是西线单方面的投降。但话音刚落，他又立即排除了这个看法。过了一会，他转而又提出了一个相反的观点："我们的实力地位仍然很强。希特勒常说，他也不知道我们的结局究竟如何，可是他绝对相信最终一切都会好的。"又过了一会，隆美尔又转而提到纳粹的头头们，说他们参与了种族"大屠杀"，双手都不干净，并评论说："我打仗却一向是经过深思熟虑的，是干干净净的。"

很明显，6月11日的夜晚是隆美尔心情十分矛盾的一个夜晚。

就在同一天夜里，诺曼底又传来了一个坏消息：德军放弃了通向整个瑟堡半岛的重镇——卡朗坦。

马尔克斯对这次挫折尤感震惊。6月12日早晨，他满怀着忧愤驱车前往卡朗坦战场。一小时后，由于盟军一阵猛烈的空袭，而他的木腿又使他不能迅速钻出小车躲避，最终他被炸得粉身碎骨。

得此消息，隆美尔忧心忡忡地说："战斗对我们很为不利，主要是因为敌方占有空中优势并拥有海军大炮，我们在空中只能出动300~500架次飞机去对付他们的2,700架次。现在是该轮到政治起作用的时候了。我们等待着几天之内另一次或许更为沉重的打击从其他地方降临到我们头上。两个世界强国长期积蓄的力量正在对我们产生效果。这一切很快就会完结了。"隆美尔希望希特勒能以政治方法同西方妥协，以结束当前的战争。

但想法归想法，作为军人，隆美尔仍是敬业的。当天，他又开赴前线，去巡视施维林指

∧ 盟军飞机对德军目标实施轰炸。

∧ 德军士兵在准备发射火箭弹，但他们已无力阻止盟军的进攻。

挥的第116装甲师，他提出警告说，要注意英吉利海峡的东面地区，盟军很可能会发动新的进攻。

但这个第116装甲师的指挥官，尽管曾经与隆美尔在非洲并肩作战过，此时却已和斯派达尔一样，成了反对希特勒组织的密谋分子。

在盟军进攻诺曼底那天，施维林和他的参谋们为自己没有被派往战场大大松了口气，但他们的兴奋还没有几天，在盟军发起全面进攻后，他们又被调到诺曼底来了。在施维林驱车途经隆美尔的指挥所时，他曾在附近的林子里稍事停留，并向他的秘书口授了一份有关德国局势的备忘录。他认为德国的局势已无指望，建议改朝换代，并暗示他的第116装甲师只效忠他本人。随后，他很快就和斯派达尔取得了联系。后者告诉施维林，该师要留作推翻希特勒政权时使用。但隆美尔对这些一无所知。

6月12日上午10时，隆美尔再次给在伯格霍夫的凯特尔元帅打电话，重谈西线局势的黯淡前景。凯特尔安抚他说："我已向元首汇报了。你将得到从东线调来的两个装甲师。"这两个精锐师是第9和第10党卫装甲师。

与此同时，希特勒命令隆美尔向诺曼底东端展开反攻，逐步收拾那里的英军。隆美尔虽然口头答应了，但他私下里觉得西端才有更大的机会，他要把装甲部队用在相对缺少战争经验的美军身上，准备在他们赶到瑟堡半岛之前狠狠地给他一击。

但在 6 月 13 日，德军已无力攻占通向瑟堡的重镇卡朗坦，于是隆美尔面临着困难的选择，他究竟应该把现有的部队用于诺曼底战线的西头保护瑟堡要塞呢，还是调去阻止美军大规模向法国南部的突破？他本人无疑认为后者更为迫切。

6 月 15 日下午，隆美尔向勃鲁门特里特将军谈到此事时强调说，沿瑟堡半岛北撤，或许可以延阻敌人向瑟堡的推进，虽然这样将消耗德军部队的有生力量，从而可能会导致没有足够的兵力长时间守住这个港口。

6 月 16 日早晨，斯派达尔在隆美尔的授意下，给第 7 军团的马克斯·贝姆塞尔打电话，告诉他开始部分地向北撤退。隆美尔为此解释说：“现在是该大胆采取决定的时候了。要是还举棋不定就会输得一干二净。”

但行动刚开始没多久，希特勒就得知了，他立即传令：不准沿瑟堡半岛后撤。斯派达尔把这个命令扣压了一小时，此时撤退事实上已经开始。策略的千变万化在第 7 军团造成了一片可怕的混乱。隆美尔行使自己的权力，准许多尔曼将军从半岛上调出一部分军队，协助封锁美军向西部的突破。

那天夜里，隆美尔神情沮丧、沉思默默地又在指挥所的院子里散起步来。他已经从内心里承认，这场战争中，德国已经失败了。

如今，第 7 军团已日益力不从心，而第 15 军团却仍然死守在加莱地区，等待着盟军的另一次进攻。倘若隆美尔和伦德施泰特没有受到“巴顿将军的集团军”随时可能进攻英吉利海峡这条假情报的干扰，他们将会何等轻而易举地做出决定。他们可以从第 15 军团调出步兵前往诺曼底，还可以把单纯担任防守的装甲师拉出来投入大规模的反攻。

6 月 16 日，天空中乌云低垂，下起了毛毛细雨。西线的战斗仍在继续，对德国越来越不利的局势令每一个德国军官都在思索：这种局面到底还能维持多久？

隆美尔多次要求最高统帅部派人到西线，亲眼看一看那里的情况，结果最高统帅部没有人来，而希特勒却亲自跑到前方来了。

6 月 17 日早晨 9 点，希特勒飞临法国，在距诺曼底约 500 公里处苏瓦松附近他的专用指挥所里，等着伦德施泰特、隆美尔和他们的两位参谋长。

为了迎接希特勒的到来，那间指挥所经过了精心的伪装，工作室里也装饰一新，并铺上了地毯。希特勒坐在矮木凳上，仔细地观察着这几位陆军元帅的表情，漫不经心地摆弄着一副金边眼镜，偶尔从左手握着的一把彩色铅笔里挑出一支，在地图上作着标记。

隆美尔首先向希特勒汇报了西线的战况，他毫不隐讳地全盘托出了自己的看法：步兵师犹如沙漠骄阳之下的白雪一样正在消融化尽，而给养物资和增援部队却不见踪影。他再次指

> 德国V-1型导弹是战争史上第一种投入实用的导弹。

★ V-1 型导弹

德国制造。该导弹于 1944 年定型生产。它是在现代战争史上第一种投入实战的导弹。弹长 7.75 米，翼展 5.2 米。动力装置采用 1 台带长喷管的脉动式空气喷气发动机，推进剂使用汽油。最大推力约 2.74 牛顿，全重 2,150 公斤，最大平飞速度 640 公里 / 小时，飞行高度为 2,000 米，射程约 370 公里。第二次世界大战时期，德国军队以法国北部为基地，自 1944 年 6 月开始向英国发射这种导弹，给英国伦敦等城市造成很大破坏。

> 尽管盟军在诺曼底实施大规模登陆，希特勒仍寄望隆美尔能守住西线。

出了盟军的空袭和海军的炮击给德国部队造成的影响，同时他也说明，现在活在战场上的每一个人都在"像魔鬼一样"地战斗，他手下那些十七八岁的士兵和身经百战的战士一样，小老虎一般地坚持着。隆美尔说，而蒙哥马利则一如以往在北非那样，在诺曼底使用了同样残酷的手段：继饱和轰炸之后而来的是各种兵器和装甲车辆的无情屠杀。

接着伦德施泰特同样以低沉的论调，请求希特勒毫无保留地放弃整个瑟堡半岛代价高昂而又僵死的防线，让德军有秩序地撤入港口和要塞。

无奈，希特勒不得不采取现实主义的果断措施，他没有争辩就同意了伦德施泰特的请求。但他知道，这样就不可避免地让美国人把瑟堡半岛完全分割。不过他还是命令北方战斗群要缓缓朝北移动，撤回要塞时必须为每一寸土地而战，并指示隆美尔为瑟堡任命一位"特别能干"的指挥官，要"尽可能长时间地守住要塞，若有可能，就坚持到 7 月中期"。

为了进一步给西线的这些元帅们增加信心，希特勒请来 V 型武器部队的指挥官在苏瓦松当着大家的面向他汇报近期的情况。当然，希特勒之所以这么做，也跟隆美尔几星期来一直要求尽早向伦敦发射 V 型武器有关。听了这个汇报，隆美尔才知道，在过去的几天里，德国已向伦敦发射了上千枚这种 V-1 型导弹★，每枚上都装有杀伤力极强的弹头。希特勒接着还似笑非笑地把一份在英国的德国间谍提交的有关这种导弹造成的破坏的报告交给隆美尔看。

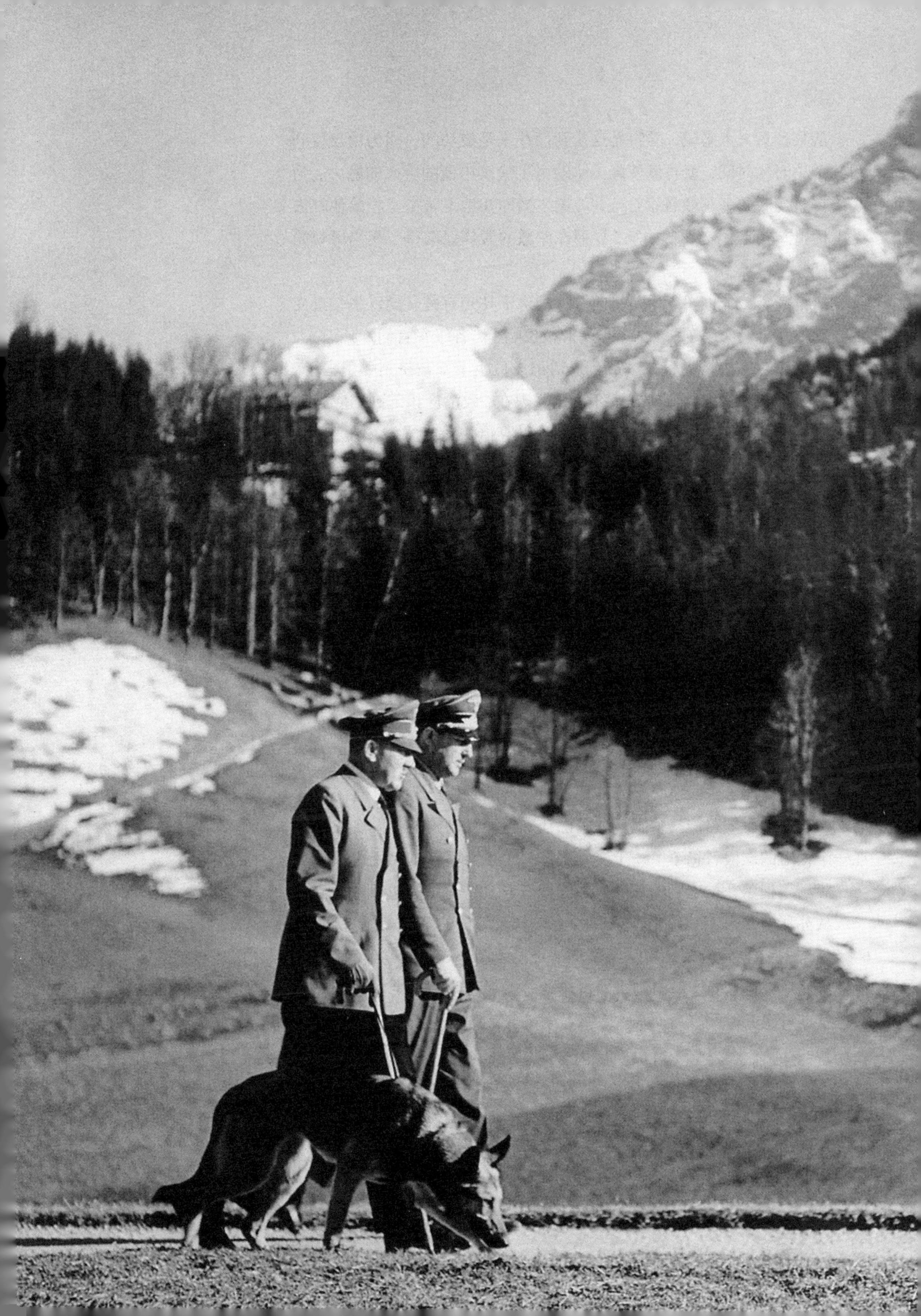

从某种意义上来说，希特勒这次到西线来是成功的，因为他仅仅利用几个小时的时间，就再度使隆美尔的身上焕发出新的巨大的魔力。为了给在诺曼底的多尔曼将军打气，隆美尔当即在地下防空室里给他打去了电话，告诉他说："我们的 V-1 导弹在伦敦的轰炸已取得了相当可观的效果。"

　　接下来隆美尔也实事求是地向希特勒讲了几句有关长期以来一直使他困扰的几个疑虑问题。不久，空袭警报拉响了，各级军官们蜂拥而入，希特勒的防空室中挤满了人，那名谈话记录员也不知被挤到哪里去了。趁此机会，隆美尔大胆地向希特勒提出："现在，政治应该起到它应起的作用了，否则西线的局势很快将恶化到难以收拾的地步。"

　　希特勒显然吃了一惊，然后他冷冷地反驳道："这不是你应该关心的事。让我来决定吧。"

　　这就是当时希特勒给隆美尔的回答。两个月后，他对这一论调补充了自己的进一步看法："政治决定的时机还未成熟。而且我相信我这一生已经说得够清楚了，我有能力去赚取有利的政治资本。但是在遭受严重军事挫折之后，想谋求有利的政治机会显然过于天真幼稚。这种机会只能在你们再次取得新的胜利后才会真正的出现。"

　　当聚集在希特勒的防空室里的军官们听到解除空袭的警报后，诺曼底每日一次的最可怕危机终于度过了。

　　隆美尔再次打电话给多尔曼，指示他立即边打边撤入瑟堡地区。这位第 7 军团指挥官骄傲地向隆美尔报告说，美国人想三天内打通在圣洛的交叉道路的企图已被挫败了，敌军已仓皇溃退并遭到了重大伤亡，仅在一个很短的地段就扔下了一千多具尸体，而且德军还抓到了几百名俘虏。隆美尔指示在被击毙的人身上仔细搜查对宣传有用的文件。

　　从苏瓦松回来，隆美尔精神抖擞、信心十足，俨然又成了一个新人。6 月 19 日，隆美尔饱含着乐观情绪呈交给最高统帅部一份新的形势报告。他宣称：敌人在卡昂、圣洛均未取得成功，在高蒙甚至丢失了阵地。他们已落在自己的时间表后面了，盟军在诺曼底甚至投入了比早先预料的还要多的部队。迄今敌人已损失 500 多辆坦克和 1,000 多架飞机。

　　尽管如此，隆美尔仍然坚决认为盟军会在其他地方发起第二次进攻，他一再强调多佛尔对面加莱地区的第 15 军团，不能像第 7 军团那样被打个"措手不及"。他正在真心地期待着第二次进攻，这样他就可以打一场他一生中最伟大的辉煌胜仗了。

∧ 英军坦克部队正通过卡昂西部的一个小镇。

　　但希特勒对此表示怀疑。在苏瓦松会议上，他赞成伦德施泰特的情报官员的看法。希特勒认为"敌人已经把他们富有战斗经验的部队全部投入到诺曼底了，这表明他们腾不出手来进行第二次登陆。"

　　隆美尔还是不同意希特勒的看法。6月19日，他又一次跑去检查索姆河和勒阿弗尔之间的防御工事。他告诉调守到那里的装甲指挥官施维林，他期望敌人新的进攻就在那里开始。随后，他命令撒尔穆斯驻守该地的主要后备部队朝海岸进一步移动。"我从诺曼底学到了许多东西，"他解释说，"一旦敌人新的进攻开始，我们就不可能再把部队调往前面了，因为他们拥有空中优势。"

　　正当隆美尔为英吉利海峡感到惶惶不安时，瑟堡半岛上的局势却对德军越来越不利了。

　　6月18日，美国人跨过半岛，将其割成两半，从而把一部分德军完全孤立在北部地区。

这些德军准备边打边撤，到达北部沿海，退进壁垒森严的瑟堡城，尽量长时间地阻止盟军进入这性命攸关的港口。德国海军已向最高统帅部证实，该港屯有足够的粮食储备，至少可对付八个星期的围攻。

但在6月22日，瑟堡守备部队面临的局势却是岌岌可危。美军指挥官命令士兵穷追退却的德军，致使那些先前曾与这支敌军交过手的经验丰富的德国将军们大为震惊。他们迫切地需要隆美尔能给予他们更大的援助。但他们想错了。

事实上，几天以前隆美尔就已经把瑟堡从防御图上抹掉了。他已秘密命令第77步兵师在被敌人切断之前就退出半岛。而隆美尔任命的那位骄横傲慢、贵族气十足的要塞司令冯·施利本中将手下只剩下了支离破碎的三个师。希特勒一再命令施利本要在瑟堡进行顽强的保卫战，但隆美尔根本没把他的命令放在眼里，反而来个釜底抽薪，调走了实力强大的第77步兵师。

最高统帅部愤怒地命令要对此事进行调查。但狡猾的隆美尔没有给他们留下任何把柄，他只下达了口头命令。当最高统帅部要求第77步兵师出示隆美尔要求他们撤离的命令时，他们没有命令的副本。

随后，希特勒的副官施蒙特将军从伯格霍夫给隆美尔打来电话："我担心施利本，"他说，"在我的印象里，他不是一个具有钢铁意志的人。德国军官的全部荣誉和声望都系于我们能否长久地守住瑟堡。只要稍有怀疑，你就必须立即派最坚强甚至最最坚强的人到瑟堡去。现在，全世界都在注视着瑟堡。"对此，隆美尔暗中失笑，表面上却向施蒙特担保冯·施利本将军有百分之百的信心在这次保卫战中取得胜利。

"军事上一点儿也不顺心，"隆美尔在6月23日说，"我们必须作好发生严重事变的准备。"很明显，他刚刚从希特勒身上获取的信心再次消失了。此时，苏军在波兰已发起新的大规模进攻，并正在向柏林的方向发展，隆美尔为此深感不安。

>> 末日还有多远

6月25日，瑟堡的末日终于来临了。

这一天，隆美尔给冯·施利本发出了一道措辞谨慎的指令："遵照元首的命令，你们要战斗到最后的一枪一弹。"事实上，隆美尔和伦德施泰特一样，都极力反对让自己的任何部队"战斗到最后的一兵一卒"，所以他用了"一枪一弹"这个词。随后，他一整天都待在指挥所里，情绪低沉，仿佛正在等待着劫数的来临。在这一天里，施利本一再呼吁要求得到德国空军的支援，为此空军也准备进行一次大规模的军事拯救行动。但隆美尔阻止了这次行动，他认为瑟堡已是在劫难逃，没有必要再为之损耗实力了。所以他命令空军原地待命，留待别用。

"我把局势十分清楚地向最高当局报告过，"隆美尔对卢格说，"可他们不愿做出结论，拒绝看到他们的战争败局已定。"

下午，当瑟堡在临死的痛楚中挣扎时，隆美尔和卢格爬到了峭壁顶上，坐在陆军元帅最喜欢的那条长凳上。在他们的脚下，河水正静静地流过，一艘艘驳船拉着军需物质正在向诺曼底驶去。

一阵沉默之后，隆美尔终于开口说话了："命令我进攻瑟堡，真是异想天开！那等于是让我拿鸡蛋去碰石头！"

接下来，两人开始就这个话题对最高统帅部发了一通牢骚。卢格说："如果唯一的出路就是把发动战争的人枪毙的话，应该把他们统统干掉。"

隆美尔讥笑地说："你真是个莽汉，卢格。"

但卢格坚持自己的看法。"他们应该看到事物的本质，"他说，"这些年来，最高当局缺乏的就是这一点。"

隆美尔点头同意。"他们企图把责任推卸到我身上。"隆美尔暗指凯特尔和约德尔说，"元首对他周围的每一个人都具有魔力，他们时时都处在神魂颠倒的境地。不久元首就得承担这一切后果，可是他现在却总是在回避问题，不断地命令'打到最后一兵一卒'。"隆美尔叹了一口气："这是我第三次看到灾难临头。第一次是在非洲，第二次则是在意大利。"他俩站起身来准备下山时，隆美尔又说："我真希望看到今后的几星期会有什么事情发生。"

那天深夜，瑟堡的施利本指挥部发来了最后的无线电报，这座海岸港口终于沦陷了。

几个小时后，德国最高统帅部下达命令，要求全面调查第七军团的事件，要找出对瑟堡保卫战迅速土崩瓦解的耻辱应负责任的指挥官。

隆美尔对此只是报以轻微一笑，笑那些不懂战术的人只知道死抱着僵死的防线不放。他已利用从那里撤出的主力部队在卡昂一带建立了一道牢固的防线，并已把美军圈进了瑟堡半岛。

接下来，隆美尔和蒙哥马利这两个宿敌准备在诺曼底进行一场争夺时间的赛跑。虽然盟军已在欧洲的土地上扎下了根，但尚未从他们的阵地向外扩展，而德军则已建立了新的防线。现在的问题是：谁能首先发起进攻？

隆美尔预料：真正的威胁将会出现在卡昂战线的末端。为此，他把最精锐的部队部署到了那里。他曾一再向第7军团的贝姆塞尔说："向巴黎推进的英国人，远比将向布列塔尼推进的美国人要危险得多。"

隆美尔的这个判断显然是低估了美国人，而且直到这时他还丝毫没有发现美军的战略意图。但无线电情报已经表明了英军的企图，他们准备先攻占卡昂，然后向东南挺进，跨过适于坦克行驶的旷野向加莱和法国的心脏巴黎推进。

于是，隆美尔命令从波兰开来的第9和第10党卫装甲师向贝叶进军，插入到盟军的桥头堡阵地，切断阿诺曼彻斯附近的海岸线。他想通过这样的办法将英军部队和他们的补给线拦腰斩断。"这样，那些英国人就会像被割断了空气导管的深海潜水员那样窒息死去。"隆美尔这样认为。

但是蒙哥马利却未能让隆美尔的这个计划得逞，他抢在隆美尔之前动手了。

经过整整一天的炮击、轰炸以及坦克和步兵的进攻后，蒙哥马利于6月26日拂晓后两小时，乘着阴沉的天色，向卡昂西面隆美尔的守军发起了大举进攻。

该地区正在由塞普·狄特里希的第1党卫装甲军防守着。这个军的第12党卫装甲师在切克斯一线孤军奋战，死死地钳住了英军的进攻。虽然该师在此战中遭到重大损失，但摧毁了蒙哥马利的60辆坦克。

多尔曼将军获得这个情况后立即明白，英军是要突破他的第7军团，包抄卡昂。狄特里希已发出要求派出步兵和坦克增援的呼吁。当晚21时，天空降起了倾盆大雨，多尔曼急切地向隆美尔求救，请求隆美尔动用其他装甲部队进攻贝叶，以助防守在卡昂的狄特里希一臂之力。

但隆美尔却直接命令多尔曼："告诉第2党卫装甲军指挥官霍瑟将军，把他所有的兵力全部集中起来。"可在这时，第2党卫军只有第9党卫装甲师开到前线，第10党卫装甲师还远远地落在后面。

没有救援！而且自己的防守力量也无法全部到位！多尔曼获知自己当前的境况立即惊惶失措起来。他曾两次拿起电话准备命令霍瑟派他的党卫军帮助狄特里希防守卡昂，但两次都改变了主意。他不愿意让自己仅有的实力部队过早地投入战场。

6月28日早晨，英军再次发起进攻，并逐步向卡昂推进。多尔曼大惊失色，他急忙把霍瑟的第2党卫装甲军全部人马调来防备英军突破。但霍瑟请求在战术上稍作延缓，以便他准备一次适当的进攻，从两侧向英军伸出细长的手指，对英军实行夹击。

多尔曼没有回答霍瑟的请求，他绝望地认为英军的进攻已迫在眉睫，自己的任何反攻都已于事无补了。上午10时许，他走进指挥所，在参谋

★第三帝国

1933年1月，法西斯纳粹党夺取了德国政权后，对其独裁统治下的德国的称呼。纳粹党的宣传家使用这一名称的目的是为了强调其法西斯专政与历史上德意志帝国的连续性，并断言对建立"伟大的德意志帝国"的向往和怀念是"德国人民的共同意愿"，并宣称纳粹党建立的第三帝国，将被赋予去实现第一、第二帝国未竟之业的使命。1945年5月，第三帝国在世界反法西斯同盟的共同打击下遭到彻底失败。

长贝姆塞尔的浴室里服毒自杀了。

中午时分，隆美尔得知了多尔曼自杀的消息。他未置可否，只是命令在巴黎为他举行一次正式的军人葬礼。

半小时后，隆美尔的电话又响了。电话是伦德施泰特的参谋长勃鲁门特里特将军打来的。他严肃地说，元首来电，要求伦德施泰特和隆美尔两位陆军元帅第二天亲自向希特勒作战况汇报。

6月28日下午晚些时候，一辆飘着陆军元帅三角旗的大型梅塞德斯轿车载着隆美尔向东疾驰，穿过法国，朝着德国边境驶去。希特勒把西线所有的高级将领召集到他在伯希特斯加登的山庄伯格霍夫，准备第二天举行会议。

此时，第三帝国★的命运已到了危急关头。德军在苏联战线上又有一个集团军遭到覆灭，苏军装甲师正向德国边境滚滚涌来，已形成了重兵压境之势。而在诺曼底，英美部队的桥头堡阵地形成的威胁转眼即将爆发。

西线总司令伦德施泰特不断地向希特勒请求"未来战斗的指示"。希特勒明白此中的含义，伦德施泰特是在请求允许撤退，首先要允许他夹着尾巴逃出盟国的海军大炮射程外，然后再逃出敌人轰炸机的圈子，进而退到德国的边境。

这一切已大大地激怒了希特勒，他认为手下的这些指挥官都是鼠目寸光，只看到眼前的战区。而他自己的战略则是

∧ 向前攻击前进的盟军装甲部队。

要在远离德国城市以外的地区进行战争，比如在巴尔干国家、苏联、意大利和法国。他正在竭力赢得时间，以便把纳粹德国已开始发展的火箭、电动潜艇和喷气式飞机等新式武器投入战斗。他的指挥官们光知道避免失败，却不理解他正在寻求一个战斗到最后胜利的机会。这就是他命令在诺曼底实施新的反攻的原因所在。

　　在巴黎北部边境的大路上，隆美尔的轿车在另一辆轿车旁停下，伦德施泰特从那辆轿车里疲惫不堪地爬出来。

"伦德施泰特阁下，"隆美尔说，"你我都认为该是停止战争的时候了。待我们见到元首时，我要直截了当地把它提出来。"

他俩悄悄地谈了一阵之后，隆美尔钻进汽车，两辆车并肩齐进。

沉默了一会儿，隆美尔转过身来，对着陪同他的参谋军官说："听着，明天我要这样对元首说，我之所以站在这里是因为我觉得自己应对全体德国人民负责。我有许多问题需要得到回答，作为一个军事指挥官，我的责任告诉我，我该怎样行动。现在，政治局势已经非常清楚：全世界都已经起来反对我们，我们没有丝毫赢得这场战争的希望了。敌人正在竭尽全力地向我们进攻，并已经在西线取得了立足点。"

两辆车开到乌尔姆时，天色已经全黑下来了。隆美尔准备顺道回家一趟，而伦德施泰特则想自己去找住宿之地。

这样，两辆车终于分开了。伦德施泰特的车略一停顿，然后飞奔而去，很快就消失在茫茫的夜色之中。

∨ 德军在瑟堡的指挥官施利本（图中者）向盟军投降。

第十一章
战斗至最后

1891-1944 隆美尔

隆美尔已经明显地感觉到希特勒对自己不再信任了，甚至对隆美尔所说的最近一次反攻是因为盟军的火力太猛烈而停止一事，也不再相信，专门指示德国海军把盟军军舰上的大炮和弹药储备作一次汇报，同时竟然还命令隆美尔的将军们计算一下落在他们附近的炮弹数目……

> 戈培尔与妻儿及秘书在一起。

★戈培尔（1897～1945）

纳粹德国的宣传部长，主要战犯之一。1922年参加纳粹党。1926年后投靠希特勒，主持柏林党务。1928年任国会议员。希特勒掌权后，戈培尔参与策划国会纵火案，镇压德军共产党和进步势力。1933年3月，任国民教育和宣传部长，此后12年内操纵德国全部宣传机器，疯狂鼓吹战争，宣扬种族主义，编造谎言，吹捧希特勒，实行法西斯文化专制主义。1945年4月，戈培尔毒死自己的6个孩子后与妻子一起自杀。

>> 政治的弱智儿

1944年6月28日晚上，隆美尔与伦德施泰特在乌尔姆匆匆分手后，一路飞奔，取道赫尔林根，回到了20多天前仓促离开的家中。

这是一个短暂的夜晚，隆美尔为了和家人相聚，特地将曼弗雷德从军队里接了回来。他清楚地知道，由于自己这次将向希特勒做一次政治摊牌，也许等待他的将是一场无边的灾难。但作为一个自认为已将前途看得一清二楚的刚直军人，隆美尔觉得自己不得不如此做，因为他要对整个德国负责。

6月29日一大早，隆美尔充满留恋地和妻儿告别，这是一次十分正规的告别仪式，因为隆美尔担心自己在即将到来的进谏中会因冲撞了希特勒而招致逮捕。"也许，你再也见不到我了。"他对曼弗雷德说。然后他转身登车，一直向希特勒的老巢方向驶去。

饱经战争创伤的野外风景在隆美尔的车窗里急闪而过，大好河山如今已是四处硝烟。忽然，隆美尔突发奇想：至少，我应该去争取一下戈培尔★和希姆莱。于是，他命令司机首先取道戈培尔官邸。

∧ 1944 年，希特勒召
见隆美尔。中为凯特尔
元帅。

戈培尔像欢迎老朋友一样，迎接隆美尔这个不邀突至的客人。隆美尔把自己的意图告诉了他，并恳切地说："我迫切需要你的支持。"戈培尔用一副敏感的耳朵听着隆美尔的陈述，偶尔点点头，但直到最后却什么也没说。戈培尔的这种态度令隆美尔很乐观，他盲目地认为："我想我们争取到了一个强有力的朋友。"

同样，在隆美尔拜访希姆莱时，这个党卫队头子也是沉默不语，但天真的隆美尔以为只要对方不反对就是同意自己的看法，因此，他同样怀着满意的心情离开了希姆莱的官邸。

6月29日下午18时，希特勒在他的伯格霍夫山庄大厅里准时举行了这次西部指挥官大会。希特勒、隆美尔、伦德施泰特以及其他军事指挥官在台面镶有红色大理石的长桌旁边坐成一排，桌子上正铺着一张大幅的军事地图。在他们对面，长桌的另一边是帝国的部长们、外交官和其他官员。

会议刚开始时，希特勒再次炫耀起他的V-1导弹，他把空中拍摄到的这种导弹对伦敦所造成破坏的照片递给与会者传看。然后，他又让两位来自法国V-1导弹发射团的青年军官做了一场狂热的现场报告。

在这漫长的信心动员之后，希特勒终于宣布会议进入正题，他先请隆美尔介绍西线的战况。隆美尔清了清嗓子，单刀直入地抛出了自己思考许久的观点："元首阁下，我作为B集团军的指挥官来到这里。我想时候已到，我代表我应对之负责的德国人民向您阐明西线的局势。首先，谈谈我们的政治局势。现在，全世界已联合起来共同对付德国，而力量的平衡……"

话未说完，希特勒把手朝地图上猛地一砸，立即打断了隆美尔："陆军元帅，我敦请你谈一下军事局势。"他用一种特有的语调特别强调了"军事"这个字眼。

但是隆美尔丝毫没有理会希特勒的提醒，他固执地继续说："我的元首，历史要求我应该首先谈谈我们的整个局势。"

希特勒再次厉声打断他："你谈谈你的军事局势，其他的，什么也不许谈。"

隆美尔愣了一下，终于停止了他对政治局势的分析。

接下来，希特勒开始滔滔不绝地发表他对西线战事的看法。首先，他对西线德军不能向瑟堡半岛的美军实施反攻表示失望。然后，他又解释了对美国人展开一次进攻的好处。他说他对德军放弃向瑟堡发起进攻感到痛心疾首。现在已经一事无成，只有牵扯住眼前英军在卡昂的进攻，然后在那里准备反攻才是最好的办法。希特勒提醒他们，地面上的胜利取决于军队的快速集结，蒙哥马利的海上补给线远比隆美尔的脆弱，因此正确可取的战略应该是把诺曼底的敌军包围起来，强迫他们浪费汽油和弹药，同时掐断他们的补给线。

长篇大论后，希特勒再次将目光转向隆美尔。隆美尔趁此机会吁请与会者陈述他们的意见，他曾意味深长地望着戈培尔和希姆莱。而两人却避开了他的目光，随之而来的则是冷漠和寂静。

"元首阁下，"隆美尔只好自己说，"我必须坦率地说，我不谈到德国这个主题就不离开这里。"

话音刚落，愤怒的希特勒立即尖叫道："陆军元帅，你还是离开这间屋子吧。我看这样做是最好的方法。"

于是，隆美尔在众人一片冰冷的目光中走出了会议室。接下来，会议在没有隆美尔的情况下继续进行。

1944年6月29日21时15分，隆美尔没趣地离开了伯格霍夫山庄，这是他一生中最后一次见到希特勒。

6月30日下午晚些时候，隆美尔回到了他在西线的B集团军指挥部。在伯格霍夫的受挫使他重新将注意力投入到诺曼底的战斗中，并决定暂时服从希特勒的意志。在刚一到达指挥所时，他就接到了德军与盟军为争夺卡昂正在进行着血战的消息。

在斯派达尔的指挥下，塞普·狄特里希的装甲师在6月29日已给蒙哥马利刚发起的进攻一次沉重的打击。但这个大好时机却被盟军的战斗轰炸机和海军的炮火随之而来的攻击而拖延了。吉尔将军曾于当夜命令发起进攻。"这是我们的一个大好时机。"他说。但直到30日中午，因为盟军的火力凶猛，德军坦克遭到了巨大损失，反击无法进行。神情沮丧的吉尔将军于当天晚上向第7军团的上司呈交了一份坦率的局势报告。随后，他冒着盟军的轰炸和炮火实施了一次大规模的坦克冲锋，这次冲锋进行到半夜时分，由于丢失了战术目标而宣告结束。

∧∨ 在诺曼底地区与盟军作战的德军党卫军装甲部队。

∧ 接替伦德施泰特出任德军西线总司令的克鲁格元帅。

这是德军在诺曼底的最后一次反攻。

7月1日中午，隆美尔赶到吉尔的指挥所，坚持要求让装甲师坚守在原地，紧紧靠近战线。在那里，他满怀着前一天受到的屈辱向满脸不高兴的吉尔作了长篇大论的演说："现在，敌人因为我们V型导弹的投入而受到很大的打击。我们要做的事就是用炮火消耗他们的有生力量，抓住每一个机会，用猛烈的炮火狠狠地打。卡昂是敌人向巴黎突破的要冲，因此我们得把更多的部队调往那里，而不是从那里撤出。"接下来，他几乎把两天前希特勒对他讲的每一句话都传达给了吉尔，这是吉尔最后一次听到隆美尔类似的教训。

7月2日晚，天上稀稀疏疏地飘起了细雨。隆美尔一直伫立在卧室里那扇高大的玻璃窗前，压低嗓门和卢格海军上将谈论着当前面临的困境。目前，德国陆军的给养情况已面临着灾难，而他的炮兵专家也刚刚带着弹药短缺的坏消息回来。他每天至少需要3,500吨补给品，但实际上真正得到的却不到这个数字的1/10。西线陆军军需司令已被解除了职务，可他的继任者埃伯哈德·芬克上校对后勤工作却是一窍不通。

更为重要的是，隆美尔已明显地感觉到希特勒对自己不再信任了，甚至对隆美尔所说的最近一次反攻是因为盟军的火力太猛而停止的一事，也表示出明显的怀疑，他专程指示德国海军把盟军军舰上的大炮和弹药储备作一次汇报，同时竟然还命令隆美尔的将军们计算一下落在他们附近的炮弹数目。"我们应该相信最高统帅部说的话，但他们却已不再信任我们了。"隆美尔如此说。

7月3日，希特勒任命陆军元帅冯·克鲁格接替伦德施泰特，担任西线总司令。这个任命使隆美尔闷闷不乐，本来隆美尔继任这个职务是最顺理成章的，克鲁格的任命进一步说明希特勒对他已经不信任了。这种郁闷再次让隆美尔提起旧话。"我们应该尽快与敌手议和了。"他对卢格说，"与苏联或者英美。"当然，他更赞成与西方取得谅解。"当我们手中尚有王牌时，应由我们的政治家出面解决问题的时候已经到了。"

3日下午，隆美尔刚刚从诺曼底回到指挥所不久，克鲁格就登门看望他来了。汉斯·克鲁格比隆美尔年长9岁，军衔也高一些。他以前是苏联战线上的一员老将，打仗勇猛、不屈不挠，以具有远见卓识而著名。据说他曾在敌机扫射他乘坐的小车时，依然坐在里面不动，以证明他不是胆小鬼。

这一次，他带着信心十足的表情，怀着满腔热忱，揣着希特勒"不惜一切代价坚守阵地"的指示来到了诺曼底。一见面，克鲁格那两片梳得溜滑的铁灰色鬓发和他那双锃亮的长统靴，就让隆美尔立即对他产生了恶感。

"我要说的第一件事就是，你必须习惯于像他人那样服从命令。"克鲁格疾言厉色地说道。隆美尔马上意识到一场大吵不可避免，随即他打发斯派达尔和坦贝尔霍夫走出了指挥所。

克鲁格以一副审讯的架势要求看一看隆美尔的那些悲观报告。

隆美尔愤怒地看了他一眼："你似乎忘记了，自己是在和一位陆军元帅说话。"

"我完全知道，"克鲁格反驳道，"直至今日，你一直是在自行其是，独断专横，无视你的顶头上司而越级向元首打报告。"

"我的职责规定得很清楚，"隆美尔回答说，"我必须防守海岸，为此目的，我要求西线总司令按照我的意愿调集一切必要的部队，采取一切必要的措施。"接着，他就给养和后勤这个问题向克鲁格发起难来，最后，他轻蔑地扔给克鲁格一句："瞧瞧你的军需司令那副笨手笨脚的样子吧！"

尽管克鲁格想先给隆美尔一个下马威，让他不敢越过自己直接向希特勒打报告，但隆美尔接下来仍将他抛在了一边。

就在同一天，隆美尔口授了一份有关诺曼底目前战役的10页长的批评报告，详细地说明：在盟军进攻前后，因为他的每一项要求都被约德尔和最高统帅部所拒绝，最终已给目前的局势造成了恶劣影响。他说，他曾要求在诺曼底调集增援部队，曾要求得到高炮以及在沿海岸的大片水域里铺设水雷，可约德尔却根本不把这些当成一回事。

他将这份报告的一个副本交给希特勒的副官鲁道尔夫·施蒙特，施蒙特总要把他所得到的每一个报告都交给希特勒的。隆美尔十分清楚这一点。

7月4日一大早，隆美尔冒着纷纷细雨动身前往鲁昂视察。至今他仍认为"巴顿集团军"随时可能向那里发起进攻。在路上，他低声对身旁的卢格说："有必要向英国人和美国人提出停战的要求，但问题在于如果是我提出的这个建议，英美将会做出什么样的反应。"

"哦，"卢格说，"陆军元帅阁下，他们特别尊敬你。"

7月5日，隆美尔找到了吉尔的继任者汉斯·埃伯巴赫将军，两人就诺曼底的战事进行了一些磋商。隆美尔向埃伯巴赫承认，目前的局势还存在许多对德国有利的因素。蒙哥马利正在加倍小心地前进，他的师的数量实际上并没有超过自己，此外德军新型的"豹"式★和"虎"式坦克也远比敌军的强。"还有，"隆美尔说，"我已见到许多奇异的导弹发射场，这表明除了V-1导弹外，我们还隐藏着更多的导弹。但是，蒙哥马利拥有充足的物资和占有空中优势。这就压倒了一切别的有利条件。不过，我们现在应该继续战斗，以求在将来获取不太苛刻的和平条件。"

此时，美军自7月3日早些时候开始的凶猛进攻，由于河谷地势复杂，到处都是淤积的沼泽和茂密的山林，已经陷于困境，无法展开。7月7日，隆美尔派遣拜尔莱因的李赫装甲师驶往圣洛西北的新阵地，以对付美军随时可能开始的新进攻。

同时，就在7月7日这一天，东部的英军对卡昂也重新发起凶猛的攻势。当夜，盟军军舰上的大炮和野战炮向隆美尔的部队倾泻了8万颗炮弹。根据蒙哥马利本人的请求，在晚上21时50分开始的为时40分钟的

★ "豹"式坦克

德国制造。1943至1945年装备德军。该坦克有多种型号。"豹"G式坦克战斗全重44.8吨，乘员5人，发动机采用 V – 12 型水冷式汽油机，功率为700马力，最大速度46公里 / 小时。防护装甲厚度为20～120毫米，武器装备为1门75毫米火炮和2挺7.92毫米机枪。第二次世界大战时期，该型坦克于1943年参加了苏德战场上的库尔斯克会战。

∨ 德国 "豹" 式坦克。

空袭中，英国空军的战略轰炸机对这座中世纪的古城投下了 2,560 吨炸弹。

7月8日凌晨4时20分，英军发起了地面进攻，坚守在卡昂的德国第12党卫装甲师从被英军炸过的废墟中爬出，尽力抢救出未被摧毁的大炮和坦克，打了一场很出色的防御战，一举摧毁了英军至少103辆坦克。

但这座使人自豪的法国古城卡昂却已成了一堆瓦砾。此时，隆美尔的物资补给也出现了困难，手头可以调用的弹药，几乎只剩下远在德国的那些了。盟军的轰炸使铁路几乎瘫痪。而海军和空军也拒绝把卡车借给他使用。他只好命令全速恢复在法国被人忽视了的内陆水运，一艘接一艘的驳船正载着大量的汽油和弹药驶往诺曼底。

∧ 经过一番激战，古城卡昂已变为一片废墟。

隆美尔的这种困境居然把盟军弄糊涂了，他们不清楚隆美尔正在利用那些内陆河里的船只搞什么阴谋。然而新上任的西线德军陆军军需司令芬克上校却怡然自得，他似乎对这些困难毫不关心，整天无所事事地优哉游哉。

7月8日，隆美尔在卡昂战线一带两次走访了装甲群的司令部，他先与埃伯巴赫的参谋长也就是自己的老部下高斯将军，后与埃伯巴赫本人商议了如何抽出他们的重型大炮重新组建部队，以挡住敌人的突破。将近子夜时分，他才驱车回到自己的指挥所，这时，他已累得疲惫不堪了。

7月9日，英军的进攻让卡昂战线上的局势重新紧张起来。当天早晨，最高统帅部给B集团军提出了一个可笑的要求，让隆美尔拿出一个把盟军消灭在诺曼底桥头堡的可行计划。斯派达尔立即提出了反对意见：在英国，敌人尚存有60多个师，为了防止这部分兵力的登陆进攻，德军根本就无法调动全部的部队。隆美尔也同样冷笑着说："统帅部就会提一些我们根本做不到的要求，而且如果我们计划进攻东面的英军部队，那么他们很快就会命令我们进攻西面的美军部队，"他说，"一旦我们照他们的意思做好新的准备之后，他们的主意又会全部变了。"

随后，隆美尔给克鲁格的参谋长勃鲁门特里特打电话说："应该让最高统帅部心里有个底，一旦敌人仍然以与昨天同样的兵力再次发起进攻，我们可能已无法守住现有的防线。"

上午11时40分，高斯从卡昂前线传来消息："我军阵地现已完全处于敌人的炮火和轰炸之下。"到下午15时15分，他又来电话："敌人宣称他们已经到达卡昂市中心了。"

19时35分，斯派达尔给高斯下了新的指示："为防止敌人突破卡昂，你必须把第1党卫装甲师向前调动，立即将它投入战斗。"这是他和隆美尔经商量后达成的共识。当然，隆美尔并不知道的是，斯派达尔之所以如此赞同这个做法，是因为他想在推翻希特勒的政变发生之前，首先把效忠希特勒的党卫部队全部投入战斗，让他们无法脱身。而不知就里的隆美尔随后也亲自给埃伯巴赫打电话说："必须不惜任何代价阻止敌人突破卡昂。要把第1党卫装甲师用上去。"

>> "失踪"的隆美尔

隆美尔没有想到柏林正在筹划着一场天大的阴谋，他正在为西线的战局焦急惆怅。一方面，他希望能尽快与盟军讲和，停止这场战争，共同对付苏联。另一方面，他又不甘放弃眼前的战争，因为对于他最热衷的战争本身，只要还有一线希望，他就会不自觉地寻找一切机会争取最终的胜利。

7月11日，美国人终于采取行动了，他们在卡昂前线的西端以前所未有的猛烈炮火向战略要地圣洛地区的德军展开进攻，紧接着便是步兵的大规模挺进。隆美尔连夜赶到了那里，察看了整个前沿阵地，并告诫

★克鲁格（1882～1944）
德国陆军元帅。1912年毕业于军事学院。第一次世界大战中任作战部队参谋。战后在国防军中任参谋。1933至1939年历任通讯兵主任、军区司令和步兵军长。参加了侵略捷克斯洛伐克的战争。1939年任第4野战集团军司令，相继参加了对波兰、法国和苏联的作战。1941年底任中央集团军群司令。1943年底回到德国大本营中任职。1944年7月，接任西线德军总司令兼B集团军群司令，因涉及密谋反对希特勒而自杀身亡。

他们左翼方向有被突破的危险，而且一旦那里被突破，整个圣洛地区的防御有可能土崩瓦解。

到7月12日，圣洛地区的防守部队只剩下了1/4的兵力了。隆美尔意味深长地说："我们不能再把作战建立在虚无缥缈的空想之上了，应该清醒地看到严峻的现实。"自盟军进攻以来，隆美尔已损失了9.7万人，包括2,360名军官，可是他仅得到6,000人的增援部队。坦克也损失了225辆，却只补充了17辆。现在赶到的那些未经训练的步兵师，根本无法阻挡敌人经过空军和炮兵几小时的轰击后发起的集团冲锋。盟军对运输系统的空袭使得隆美尔得到的弹药和给养已少得可怜。同时，隆美尔还不敢削弱第15军团防区的力量而把精锐部队调往诺曼底。

这一天，西线总司令克鲁格★再次来到隆美尔的指挥所。他那威风凛凛、不可一世的派头早已荡然无存，一副凄惨内疚的神情代替了初次到这里时的乐观和自信。

隆美尔告诉他，在圣洛，随时都有被敌人突破的威胁，第7军团必须从其他地方得到增援部队。克鲁格只是叹了一口气，随后他向约德尔打电话说："我要再次强调，并不是我悲观失望，依我看，局势不可能比目前更严峻了。"这个论调已几乎等同于前总司令伦德施泰特了。

前线的战争已经越来越激烈了。德军所处的劣势日益明显。7月14日，斯派达尔就当前的危险局势开始给克鲁格起草一份生动的报告。第二天，报告完成后，斯派达尔拿给隆美尔看，并请他签名。这是一篇斩钉截铁、态度明确的报告。"鉴于此种情况，"报告在结尾时说，"可以预料，在最近的将来，敌军将成功地突破我军薄弱的防线，特别是突破第7军团的防区，然后向法国广大的内地挺进。但是我们除了目前正在卡昂西线装甲群地带打得不可开交的部分预备队外，我们已没有流动预备队可用于阻止敌军在第7军团地段的突破了。"

隆美尔对这篇报告的直率大为赞赏，并拿起笔在末尾加了一段，措辞更加大胆和直接："我军在各处英勇抵抗，但这场敌众我寡的战役即将接近尾声。在我看来，最后采取政治措施已势在必行，作为集团军的司令官，我觉得有责任讲清这一点。"

他所附加的这一段，竟然令斯派达尔和坦贝尔霍夫都感到大吃一惊，竭力劝他划掉"政治"这个词。因为这几乎就是在向希特勒做最后通牒。

"我很愿意看看事情的结局，"隆美尔对他们说，"无论他们解除我的兵权还是调换我的工作，都无所谓。但我并不认为他们真要这样做。他们应当允许对局势负有责任的指挥官说出他们的心里话。"

7月15日下午15时30分，隆美尔动身前去视察卡昂战场。他乘冲锋舟渡过塞纳河，然后坐上大型敞篷轿车向诺曼底急驰而去。沿途他看到了埃伯巴赫和高斯构筑的纵深防御工事：一条条排列整齐的坦克线，层层部署的大炮和步兵。他和仍旧坚守在主要防线上的残存士兵们呆了一些时候，然后要求一些部队要部署到附近的村庄里去。如果蒙哥马利深入到这些地方，他就准备打一场他一生中最大的战役。

7月16日，隆美尔转到第15军团的防区视察。在那里，他遇到了一名阿拉曼战役时曾在他的参谋部工作过的瓦宁中校，此时正担任第17空军野战师的作战部长。瓦宁同样对这场战争失去了信心，他对隆美尔说："也许，在敌人突破的日子到来之前，我们大概可以用军服上的纽扣来计算我们的日子了。"

隆美尔注视着瓦宁穿的非洲军团衬衫，以惊人的坦率回答道："实话全告诉你吧，陆军元帅冯·克鲁格和我已经给元首送去了最后通牒，讲明我们在军事上赢不了这场战争，并敦促他做出决定，考虑后果。"

"要是元首拒绝怎么办？"瓦宁问。

"那我就扔下西线不管了，"隆美尔回答，"现在关键的问题只在于，英国人和美国人必须要先于苏联人到达柏林！"

尽管隆美尔一直在思考着如何与蒙哥马利联络，达成妥协方案，但英国人却一直在想着如何用特别的方法除去这个令盟军头疼的对手。正如他们在非洲所做的那样，英国人再一次启动了暗杀小组。

为了保证这次暗杀隆美尔的计划获得成功，英军好几个月来一直在寻找隆美尔的秘密司令部。早在5月26日，一名英国间谍就已将隆美尔在拉·罗歇—基扬的消息报回了总部。7月14日，英国一支山地部队通过侦察，最终确定了隆美尔的所在地。

于是，一个由5名英军特种空军人员组成的暗杀小组成立了。

这个暗杀小组由莱蒙德·李指挥。他们在得知隆美尔指挥所的确切地点后，开始通过空中侦察和地面探路等方法进行大量的准备工作。

∧ 1944年5月，隆美尔在法国。

7月20日,英军上级部门对这个暗杀小组下达了行动命令:"注意:击毙陆军元帅隆美尔或他参谋部里的高级官员,或将他们绑架到英国。"

7月25日,这个暗杀小组被空投到法国的夏尔特市附近,暗杀隆美尔的行动正式开始了。但令莱蒙德·李奇怪的是,他在那里四处搜寻,却没有见到隆美尔。

隆美尔哪去了?

此时,隆美尔正躺在医院里,他在7月17日遭到盟军的猛烈空袭时,头部受了重伤。

在之前的那些天里,隆美尔每天乘坐他的车子至少要行驶200公里路,到各地去看望正在作战的指挥官们,同时也在争取各级军官支持他背着希特勒与盟军和谈。

7月17日,隆美尔去了第1党卫装甲军的驻地。塞普·狄特里希以一副饱经风霜的表情跟隆美尔论谈起西线的战局。后来,隆美尔略似开玩笑地问他:"你愿永远执行我的命令吗,甚至这些命令和元首的命令相抵触的时候?"

这位党卫军将军伸出他那瘦骨嶙峋的手握住隆美尔说:"你是头儿,陆军元帅阁下。我只听从你的,不管你打算干什么。"

随后,他们谈论起正式话题。

"我已经把狄特里希争取过来了。"隆美尔在返回的途中跟身边的参谋说。

汽车转而走上了那条漫长笔直的公路。一路上到处都是从诺曼底逃出来的难民,他们的马拉车、牛拖车载着各种物品,杂乱无章地挤在一起。当隆美尔的指挥车吼着驶过时,扬起了一阵灰尘,一些法国人认出他来,立即脱下帽子朝他挥舞。

隆美尔坐在车中,膝上摊着一张地图。他的随身参谋兰格坐在汽车后座,兰格的身旁还坐着一位负责瞭望敌机的下士。

车子开出两小时后,路上出现了越来越多的被炸坏的汽车,有的车里还躺着死者和伤者,这说明这段路程上敌机的活动很频繁。

在接近利瓦特诺时，后座的那位瞭望员发现有 8 架敌机正在飞来。隆美尔立即命令司机将车子转进与公路平行、树叶繁茂的小路。但行驶几公里后，那条小路又与大路汇合了，隆美尔只能沿着大路走。

在下午 18 时左右，车上的瞭望员发现有两架敌机正朝着他们俯冲下来，隆美尔大叫把车子开进前面 300 米处的一条小岔路。但他的车子还未来得及驶抵那里，第一架烈焰式飞机已经在他们背后的树梢上空怒吼了，在不足 500 米的距离内，飞机上的机关炮一齐开火。紧张的隆美尔手拉着车门把手回头看了一下，火花四溅，炮弹正在后面的路上爆炸，接着车子的左边也落下一颗炮弹。炙热的金属和玻璃碎片一下子飞在他的脸上。司机的左肩被一块弹片削掉了，车子飞似的朝路旁冲去，立即撞在公路另一边的树上，车上的人被抛到人行道上，汽车则腾空而起，又飞过公路，落进一条沟渠里。

隆美尔的头部不知被什么东西击中了，伤得很重，他的头骨凹陷了下去。接着第二架烈焰式飞机又赶来，俯冲下来对他们一阵扫射。

过了很久，那两架飞机早已远去了，但空中的轰炸仍在进行着。几个冒着战火路过的当地人发现了隆美尔。他们首先用碎布条缠住隆美尔已凹陷下去、正在流血的头，随后设法与利瓦诺特的药剂师玛尔赛·莱先生取得了联系。莱先生立即赶到现场，给隆美尔注射了两瓶樟脑油，这是对防止突发的心脏衰竭很古老也很有效的方法。接着，莱先生快速地将隆美尔受到重伤的消息通知了最近的一家军队医院。

经过简单的处理，隆美尔被抬上了前往军医院的汽车，他慢慢地恢复了一小部分知觉，感到了火辣辣的疼痛，但头部缠着的一大堆绷带使他什么也看不见，只觉得自己的血液正在从眼里和耳朵里不停地淌出来。不一会儿，在半昏迷状态中，他被人抬出担架，放在一辆轿车的前座上，座位的靠背已经放平，一名卫生员用膝盖支着他缠着绷带的头。隆美尔恍惚听到汽车的震动声，感到车子在启动了，又听到几句不完整的话，"贝尔内空军医院"和"50 公里"。

他听见发动机突突地哀鸣声音越来越大，汽车奔跑起来，时远时近的爆炸声仍在响起。守护在旁边的兰格一遍又一遍地尖叫着，"敌机在左边！""炸弹落在右边了！"司机一次又一次地刹住车，逐渐驶离了大路，敌机的轰炸声正在远去。隆美尔想挣扎着坐起来，但每一次卫生员都轻轻地按住了他。头部一阵阵的剧痛就像针扎的一样，他的脚踢到了仪表板。接着车停下了，几只手急忙将他抬起放在一副担架上，把他抬进了手术室。

∧ 英军炮兵向德军阵地猛烈炮击。

　　他好几次大声地呻吟："我的头，我的头。"医生给他照了 X 光，他感觉到冷冰冰的台子，也听到了医院里特有的各种声音。但渐渐地，这一切又都消失了。

　　7 月 18 日，隆美尔终于恢复了全部知觉，他发现自己正静静地躺在贝尔内空军医院二楼的一间病房里。

　　在隆美尔遭到袭击的三个小时后，斯派达尔才获悉这一消息，他急忙打电话给克鲁格，克鲁格立即给医院打电话，询问情况。当时，主治医生回话给他说：隆美尔仍然昏迷不醒，估计"到 1945 年以前他都恢复不了"。

　　从某种程度上来说，得知隆美尔受到重伤反倒使克鲁格有一些兴奋，他早就希望自己能在没有隆美尔干扰的情况下亲自指挥一次在诺曼底的战斗，他希望能通过一次胜利来确立自己在人们心目中的军事地位。

　　于是，他向最高统帅部直接打去了电话，宣称在找到接替隆美尔职务的指挥官之前，他决定亲自指挥诺曼底战役。"在这里，我必须有一个坚忍不拔的继任，"他说，"在其他方面倒没有什么特别的要求，我这里只需要一个能够像隆美尔那样的坚定果断、顽强不屈的军人。"

→

★蒙哥马利（1887～1976）

英国军事家，元帅。参加过第一次世界大战。1939～1940年任英国第3步兵师师长，参加了在法国和比利时的战斗。1940～1942年任第5军和第12军军长，在英国本土训练部队。1942年8月，被任命为驻埃及英国第8集团军司令。10月，以优势兵力大败德意军队。1944年1月任盟军集团军司令。6月，指挥诺曼底登陆。1945年5月，接受西北欧德军的投降。之后，被任命为驻德国占领军司令。

∧ 1944年，蒙哥马利与布莱德雷在法国。

希特勒接受了克鲁格的请求，命令克鲁格正式指挥B集团军，同时留任西线总司令的职务。克鲁格匆忙地把办公室搬到了B集团军的指挥所，命令他的参谋长勃鲁门特里特留守在巴黎。

就在隆美尔被送进医院的时候，他预先设置的几道防线挫败了蒙哥马利★从卡昂发起的战略突破的又一次尝试。在7月18日那一片无边的火红朝霞里，2,000架英美轰炸机从海上飞来，编成一个巨大的扇形，向卡昂投下了将近8,000吨炸弹，还包括一些致命的冲击波和光辐射杀伤装置。有2,000名法国百姓丧生，1,300多人受伤，城市沦为一片废墟。德国空军的第 16 师和步兵第 272 师在隆美尔的第一道防线上，已无法再发挥任何作用。于是，在上午 7 点 45 分，盟军的坦克开始向南涌去，进入了轰炸后腾起的浓烟迷雾中。这一批涌向突破口的 700 多辆坦克是蒙哥马利集结的先头部队，他相信这次一定能撕开隆美尔的战线。

然而这并非是一道普普通通的战线。在第一条防线后面，还有第二、第三、第四和第五道防线。第二道防线上还残存着盟军炮火下的一些 88 毫米大炮和令人生畏的"虎"式坦克。轰炸同样也没有消灭隆美尔的第三道防线，也就是那些由步兵坚守着、等待着蒙哥马利深入的村庄。傍晚时分，胆大的盟军坦克群靠近了隆美尔的第四道防线。隆美尔在这里部署了将近 80 门 88 毫米大炮、12 门口径更大的高射炮、194 门野战炮和 270 门威力强大的奈比尔威费六管火箭发射架，这些火箭发射架的总炮管数为 1,632 管，用以在阵地上压住阵角。在这片炮群后面的村庄正在由党卫军步兵师严守着，再往后 8 公里则驻扎着预备队。此外，隆美尔在那里还有 45 辆 V 型"黑豹"式中型坦克和其他 80 辆强力坦克。

战斗一直进行到黄昏时分，攻到隆美尔防线内部的盟军坦克已被摧毁了 126 辆，英军无法闯过最后一道防线。尽管蒙哥马利在进攻开始前就向世界通讯社发表了洋洋自得的声明，但此时他却不得不下令停止进攻。身旁的奥马·布莱德雷将军劝蒙哥马利还是含笑忍辱吧。这位英军司令官却愤愤不平地说："含笑忍辱，实比上天还难。"

至此，盟军在攻破卡昂城之后，已无法继续南下，只好回头巩固既得战线，积蓄力量，以备下一阶段的大规模进攻。

到 7 月 18 日，盟军已基本完成了诺曼底登陆作战任务，具备了收复西欧大陆的条件。在这次战役中，从 6 月 6 日至 7 月 18 日，德军伤亡了 11.7 万人，盟军伤亡了 12.2 万人。

此时的隆美尔正躺在医院里，仍旧在思考着令他烦心的西线战事和德国问题，却未曾想到，密谋分子们长期筹划的暗杀希特勒的计划已经开展实施。那场未能成功夺走希特勒生命的暗杀行动最终却成功地夺去了他的生命。

第十二章

他没有死在战场

1891-1944 隆美尔

布格道夫陈述了没有包括在信里的内容：元首允诺，如果隆美尔自尽，将对他的叛国罪行严加保密，不使德国人民知道，为了纪念他，还将树立一座纪念碑，并为他举行国葬，而且保证不对他的亲属采取非常手段。此外，露西还将领取陆军元帅的抚恤金。"这是对你从前为帝国建立的功勋的肯定。"布格道夫补充道……

★"伐尔克里"计划

德国后备军为应付国内紧急动乱而采取应变措施的代号。1943年起，德军在各条战线均陷入困境，国内绝大部分主力部队全部开上前线，国内防务十分空虚。为此，德国统帅部于1943年7月31日制定了以北欧神话中女神"伐尔克里"为代号的以动员国内后备军来对付国内可能产生暴乱的计划。谋杀希特勒事件后，密谋集团成员曾在陆军总司令部发出"伐尔克里"命令，但后因希特勒未被炸死而失败。

>> 7月20日的爆炸

准备以暗杀方式推翻希特勒的密谋集团，早在1943年底就已安排好了他们的计划。施陶芬贝格和他的同伙把这个计划命名为"伐尔克里"。

"伐尔克里"本是北欧日耳曼神话中对一些少女的总称。传说中这些少女美丽而恐怖，她们飞翔在古战场上，专门寻找并杀掉那些该死的人。施陶芬贝格的"伐尔克里"计划★直接指向了希特勒。然而有趣的是，这些密谋分子们居然想办法让希特勒批准了这个要杀掉他自己的计划，并把它纳入了国家计划范围之内。

原来，密谋分子们把这个"伐尔克里"计划伪装了一下，告诉希特勒：这个计划是专为对付国内暴动而设的，一旦在柏林和其他大城市服劳役的千百万外国劳工发起暴动，国内驻防军就会按照这个计划快速接管这些城市的治安工作。

疑心极重的希特勒欣然批准了这个计划。这样，那些密谋分子们就开始公开地制订起在暗杀掉希特勒后，国内驻防军接管首都和维也纳、慕尼黑等大城市的具体步骤和措施。

但计划制订好之后，由于密谋分子内部意见不统一以及人事方面的准备不完善等原因，这个计划的具体实施却迟迟没有开始。转眼到了1944年6月，欧洲的局势日益严峻起来。德国的秘密警察已察觉了他们的行动，越来越多参加密谋的人遭到逮捕，而那里没被逮捕的人也不敢轻易活动了。密谋集团的核心人员贝克、戈台勒、哈塞尔、维茨勒本等，甚至连相互见面都越来越困难。

在军事方面，苏联在东面正在节节进逼，而盟军在西海岸的登陆更显得德国已面临着灭亡的危险了，一旦德国败局已定，密谋分子们即使杀死了希特勒也难以拯救德国的命运。因此，当盟军在诺曼底登陆成功后，柏林的密谋分子们首先陷入了极大的混乱之中。他们希望

∧ 1944年，希特勒在"狼穴"接见手下军官。

德国打退盟军，只有这样，美英政府才会更愿意在西线同这些反纳粹组织议和，而且在这种情况下，反纳粹组织也可以取得更好的议和条件。

但西线的战况却让他们大失所望。以施陶芬贝格为首的年轻人们看到眼下苏联、法国和意大利战线的崩溃一步步逼近，决定立即行动。

快到6月底时，施陶芬贝格时来运转，被提升为上校，担任国内驻防军总司令弗洛姆将军的参谋长。这个职位不但使他可以用弗洛姆的名义给国内驻防军发布密电，而且也使他可以直接、经常地见到希特勒。

作为密谋集团中心人物的施陶芬贝格如虎添翼，暗杀希特勒的任务责无旁贷地落到了他的肩上。7月11日，他应召去向元首报告关于东线急需的补充兵员的供应问题。当天，他就带了一颗英制炸弹。但由于密谋分子前一天晚上在柏林举行的一次会议上，要求在杀掉希特勒的同时也一定要杀掉戈林和希姆莱，所以当施陶芬贝格进入会场发现希姆莱没有出席会议后，就没有动手。

7月14日，施陶芬贝格奉命在第二天再次向希特勒报告补充兵员的情况。7月15日，施陶芬贝格提着装有炸弹的皮包进入了元首的会议室，准备在散会后趁着会场的混乱引爆炸弹，没想到希特勒在会议结束后却匆匆离开了，根本没给他留下机会。

7月19日下午，施陶芬贝格再度接到命令，要求他第二天去向希特勒报告关于编组新的"人民步兵师"的进展情况。

∧ 这是一张难得一见的照片：画面左侧立正者为施陶芬贝格，最右侧为凯特尔元帅。照片大约摄于1944年7月间的希特勒"狼穴"大本营。

1944年7月20日早晨，灿烂的阳光铺在无边的大地上。6时刚过，施陶芬贝格上校由他的副官陪同，驱车经过柏林城里一排排被炸毁了的房屋，赶往伦格斯道夫机场。在他那鼓鼓的皮包里，装着有关新的"人民步兵师"的文件。他将根据这些文件在"狼穴"向希特勒作报告。在这些文件中间，藏着一颗裹在衬衣里的定时炸弹。

　　这是一种英国制造的炸弹，在引爆时要先打破引爆装置中的一个玻璃管，让里面的药水流出来，在把一根细金属线腐蚀断后，撞针就会弹出来，从而击发雷管。所以金属线的粗细直接决定着从启动到爆炸所需时间的长短。这天早上，施陶芬贝格在炸弹里装了最细的线，腐蚀掉它最多只要10分钟。

　　7时，飞机正式起飞。施陶芬贝格下飞机后又改乘一辆军用轿车前往"狼穴"大本营。刚一到达会客室，凯特尔就告诉他，由于下午希特勒要会见墨索里尼，会议将提前在12时30分举行。同时，凯特尔特别叮嘱他，由于希特勒要赶时间，报告必须得简短一些。

　　施陶芬贝格看了看时间，现在是12时已过，必须马上就启动炸弹的启动装置。他把准备向希特勒报告的内容先对凯特尔简述了一下，快说完的时候他注意到这位最高统帅部长官在不耐烦地看表，离12点30分只剩几分钟了。凯特尔说："咱们必须马上去开会了，否则就会迟到。"

　　但他们走出屋子没有几步，施陶芬贝格忽然对凯特尔说："坏了，我把帽子和皮带忘在会客室了。"未等凯特尔反应过来，他便飞快地跑了回去。

　　在会客室里，施陶芬贝格很快地打开皮包，用他仅有的三个指头拿住镊子，打破了玻璃管。除非再发生机械故障，这颗炸弹即将在10分钟之内爆炸。

　　凯特尔对施陶芬贝格这一耽误时间的作法很生气。他很快跟了回来，在会客室外叫施陶芬贝格快一点。"我们要迟到了！"他喊道。施陶芬贝格马上跑了出来并表示歉意，凯特尔无疑是知道像施陶芬贝格这样肢体伤残的人束起皮带来总要比别人慢一点的，所以丝毫没有起疑心。

　　当他们走进会议厅的时候，会议已经开始了。施陶芬贝格有意在前厅停了一下，对负责电话总机的上士说，他正在等柏林办公室打来的急电，电话里将要告诉他最新的数据以补充他的报告，并请那名上士在电话打来的时候立刻去叫他。当然，施陶芬贝格这番话是专门说给身旁的凯特尔听的。

　　当他们走进会议室时，希特勒正坐在桌子一边的中间，恰好背对着门。他的右边是陆军副参谋长兼作战处长豪辛格将军等人，左边则是约德尔等人，但戈林和希姆莱都没有在场。

希特勒正在摆弄着他的放大镜，观察着摊开在他面前的一张地图，同时也在仔细地听着陆军副参谋长豪辛格作报告。凯特尔插进去报告了施陶芬贝格的到会和他今天来的任务。希特勒对这个在战争中留下一条肩膀、一只眼上还蒙着罩子的上校看了一下，冷淡地打了个招呼。

施陶芬贝格于是站到了桌子一侧，豪辛格作战处的参谋长勃兰特的旁边，也就是离希特勒右边两米左右的地方。他把皮包放在地上，然后把它推到了桌子下面，紧贴着厚厚的桌子底座距希特勒最近的那一侧。

时间已是12时37分，还有5分钟的时间，炸弹就要爆炸了。豪辛格继续讲着，不时地指着摊在桌上的作战形势地图。希特勒和军官们俯身在地图上仔细地看着。没有人注意到施陶芬贝格这时已悄悄地溜了出去，而正在全神贯注听着讲话的勃兰特在豪辛格提到前线的具体地点时，想靠上前去看看地图。这时，施陶芬贝格的那个鼓鼓的皮包绊住了他的腿，勃兰特看也没看，不耐烦地把它拉到了自己的这一边，然后把腿跨了过去接着看地图。

也许就是勃兰特这个看来无足轻重的举动，最终却救了希特勒的命，而断送了勃兰特自己。

最高统帅部长官凯特尔是负责安排召见施陶芬贝格这件事情的。当他发现豪辛格的汇报快完了时，想要暗示施陶芬贝格做好汇报的准备，却发现这位上校不见了。但凯特尔立即想起施陶芬贝格在进来时对电话接线员说过的话，就悄悄地退出房间去找他。

施陶芬贝格没有在打电话。凯特尔虽然很焦急但也没有过多地想，只好无可奈何地回到了会议室。此时，豪辛格正在结束他关于当天的不利形势的汇报。他说："苏联人正以强大兵力在杜那河西面向北推进。他们的前锋已到杜那堡西南。如果我们在贝帕斯湖周围的集团军不立即撤退，一场灾祸……"

就在这一瞬间，1944年7月20日中午12时42分，炸弹爆炸了。

此时，施陶芬贝格正和另一个重要的密谋组织成员菲尔基贝尔将军站在距会议室只有200米的地方，他焦急地看着手上的表，忽听一声巨响，从窗口涌出的烟火立即将会议室笼罩了。继而有人体从窗户里被抛出，碎片飞到空中。

施陶芬贝格兴奋异常，暗杀已经成功！他让菲尔基贝尔按原定计划立即通知柏林的密谋分子，然后切断通信线路，直到首都的密谋人员接管了柏林并且宣布新政府的成立。而他眼下的任务则是安全而迅速地逃出这座大本营。

爆炸发生后，各级哨所的卫兵立即封锁了所有出口。但施陶芬贝格以自己是弗洛姆将军的参谋长的身份，分别给防守卫兵的上级打电话，最后居然成功地冲出了大本营的四道门岗，赶到事先已安排好的那座机场。

由于机场还没有收到任何警报,施陶芬贝格顺利地把汽车开了进去,等候在那里的飞机早已发动。一分多钟以后,搭乘着施陶芬贝格的飞机腾空而起。

此刻是下午13时刚过。在接下来的三个小时里,施陶芬贝格一直待在飞往柏林的飞机中。他期待着这三个小时内,菲尔基贝尔已经同柏林联系上并且传递了最重要的讯息,同时他在首都的同伙已经立即行动起来接管城市,并且正在发出早已准备好的给德国本土和西线的军事指挥官的文告。

15时45分,心急如焚的施陶芬贝格终于降落在柏林。他兴高采烈地奔向机场上最近处的一个电话,以便确切了解在这决定命运的三小时里已经完成了哪些工作,但他得到的消息却是什么也没有完成。尽管13时刚过,菲尔基贝尔的电话就来了,告诉柏林关于爆炸的消息,但因线路不好他们没听清希特勒是否被炸死。所以他们什么也没有做,都在无所事事地等待施陶芬贝格回来。正是由于希特勒生死不明,而密谋组织的首脑人物又没有下达任何命令,各地的密谋组织很快就陷入一片混乱之中。

施陶芬贝格借用机场的电话,向各地要求立即启动"伐尔克里"计划,密谋分子们总算找到了一个发号施令的人。随后,"伐尔克里"命令在柏林通过电传打字机和电话不断地被发往各地,于是那个一窍不通的军需司令芬克迅速向克鲁格的参谋长勃鲁门特里特报告:"将军阁下,柏林发生兵变,元首已遭暗算。"

勃鲁门特里特又跟守在B集团军指挥所的克鲁格通电话,但只有斯派达尔在那里,克鲁格上前线去了,要到傍晚才回来。这样,没有人敢下命令指示西线军队应采取什么行动。

到晚上18时15分,陆军元帅克鲁格回来了,斯派达尔兴奋地把这个消息告诉了他。克鲁格立刻陷入犹豫之中,不知道是否应该像密谋人员催促他的那样停止战斗。

18时38分,德国广播电台中断了正常节目,向全民播放了行刺的消息并宣布希特勒没有死,"除了轻度烧伤和擦伤外,元首安然无恙"。

这样,尽管霍法克和施图尔纳格数次催促克鲁格率领西线军队,在法国就地投降以迫使希特勒改变态度。但克鲁格立即抛开了密谋集团,断然拒绝道:"只要希特勒那猪猡还活着,那我们的手脚就被捆绑着,我就得服从命令。"

∧ 行刺事件后不久，惊魂未定的希特勒佯装镇定地接见手下将领。图中头缠绷带者为在行刺事件中受伤的约德尔将军。

　　事实上，施陶芬贝格的确无论如何也没想到，虽然他把那间会议室炸烂了，但希特勒却没有被炸死，只是受了一场极大的惊吓。

　　希特勒的头发已被烧焦，两腿灼伤，右臂拧伤后暂时不能动作，耳膜震坏了，脊背也被落下来的一根椽子划破了。当他由凯特尔搀扶着从这所被炸坏了、正在燃烧的屋子里走出来的时候，人们几乎认不出他了：脸是黑的，头发在冒烟，裤子撕成了碎片。爆炸发生之后，希特勒起初还认为这可能是由一架敌方的战斗轰炸机空袭而引起的。但紧接着，身受重伤的约德尔就发现了地板上炸出的那个深窟窿，所以他立即指出：这是有人放了炸弹。

　　于是，刚刚闻讯赶到现场的希姆莱立即要求部属展开调查。大约在爆炸发生之后两小时，线索已经很清晰了：会议室电话交换台的上士报告说，有一个曾经对他说在等柏林长途电话的"独眼上校"在爆炸前急匆匆地离开了；参加会议的一些人回忆起，施陶芬贝格曾经把他的皮包放在桌子底下；检查哨的卫兵室报告，施陶芬贝格在爆炸刚刚发生之后通过了这些岗哨。

★希姆莱（1900～1945）

纳粹德国，党卫军和秘密警察头子。主要战犯之一。1929年成为党卫军首领和希特勒私人保镖。1933年任慕尼黑警察局长。1934年成为普鲁士盖世太保头子。1936年任全德国警察总监。二战初期，以党卫军首领和警察总监的身份，领导建立帝国保安总处，推行种族灭绝政策。1943年任内政部长，把握监督行政机构和法院的权力。1944年任国内驻防军司令。1945年初任陆军第2集团军群总司令。1945年5月被盟军捕获，后自杀身亡。

随即，希姆莱给柏林下令：立即逮捕施陶芬贝格！

于是，希姆莱的爪牙们立即投入了搜捕活动。而那些密谋分子们，有很多关键性人物一直持着骑墙态度，所以到18时38分电台广播希特勒仍然活着的消息后，一些人立即改变态度，重新投向了希特勒一方，甚至在密谋组织的最高层，也同样出现了反复现象。这样，这场反希特勒的行动很快就被镇压了。

从晚上21时起，电台宣称希特勒即将发表广播讲话，这个消息每隔几分钟就预告一次。但直到7月21日的凌晨1时，希特勒的声音才终于在夏夜的空中响了起来。

"我的德国同胞们：我今天的讲话，一是为了使你们听到我的声音，知道我安然无恙；二是为了使你们了解在德国历史上从未有过的一次罪行。"希特勒说道，接着他历数了这次事件的经过，要求全体德国人共同反对这些密谋分子们，"我同时命令，人人都有义务逮捕任何散发或持有他们命令的人，如遇抵抗，可当场格杀勿论！"最后，希特勒恶狠狠地说："这一次，我们将以国家社会党人常用的方法来对他们实行清算！"

这是一次残酷的报复。

希特勒在万分震怒和报复欲望的支配下，拼命督促希姆莱★等人，让他们努力去搜捕所有敢于背叛他的人，并亲自定下了处理这些人的办法。

∧ 德国陆军元帅维茨勒本因卷入刺杀希特勒事件而被处以绞刑。

在爆炸发生后举行的最初几次会议中,有一次希特勒咆哮着说:"这回对罪犯要毫不客气地干掉。不用开军事法庭。我们要把他们直接送上人民法庭。别让他们发表长篇演说。法庭要用闪电速度进行审判。判决宣布两小时之后立即执行,要用绞刑——别讲什么慈悲。"

依照这些指示,"人民法庭"庭长罗兰·法赖斯勒这个恶魔立即举起了他的屠刀。

1944年8月7日和8日这两天,"人民法庭"在柏林举行了第一次审讯。冯·维茨勒本陆军元帅成了第一批被判处死刑的8个人中的一个。

在此之后,从1944年的8月开始,经过秋天和冬天,直到1945年初,狰狞的"人民法院"一直在开庭,匆匆忙忙地进行着阴风惨惨的审讯,罗织罪状和判处死刑几乎就是他们的全部工作内容。直到1945年2月3日早晨,一颗美国炸弹炸死了法赖斯勒法官,同时也炸毁了当时还活着的被告中大多数人的案卷。这样,这场充满着腥风血雨的审讯才算停止了。

在此期间,戈台勒市长、菲尔基贝尔将军、霍法克上校、施陶芬贝格、施图尔纳格、弗洛姆将军等无一幸免。据统计,

> 接替克鲁格的莫德尔元帅。

由于"7·20"事件，共有7,000多人被捕，其中有4,980人被处死。

另外还有许多牵涉进这次谋反事件中的陆军军官，为了不让自己被送上"人民法庭"受罪，纷纷以自杀的方法结束了自己的生命。取代伦德施泰特的西线总司令克鲁格即是其中之一。

克鲁格元帅并没有因为骑墙的态度而使自己得到拯救。正如斯派达尔后来所说的那样："命运不会饶恕那些虽有信念，但没有足够的决心把信念付诸实行的人。"

已经被捕的霍法克上校在很早就招出：克鲁格和隆美尔都曾参与叛变计划。当有人悄悄把这个消息告诉克鲁格之后，这位将军"开始显得越来越忧虑起来"。

7月末，西线盟军已展开了新一轮攻势，布莱德雷将军率领的美军已经突破了在圣洛的德军阵地。当克鲁格向希特勒报告"整个西线已被突破"的消息时，希特勒反而怀疑他是想带着队伍投降艾森豪威尔。

8月17日，希特勒在未给克鲁格任何通知的情况下，派出瓦尔特·莫德尔元帅接替他的位置。随后克鲁格才被告知，他已被免职，并且要随时报告自己在德国的行踪。

克鲁格这才醒悟过来：希特勒已经相信了霍法克的话，自己早就被看作是"7·20"事件的嫌疑分子，如今的事实说明，等待他的终将是"人民法庭"的审判。

8 月 18 日，已被免职的克鲁格感到大势已去，在驱车回家的途中服毒自杀，并给希特勒留下了一份遗书。

"当你看到这封信的时候，我已不在人间了……生命对我已经失去了意义……隆美尔和我……早就预见到了今天的形势。但我们的话没有人听……"克鲁格满怀悲伤地写道。

"我不知道在各方面都受过考验的莫德尔元帅是否能控制目前的局势……如果他控制不住，而且你所期望的新武器又不能成功，那么，我的元首，下定决心结束这一场战争吧。德国人民所遭受的苦难实在太大了，现在已经到了结束这种恐怖的时候了。"

希特勒一声不响地看完了这份遗书，然后未加评论地交给了约德尔。

几天以后，在 8 月 31 日的军事会议上，希特勒说："有充分的理由认为，克鲁格如果没有自杀的话，也无论如何要被逮捕的。"

由此看来，克鲁格的遗书并没有改变希特勒认为他该死的看法。与此同时，这份遗书的另一个作用就是让希特勒再次注意到隆美尔这个名字。

在希特勒的印象中，这是隆美尔与"7·20"事件联系在一起的第三个证据。继霍法克的交待之后，施图尔纳格自杀未遂后躺在医院手术台上时，也曾喃喃地道出了隆美尔的名字。

希特勒终于做出决定：他以前一度十分宠信的、同时也是在德国最受欢迎的这位隆美尔元帅必须死去。

>> 死神走近沙漠之狐

身受重伤的隆美尔这一阶段依然躺在医院里，怀着对希特勒的无限忠诚，密切地关注着西线的战事。他万万没有想到，密谋人员和以前痛恨他的那些高官们，正在共同设计着一个陷阱，把他一步步推向希特勒的屠刀之下。

在 1944 年 7 月 20 日那天，隆美尔正躺在遥远的贝尔内空军医院里。他的主治大夫空军脑神经外科医生 A·埃施教授对他奇迹般地活过来感到惊讶不已。X 光的检查结果表明，隆美尔的头部有四块碎骨。

经过各方面的检查，隆美尔的主要运动神经没有受到伤害，对于强烈的感觉刺激反应良好。但是他的左眼神经受到严重刺激，左眼睁不开，不能转动，左耳也聋了。埃施医生利用吗啡水掺和氯醛及巴比妥的药方，使得隆美尔老老实实地镇静下来，然后给他的腰部做了穿刺。穿刺没有流血，只是出来一点清亮的液体，这是好的征兆。

无法活动的隆美尔只好静躺在病床上，他用那只仍然灵敏的右耳，倾听着远处公路上传来的络绎不绝的军车在行驶时发生的各种声音，同时也倾听着法国难民们推着木头车逃往远处时发出的嘎吱声。他知道，战斗打得仍不顺利。

7月22日，斯派达尔和卢格一起来看望隆美尔，并向他表示敬意。当医生一离开病房，隆美尔立即挣扎着从床上坐起来，想让这两个同事看看，证明自己已经痊愈。两人马上扶住了他，斯派达尔随后向他汇报了前线的最新战况。同时，斯派达尔满怀忧虑地说：第二次进攻似乎已迫在眉睫了，"英国目前还有52个师，其中大约40个师可以开往欧洲大陆"。听到此，隆美尔顿时感到头晕目眩，立马又躺下了，看守的护士只好把来客引出门去。

这一次见面时，斯派达尔没有对隆美尔提起两天前暗杀希特勒失败的事件。但早些时候来过的几名参谋人员已把这个耸人听闻的暗杀事件告诉过他了，隆美尔听后面色苍白，随即用严厉的措辞表达了他对这一事件的厌恶。这两天，克鲁格曾一连几个晚上都来看望他，隆美尔只是一个劲地说："疯狂，真是不可思议，竟然对元首下毒手，谁也不会同意这样干的。"

这时，一些密谋人员才感觉到自己真的是误解隆美尔了，其实隆美尔并不是反对希特勒的，他只是在如何挽救德国的战略上与希特勒出现了严重的分歧。隆美尔希望尽早在西线与盟军讲和，共同对付苏联。而希特勒则顽固坚持即使两线作战也要作战到底，因为他比隆美尔的头脑更清楚，谁也不会和他讲和的。正是由于这个分歧，隆美尔因直率和对德国局势已无希望的判断，经常会说一些不太恭敬的气话。再加上隆美尔对很多德军官员的不满，使得密谋分子们认为隆美尔是一个可以争取的陆军元帅，同时更重要的是，他们想利用隆美尔在德国人民心目中的地位，来争取得到更大范围的支持。

7月23日早晨5时，由于隆美尔的病情基本上稳定了，他必须要换到一个位置更安全、医疗条件更好的医院去治疗。于是，一辆经过改装的特别轿车，缓缓地拉着躺在担架上的隆美尔，悄悄地离开了这家地处诺曼底的贝尔内空军医院。

经过几个小时的飞奔，轿车开到了位于巴黎郊外的勒瓦西内医院，这家医院是一个拥有一千多张病床的大型医院。

∧ 1944年6月，隆美尔与妻子露西、儿子曼弗雷德一起度假。

开始的几天里，隆美尔不太服从医院里的纪律，常常从床上爬起来，以表示自己的伤势并不是很严重。最后，一位医生从病理室拿来了一块人造头骨，当着隆美尔的面，举起一把小锤子，把它敲成四五块，又拼在一起，指着对他说："目前，你头部的伤势就跟这个一样，X光告诉我们的事实就是如此。"于是在此之后的几天里，隆美尔变得规矩多了。

转到新医院以后，卢格海军上将每天都来坐在床边给隆美尔读书。隆美尔此时仍在惦记着他单面讲和的主张。7月24日，他在医院里对卢格悄悄耳语说："我迫切需要见到元首，要和他讨论一下德国的未来，我认为德国唯一的希望就是在一条战线上讲和，以便把全部兵力用于坚守另外一条战线。"

为此，在接下来的几天里，隆美尔一直要求出院去见希特勒，希望自己在时局尚可收拾之前重新掌握诺曼底的指挥权。这个要求害得医生们每天都不得不像哄小孩一样，和这位不守纪律的伤员进行一番周旋。

这样，隆美尔只好仍然待在医院里，心急如焚地坐在床上，手持一只公用拖鞋，每逢有苍蝇飞过，他便一顿猛击，但他只有一只眼睛管用，所以很难打到苍蝇。

此时，他受伤的消息并没有公布，全世界一直以为他还在指挥着诺曼底的战斗。住院期间，希特勒曾经给他发过一封简短的电报："请接受我希望你早日康复的最良好的祝愿。"

隆美尔何尝不想早日康复？但在伤病面前，人却是无能为力的。

7月底，盟军已经发现隆美尔没有在西线战场的事实。于是，英国人率先对外宣布，隆美尔在西线战斗中身负重伤，或许当前已不在人世。

隆美尔马上抓住这个时机，于1944年8月1日夜在巴黎举行了一次大型的记者招待会。他挣扎着在病服外面套上了一件陆军制服，让新闻摄影师从右边为他拍下看不出伤痕的侧影。

"英国人已经把我勾销了，"隆美尔对记者们说，"自从我跟他们接触以来，他们宣布我死亡的消息已经不知道有多少次了。可我却一直还活着，我不会那么轻而易举就死的。"

随后，隆美尔带着满脸讥讽的表情笑了起来。

但他没有想到的是，跟英国人比起来，却有很多德国人更想让他死去。

几乎就在隆美尔发布自己不会轻易死去的那份声明的同时，希特勒正在东普鲁士的地下室里叹着气，他一手拿着那副刚刚摘下来的金丝眼镜，另一只手紧紧地捏着一份秘密警察不久前送来的文件，文件里写满了秘密警察★控告克鲁格和隆美尔涉嫌"7·20"事件的证据。随后，他叫来了约德尔："我看，我们应该先找一位新的西线总司令了。至于隆美尔，等他恢复健康后再审问他吧。"

秘密警察交给希特勒的那份文件正是已被捕的霍法克上校在审讯中的供词。

霍法克何以死死咬住克鲁格和隆美尔不放，直到今天也是一个谜。或许他是想通过告发两个大人物以求得自己的获释；或许是由于这两个人在获知希特勒没被炸死后，不再支持他们而使他怀恨在心；或许是他还想证明他有关已说服了这两个人的宣传确是实事；或许他就是想在自己无法解脱的情况下硬拉这两个人下水，都已不得而知。但有一点可以确定，尽管霍法克遭到了严刑拷打，但他绝对没有说真话，因为与他一直联系紧密的密谋人员斯派达尔、福肯豪森、条切特、霍斯特以及米歇尔等人，他一个都没有交待。

此后，在对其他密谋人员的审讯中，很多人都交待，在暗杀事件发生前，他们曾听霍法克说过，克鲁格和隆美尔已站到了他们一边。

这当然是霍法克为了鼓舞那些密谋人员而四处进行宣传的结果，但克鲁格和隆美尔却已无法洗清自己。8月14日，希姆莱正式将克鲁格和隆美尔列入重点侦察的名单之中。消息灵通的克鲁格得知这一情况后自杀了，而此时尚不知内情的隆美尔却一点都没有感觉到死神在解决了克鲁格之后，已不可避免地开始向隆美尔走来了。

此时，隆美尔在巴黎的医院里正在渐渐地好转起来，但脸色仍很苍白，左眼依旧睁不开，前额上已留下了拇指宽的一道凹痕。

★秘密警察

也被称为盖世太保，是第二次世界大战期间德国纳粹政权的警察组织，这是个令人毛骨悚然的人类历史上的头号恐怖组织。1933年2月2日，戈林以内政部长的身份，接管了普鲁士警察局的领导权，随后将1,400多名异己分子清除出警察局，转而由可靠的纳粹分子所取代。盖世太保从此在纳粹团体中崛起。4月底，他通过一项法令，将狄尔斯的政治情报机构取名为"秘密国家警察处"，即"盖世太保"。

∧ 隆美尔的参谋长斯派达尔卷入了刺杀希特勒的行动之中。

8月7日，医生告诉隆美尔说，他的身体可以支持得住用车子把他送回德国了。此时尚担任参谋长的斯派达尔将军亲自前来为他送行。应斯派达尔的请求，隆美尔送给他一张照片，并爽快地在背面题了辞。

8月8日，汽车从巴黎把隆美尔送回了德国故乡。当他迈着不稳的步伐走进赫尔林根的山庄别墅时，露西和男仆鲁道夫·卢斯托兴奋地迎上前来。隆美尔看出他们瞧见自己头上的伤痕时流露出的那种惊惶失措的神情，他强装着笑脸说："没关系，只要头还没有掉在地上，事情就不算太糟。"

在此后的一段时间里，邻居们常常看见隆美尔靠在曼弗雷德的手臂上，摇摇晃晃地在花园里散步，军服上佩着一枚新得的伤员金质奖章。每当有人向他谈起刺杀希特勒的阴谋时，他总是痛楚地摇摇头，"希特勒死去比活着具有更大的危险，"他说，"我所需要的是能够在西线独立行动，并且达成停战协议。"

这时，隆美尔开始发现家里常常发生一些稀奇古怪的事情。一次，他的男仆鲁道夫听见有什么东西在前门，当他跳上窗台时，瞥见有个人影一晃，随即便溜进黑暗里去了。他的邻居也说，他们曾亲眼看见可疑的人像阴影一样地追逐着隆美尔。于是，隆美尔从多尔姆卫戍部队找来了一名卫兵，同时他本人的兜里不带手枪决不外出。他让曼弗雷德也带上枪，因为没有把握自己是否能够一枪打中来犯之人。不久，当他们在林子里散步或是到赫尔林根教堂附近采蘑菇时，都亲眼看见了那些可疑人物。一天夜里，卫兵还朝一个闯进别墅里来的人开了枪。隆美尔对此感到奇怪：难道是秘密警察在监视他？倘若如此，那原因又是什么呢？

隆美尔真的没想到，在众人的一起帮忙下，他离死亡之路已越来越近了。当然，在把隆美尔推向死亡之路的众人之中，斯派达尔也是一个重要的角色。虽然霍法克极力掩护着自己的这位密友，但仍然有密谋分子把斯派达尔推向了前台。

8月25日，希特勒在得知斯派达尔事先也知道行刺阴谋的时候，立即叫嚷着逮捕斯派达尔，"审讯结果表明，他完全卷入了这次阴谋。"随后，他从东线挑选了汉斯·克莱勃斯将军，一位精明能干而又讲求实际的军官，接替了斯派达尔的职务。

此时，希特勒经过对B集团军的各级军官进行调查，得知隆美尔的作战部长坦贝尔霍夫的妻子是英国人，而他的炮兵指挥官汉斯·拉特曼则是在东线已投降了苏联的马丁·拉特曼将军的兄弟。这些因素综合在一起，希特勒更加相信，处在这种环境中的隆美尔，极有可能已站到反对自己的一边去了。

9月3日，隆美尔十分震惊地接到一道命令：他被正式解除集团军指挥官的职务。对此，他的副官还安慰他说："说不定一等你痊愈，上面就会给你分配新的工作。"

但隆美尔马上就接到了另外一个消息，他的参谋长斯派达尔将军也已被解职，而且没有任何理由，并要求他立刻回到德国。随后，斯派达尔的亲属纷纷被捕入狱。

几天以后，即9月11日和12日，斯派达尔开始接受秘密警察的审讯。他以自己的聪明才智从一开始就想将所有责任都推在隆美尔身上，他不说自己在到隆美尔那里之前就已经是密谋分子，只是招认了霍法克7月9日来访后曾跟隆美尔在指挥所的院子里散过步，以及隆美尔企图得到希特勒的允许与蒙哥马利会面的计划。同时，他还承认自己在7月22日去医院看望过隆美尔。

斯派达尔就这样出卖着隆美尔，但不知情的隆美尔却依然在关心着他的命运。

进入9月份以来，连续几星期的失眠使隆美尔变得郁郁寡欢、焦躁不安。斯派达尔的命运和前途，也同样使他心烦意乱。9月26日，斯派达尔的妻子给他写了一封信，谈了她对这件事的担心。隆美尔于10月1日满怀同情地给她复了函。同一天，他还给希特勒写了一封长信。

信的开头说，由于健康状况还不能使他足以接受并胜任新的工作，他为此感到十分内疚。"头部有四块碎骨，"他写道，"受伤后西线出现了不利的局面，特别是我从前的参谋长斯派达尔被革职逮捕等一系列事件，给我精神上造成了难以忍受的负担。"隆美尔依旧在赞许这位将军并提醒希特勒本人，他还亲自授予过斯派达尔骑士十字勋章，"斯派达尔到西线任职的最初几周就已证明他有杰出的才干，是位称职的参谋长，"隆美尔说，"他严守纪律，为众多士兵了解，并忠心耿耿地帮助我在可能的范围内尽快完成了大西洋壁垒的防御部署。我几乎每天驱车上前线，就像我俩过去商定的那样，我信赖斯派达尔，让他把我给部队的命令传达下去，让他与上级和同级军官打交道，处理各种事务。"

信里接着写了可以说是最有意义的一段话。"我不能想像，"这位诚实坦率的陆军元帅写道，"究竟是什么使斯派达尔将军遭到了革职和被捕……不幸的是，"隆美尔继续说，"诺曼底的防御工事证明不可能进行有效的战斗，不能将敌军在海上或初登陆时就地歼灭。对此我在7月3日上呈的信中已阐明了原因。"他还讲到了自己与陆军元帅冯·克鲁格之间关系不和的情况，最后用这样几句话结束了这封长信："我的元首，您知道我在自己的权力和能力范围内已经尽了自己的职责，不论是在1940年的西线战役，还是在1941年至1943年的非洲战役，以及 1943 年在意大利的战斗和眼下的西线战役中，我都一如既往。我心中向来只有一个信念，这就是为了您和新德意志帝国去战斗，去取得胜利。希特勒万岁！"

> 希特勒的秘书马丁·鲍曼对隆美尔之死起到了推波助澜的作用。

>> 冷静而冷酷的谋杀

　　隆美尔给希特勒的长信根本没有引起希特勒的任何注意，因为这位帝国元首此时已不再信任他了。

　　9 月 28 日，希特勒的秘书马丁·鲍曼把来自乌尔姆的欧根·梅尔的一份报告交给了希特勒。报告中揭露隆美尔在家休养期间仍在散布希特勒正在衰退的言论，并认为隆美尔对现政权的敌视丝毫没有减少。

　　鲍曼在刚接到这份报告时不禁眼放金光，因为在五年以前的波兰，鲍曼曾在大庭广众之下受到过隆美尔的冷落和白眼，现在他报复的机会终于到了。于是，他毫不犹豫地在报告上写道："这与我接到的另一些更为恶劣的报告内容相吻合。"

　　这样，隆美尔无疑又被往死亡之路上推进了一步。

　　1944 年 10 月 7 日，凯特尔给隆美尔家里打电话，要他到柏林来。"我们将派一辆专列到乌尔姆去接他。"他对隆美尔的副官这样说，凯特尔还约定了固定的日期，即 10 月 10 日。

隆美尔和家人仔细地讨论了此事，"我可不会让这些先生们感到舒服的。"他说。随后他给凯特尔回了电话，但接电话的却是威廉·布格道夫将军，此人刚接任死去的施蒙特的职务，担任陆军人事部部长和希特勒的第一副官。

"这是一次什么会议？"隆美尔问道。

布格道夫以他那特有的粗哑噪音回答："元首命令陆军元帅凯特尔和你讨论你的未来。"

"恐怕我来不成，"隆美尔解释说，"我在10日那天和专家们有个约会，他们说鉴于我的健康情况，一定不要做长途旅行。"

虽然隆美尔轻巧地拒绝了凯特尔，但他已隐隐地感觉到有些不对头了。因为前两天凯特尔办公室通知说，要在10月中旬将他的那辆斯托奇轿车调走，留给他一辆改用煤气推动的小型BWM牌轿车。这预先的警告曾使他感到惶恐不安。"他们已经找到我头上来啦。"隆美尔说。后来，他又曾安然地对自己年迈的副官赫尔曼·阿尔丁杰说，万一他死了，就把他埋在海德尔堡，或海登海姆，或者就在现在的居住地赫尔林根这三个地点的任何一处，不要挑那种宏伟的地方，只要选个小巧的僻静所在就行，他一生只不过是个名不出众、寂寞孤独的人。

10月11日那天，隆美尔在西线时的老战友、已经退隐的海军上将卢格来到了他的家里，他们一道快活地吃烤鹿肉，喝具有乡村风味的菜汤，然后买来一些香槟酒，一直闲聊到午夜过后。

12日，隆美尔陪着卢格一块驱车到80公里外的奥格斯堡去玩。隆美尔为了要显示一下自己的活力，亲自驾起车来。他的这一行为立即被监视他的秘密警察报告给总部了，隆美尔既然自己可以驾车又为什么说身体欠佳而无法去柏林呢？希特勒大本营的人更加怀疑他了。

此时，有关隆美尔的材料正在从秘密警察和"人民法庭"那里源源不断地送到希特勒的手中，其中最严重的是霍法克在一份签了名的长篇供述上的供词：隆美尔的确向密谋分子保证过，一旦暗杀成功，他将积极支持他们。

因此，希特勒在10月12日的军事会议结束后，简短地告诉凯特尔，把霍法克的供词亮给隆美尔看看。同时，希特勒还向凯特尔口授了一封交给隆美尔的信，提出了两种选择方案：如果隆美尔认为对霍法克的辩解和指控一无所知，那他就必须向元首交待；如果不是这样，那么对他的逮捕和审判将不可避免，最终可能只有死路一条。

凯特尔转而把信件和审讯报告交给布格道夫，要他亲自送往赫尔林根，并且指示布格道夫，假如隆美尔真的选择了第二条道路，最好提供他毒药，而不是手枪。不要让他的死亡引起哗然，要以"自然死亡"处理。

布格道夫又命令陆军人事部门的法律处长官恩斯特·迈赛尔少将与他同行，作为官方的证人。

10月13日早晨，布格道夫亲自打电话到隆美尔的别墅去，告诉男仆鲁道夫："请转告陆

★凯特尔（1882～1946）

德国陆军元帅。第二次世界大战主要战犯之一。1901年参军，参加过第一次世界大战，任炮兵参谋。在希特勒上台后积极与纳粹合作。1935年成为作战部参谋长。1938年2月至1945年5月为最高统帅部参谋长。是希特勒最亲近的军事顾问和希特勒意志的执行者。代表德国法西斯迫使法国接受屈辱的投降条件。1945年5月，代表纳粹德国武装力量签署投降书。1946年被纽伦堡国际军事法庭处以绞刑。

军元帅，明天中午至下午13时之间，我和另一位将军要来拜望他。"

1944年10月13日夜里，隆美尔出外访友回到了家中，长途驾车使他筋疲力尽。男仆向他转达了布格道夫将军的电话口信，隆美尔并没有对这位将军的即将来访有任何怀疑。他还乐观地认为可能要指派他新的指挥权，说不定要派他去东普鲁士负责防御，因为苏联军队这时已经是重兵压境了。他在一本记录本上草草写下了将要向布格道夫提出的要求："要汽车到图宾根看病，参谋军官的摩托车，秘书，参谋人员。"按照传统规定，这些都应当是德国陆军元帅终身享有的特权。

第二天，即10月14日中午时分，门铃响了起来，划破这座别墅里保持了许久的沉默。鲁道夫打开前门，威廉·布格道夫走进了花园，恩斯特·迈赛尔紧跟在他的身后。

两人彬彬有礼、不露声色地和隆美尔互相敬了礼。露西热情地走了出来，邀请两位客人共进午餐。

布格道夫很有礼貌地婉言辞谢了。"这是公事。"他说，然后问能否和陆军元帅阁下单独谈谈。

在隆美尔一楼的书房里刚一坐定，布格道夫就开门见山地对隆美尔说："你被指控为谋害元首的同案犯。"然后，他把凯特尔★交给他的那封信递给了隆美尔。接着，布格道夫宣读了被秘密警察逮捕的陆军军官霍法克、斯派达尔及施图尔纳格等人的书面证词。这些证词构成了毁灭一个人的起诉书，尤其是霍法克的供述。布格道夫宣读后把书面证词交给隆美尔。

布格道夫这时瞥见一种极度痛苦的表情在隆美尔脸上一闪而过。隆美尔有口难辩，他如何才能说清自己没有参与暗杀阴谋，甚至时至今日对此都一无所知呢？他所盘算的一切，难

< 隆美尔的别墅。希特勒派手下将领给隆美尔送
去了"尽忠"的毒药。
> 躺在灵床上的隆美尔。

道不就是无论元首同意与否都要和蒙哥马利达成单独停战的尝试吗?不过就是这种盘算,也已足够把他送上绞架了。

不论如何,既然追究,那么他就无法再逃离死亡之路了。隆美尔当时心神不定地犹豫了很久,他不知自己该如何选择,也不知道在死亡之外,他还能选择什么。

最后,他果断地说:"好吧,我愿意承担这一切后果。"

"可是,元首知道这件事吗?"隆美尔随即问布格道夫。

布格道夫点了点头,让迈赛尔退出书房几分钟。接着,他陈述了没有包括在信里的内容:元首允诺,如果隆美尔自尽,将对他的叛国罪行严加保密,不使德国人民知道,为了纪念他,还将树立一座纪念碑,并为他举行国葬,而且保证不对他的亲属采取非常手段。此外,露西还将领取陆军元帅的全部抚恤金。"这是对你从前为帝国建树的功勋的肯定。"布格道夫补充道。

听到这些,隆美尔已是目瞪口呆,很明显,德国的最高层早已为他的死计划好了一切,他再也没有任何选择了。他慢慢地缓过神来,请求再给他几分钟的时间收拾一下东西。

隆美尔已是心力交瘁,步履蹒跚。他回想起自己在两次世界大战中经历了多少枪林弹雨,

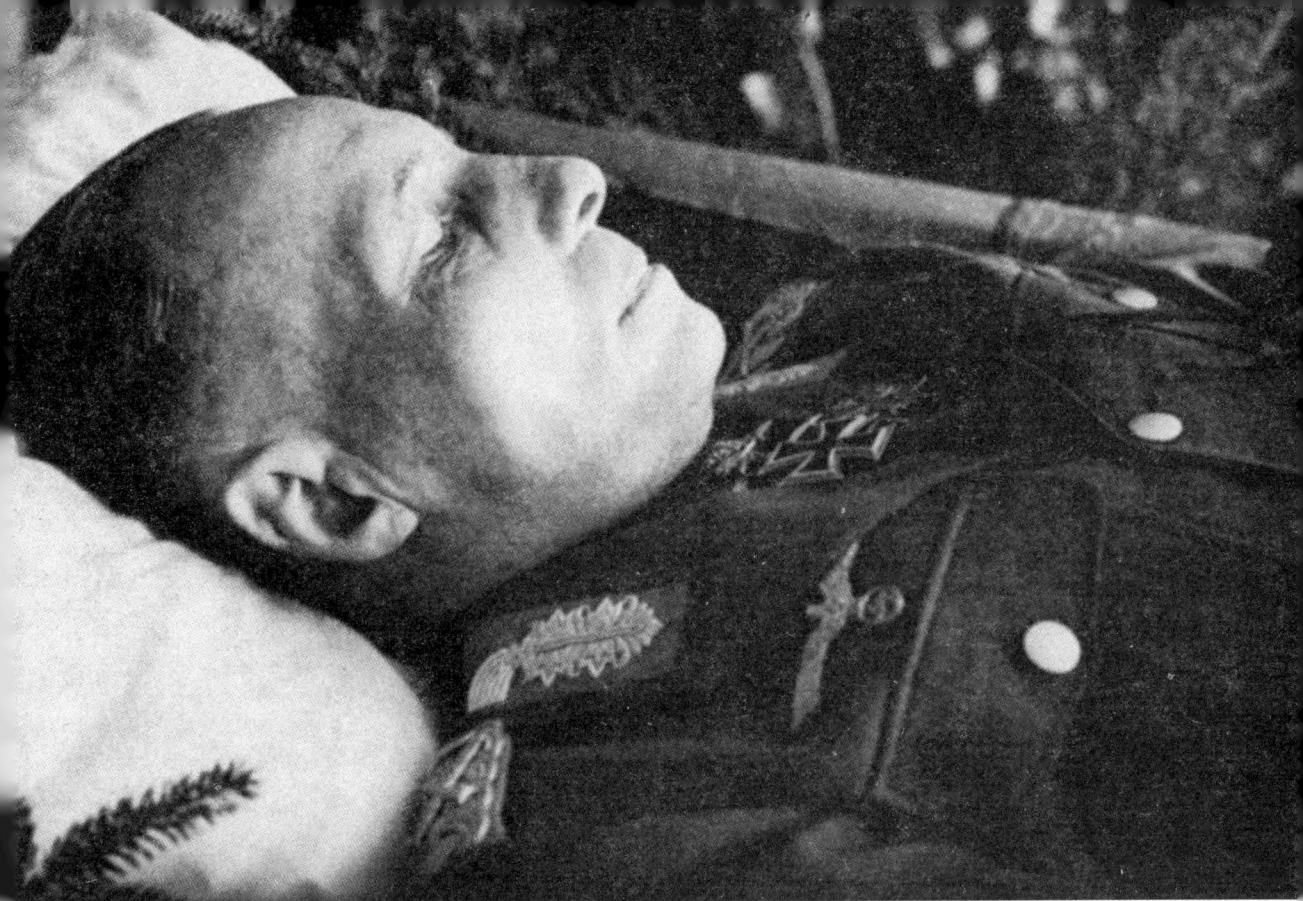

多少次出生入死，而现在却要为他从未参与过的一次失败的阴谋去死！

"我可以借用你的小车安静地开到别处去吗？"他问布格道夫，"恐怕我不能很好地使用手枪。"

"我们带来了一种制剂，"布格道夫温和地答道，"它在三秒钟内就能奏效。"说完，布格道夫离开了隆美尔的书房。

隆美尔一步步地爬上楼去，来到露西的卧室。他脸上毫无表情，仿佛戴了一副假面具。"十五分钟之内我将死去，"他声音冷淡地对露西说，"遵照元首的命令，我必须在服毒和面对'人民法庭'这二者之间做出抉择。施图尔纳格、斯派达尔和霍法克把我牵连进了7月20日的阴谋，在戈台勒市长的名单上，我似乎被提名为德国的新总统。"

他向露西诀别，给了他妻子最后一个拥抱。

这时，不知发生了什么事的曼弗雷德匆匆地闯了进来。隆美尔喉咙哽咽地对他说："跟我一同来。"

他们又来到了曼弗雷德的房间。隆美尔语调缓慢地说："我刚刚已对你母亲说过了，我

∧ 两名德国士兵守候在隆美尔遗体旁。

在一刻钟之内就将死去了。"他的态度很镇静，"死在自己人的手里是很使人伤心的。但是这个房子已经被包围，希特勒指控我犯了卖国重罪。总算是他的好意，姑念我在非洲的战功，已经准我服毒自杀。这两位将军已将毒药都带来，只要三秒钟就可以生效。假使我接受了，他们不会像平常的惯例一样，牵连到我的家庭。"

曼弗雷德插嘴问道："你相信这些话吗？"

"是的，我相信他们说的是真话。"隆美尔说，"他们当然不希望把这个事件闹开。此外，我还要负责告诉你对我的死因要保持着绝对的秘密，只要有一点风声泄露出去，他们就可能不再遵守已确定好的这个协定。"

"难道我们不能自卫吗？"话音未落，隆美尔便立即拦住了曼弗雷德，叫他不要说下去了。

"那完全不在考虑之列，宁可一个人死，也不要让大家全体在乱枪中丢了性命。而且，我们没有充足的弹药。"

接着，隆美尔又跟副官阿尔丁杰告了别。

一会儿，几个人一起走下楼来，曼弗雷德和阿尔丁杰帮助隆美尔穿上了皮大衣。隆美尔突然从口袋里摸出一个皮钱包来，他打开看了看："这里还有150个马克，我把这些钱带去好吗？"

"元帅，现在这一切都没什么关系了。"阿尔丁杰含泪说道。

隆美尔谨慎地把钱包放在口袋里，走过了大厅。那只从法国带回来的小狗兴高采烈地在他的后面乱跳着。布格道夫和迈赛尔正等在花园大门的附近。

当隆美尔走近他们时，两位将军都举起右手敬了礼，布格道夫还高喊了一声："元帅！"

一辆汽车正在门外等着，司机把车门打开，然后立正站在一边。隆美尔把元帅杖夹在左臂下，脸色镇静如常，在上车前再次与曼弗雷德和阿尔丁杰握了一次手。

布格道夫和迈赛尔紧跟着也上了车，车门被轻轻地关上了，随即启动、飞奔起来，跑出了隆美尔家人的视线。

跑了200多米以后，汽车已在山路上转了几个弯。布格道夫要求停车，他让迈赛尔和司机沿公路往回走了一段。大约四五分钟后，布格道夫又叫他们回到车子里。

留在后座上的隆美尔此时已经神志不清，颓然地倒在那里，他的军帽落了下来，元帅杖丢在一边。司机走过去把他的身子扶正了，并给他重新戴上了军帽，元帅杖也被送回到他的怀里。就这样时年53岁的隆美尔永远地离开了世间。

大约20分钟之后，隆美尔家里的电话响了起来，阿尔丁杰接到了乌尔姆瓦格纳预备医院的通知：隆美尔元帅在行车的路上因大脑栓塞而不幸去世，这显然是前次他头盖骨受伤造成的后果。

10月16日，希特勒专程给露西发来了电报："您丈夫的逝世给您带来了重大的损失，请接受我最真挚的吊唁。隆美尔元帅的英名，与他在北非的英勇战绩一样，都将永垂不朽！"

接下来，希特勒下令为隆美尔举行了隆重的国葬。德国陆军高级将领伦德施泰特在国葬仪式上致了悼词，他站在裹着纳粹党旗的隆美尔尸体面前说："他的心是属于元首的。"

这一刻，老态龙钟的伦德施泰特显得精神颓丧，心情惶惑。

>> 无法抹杀的隆美尔

隆美尔莫名其妙死去的消息，在1944年的德国如同巨浪中落下的一颗小水滴。德国局势的日益恶化没有留给人们足够的时间和注意力，来关注这个陆军元帅深藏在死亡背后的秘密。

1944年8月15日，继诺曼底登陆后，美、法军队又在法国南部戛纳市以西实施了登陆，盟军的力量在西欧益发强大起来。8月25日，巴黎获得了解放。9月9日，戴高乐在那里组建了法国临时政府。至此，西欧盟军的势力已如怒涨的潮水，一路呼啸着向德国本土涌来。

1945年1月22日，意大利南部的盟军终于像隆美尔所担心的那样，绕过德军防线，从安齐奥登上了意大利北部领土。意大利共产党乘机掀起了民族解放运动。4月26日，墨索里尼在逃往瑞士的途中，被游击队捕获，28日，这位曾经幻想要重建罗马帝国的意大利领袖被愤怒的人民所处决，尸体被运到米兰，抛弃在广场上，后来又被倒吊在路灯杆子上、扔到路旁水沟里。29日，盟军在意大利取得了全面胜利。

同时，从1945年1月起，东线苏军也发起了连续进攻，经过维斯瓦河—奥得河战役、东普鲁士战役、东波美拉尼亚战役后，苏军迅速地攻入了维也纳。4月25日，苏美两军在易北河胜利会师，将德国一分两半，并迅速逼进柏林。

　　柏林沦陷和墨索里尼的可耻下场，迫使希特勒于4月30日下午在总理府的地下室里自杀身亡，他把还仅有一个星期寿命的第三帝国交给了邓尼茨。那一天，刚好是希特勒56岁生日之后的第10天。

　　随希特勒一起自杀的还有戈培尔、鲍曼、布格道夫等人，而那个早已安排好了的帝国元首继承人的戈林，却因为叛国罪早已被希特勒投进了监狱。

　　海军元帅邓尼茨接任德国元首后，已没有任何机会来享受自己的权力，他唯一能做的就是不停地下达投降的命令。5月4日，德军最高统帅部命令所有德军向蒙哥马利投降，凯塞林等人都成了战俘。5月7日，邓尼茨授权约德尔在德国无条件投降书上签字。

　　存在了12年4个月零8天之后，第三帝国就这样灭亡了。那些在希特勒时期跺一跺脚都会让德国发颤的大人物们一个个地退出了历史舞台。党卫队头子希姆莱于1945年5月23日在被盟军捕获时服毒自杀；邓尼茨在纽伦堡审判中被叛处10年徒刑；而里宾特洛甫、凯特

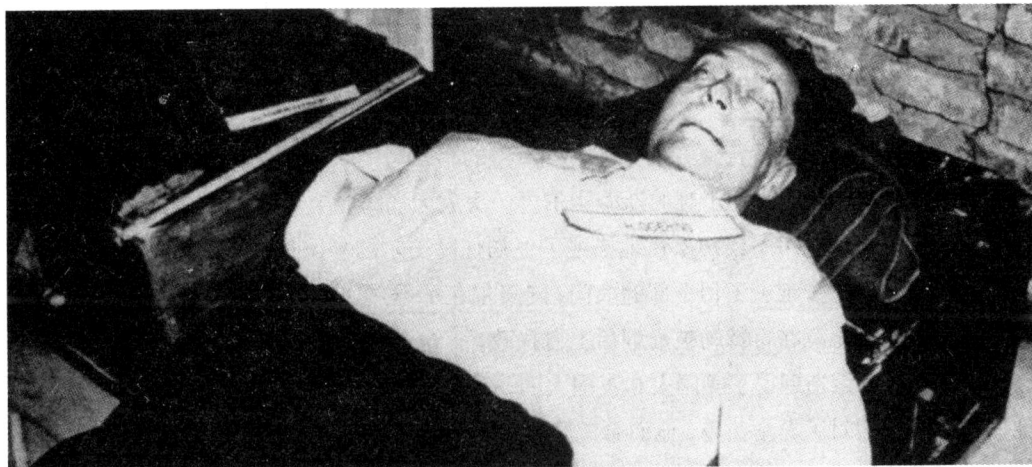

∧ 服毒自杀身亡的戈林。他逃脱了被送上绞刑架的惩罚。

尔、卡尔登勃鲁纳、约德尔等人则被一个一个地送上了绞刑架。唯一幸运一点的应该是戈林了，他在被送上绞刑架的前2个小时，服用被人偷偷带入狱中的毒药自杀了。

　　战争刚一结束，人们便再一次想起了隆美尔，隆美尔的死因成为各国人都想知道答案的一道谜题。

★北大西洋公约组织

简称北约组织或北约,是第二次世界大战后西方资本主义国家所建立的最大的国际军事组织,同时也是当时全世界两大军事集团之一。1948年3月22日~4月1日,美国、加拿大、英国代表在华盛顿举行会谈,决定缔结北大西洋区域安全公约。1948年7月通过了《华盛顿文件》。1949年4月4日,美、加、英等12国在华盛顿举行了《北大西洋公约》签字仪式,北约正式宣告成立,其总部设在比利时首都布鲁塞尔。同年8月24日公约开始生效。

1945年4月,曼弗雷德不得不公布:隆美尔是在布格道夫和迈塞尔将军到赫尔林根登门拜访后自杀身亡的。

于是,种种猜测重新将隆美尔与施陶芬贝格的暗杀集团联系在一起。

从希特勒的屠刀下幸免于难的斯派达尔再一次成为揭露隆美尔的先锋。他在自己所写的《1944年的入侵》一书中,绘声绘色地描述了他初任隆美尔的参谋长那天的情景:"一批排成四队的密谋分子齐步走进了司令部的大门,隆美尔在那里热烈地欢迎他们,并担保支持他们的计划和手段,愿意在希特勒被推翻后上台执政。"

斯派达尔的编造迎得了美国人和英国人的一致赞同。因为他们对这名在非洲战场上曾让他们吃尽苦头的对手异常热爱,他们希望隆美尔是反希特勒的英雄。作为回报,斯派达尔很快就由一名战俘跃升为德意志联邦共和国陆军的新任司令官,不久之后他又当上了北大西洋公约组织★的高级将领。而同样仿效斯派达尔的卢格海军上将,后来也捞到了德国新海军司令官的职务。

尽管露西曾在1945年9月9日发表了一项声明:"为了使隆美尔的名字洁白无瑕,为了维护这位陆军元帅作为伍尔登堡之子的声誉,我要把此事的真相公之于世。我丈夫没有参与7月20日的阴谋,无论是它的准备工作或是刺杀行动。我丈夫一向直言不讳,他曾开诚布公地把自己的见解、意愿和计划向最高当局陈述过,虽然他们并不喜欢他这样做。"但人们在

> 在德国乌尔姆为隆美尔举行了隆重的国葬。

希特勒灭亡后宁愿相信斯派达尔的谎言。让隆美尔成为反希特勒的英雄是出于政治需要，也是德国内外的一致愿望，他们不愿意隆美尔的军事奇才因为希特勒的恶名而被埋没。

所以，在战后的西德，尽管其他帝国元帅无一不是名声扫地，而隆美尔的名字却一直闪烁着光辉，海军里有"隆美尔"号战舰，各地的驻军里都有"隆美尔兵营"，隆美尔的儿子曼弗雷德后来也顺利地担任了斯图加特市市长。而美国人更是以他们特有的狂热拍摄了一部名为《沙漠之狐》的电影，在世界各国广为流传。电影中，隆美尔"叱咤风云"的形象和"英明果断"的举止给人们留下了深刻的印象。

英国人也不甘落后，杨格准将在二战一结束就写出了第一部很有价值的《隆美尔传记》。而隆美尔在第二次世界大战中的一些笔记和书信在整理后，也被以《隆美尔战时文件》一书在英国出版，其编者就是英国著名的战略家、被誉为"间接战略之父"的利德尔·哈特，他还亲自为这本书写了导言。

正如利德尔·哈特在这篇导言中所写的："隆美尔对于世界的影响，固然是由他的'剑'所造成的，可是其影响的威力却要靠他的'笔'来加以发挥。"作为纳粹德国的元帅，隆美尔帮助希特勒直接或间接带给世界人民的苦难，所犯下的滔天罪行是无论如何粉饰也无法抹杀的，但他作为一个著名的将领，在军事领域内的开创和贡献却是一笔宝贵的财富，也同样是无法抹杀的。

> 人们注视着葬礼车队。

德国鲁尔工业区遭到轰炸

1943年3月至7月，盟国空军对德国的鲁尔工业区展开了猛烈的空袭。在此期间，英国空军共出动18,506架次的轰炸机，对该地区进行了43次空中突击，轰炸了鲁尔区的工业城市杜伊斯堡、科隆等地，破坏了德国的工业生产，并炸毁了水坝。在这次空袭中，英国空军还使用了新式轰炸导航装置，并首次使用了重达3,630千克的重型炸弹。

美国轰炸日本本土

1944年6月15日，美国B-29型"超级堡垒"轰炸机轰炸了日本，开始了对日本本土的全面空战。美国陆军参谋长马歇称这次空袭为"一种新式的对敌攻势"。这次空袭对铺平进攻日本的道路、推进战争的进程起到了重大作用，就像大规模的空战削弱了德国的力量进而占领德国一样。

09

< 英国首相丘吉尔代表英王乔治六世向苏联斯大林格勒公民赠送荣誉宝剑。

英国向苏联赠送荣誉宝剑

1943年11月29日，苏联、美国和英国三国首脑在德黑兰会议期间举行了一次隆重的赠剑仪式。英国首相丘吉尔代表英国国王在仪式上将一把荣誉宝剑赠与苏联斯大林格勒的居民，以表彰他们对德国进攻的顽强抵抗。宝剑是由英国的许多能工巧匠制造的，在剑刃上镌刻着赠言："赠给斯大林格勒公民——具有钢铁般意志的人们"。赠者署名是："英国国王乔治六世及英国国民"。

盟国与匈牙利停战事件

1944年5月12日，苏美英三国政府发表宣言，要求包括匈牙利在内的四个轴心仆从国退出战争，停止与法西斯德国合作。1944年9月苏军进入匈牙利境内，10月末苏军逼近布达佩斯。同年12月22日，包括匈牙利共产党在内的独立阵线各政党的代表正式组成了匈牙利临时国民政府。1945年1月20日，同盟国与匈牙利签署了《苏美英与匈牙利停战协定》。协定的签署标志着匈牙利正式退出战争。

盟军攻入罗马城

1944年6月3日夜，德军西南线总司令凯塞林元帅因盟军对其关于宣布罗马为"不设防城市"的建议没有答复，遂下令德军第14集团军右翼开始撤离罗马。6月4日上午，美军第5集团军的部队开始顺利进入罗马。14时15分，美军到达罗马市中心。随即控制了整个罗马城并对北撤的德军发动追击战。

东条英机内阁倒台

随着日本在太平洋战场上的节节失利，盟军反攻逼近日本本土，曾发动了太平洋战争的日本东条英机内阁处于内外交困的境地。1944年7月18日，东条英机提出辞去内阁总理职务，东条英机内阁垮台。7月22日，由小矶国昭、米内光政联合组阁：内阁总理为小矶国昭，外务及大东亚大臣为重光葵，内务大臣为大达茂雄。

> 奥斯维辛集中营中关押的无辜平民。

奥斯维辛集中营

法西斯德国屠杀无辜平民及各国战俘的最大集中营之一。因位于波兰克拉科夫以西偏僻沼泽地区的奥斯维辛镇上而得名。1939年9月德国占领波兰后，在该地奥地利骑兵营房旧址上建立，1940年6月正式投入使用。在1940年到1945年的5年左右的时间内，在奥斯维辛集中营遇害的各国囚犯多达400万人。1945年1月，苏联红军解放此地。"二战"结束后，波兰政府在该集中营旧址上建立了历史博物馆。

四大国催生联合国

1944年10月，美国、英国、苏联和中国正在认真考虑成立一个国际性安全组织机构。在华盛顿特区敦巴顿橡树园召开的会议上，与会代表将计划中的这个国际性组织命名为"联合国"，其宗旨为"调动一切海上、陆地和空中力量，维护和恢复世界和平与安全"。罗斯福总统高度赞扬了会议精神，他说："所有爱好和平的国家都可以确信，在今后，任何可能出现的侵略者都会在其发动战争之前被消灭。"四国对建立联合国这一提议的大部分细节取得了一致意见。

法西斯魔头的最后会晤

1944 年 7 月 20 日，德国最高领导人希特勒与"意大利社会共和国"领导人墨索里尼在德国希特勒大本营"狼穴"举行会晤，这是希特勒和墨索里尼的最后一次会晤。双方讨论了欧洲战局和德意政局，但未就具体问题达成实质性的协议。会晤结束后，希特勒带领墨索里尼观看了仍在冒烟的会议室残迹。数小时之前，在此发生了一次暗杀希特勒的行动，在该暗杀行动中，希特勒险些丧命。

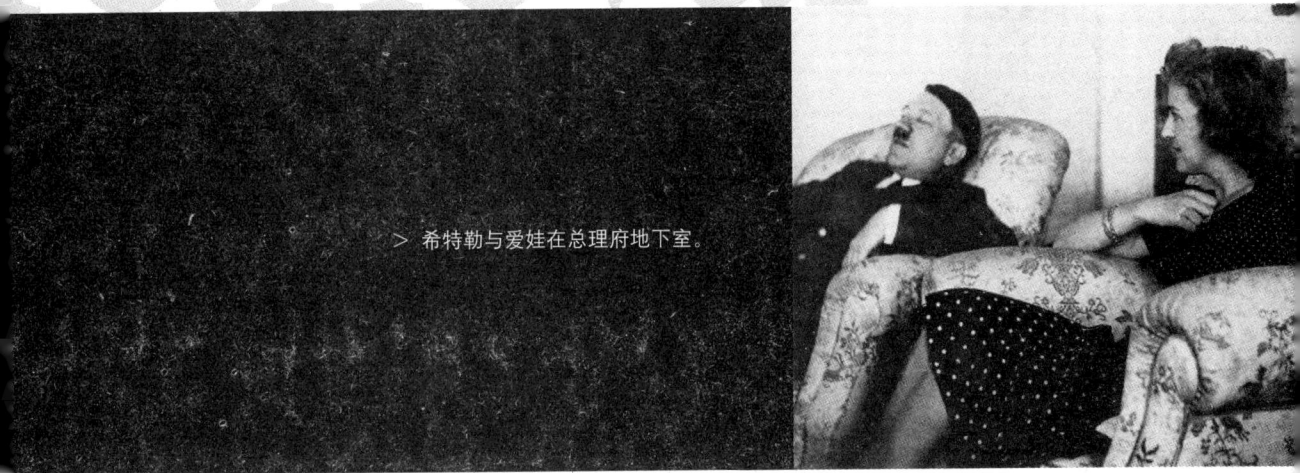

> 希特勒与爱娃在总理府地下室。

希特勒自杀

在苏联军队的炮声渐近之际，希特勒自知末日将临。1945 年 4 月 29 日，希特勒与跟随了他多年的情妇爱娃在柏林总理府地下避弹室举行了婚礼，口述并签署了私人和政治遗嘱：将戈林和希姆莱开除出纳粹党，任命邓尼茨为德国总统兼国防军最高司令。29 日下午得知墨索里尼被悬尸街头后，希特勒决计立即自杀。30 日下午 3 时左右，希特勒与爱娃自杀身亡，尸体由部下焚烧。

日本投降

自 1945 年 5 月 8 日德国战败投降之后，日本成为唯一仍然顽抗的法西斯轴心国家。由于中国抗日武装和盟国攻势的不断加强，特别是由于苏联军队开始对日作战和美国向日本投掷原子弹，加速了日本帝国主义的覆灭进程。8 月 9 日，日本决定接受中国、美国和英国督促日本投降的联合公告。15 日，日本天皇发表广播讲话，正式公开宣布无条件投降。同年 9 月 2 日，日本代表与盟军代表在美舰"密苏里"号上共同签署了投降书。至此，"二战"结束。

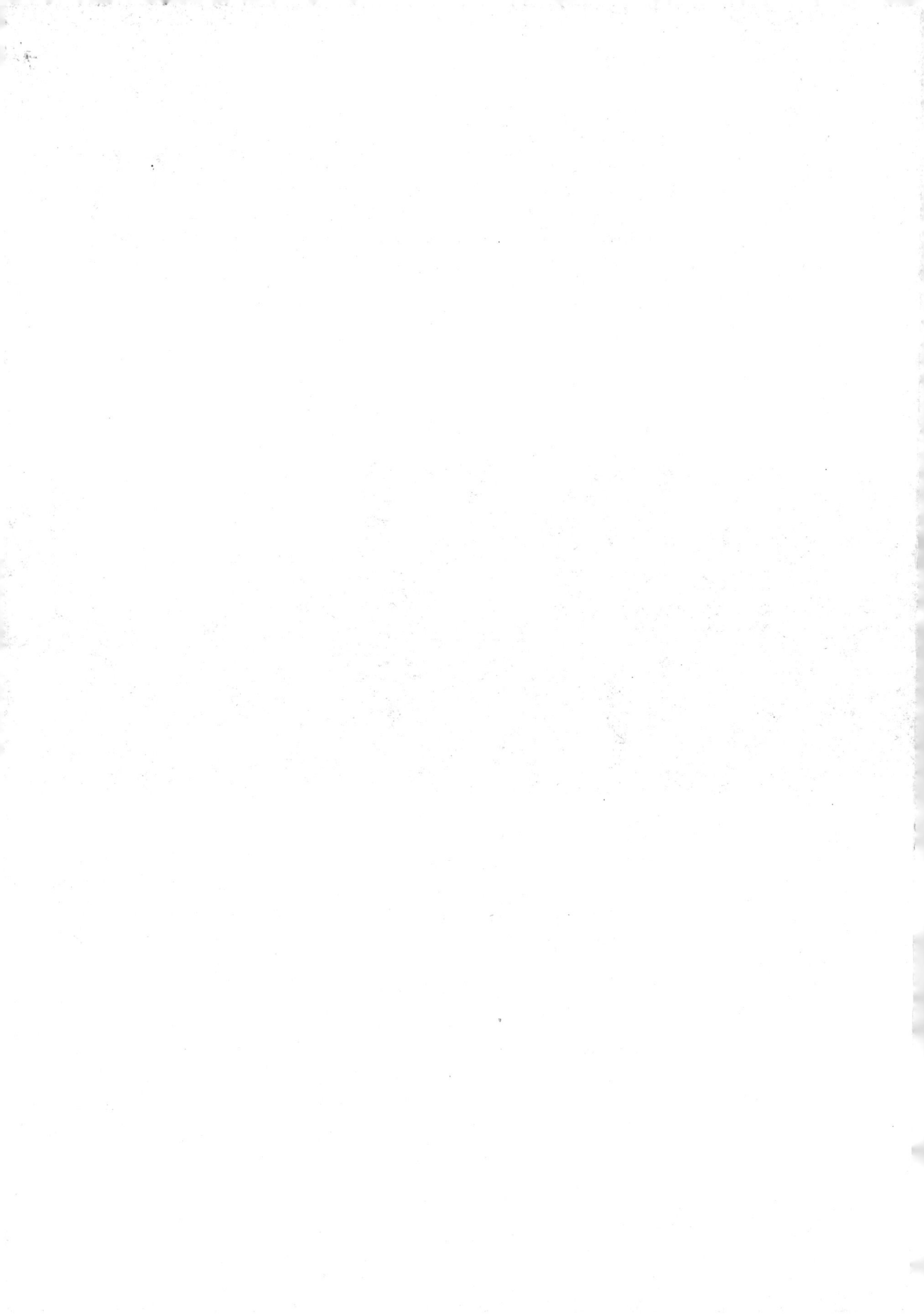